AF608362

MARCEL ODENBACH

SO ODER SO

MARCEL ODENBACH

SO ODER SO

Herausgegeben von / Edited by
Susanne Gaensheimer, Doris Krystof

Mit Beiträgen von / With contributions by
Nils Emmerichs, Barbara Engelbach,
Cécile Huber, Doris Krystof, Hans Nieswandt,
Kolja Reichert und / and Marcel Wälde

Kunstsammlung
Nordrhein-Westfalen

HIRMER

INHALT / CONTENTS

VORWORT

Susanne Gaensheimer

Der in Köln, Berlin und zeitweise in Biriwa, Ghana, lebende Künstler Marcel Odenbach (geb. 1953) arbeitet seit 1976 mit Video. Seine filmischen Collagen haben als Einkanalbänder und Videoinstallationen dazu beigetragen, dass Videokunst heute zentrales Medium der internationalen Gegenwartskunst ist. Parallel dazu ist in über vier Jahrzehnten ein umfangreiches Konvolut an Papierarbeiten entstanden – Zeichnungen, Textarbeiten, Konzeptpläne für Videoinstallationen, -skulpturen und -performances sowie große, bildmächtige Papiercollagen in oft kräftigen Farben. Odenbachs weniger bekanntes grafisches Werk steht gleichberechtigt neben den Videoarbeiten und ist wie diese von einem starken Bewusstsein für die historisch-gesellschaftlichen und transkulturellen Fragen der Zeit getragen. Mit den Mitteln von Collage und Montage und stets in Verbindung zur eigenen Biografie bearbeitet Odenbach in den Medien Video und Papier politisch und kulturell relevante Themen seiner Zeit. Dazu zählen Aufarbeitung der NS-Verbrechen, RAF-Terrorismus, Wirken und Nachwirken des europäischen Kolonialismus in Afrika, Rassismus, staatliche Repression, Erinnerungskultur und immer wieder das Verhältnis von Individuum und Gesellschaft. Die Ausstellung gibt mit einer Auswahl von etwa 60 Arbeiten einen repräsentativen Überblick über das Werk von Odenbach, das auf 45 Jahre Zeitgenossenschaft zurückblickt. In der verschränkenden Zusammenschau von Video- und Papierarbeiten wird deutlich, dass Odenbach Kunst und Kultur immer unter einer gesellschaftspolitischen Perspektive betrachtet und gleichzeitig auf die sinnlich-ästhetische Stärke von Bildern setzt.

Eine monografische, alle Medien und Gattungen einschließende Überblicksausstellung des Werks von Odenbach ist ein seit vielen Jahren empfundenes Desiderat. Dass die Ausstellung genau in das Jahr seiner Emeritierung von der Kunstakademie Düsseldorf sowie der Verleihung des Wolfgang-Hahn-Preises fällt, gibt der Ausstellung einen besonderen Glanz. Für das Zustandekommen der Ausstellung ist vielen zu danken, an erster Stelle Marcel Odenbach selbst. Er hat das von der Kuratorin Doris Krystof angeregte und betreute Projekt von Anfang an substanziell unterstützt und stand ihr und allen an der Ausstellung Beteiligten stets mit Rat und Tat zur Seite. Ein großer Dank gebührt auch den Leihgeberinnen und Leihgebern, die sich großzügig von ihren Collagen für die Dauer der Ausstellung getrennt und eine präzise Auswahl ermöglicht haben. Neben den privaten und institutionellen Leihgaben zeigen wir eine Vielzahl von Exponaten aus dem Besitz des Künstlers selbst und dem seiner Galerien. Dafür möchten wir uns sehr bei der Galerie Gisela Capitain in Köln sowie der Anton Kern Gallery New York bedanken. Ein herzliches Dankeschön geht in diesem Zusammenhang auch an Sarah Moog von der Galerie Gisela Capitain, an Vesko Gösel im Atelier Odenbach in Köln sowie an Christoph Gerozissis von der Anton Kern Gallery. Der begleitend zur Ausstellung im Hirmer Verlag, München, erscheinende Katalog verdankt seine grafische Gestaltung der Kompetenz und den exzellenten Ideen von Petra Hollenbach. In unseren Dank an die Autorinnen und Autoren Barbara Engelbach, Nils Emmerichs, Cécile Huber, Doris Krystof, Hans Nieswandt, Kolja Reichert und Marcel Wälde schließen wir alle anderen am Katalog Mitwirkenden wie die Lektorinnen, den Übersetzer und das Team des Hirmer Verlags ein. An der Kunstsammlung Nordrhein-Westfalen hat sich Cordula Frevel in bewährter Weise um die Katalogproduktion gekümmert, wofür ihr ein ebenso großes Dankeschön gebührt wie den anderen Abteilungen des Museums, die an der Realisation der Ausstellung von Marcel Odenbach beteiligt gewesen sind. An erster Stelle ist hier die Koordination aller Beteiligten durch das Ausstellungsmanagement von Stefanie Jansen zu nennen, hinzu kommen Cécile Huber als kuratorische Assistenz, Katharina Nettekoven als Registrar sowie Nina Quabeck, Rea Grammatikopoulu, Lennart Foppe und Sven Kamp aus der Restaurierung. Für Ausstellungsarchitektur, Licht- und Videotechnik danken wir Bernd Schliephake, Oswin Schmid, Jens Meller, Stefan Müller-Stapper und Daniel Vetter, für Marketing und Presse Anne Fischer und Susanne Fernandes Silva, die mit der Unterstützung von Aras San und Meike Lotz-Kowal die vielfältigen Aufgaben der digitalen und analogen Vermittlung der Ausstellung übernommen haben, und für die Abteilung Bildung Julia Hagenberg und ihrem Team. Wie immer danke ich meiner Vorstandskollegin Bianca Knall sowie Philipp Leist, Christina Rock und Isabella Wild aus der Abteilung Verwaltung für die Mitwirkung. Schließlich richtet sich ein besonders großer Dank an die Kunststiftung NRW mit ihrem Präsidenten Fritz Behrens und der Generalsekretärin Andrea Firmenich. Ohne die großzügige finanzielle Förderung durch die Kunststiftung NRW wäre diese Ausstellung nicht zu realisieren gewesen.

FOREWORD

Susanne Gaensheimer

The artist Marcel Odenbach (b. 1953), who lives in Cologne, Berlin, and occasionally also in Biriwa, Ghana, has been working with video since 1976. His filmic collages in the form of single-channel tapes and video installations have contributed to video art becoming a key medium of international contemporary art. Parallel to this, he has created an extensive body of works on paper over more than four decades—drawings, text works, and concept plans for video installations, video sculptures and performances as well as large, visually powerful paper collages in often bold colors. Odenbach's lesser-known graphic work stands on equal footing with his video art and, like it, is borne by a strong awareness of the historical-social and transcultural issues of the day. Using the means of collage and montage and always in connection with his own biography, Odenbach examines politically and culturally relevant issues of his time in the media of video and paper. These include coming to terms with Nazi crimes, RAF terrorism, the impact and aftermath of European colonialism in Africa, racism, state repression, the culture of remembrance, and, time and again, the relationship between the individual and society. With a selection of some sixty works, the exhibition provides a representative overview of Odenbach's oeuvre, which spans forty-five years of contemporaneity. In the interleaving overview of video and works on paper, it becomes clear that Odenbach always views art and culture from a sociopolitical perspective and at the same time relies on the sensual-aesthetic strength of images.

A monographic survey exhibition of Odenbach's work, encompassing all media and genres, is a desideratum that has been felt for many years. The fact that the show coincides precisely with the artist's retirement from the Kunstakademie Düsseldorf and his being awarded the 2021 Wolfgang Hahn Prize gives the exhibition a special brilliance. Many people are to be thanked for making the presentation possible, first and foremost Marcel Odenbach himself. He has substantially supported the project, which was initiated and supervised by the curator Doris Krystof, from the very beginning and has always been available to her and all those involved in the exhibition with advice and support. A big thank you is also due to the lenders, who generously agreed to part with their collages for the duration of the show, enabling us to make a precise selection. In addition to the private and institutional loans, we are showing a large number of exhibits from the artist himself, as well as from his galleries. For this we would like to express our sincere thanks to the Galerie Gisela Capitain in Cologne as well as the Anton Kern Gallery in New York. In this context, we would also like to thank Sarah Moog at the Galerie Gisela Capitain, Vesko Gösel at the Atelier Odenbach in Cologne, and Christoph Gerozissis at the Anton Kern Gallery. The catalogue accompanying the exhibition, published by Hirmer Verlag, Munich, owes its graphic design to the competence and excellent ideas of Petra Hollenbach. In our thanks to the authors Nils Emmerichs, Barbara Engelbach, Cécile Huber, Doris Krystof, Hans Nieswandt, Kolja Reichert, and Marcel Wälde, we include all other contributors to the catalogue, such as editors, translators, and the team at Hirmer Verlag. At the Kunstsammlung Nordrhein-Westfalen, Cordula Frevel has overseen the catalogue production in a tried-and-tested manner, for which she deserves great thanks, as do the other departments of the museum involved in the realization of Odenbach's exhibition. First and foremost, the coordination of all the participants by Stefanie Jansen's exhibition management should be mentioned here, along with Cécile Huber as curatorial assistant, Katharina Nettekoven as registrar, and Nina Quabeck, Rea Grammatikopoulu, Lennart Foppe, and Sven Kamp from the restoration department. For the exhibition architecture, lighting, and video technology, we would like to thank Bernd Schliephake, Oswin Schmid, Jens Meller, Stefan Müller-Stapper, and Daniel Vetter; for marketing and press, Anne Fischer and Susanne Fernandes Silva, who, with the support of Aras San and Meike Lotz-Kowal, took on the diverse tasks of the digital and analog mediation of the exhibition; and for the education department, Julia Hagenberg and her staff. As always, I would like to thank my fellow board member Bianca Knall as well as Philipp Leist, Christina Rock, and Isabella Wild from the administration department for their contributions. Finally, a special thank you goes to the Kunststiftung NRW together with its President Fritz Behrens and Secretary General Andrea Firmenich. Without the Kunststiftung NRW's generous financial support, this exhibition would not have been possible.

49 *Selbstportrait*, 2017
Self-Portrait
Collage, Fotokopien, Bleistift und Tinte auf Papier / Collage, photocopies, pencil, and ink on paper,
151 × 260 cm

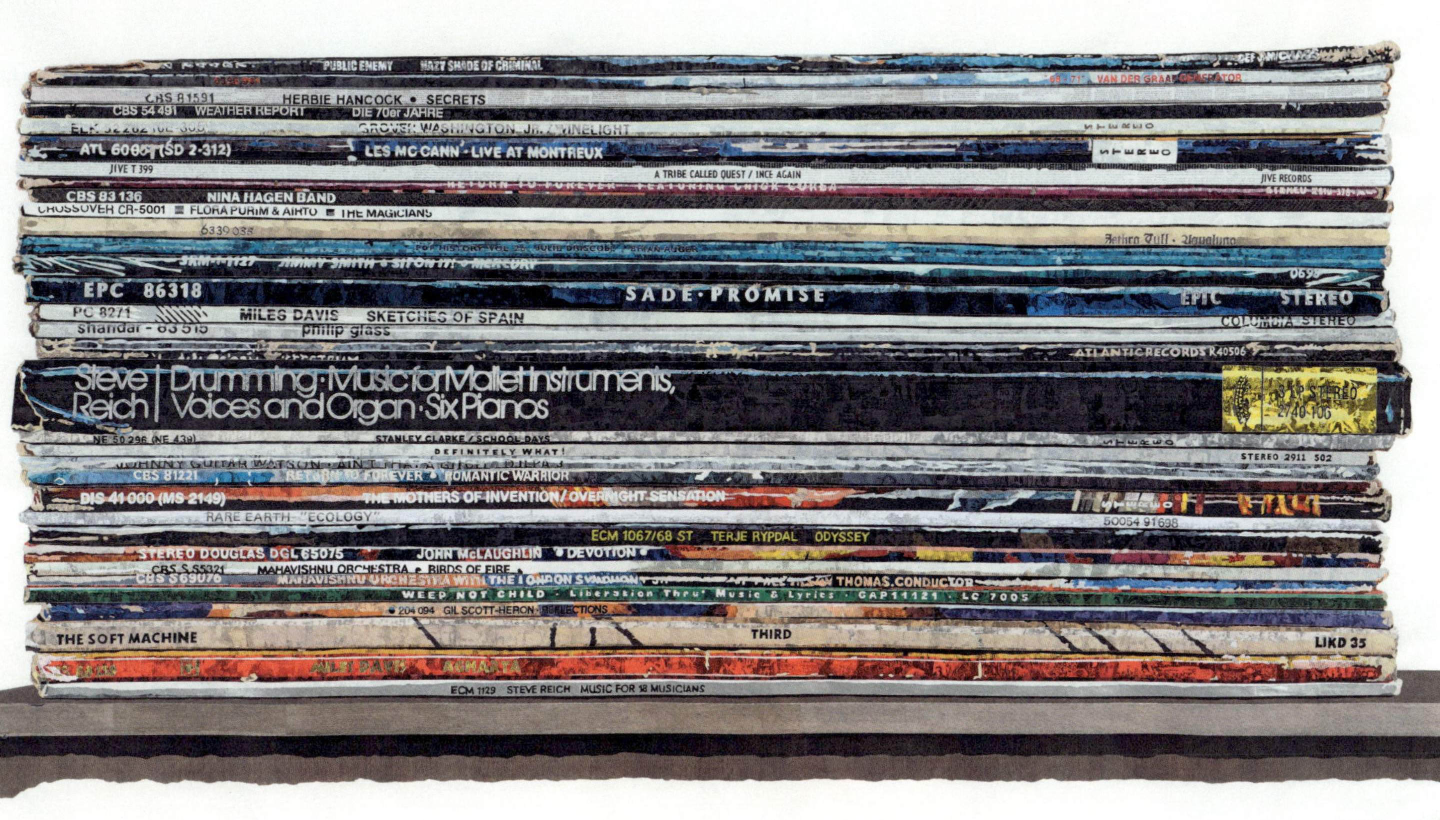

PUBLIC ENEMY HAZY SHADE OF CRIMINAL
VAN DER GRAAF GENERATOR
CBS 81591 HERBIE HANCOCK • SECRETS
CBS 54 491 WEATHER REPORT DIE 70er JAHRE
GROVER WASHINGTON, Jr. WINELIGHT
LES MC CANN · LIVE AT MONTREUX
JIVE T 399
A TRIBE CALLED QUEST
JIVE RECORDS
CBS 83 136 NINA HAGEN BAND
FLORA PURIM & AIRTO THE MAGICIANS
EPC 86318 SADE · PROMISE EPIC STEREO
MILES DAVIS SKETCHES OF SPAIN
COLUMBIA STEREO
philip glass
ATLANTIC RECORDS
Steve Reich | Drumming · Music for Mallet Instruments, Voices and Organ · Six Pianos
STANLEY CLARKE / SCHOOL DAYS
DEFINITELY WHAT!
CBS 81221 RETURN TO FOREVER • ROMANTIC WARRIOR
DIS 41 000 (MS 2149) THE MOTHERS OF INVENTION / OVERNIGHT SENSATION
RARE EARTH "ECOLOGY"
ECM 1067/68 ST TERJE RYPDAL ODYSSEY
STEREO DOUGLAS DGL 65075 JOHN McLAUGHLIN • DEVOTION •
MAHAVISHNU ORCHESTRA • BIRDS OF FIRE
WEEP NOT CHILD
GIL SCOTT-HERON · REFLECTIONS
THE SOFT MACHINE THIRD LIKD 35
ECM 1129 STEVE REICH MUSIC FOR 18 MUSICIANS

CBS 81591
HERBIE HANCOCK • SECR
CBS 54 491
WEATHER REPORT
DIE 70er JAHRE
GROVER WASH
ATL 60005 (SD 2-312)
LES McCANN
JIVE T 399
CBS 83 136
NINA HAGEN BAND
SSOVER CR-5001
FLORA PURIM & AIRTO
THE MAGICIANS
6339 035
POP HIST
EPC 86318
PC 8271
MILES DAVIS
SKETCHES O
shandar - 83 515
philip glass
Steve Reich
Drumming · Music for M
Voices and Organ · Six
NE 50 296 (NE 439)
STANLEY CLARKE
CBS 81221
RETURN TO FOREVER
DIS 41 000 (MS 2149)
THE MOTHERS
RARE EARTH "ECOLOGY"
STEREO DOUGLAS DGL 65075
JOHN
CBS S 65321
MAHAVISHNU ORCHESTRA • BIRDS
CBS S 69076
MAHAVISHNU ORCHESTRA

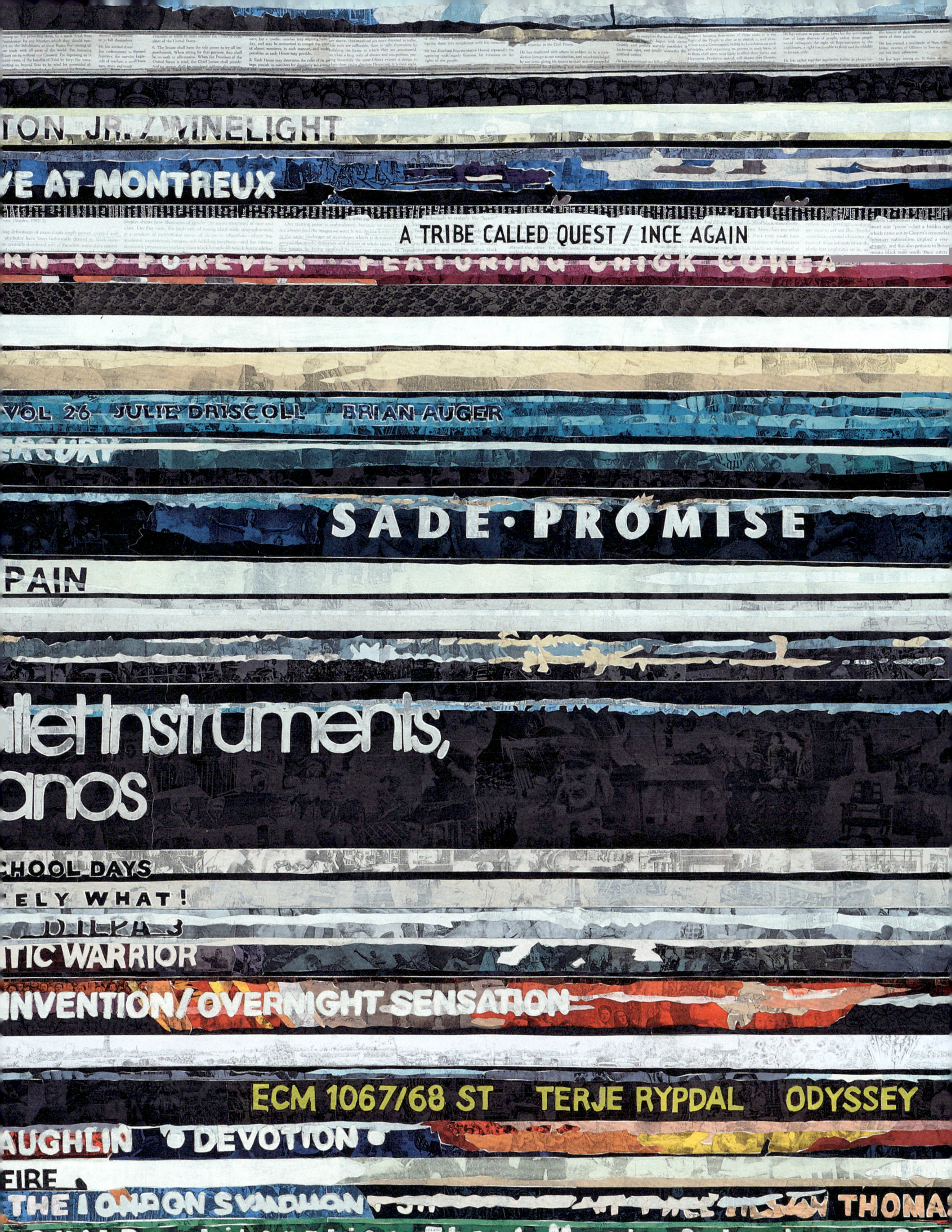

TON JR. / WINELIGHT
VE AT MONTREUX
A TRIBE CALLED QUEST / 1NCE AGAIN
VOL 26 JULIE DRISCOLL BRIAN AUGER
SADE · PROMISE
PAIN
llet Instruments,
anos
CHOOL DAYS
ELY WHAT!
TIC WARRIOR
INVENTION / OVERNIGHT SENSATION
ECM 1067/68 ST TERJE RYPDAL ODYSSEY
AUGHLIN • DEVOTION •
EIRE
THOMAS

03 *Größenwahn*, 1975/76
Delusions of grandeur
Bleistift und Farbstift auf Papier /
Pencil and colored pencil on paper,
je / each 22,7 × 17,5 cm

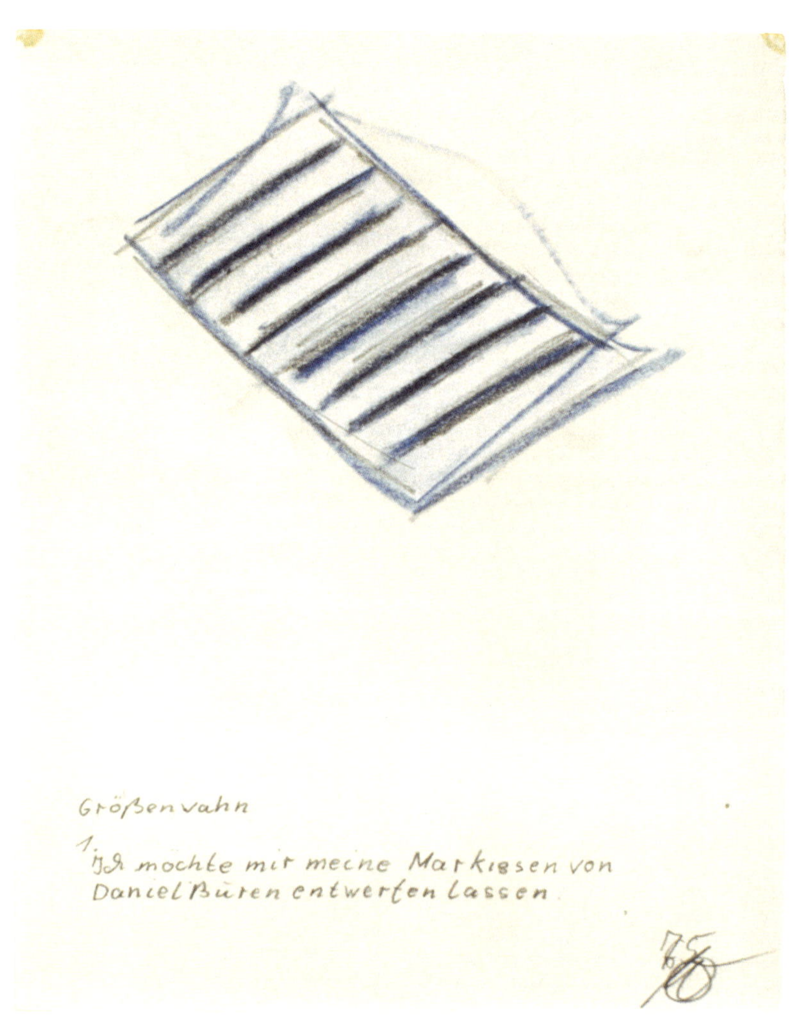

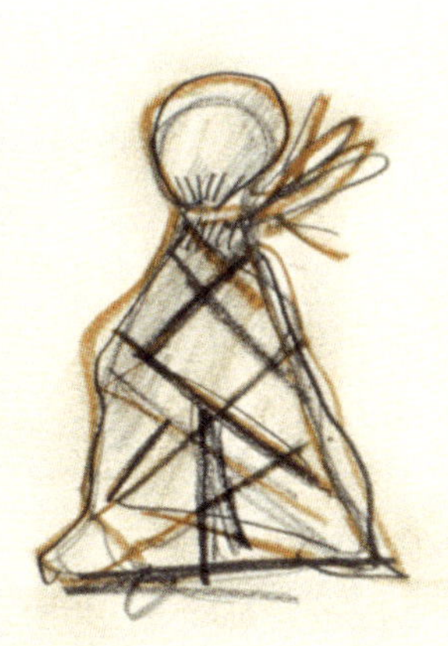

Größenwahn
2.
Ich möchte mich von Christo verpacken lassen

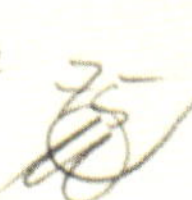

75

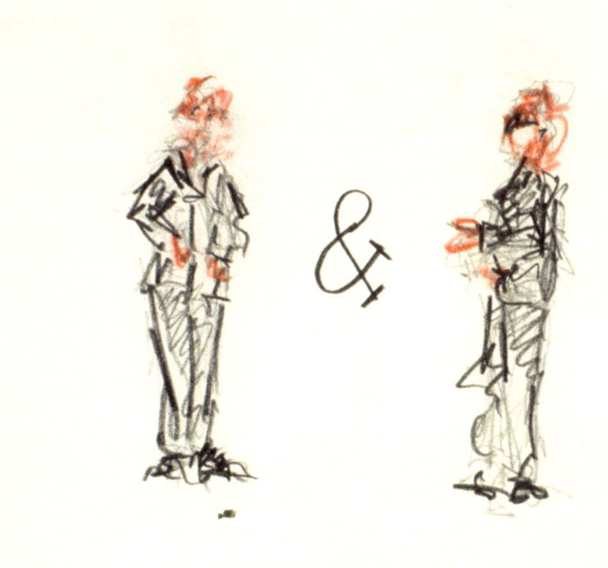

Größenwahn
3.
Ich möchte gerne mit den Skulpturen Gilbert & George spielen!

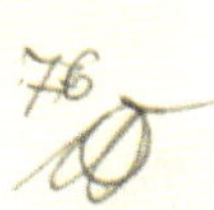

76

SO ODER SO PARALLEL-MONTAGE EINER AUSSTELLUNG

Doris Krystof

„Damals warst Du entweder Maler, Bildhauer, Grafik- oder Performance-Künstler. Wie lange hängt mir noch hinterher, einer der Videopioniere Deutschlands zu sein. Nein, sorry. Ich habe mit Zeichnungen und Performances angefangen und dann habe ich zwei Jahre später Video gemacht, aber das kannst Du nicht in den Köpfen verändern. Das hat noch mit dem Schubladendenken damals zu tun.“ Marcel Odenbach[1]

Die Liste der Ausstellungen von Marcel Odenbach ist lang und reicht bis in das Jahr 1976 zurück. Einer der ersten Einträge führt in die Galerie Hinrichs in Lohmar, wo Odenbach im Januar 1976 unter dem Titel *Gedanken bleiben sich selbst überlassen* 60 Zeichnungen im DIN-A4-Format zeigte, was womöglich seine „erste und zugleich letzte ‚klassische' Ausstellung (im Sinne einer traditionellen künstlerischen Technik)“[2] gewesen ist. Einige Monate später folgt ein ganz anderer Auftritt in der Galerie Space in Wiesbaden. Anlässlich der Eröffnung am 29. Oktober 1976 findet eine Performance statt, bei der sich der damals 23-jährige Künstler in einen über 20 Meter langen Papierstreifen aus zusammengeklebten Tagebuchtexten und -zeichnungen einwickelt. Er zerreißt das Papier, befreit sich aus dem Kokon und richtet die Ausstellung ein, indem er die einzelnen Tagebuchfetzen in ihrer richtigen Reihenfolge an den Galeriewänden aufhängt. *Die Befreiung von meinen Gedanken*[3] schließt die frühe Phase der Zeichnungen ab. Kurz danach trifft Odenbach eine programmatische Entscheidung für das Medium Video,[4] das er seitdem betreibt und was mit dazu beiträgt, dass Video heute ein allgemein anerkanntes und beliebtes Medium in der bildenden Kunst geworden ist.

In dieser Ausstellung von Marcel Odenbach im Jahr 2021 geht es darum, das Werk jenseits aller Grenzen von Gattungen und Medien in ausgewählten Beispielen einmal in seiner Gesamtheit darzustellen und das komplexe Bezugssystem aus Videos, Collagen und Zeichnungen exemplarisch sichtbar zu machen. Es bietet sich die Gelegenheit, ein Werk und seine Entwicklung zu betrachten, das Mitte der 1970er-Jahre mit jähen Gesten begann und heute mit seiner Balance aus subjektiver Perspektive, objektivierbarem Interesse an historisch-dokumentarischem Material und einer Faszination für die subtile Wirkung von Bildern zu großer internationaler Beachtung gefunden hat. Marcel Odenbach ist mehr als ein Pionier der Videokunst, und die Ausstellung zeigt, dass es sich lohnt, seine Arbeiten jenseits der Charakterisierung durch das verwendete Medium zu betrachten. Dabei ist ein nicht unbeträchtlicher Zeitraum zu überblicken, ein Zeitraum, in dem sich die Kunstgeschichte in Bildwissenschaft verwandelt hat, filmische und performative Verfahren Einzug in die bildende Kunst gehalten haben und dokumentarische Ansätze sowie globale Perspektiven eine zentrale Rolle spielen, das heißt die Beschäftigung mit der Realität

1 Marcel Odenbach, in: Audioarchiv Kunst. Stimmen zu den Anfängen der zeitgenössischen Kunst im Rheinland, hg. von Sabine Oelze und Marion Ritter, o. D., http://audioarchivkunst.de/zeitzeugen/marcel-odenbach [gehört am 25.03.2021].

2 Slavko Kacunko, Marcel Odenbach. Konzept, Performance, Video, Installation 1975–1998, Diss. Heinrich-Heine-Universität Düsseldorf 1998, Mainz/München 1999, S. 63.

3 Die Tagebuchseiten befinden sich heute als Buch gebunden in der Sammlung der Kunsthalle Bremen, vgl. Marcel Odenbach. Das im Entwischen Erwischte. Pläne 1975–1983, Video, hg. von Wulf Herzogenrath (Ausst.-Kat. Kunsthalle Bremen), Köln 2008, S. 90–101.

4 Odenbach formuliert seine Beweggründe in einem persönlichen Manifest: „Warum ich mit dem Medium Video arbeite: Da Video drei verschiedene Elemente in sich vereinigt a) das Bild, b) Handlungsabläufe, c) den Ton, um die Macht der Technik und des Fortschritts in der Gesellschaft aufzuzeigen, da das Fernseh-Bild der heutigen Sehgewohnheit eher entspricht,[sic!] als das Tafelbild, da das Fernsehen als Zeitvertreib mit seinem hohen Unterhaltungscharakter gesellschaftliche, also politische Veränderungen – in großem Maße – ausgelöst hat. Deshalb, da die Medienanalyse und -kritik ein zentrales Thema unserer Gesellschaft geworden ist, da ich theoretisch einen größeren Rezipientenkreis als die

und Fragen ihrer Repräsentation. In den Beiträgen dieses Katalogs kommen Odenbachs frühe Beschäftigung mit postkolonialen Fragestellungen ebenso zur Sprache wie seine intensive Auseinandersetzung mit der Zeit des Nationalsozialismus, mit Antisemitismus und Erinnerungskultur. Der Katalog setzt mit den jüngst entstandenen Arbeiten ein und verfolgt Odenbachs Entwicklung bis zu seinen künstlerischen Anfängen in den späten 1970er-Jahren.[5]

Überblickt man die Applikationen der Etiketten zwischen Videokunst und Zeichnung anhand von Odenbachs Ausstellungen, lässt sich das eingangs bemängelte „Schubladendenken damals" näher in den Blick nehmen und womöglich präzisieren. Odenbach, der sich von Beginn an kritisch mit der Relation von Bild und Abbild sowie mit Themen aus Zeitgeschichte, Politik, Kunst und Kultur beschäftigt, erfährt ausgerechnet in den sich hedonistisch, expressiv und oberflächenverliebt gebenden 1980er-Jahren zunehmend Beachtung. Bereits 1981 wird ihm eine erste Museumsausstellung am Museum Folkwang in Essen und an der Städtischen Galerie im Lenbachhaus in München ausgerichtet, die sein Image als Videokünstler für lange Zeit prägen sollten. Gezeigt werden seine Videos, Installationen und Textarbeiten, die eine tragfähige Gegenposition zur expressiven, damals gefeierten Malerei der sogenannten Neuen Wilden formulierten.[6] 1982/83 ist Odenbach an der Ars-Viva-Ausstellung *Videokunst in Deutschland 1963–1982* im Kölnischen Kunstverein beteiligt und wird 1984 zur Teilnahme der Ausstellung *Von hier aus – Zwei Monate neue deutsche Kunst in Düsseldorf* eingeladen, wo es zu einem Eklat wegen der in die hinterste Ecke verbannten Videokunst kommt.[7] Im selben Jahr ist Odenbach im Kontext der internationalen Videokunst auf der epochemachenden Schau *Het lumineuze beeld* im Stedelijk Museum in Amsterdam vertreten. Es folgen mehrere, oft durch das Goethe-Institut vermittelte Auslandsaufenthalte in den USA, Frankreich, Spanien oder dem ehemaligen Jugoslawien, in deren Rahmen Videokunstbeiträge, oftmals auch für innovative Fernsehsender, realisiert werden.[8] Odenbach nimmt 1987 an der documenta 8 in Kassel teil und wird im selben Jahr zu zwei weiteren berühmt gewordenen Gruppenausstellungen eingeladen: In *L'époque, la mode, la morale, la passion* zum zehnten Geburtstag des Centre Georges Pompidou, Paris, ist Odenbach im Rahmen der aktuellen Kunst der 1980er-Jahre zu sehen, während er explizit als Videokünstler an der großen Ausstellungstournee *The Arts for Television* beteiligt ist, die ausgehend vom Stedelijk Museum um die Welt geschickt wird. Damit zeigt sich nicht nur die Bandbreite von Odenbachs Rezeption, sondern auch die beginnende Auflösung feststehender Gattungsgrenzen, die mit einer signifikanten Veränderung der Videotechnik, insbesondere der Verfügbarkeit von Projektoren, einhergeht. 1989 beendet Odenbach die Arbeit an den einkanaligen, auf Monitoren gezeigten Videobändern und wendet sich den räumlich-installativen Videoprojektionen zu. 1992 nimmt er eine Professur für Videokunst an der Hochschule für Gestaltung in Karlsruhe am gerade gegründeten ZKM an und ist seitdem kontinuierlich in der Lehre tätig. Ab 2000 unterrichtet er an der Kunsthochschule für Medien in Köln, 2010 übernimmt er eine Professur an der Staatlichen Kunstakademie Düsseldorf, hinzu kommen weltweit zahlreiche Workshops zur Videokunst. Indem Odenbach das Medium Video seit mehr als 30 Jahren auch institutionell vertritt,

Museumsbesucher ansprechen kann, da meine visuelle Darstellung nicht mehr als dekorativer und repräsentativer Wandschmuck verwendet werden kann, da die Kunst einen Teil ihres Charakters der Ware verliert, da ich umfassendere Alternativen setzen kann!" (Marcel Odenbach, in: Videokunst in Deutschland 1963–1982, hg. von Ars Viva 82/83 [Ausst.-Kat. Kölnischer Kunstverein], Stuttgart 1982, S. 222, hier zit. n. Kacunko 1999 [wie Anm. 2], S. 168–169).

5 Alle Werke der Ausstellung sind über die chronologische Werkliste, S. 224, inkl. Seitenhinweis auf die Abbildung, zu finden.

6 Für diese Ausstellung entstand als Videoarbeit und Collage *Das Ende einer Illusion oder 700 Intellektuelle beten einen Öltank an* (1980). Abb. S. 212–213 (vgl. den Beitrag von Barbara Engelbach in diesem Band, S. 188–192). Zu den Ausstellungen und Publikationen der hier und im Folgenden genannten Ausstellungen siehe Ausstellungsverzeichnis und Bibliografie, S. 233 und 243.

7 Dazu verfasste Ingrid Oppenheim einen empörten Leserinnenbrief an Kasper König, vgl. Marcel Odenbach im Audioarchiv Kunst (wie Anm. 1).

8 Dazu gehören: *As if memories could deceive me / Als ob Erinnerungen mich täuschen könnten* (1984/1986), *Dans la vision périphérique du témoin / Dem Augenzeugen im Blickwinkel stehen* (1986), *Srecan Susret / Die glückliche Begegnung* (1987), *Estar de pie es no caerse / Stehen ist Nichtumfallen* (1989).

verfestigte sich die Charakterisierung als Videokünstler. Die künstlerische Praxis der Zeichnung und Collage rückte dabei leicht in den Hintergrund, ganz aufgegeben hat Odenbach das Arbeiten auf und mit Papier jedoch nie.[9]

Um 1990/91 begründen die ersten sogenannten Schnittvorlagen die Werkgruppe der großformatigen Collagen aus Papier, die Odenbach seitdem in einer einzigartigen, von ihm entwickelten Technik anfertigt. In den ersten beiden Dekaden des 21. Jahrhunderts entstehen, ab 2005 in Kooperation mit Vesko Gösel, technisch immer aufwendiger produzierte Collagen, die wie die großen kinematografischen Installationen auf internationalen Einzel- und Gruppenausstellungen präsentiert werden. Video- und Papierarbeiten bleiben jetzt allerdings meist voneinander getrennt, die frühen Zeichnungen werden überhaupt kaum mehr ausgestellt. Eine Ausnahme macht das Kunstmuseum Liechtenstein im Jahr 1997. Friedemann Malsch beschreibt im Ausstellungskatalog erstmals die Wechselwirkung von Video- und Papierarbeiten bei Odenbach und ordnet ihn jenseits des Videopioniers in den größeren Zusammenhang etwa der Pictures Generation ein.[10] Dennoch dominiert in Odenbachs Ausstellungen ab den späten 1990er-Jahren „Videokunst als Medium der Hybridisierung", so Kobena Mercer im Katalog zu Odenbachs Ausstellung 1998 im New Museum of Contemporary Art in New York.[11] Die für große Dunkelräume konzipierten, raumgreifenden Projektionen wie *Ach, wie gut, daß niemand weiß* 1999 im Kölnischen Kunstverein lassen kaum Platz für das tradierte Medium Papier. Auch eine ambitionierte monografische Ausstellung wie *Auch wenn der Fahrer ein anderer ist, der Lastwagen bleibt der Gleiche* im Frankfurter Kunstverein 2002 konzentriert sich ausschließlich auf Bewegtbilder und ruft damit erneut Odenbach als Pionier der Videokunst auf. Dass Odenbachs künstlerischer Ansatz weiter gefasst ist, zeigt sich in jener Zeit zum Beispiel an der für den Raum für Kunst auf der Zugspitze 2001 entwickelten Ausstellung *Das große Fenster – Einblick eines Ausblicks*. Die Videoarbeit, die Odenbach ausgehend vom überwältigenden Alpenpanorama und der Geschichte von Hitlers nahe gelegenem Berghof in Berchtesgaden entwickelt hat, wird in dem lichtdurchfluteten Ausstellungsraum auf einem vor dem Fenster platzierten Monitor gezeigt, während an den Wänden eine Reihe neuer, thematisch auf das Video abgestimmter Collagen installiert ist. Wie unzureichend die Engführung auf bestimmte Medien Odenbachs künstlerischen Ansatz beschreibt, demonstrieren auch seine zahlreichen öffentlichen Kunstprojekte wie etwa das 2005 aus Collagen realisierte Mahnmal im Kollegiengebäude I in der Freiburger Universität zur Erinnerung an das Schicksal der jüdischen Universitätsangehörigen während des nationalsozialistischen Terrors. Einen Ausgleich der Rezeption von Papier und Video nimmt 2008 die Kunsthalle Bremen mit der Ausstellung *Das im Entwischen Erwischte* vor, wo erstmals das gesamte 70 Blätter umfassende Konvolut der *Pläne* von 1975 bis 1983 zu sehen ist. Vor allem aber macht sich das Kunstmuseum Bonn 2013 mit der Schau der Papierarbeiten um Odenbachs grafisches Werk verdient. Anlässlich der Ausstellung erscheint das Werkverzeichnis der Papierarbeiten seit 1975, das eindrucksvoll die Kontinuität und inhaltliche Dichte von Odenbachs Collagen und Zeichnungen vorführt. Es vermag aber kaum darüber hinwegzutrösten, dass in Bonn keine einzige Videoarbeit und damit wieder nur der „halbe Odenbach" zu sehen ist. Erst in den folgenden Ausstellungen werden die neueren großen, farbenprächtigen Collagen und Videoprojektionen zusammen gezeigt. So in der Ausstellung *Stille Bewegungen – Tranquil Motions*, die vom Institut für Auslandsbeziehungen (ifa) seit 2014 auf Welttournee mit Stationen in Venezuela, Brasilien, Indien und weiteren Ländern geschickt wird.

9 Marcel Odenbach, Die Uhu-Flasche begleitet mich schon mein Leben lang. Ein Gespräch von Helga Meister, in: KUNSTFORUM International 2021, S. 212–223. Die Rezeption als Zeichner belegt auch die Teilnahme an der 1982 vom Kölner Museum Ludwig initiierten zweijährigen weltweiten Tournee der Ausstellung *Deutsche Zeichnungen der Gegenwart*. Aber auch in Odenbachs Einzelausstellungen im Badischen Kunstverein Karlsruhe 1988 oder in der Villa Merkel in Esslingen 1993 sind neben Videobändern und -installationen etliche Collagen und Zeichnungen zu sehen.

10 Für Malsch ist Odenbach ein „Konzeptkünstler der zweiten Generation", vgl. ders., Objekt und Prozess, Dialog und Sequenz. Zum Verhältnis von frühen Zeichnungen und videographischem Werk bei Marcel Odenbach, in: Marcel Odenbach. Zeichnungen 1975-77 (Ausst.-Kat. Liechtensteinische Staatliche Kunstsammlung, Vaduz), Köln 1997, S. 126–130, hier S. 127.

11 Der Aufsatz wurde mehrfach nachgedruckt, in dt. Übersetzung: Kobena Mercer, Knowing Me, Knowing You: Videokunst als Medium der Hybridisierung, in: Marcel Odenbach. Blenden, hg. von Vanessa Joan Müller, Nicolaus Schafhausen (Ausst.-Kat. Frankfurter Kunstverein), New York 2002, S. 115–125. Siehe auch: Kobena Mercer, Knowing Me, Knowing You: Video Art As Practice Of Hybridization, in: Take it or Leave it. Marcel Odenbach. Anthology of Texts and Videos, hg. von Slavko Kacunko, Yvonne Spielmann, Berlin 2013, S. 201–212.

Auch in den beiden letzten großen Einzelausstellungen von Odenbach in der Kunsthalle Wien 2017, *Beweis zu nichts*, und der Kunsthalle Nürnberg 2020, *Es brennt*, war eine pointierte Auswahl von neueren Collagen und Videoarbeiten zu sehen, frühe Papierarbeiten hingegen kamen jedoch nicht zum Zuge. Die Ausstellung im K21 möchte diesbezüglich Abhilfe schaffen und den „ganzen Odenbach" zeigen.

In der Festschrift zu Odenbachs 60. Geburtstag[12] hat der US-amerikanische Kurator Dan Cameron darauf hingewiesen, dass es manch einem Künstler Kopf und Kragen hätte kosten können, wenn er früh am Vokabular des Avantgarde-Mediums Video mitgewirkt und sich dann einer tradierten Gattung wie der Collage zugewendet hätte. Nicht so Odenbach, der, wie Cameron in seinem Aufsatz „The World as He Finds It" ausführt, in beiden Medien mit Offenheit, Neugier und Intelligenz auf das Unbekannte und Unbewusste zugeht, und die Welt – wie er sie sieht – inklusive ihrer brennenden Themen „race, gender, class" darzustellen vermag.[13] Die Ausstellung im K21 nimmt diese Perspektive auf, trifft aus einem enormen Konvolut an Arbeiten eine Auswahl und lässt Video und Papier sich gezielt miteinander verschränken. Es wird offensichtlich, dass Odenbachs Welt hybride Formate und Genres, Ambivalenzen, Mixturen und Pastiches beinhaltet, die die Ausstellung ins Visier nimmt und vermitteln möchte. Die Ausstellung *Marcel Odenbach. So oder so* ist insofern selbst eine Collage, oder vielleicht besser noch eine „Parallelmontage", um einen Begriff zu aktivieren, der direkt zu Odenbachs Anfängen im Studio Oppenheim zurückführt. In dem Produktions- und Versuchslabor, das die Galeristin Ingrid Oppenheim der jungen Kölner Videoszene in den 1970er-Jahren zur Verfügung stellte, gab es keinen elektronischen Schnittplatz und Videos wurden allein durch das Ein- und Ausschalten der Kamera „geschnitten". Alle frühen Videos von Odenbach sind insofern „Parallelmontagen", das heißt zu Sequenzen aneinandergefügte Einzelbilder. Das Schneiden und Montieren eigenständiger und bisweilen gegensätzlicher Teile spielt in Odenbachs Collagen und Filmen eine tragende Rolle. Auf eine Ausstellung übertragen, vermag das Prinzip Montage/Collage dabei behilflich sein, Bezugnahmen und Reprisen im Werk aufzustöbern oder dialogische Prozesse der Visualisierung und der Verräumlichung zu artikulieren. „Parallelmontage einer Ausstellung" meint aber auch, mit elementaren Gegensätzen des odenbachschen Werks im Ausstellungsraum zu operieren, mit Hell und Dunkel, Still und Bewegt, Poetisch und Politisch, Laut und Leise.

Odenbach kam bekanntlich über ein Architektur- und Semiotikstudium zur bildenden Kunst, was seinen aufklärerischen und medienkritischen Ansatz geprägt hat. Die in der Ausstellung versammelten Arbeiten verdeutlichen nicht nur den aufmerksamen Blick auf die Zeichen und Codes der Welt, sondern nehmen eine klare Haltung zu politischen Themen ein. Odenbach reflektiert die Bildpolitik des RAF-Terrorismus in dem Videoband *sich selbst bei Laune halten* (1977), setzt sich in *As if memories could deceive me / Als ob Erinnerungen mich täuschen könnten* (1984/1986) mit der Verdrängung der NS-Zeit auseinander und hinterfragt in der Videoskulptur *Das Schweigen deutscher Räume erschreckt mich* (1982) Klischees des Fremden und Exotischen.[14] Im Laufe der 1990er-Jahre, die Odenbach meist in New York City verbringt, weitet sich sein künstlerischer Ansatz und richtet sich zunehmend an den politischen Erfordernissen des Globalen und Postkolonialen aus. Thematisch und technisch kulminiert die Neujustierung des Blicks auf die Diversität von Gesellschaft und Kultur in der großen Installation *Ach, wie gut, daß niemand weiß* (1997/1999). Nach der Jahrtausendwende ist eine Weiterentwicklung und Ausdifferenzierung der technischen Mittel und filmischen Erzählweisen festzustellen. Das Spektrum reicht von der epischen Schilderung der Landschaft Ruandas nach dem Genozid in *In stillen Teichen lauern Krokodile* (2002/2004) über das mit Verfremdungseffekten und exotistischen Topoi gespickte Narrativ einer Indienreise in *Disturbed Places—Five Variations on India / Verstörte Orte – Fünf Variationen über Indien* (2007) bis hin zu der Doppelprojektion *Tropenkoller* (2017), die in einer eindringlichen Schilderung Archivmaterial aus der Zeit des Kolonialismus mit Bildern vom Fortbestehen kolonialer Strukturen im heutigen Togo kontrastiert. Das Thema Identität im Hinblick auf Sexualität, Herkunft und Geschlecht sowie die starke Affinität zum Kino

12 2013 herausgegeben von Slavko Kacunko und Yvonne Spielmann (wie Anm. 11).
13 Vgl. Dan Cameron, The World as He Finds It, in: Kacunko, Spielmann 2013 (wie Anm. 11), S. 225–229.
14 Vgl. Marlis Grüterich, Das Schweigen deutscher Räume erschreckt mich, in: KUNSTFORUM International 77/78, 1985, S. 110–113.

kommen in der Videoinstallation *Männergeschichten 1* zum Ausdruck, die 2003 für die Istanbul-Biennale entstand. Die nicht nachlassende Relevanz der Auseinandersetzung mit der NS-Geschichte führen Videoarbeiten wie *Das große Fenster, Einblick eines Ausblicks* (2001) oder *Beweis zu nichts* (2016) vor Augen. Die Themen finden Eingang in die großformatigen Papiercollagen *Familienfeier* (2011/12), *Sitzfleisch* (2012) und *Meldung* (2016). Sie belegen die Notwendigkeit des Wachhaltens von Erinnerung und der kontinuierlichen Neubefragung der Geschichte und kommen auch in den drei neuesten, für die Ausstellung fertig gestellten Collagen *Meine Freimarken* (2019/2021), *Ausblick ohne Gott* (2019/2021) und *zur Ruhe kommen* (2021) zum Ausdruck.

Die weitläufige, sich über 1 100 qm erstreckende Ausstellungshalle des K21 ermöglicht nicht nur, den Entwicklungen und Verzweigungen des Werks nachzugehen, sondern erlaubt auch die Wiederaufführung von Odenbachs bislang größter Mehrkanalinstallation, *Ach, wie gut, daß niemand weiß*.[15] Die 1999 für den Kölnischen Kunstverein entwickelte raumgreifende Videoinstallation mit ihrem auf die Märchenfigur des Rumpelstilzchens der Gebrüder Grimm zurückgehenden Titel gehört zu den Meilensteinen in der Entwicklung der installativen Präsentation bewegter Bilder in den 1990er-Jahren. Vergleichbar mit den immersiven, bisweilen monumentalen Videoinstallationen von Steve McQueen, Douglas Gordon, Isaac Julien, Sam Taylor-Wood oder Eija-Liisa Ahtila setzt Odenbach auf eine innovative partizipative Form der kinematografischen Rezeption, um eine unmittelbare physische Wirkung zu erzielen. Die sich frei im Raum bewegenden Betrachterinnen und Betrachter werden Teil der Choreografie des eindringlichen Werks, das die Themen „Rassismus", „staatliche Repression" und „Protest" verhandelt. Je nach Standpunkt im Raum ist eine wechselnde Kombination der filmischen Bilder zu erleben, die vorder- und rückseitig auf vier große, in einer Reihe frei im Raum installierte Leinwände projiziert werden. Das dokumentarische Filmmaterial stammt von Protestbewegungen aus den 1960er-Jahren und ist in eine rhythmische Bewegung versetzt. Zwei Sportler, ein weißer Leichtathlet und ein schwarzer Basketballspieler, sind dabei zu sehen, wie sie auf und ab springen. Sie sind es, die das dokumentarische Filmmaterial abfilmen, sodass der gesamte kinematografische Raum in Aufruhr gerät. Die filmsemiotische Unterscheidung von objektiver und subjektiver Kameraführung ist hier vollständig aufgelöst, historisches Erinnern und physisches Erleben überlagern einander. Das historische Filmmaterial stammt aus zwei unterschiedlichen Quellen und ist in harten Montagen gegeneinandergesetzt. Zum einen sieht man Bilder von den Protesten um die Ermordung von Benno Ohnesorg am 2. Juni 1967 in West-Berlin, zum anderen handelt es sich um Szenen, die bei den Demonstrationen anlässlich der Ermordung von Martin Luther King am 4. April 1968 in Washington aufgenommen wurden. Bei der rhythmischen Überblendung der Bilder hat Odenbach außerdem aus der DJ-Kultur der 1990er-Jahre übernommene Prinzipien des Sampelns, Kontextualisierens, mäandernden Loops oder Dub Echo genutzt.[16] Mit der visuell und akustisch von einem starken Rhythmus dominierten Installation und ihrem Bezug zu Protestaktionen der 1960er-Jahre hat sich für Odenbach vor mehr als zwanzig Jahren eine künstlerische und persönliche Bestandsaufnahme verbunden. So erklärte er 1999 dem Kunstwissenschaftler Hans Belting im Interview: „Ich wollte wissen, wo ich stehe, wie ich heiße und wie ich damals geheißen habe und wo ich damals stand."[17] Die Videoinstallation *Ach, wie gut, daß niemand weiß*, die nach der Präsentation in Köln selten zu sehen gewesen ist, wird im K21 erst zum vierten Mal gezeigt – und womöglich im Jahr 2021 vom Künstler, aber auch vom Publikum erneut mit wieder anderen Augen betrachtet werden.

Musik, Rhythmus und Sound spielen bei Odenbach auf vielfältige Weise eine zentrale Rolle. Finden sich in den frühen Videoarbeiten zahlreiche Musikzitate (von der Klassik über Film- bis hin zur Popmusik), sind die Videoinstallationen ab dem Jahr 2001 nahezu ausschließlich mit eigens komponiertem Sound ausgestattet, den vielfach der Musiker Richard Ojijo für Odenbach entwickelt hat.[18] Ojijos elektronische, reduziert-abstrakte Kompositionen tragen in den Filmaufnahmen zu einer gesteigerten atmosphärischen Wirkung der Bilder bei. Der Sound unterfüttert die visuelle Narration, illustriert die Bilder aber nicht.

15 Vgl. dazu: Marcel Odenbach. Ach, wie gut, daß niemand weiß, hg. von Udo Kittelmann (Ausst.-Kat. Kölnischer Kunstverein), Köln 1999, und Sabine Maria Schmidt, Keine Bilder schaffen, sie bearbeiten… Überlegungen zur Videoinstallation „Ach, wie gut, dass niemand weiß", in: Herzogenrath 2008 (wie Anm. 3), S. 76–89.
16 Hans Nieswandt, Marcel Odenbach, in: ebd.
17 Interview vom 5. Februar 1999, Hans Belting und Marcel Odenbach, in: ebd., S. 52–69, hier S. 58.
18 Zeitgleich mit der Ausstellung erscheint Anfang Oktober 2021 ein Doppelvinylalbum mit Kompositionen von Richard Ojijo, das seine zwanzigjährige Zusammenarbeit mit Marcel Odenbach dokumentiert.

Bisweilen schließt Ojijo subtil an zitathaft eingesetzte Passagen an, so etwa an Heiner Goebbels *Eislermaterial* in der Videoinstallation *Beweis zu nichts* (2016), wenn die Töne zusammen mit der Kamera das heroische Buchenwald-Denkmal von Fritz Cremer aus dem Jahr 1958 eindringlich umkreisen. Dass Musik für den Semiotiker Odenbach auch immer soziologisches Zeichen ist, belegt die vielfache Verwendung klassischer Musik vor allem in den frühen Videos als Hinweis auf die bei Odenbach oft beschworene gediegen bürgerliche, westliche Hochkultur. Das soziopsychologische Potenzial von Musik zeigt sich beispielhaft in der Collage *Selbstportrait* (2017). Der Stapel Langspielplatten aus Odenbachs privaten Vinylbeständen führt ein durch Musik geprägtes Selbstverständnis vor, das als Ausdruck einer Generationszugehörigkeit gelesen werden kann.

Das Auswählen, Kopieren, Schneiden, Aneinanderfügen, Verwenden und Wiederverwenden von Bildmaterial, die Arbeit mit Zitaten und Versatzstücken ist für Odenbachs Werk von den Anfängen bis heute kennzeichnend. Im Hinblick auf den Film wendet Odenbach die Technik des Schneidens und Montierens gezielt auf die Faktoren Zeit und Bewegung an. Die von früh an praktizierte Schnitt-Technik, mit der eine Auflösung linearer Erzählweisen und Text-Bild-Hierarchien einhergeht, ordnet Details zu einem neu strukturierten Ganzen. Die Verwobenheit von Geschichte und Gegenwart wird durch das Nebeneinanderstellen in den filmischen Collagen aufgedeckt, bewirkt die Infragestellung logischer Kausalität und setzt auf mitdenkende selbstbestimmte Betrachterinnen und Betrachter. Dieses Verfahren kommt in den Videos, aber erst recht in den neueren Papiercollagen zum Tragen, wenn Odenbach auf eigenen oder fremden Fotografien basierende Motive aus unterschiedlichsten Bildelementen zusammenfügt. Seine großformatigen Collagen sind wie ein Mosaik aus zahllosen kleinen, fotokopierten und eingefärbten Bildern zusammengesetzt. Die einzelnen Teile werden so arrangiert, dass sie ein Metabild mit sämtlichen illusionistischen Effekten von Oberflächen, Licht, Schatten und reflektierenden Partien erzeugen. Je näher man dem Bild kommt, desto mehr Details sind als zusätzliche Bildinformation zu entdecken. Wie Vexierbilder fordern die Collagen zur Beweglichkeit beim Betrachten auf und je nach Position der Betrachtung ändert sich das Bild. In der 2015 nach einer ikonischen Fotografie der niederländischen Künstlerin Dana Lixenberg entstandenen Collage *Tupac* zum Rapper und Sänger Tupac Shakur (1971–1996) lässt sich in den Partien von Hemd, Hand und Kopftuch kleinteiliges dokumentarisches Bildmaterial aus der Zeit der amerikanischen Bürgerrechtsbewegung erkennen: „Die Collagen loten in dieser Dialektik von Teilen und Ganzem die Komplexität der jeweiligen Thematik aus.“[19]

Geschichte zeigt sich bei Odenbach als ein nie abschließbarer Prozess. Die Ästhetik der aus unterschiedlichsten Quellen montierten Bilder steht in der Tradition politischer Kunst im 20. Jahrhundert. Nach dem Vorbild der historischen, von George Grosz, Hannah Höch, John Heartfield und anderen im Medium Papier entwickelten Form der Collage fügt Odenbach mit akribisch gesetzten Schnitten die einzelnen Teile zu einem neu strukturierten Ganzen und testet mit einer fragmentierenden Ästhetik die nach der Moderne verbliebenen Möglichkeiten einer narrativen, politisch-inhaltlich zugespitzten Kunst. Im Zentrum der Düsseldorfer Ausstellung steht deswegen die 2019 als Auftragsarbeit für die große John-Heartfield-Retrospektive in der Berliner Akademie der Künste konzipierte Doppelprojektion *Wer Leidet der Schneidet*. Während sie in Berlin als Ausstellungsdisplay auf zwei freistehende Wände projiziert war, wird die von Ojijos feinem Soundgefüge begleitete Videoinstallation im K21 als autonome Arbeit in der zentral gelegenen, schallgeschützten Black Box gezeigt. Sie bildet den Schlusspunkt – oder den Anfang – der Präsentation eines Œuvres, das zu unterschiedlichsten Lesarten einlädt. „So oder so“, der Untertitel, den Marcel Odenbach seiner Ausstellung im K21 gegeben hat, zitiert die letzte Strophe eines berühmten Gedichts von Thomas Brasch aus dem Jahr 1971 und erfasst treffend den retrospektiven Charakter der Ausstellung eines entschieden offenen Werks:

Wer schreibt der bleibt
Hier oder weg oder wo
Wer schreibt der treibt
So oder so[20]

19 Hans Dickel, Eine Frage der Distanz, in: Marcel Odenbach. Es brennt (Ausst.-Kat. Kunsthalle Nürnberg), Köln 2020, S. 24–46, hier S. 29.
20 Thomas Brasch, Dornröschen und Schweinefleisch, in: ders., Der schöne 27. September, Berlin (Ost) 1981.

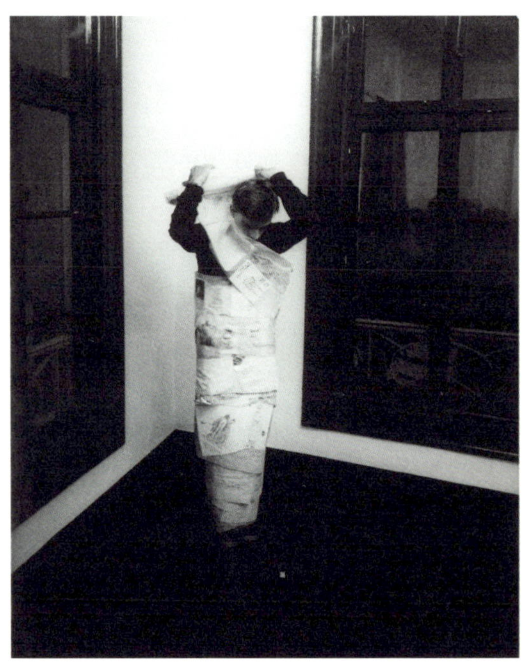

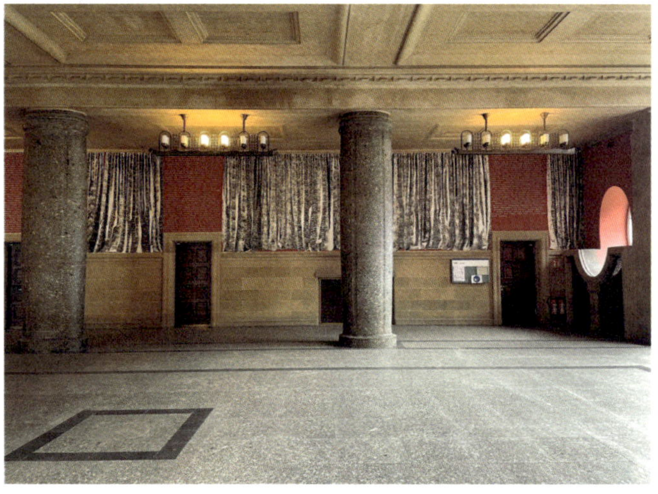

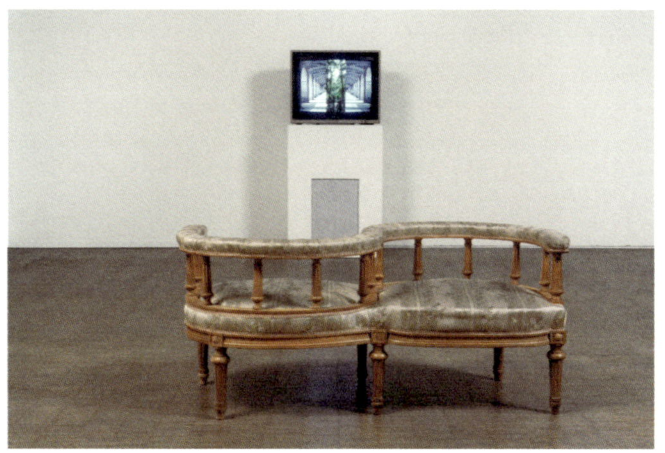

Links / Left
Die Befreiung von meinen Gedanken (Freeing myself from my thoughts), Performance, Galerie Space, Wiesbaden, 29. Oktober 1976 / October 29, 1976

Rechts oben / Upper right
Mahnmal „Opfer des Nationalsozialismus" (Victims of National Socialism memorial) 2005, Installation im / in the Kollegiengebäude I, Albert-Ludwigs-Universität Freiburg

Rechts unten / Bottom right
Dans la vision périphérique du témoin / Dem Augenzeugen im Blickwinkel stehen (In the Peripheral Vision of the Witness), Einkanalvideo / single-channel video, 1986

ONE WAY OR ANOTHER THE PARALLEL MONTAGE OF AN EXHIBITION

Doris Krystof

Back then, you were either a painter, sculptor, printmaker, or performance artist. How long did I have to live with being branded a pioneer of video art in Germany? No, sorry! I started with drawings and performances, and then I began doing video two years later; but you can't change that in people's minds. This still has a lot to do with the pigeonhole thinking that predominated at the time. Marcel Odenbach[1]

The list of Marcel Odenbach's exhibitions is extensive and goes back to 1976. One of his earliest took place in January 1976 at the Galerie Hinrichs in Lohmar, where Odenbach showed sixty drawings in DIN A4 format under the title *Gedanken bleiben sich selbst überlassen* (*Thoughts Are Left to Their Own Devices*), which may have been his "first and at the same time last 'classical' exhibition (in the sense of a traditional artistic technique)."[2] A few months later, a completely different situation followed at Galerie Space in Wiesbaden. At the opening, on October 29, 1976, a performance took place in which the then twenty-three-year-old artist wrapped himself in an over twenty-meter-long strip of paper comprised of diary entries and drawings that had been glued together. He tore the paper, freed himself from the cocoon, and set up the show by hanging the individual scraps of diary in their proper order on the walls of the gallery. *Die Befreiung von meinen Gedanken* (*The Liberation from My Thoughts*)[3] concluded the early phase of the drawings. Shortly thereafter, Odenbach made a programmatic decision in favor of the medium of video,[4] which he has pursued ever since, and which has contributed to the fact that video has, in the meantime, become a generally recognized and popular medium in the visual arts.

In the present exhibition of works by Odenbach in 2021, the aim is to present his oeuvre in its entirety, beyond all boundaries of genres and media, with selected examples and to make the complex system of references of videos, collages, and drawings exemplarily visible. It provides an opportunity to look at an oeuvre and its development that began with abrupt gestures in the mid-1970s and that today—with its balance of subjective perspective, an objectifiable interest in historical-documentary material, and a fascination for the subtle impact of images—has achieved great international recognition. Odenbach is more than a pioneer of video art, and the exhibition shows that it is worthwhile to consider his work beyond the characterization by the medium used. A considerable period of time is surveyed here, a period in which art history has transformed into "visual culture," filmic and performative processes have found their way into the visual arts, and a key role has been played by documentary approaches as well as global perspectives—that is to say, the preoccupation with reality and questions of its representation. The contributions to this catalogue address Odenbach's early investigation of postcolonial issues as well as his intensive examination of the National Socialist era,

1 "Marcel Odenbach", in *Audioarchiv Kunst: Stimmen zu den Anfängen der zeitgenössischen Kunst im Rheinland*, ed. Sabine Oelze and Marion Ritter, n.d., http://audioarchivkunst.de/zeitzeugen/marcelodenbach (accessed March 25, 2021).
2 Cf. Slavko Kacunko, *Marcel Odenbach: Konzept, Performance, Video, Installation 1975–1998*, PhD diss. Heinrich Heine University, Düsseldorf, 1998 (Mainz and Munich, 1999), p. 63.
3 The diary pages are now bound in a book in the collection of the Kunsthalle Bremen; see *Marcel Odenbach: Das im Entwischen Erwischte: Pläne 1975–1983: Video / Caught While Escaping: Plans 1975–1983*, ed. Wulf Herzogenrath, exh. cat. Kunsthalle Bremen (Cologne, 2008), pp. 90–101.
4 Odenbach formulated his personal motives in a manifesto: "Why I work with the medium of video: because video unites three different elements—a) the image, b) action sequences, c) the sound—in order to show the power of technology and progress in society, because the television image corresponds more to today's viewing habits than the panel painting, because television as a pastime with its high entertainment character has triggered social, that is, political changes on a large scale. Because media analysis and criticism has become a central theme of our society; because I can theoretically address a larger circle of recipients than museum visitors; because my visual representation can no longer be used as a decorative and representative wall ornament; because art loses part of its commodity character; because I can develop more comprehensive alternatives!" Marcel Odenbach, cited in *Videokunst in Deutschland 1963–1982*, ed. Wulf Herzogenrath, Ars Viva 82/83, exh. cat. Kölnischer Kunstverein, Cologne (Stuttgart, 1982), p. 222; quoted in Kacunko 1999 (see note 2), pp. 168–69.

anti-Semitism, and the culture of remembrance. The catalogue begins with the most recent works and traces Odenbach's development back to his artistic beginnings in the late 1970s.[5]

If one surveys the use of the labels "video art" and "drawing" on the basis of Odenbach's exhibitions, the "the pigeonhole thinking that predominated at the time" criticized at the outset can be looked at more closely and possibly made more precise. Odenbach, who from the beginning critically addressed the relationship between image and reproduction, as well as themes from contemporary history, politics, art, and culture, received increasing attention in the 1980s, a decade that was hedonistic, expressive, and infatuated with the surface. As early as 1981, he was given his first museum exhibitions at the Museum Folkwang in Essen and at the Städtische Galerie im Lenbachhaus in Munich, which were to shape his image as a video artist for a long time to come. On view were his videos, installations, and text works, which formulated a viable counter-position to the expressive painting of the so-called Neue Wilde, who were being celebrated at the time.[6] In 1982–83, Odenbach participated in the Ars Viva show *Videokunst in Deutschland 1963–1982* at the Kölnischer Kunstverein, followed in 1984 with his participation in the presentation *Von hier aus: Zwei Monate neue deutsche Kunst in Düsseldorf*, where there was a uproar over video art being banished to the farthest corner.[7] That same year, Odenbach was represented in the context of international video art at the epoch-making exhibition *Het lumineuze beeld / The Luminous Image* at the Stedelijk Museum in Amsterdam. This was followed by several stays abroad, often mediated by the Goethe-Institut, in the United States, France, Spain, and former Yugoslavia, in the course of which video artworks were realized, often also for innovative television stations.[8] In 1987, Odenbach participated in documenta 8 in Kassel and was invited to two other now famous group shows: whereas, in *L'époque, la mode, la morale, la passion* (The era, the fashion, the morals, the passion), organized on the occasion of the tenth anniversary of the Centre Georges Pompidou in Paris, Odenbach could be seen in the context of the contemporary art of the 1980s, he was explicitly involved as a video artist in the major exhibition tour *The Arts for Television*, which was sent around the world starting from the Stedelijk Museum. This demonstrates not only the breadth of Odenbach's reception, but also the incipient dissolution of fixed genre boundaries, which was accompanied by a significant change in video technology, especially the availability of projectors. In 1989, Odenbach stopped working on single-channel video tapes presented on monitors and turned to installations in the form of video projections. In 1992, he accepted a professorship for video art at the Karlsruhe University of Arts and Design at the then newly founded ZKM and has been teaching continuously ever since. In 2000, he began teaching at the Academy of Media Arts Cologne, and in 2010 he was appointed professor at the Kunstakademie Düsseldorf, in addition to participating in numerous workshops on video art worldwide. By also representing the medium of video institutionally for more than thirty years, Odenbach solidified his characterization as a video artist. The artistic practice of drawing and collage moved slightly into the background, whereby he never completely abandoned working on and with paper.[9]

Around 1990–91, Odenbach created the first so-called *Schnittvorlagen* (templates), which then became the basis for his group of large-format collages made of paper. He has since produced these using his own unique technique. In the first two decades of the twenty-first century—from 2005 on in cooperation with Vesko Gösel—he created increasingly technically

5 All of the works in the present exhibition can be found in the chronological list of works, pp. 224–31, including page references to the illustrations.

6 The video work and eponymous collage *Das Ende einer Illusion oder 700 Intellektuelle beten einen Öltank an* (*The end of an illusion, or 700 intellectuals pray to an oil tank*, 1980) were created for these exhibitions. Cf. the essay by Barbara Engelbach in this volume, pp. 194–98. For the exhibitions as well as publications accompanying the shows mentioned here and below, see the list of exhibited works and bibliography, pp. 233–42 and p. 243.

7 Ingrid Oppenheim wrote an indignant letter to Kasper König about this situation; cf. Oelze and Ritter, n.d. (see note 1).

8 These include: *As if memories could deceive me / Als ob Erinnerungen mich täuschen könnten* (1984–86), *Dans la vision périphérique du témoin / Dem Augenzeugen im Blickwinkel stehen* (*In the Peripheral Vision of the Witness*, 1986), *Srecan Susret / Die glückliche Begegnung* (*The Happy Encounter*, 1987), and *Estar de pie es no caerse / Stehen ist Nichtumfallen* (*Standing Is Not Falling*, 1989).

9 "Marcel Odenbach: Die Uhu-Flasche begleitet mich schon mein Leben lang: Ein Gespräch von Helga Meister," *KUNSTFORUM International* 273

elaborate collages that, like the large cinematographic installations, were presented at international solo and group shows. Video and works on paper, however, now remained for the most part separate from each other, and the early drawings were hardly ever exhibited at all. In 1997, the Kunstmuseum Liechtenstein made an exception when Friedemann Malsch described for the first time in the exhibition catalogue the interaction between video and works on paper in Odenbach's oeuvre and placed him—beyond the characterization as a pioneer of video art—in the larger context of, for example, the Pictures Generation.[10] Nevertheless, from the late 1990s onward, Odenbach's shows were dominated by "video art as a medium of hybridization," as Kobena Mercer argued in the catalogue to Odenbach's exhibition at the New Museum of Contemporary Art in New York in 1998.[11] The expansive projections conceived for large, dark rooms, such as *Ach, wie gut, dass niemand weiß* (*Hal glad am I that no one knew*, 1999) at the Kölnischer Kunstverein, left hardly any room for the traditional medium of paper. Even an ambitious monographic show such as *Auch wenn der Fahrer ein anderer ist, der Lastwagen bleibt der Gleiche* (Even if the driver may be different, the truck still remains the same) at the Frankfurter Kunstverein in 2002 focused exclusively on moving images and thus once again presented Odenbach as a pioneer of video art. That his artistic approach is broader can be seen in that period, for example, in the exhibition *Das große Fenster – Einblick eines Ausblicks* (The big window—insight, looking out) developed for the Raum für Kunst on the Zugspitze in 2001. The video work, which Odenbach developed based on the overwhelming Alpine panorama and the story of Hitler's nearby Berghof in Berchtesgaden, was presented in the light-flooded exhibition space on a monitor placed in front of the window, with a series of new collages thematically coordinated with the video on the walls. How inadequately the reduction to particular media describes Odenbach's artistic approach is also demonstrated by his numerous public art projects, such as the installation with collages at Freiburg University, realized in 2005 to commemorate the fate of Jewish university members during the National Socialist reign of terror. In 2008, the Kunsthalle Bremen balanced the reception of paper and video with the exhibition *Das im Entwischen Erwischte / Caught while Escaping*, where the entire collection of seventy *Pläne* (*Plans*, 1975–83) could be seen for the first time. Above all, however, the Kunstmuseum Bonn played an important role in the reception of Odenbach's graphic oeuvre in 2013 with its show focusing exclusively on his works on paper. In conjunction with the show, the catalog raisonné of his works on paper since 1975 was published, impressively demonstrating the continuity and thematic density of Odenbach's collages and drawings. Even so, it can hardly console the fact that not a single video work, and thus once again only "half of Odenbach," could be seen in Bonn. Only in subsequent exhibitions—such as *Stille Bewegungen – Tranquil Motions*, which was sent on a world tour by the ifa (Institut für Auslandsbeziehungen) beginning in 2014, with stations in Venezuela, Brazil, India, and other countries—were the more recent large, colorful collages and video projections shown together. Odenbach's last two major solo shows—*Beweis zu nichts / Proof of Nothing* in 2017 at the Kunsthalle Wien and *Es brennt* (It's burning) in 2020 at the Kunsthalle Nürnberg—also featured a succinct selection of recent collages and video works, whereby early works on paper were not included. The exhibition at K21 aims to remedy this and show the "whole Odenbach."

(2021), pp. 212–23. His reception as a draftsman is also evidenced by his participation in the two-year worldwide tour of the exhibition *Deutsche Zeichnungen der Gegenwart / Contemporary German Drawings*, initiated by the Museum Ludwig in Cologne in 1982. In Odenbach's solo exhibitions at the Badischer Kunstverein in Karlsruhe in 1988 and the Villa Merkel in Esslingen in 1993, quite a few collages and drawings were shown alongside videos and installations.

10 For Malsch, Odenbach is a "second-generation conceptual artist"; cf. Friedemann Malsch, "Objekt und Prozess, Dialog und Sequenz: Zum Verhältnis von frühen Zeichnungen und videographischem Werk bei Marcel Odenbach," in *Marcel Odenbach: Zeichnungen 1975–77*, exh. cat. Liechtensteinische Staatliche Kunstsammlung, Vaduz (Cologne, 1997), pp. 126–30, here p. 127.

11 The essay has been reprinted several times, such as in Kobena Mercer, "Knowing Me, Knowing You: Video Art as Practice of Hybridization," in *Take It Or Leave It: Marcel Odenbach: Anthology of Texts and Videos*, ed. Slavko Kacunko and Yvonne Spielmann (Berlin, 2013), pp. 201–12.

In the Festschrift in honor of Odenbach's sixtieth birthday,[12] the American Dan Cameron pointed out that it would have cost other artists their heads if they had contributed to the vocabulary of the avant-garde medium of video early on and then turned to a traditional genre such as collage. This does not apply to Odenbach, however, who, as Cameron points out in his essay "The World as He Finds It," approaches the unknown and the unconscious in both media with openness, curiosity, and intelligence, and is able to depict the world—as he finds it—including its burning issues of "race, gender, class."[13] The show at K21 takes up this perspective, making a concise selection from an enormous body of work and allowing video and paper to intertwine in a systematic way. It becomes obvious that Odenbach's world contains hybrid formats and genres, ambivalences, mixtures, and pastiches, which the exhibition takes aim at and strives to convey. In this respect, the presentation *Marcel Odenbach: So oder so* (One way or another) is itself a collage, or perhaps better a "parallel montage," to use a term that leads directly back to Odenbach's beginnings at Studio Oppenheim. In the production and experimental laboratory that the gallerist Ingrid Oppenheim made available to the young Cologne video scene in the 1970s, there was no electronic editing station, and videos were "cut" solely by turning the camera on and off. In this sense, all of Odenbach's early videos are "parallel montages"—that is to say, individual images mounted together to form sequences. The cutting and mounting of autonomous and at times contradictory parts plays a decisive role in his collages and films. Applied to an exhibition, the principle of montage/collage can be helpful in ferreting out references and reprises in the work or in articulating dialogical processes of visualization and spatialization. Yet, the "parallel montage of an exhibition" also means operating with elementary contrasts of Odenbach's work within the exhibition space, with light and dark, still and moving, poetic and political, loud and quiet.

As is well known, Odenbach came to the visual arts via his studies in architecture and semiotics, which have left their mark on his edifying and media-critical approach. The works brought together in the exhibition not only illustrate his attentive view of the signs and codes of the world, but also take a clear stance on political issues. Odenbach reflects on the image politics of RAF terrorism in the video *sich selbst bei Laune halten* (*Staying in a Good Mood*, 1977), deals with the repression of the Nazi era in *As if memories could deceive me / Als ob Erinnerungen mich täuschen könnten* (1984–86), and questions clichés of the foreign and exotic in the video sculpture *Das Schweigen deutscher Räume erschreckt mich* (*The silence of German rooms frightens me*, 1982).[14] In the course of the 1990s, which Odenbach spent predominantly in New York City, his artistic approach broadened and increasingly aligned itself with the political demands of the global and the postcolonial. Thematically and technically, the readjustment of his view of the diversity of society and culture culminated in the expansive installation *Ach, wie gut, dass niemand weiß* (1997–99). Finally, a further development and differentiation of technical means and filmic narrative styles can be observed in the years after the turn of the millennium. The spectrum ranges from the epic depiction of the Rwandan landscape after the genocide in the work *In stillen Teichen lauern Krokodile* (*In Still Waters Crocodiles Lurk*, 2002–04) and the narrative of a trip to India peppered with alienation effects and exoticist topoi in *Disturbed Places—Five Variations on India / Verstörte Orte – Fünf Variationen über Indien* (2007) to the haunting double projection *Tropenkoller* (*Tropical Frenzy*, 2017), which contrasts archival material from the era of colonialism with images of the persistence of colonial structures in today's Togo. The theme of identity with regard to sexuality, origin, and gender, as well as a strong affinity with cinema, is addressed in the video installation *Männergeschichten 1* (*Male Stories 1*), created for the Istanbul Biennial in 2003. Video works such as *Das große Fenster, Einblick eines Ausblicks* (2001) and *Beweis zu nichts* (2016) demonstrate the continuing relevance of the confrontation with the Nazi past. The themes find their way into the large-format paper collages *Familienfeier* (*Family Affair*, 2011–12), *Sitzfleisch* (*Staying Power*, 2012), and *Meldung* (*Notification*, 2016). They attest to the necessity of keeping memory

12 Edited by Slavko Kacunko and Yvonne Spielmann (see note 11).
13 Cf. Dan Cameron, "The World as He Finds It," in Kacunko and Spielmann 2013 (see note 11), pp. 225–29.

alive and continually reexamining history and are also expressed in the three most recent collages created especially for the exhibition: *Meine Freimarken* (*My Postage Stamps*, 2019–21), *Ausblick ohne Gott* (*View without God*, 2019–21), and *zur Ruhe kommen* (*Come to Rest*, 2021).

The spacious exhibition hall of K21, which extends over 1,100 square meters, not only makes it possible to trace the developments and ramifications of the work but also allows for the restaging of Odenbach's largest multi-channel installation to date, *Ach, wie gut dass niemand weiß*.[15] Developed in 1999 for the Kölnischer Kunstverein, the expansive video installation with its title based on the fairy tale character of Rumpelstiltskin by the Brothers Grimm is one of the milestones in the development of the presentation of moving images in the form of an installation that took place in the 1990s. Comparable to the immersive, at times monumental video installations of Steve McQueen, Douglas Gordon, Isaac Julien, Sam Taylor-Wood, and Eija-Liisa Ahtila, Odenbach's work relies on an innovative participatory form of cinematographic reception to achieve an direct physical effect. The viewers, moving freely in the space, become part of the choreography of the haunting work, which deals with the themes of racism, state repression, and protest. Depending on the viewer's position in the space, he or she can experience a changing combination of film images projected on the front and back of four large screens installed freely in a row. The documentary footage is of protest movements from the 1960s and is set in rhythmic motion. Two young men, a white track-and-field athlete and a black basketball player, are seen jumping up and down. They are the ones filming the documentary footage, so that the entire cinematographic space is thrown into turmoil. The film-semiotic distinction between objective and subjective camera work is completely dissolved here; historical memory and physical experience overlap. The historical footage comes from two different sources and is juxtaposed in harsh montages. On the one hand, one sees images of the protests surrounding the assassination of the German university student Benno Ohnesorg on June 2, 1967, in West Berlin; on the other hand, there are scenes filmed during the demonstrations in Washington, DC, on the occasion of the assassination of Martin Luther King Jr., on April 4, 1968. In the rhythmic crossfading of the images, Odenbach also used principles of sampling, contextualizing, meandering loops, and dub echo adopted from the DJ culture of the 1990s.[16] For Odenbach, the installation, which is visually and acoustically dominated by a strong rhythm, and its reference to protest actions of the 1960s, is associated with an artistic and personal stocktaking that took place more than twenty years ago. In 1999, for example, he explained in an interview with the art historian Hans Belting: "I wanted to know, where I stand and what my name is and what my name was then and where I stood then."[17] The video installation *Ach, wie gut, dass niemand weiß*, which was rarely seen after its first presentation in Cologne, will be shown again at K21 for only the fourth time—and, in 2021, will possibly be viewed with different eyes by both the artist and the public.

In Odenbach's work, music, rhythm, and sound play a central and multifaceted role. While the early video works contain numerous musical quotations (from classical to film and pop music), the video installations from 2001 onward feature almost exclusively specially composed music, most of which was developed for Odenbach by the musician Richard Ojijo.[18] Ojijo's electronic, reduced abstract compositions contribute to the heightened atmospheric effect of the film footage. The sound underpins the visual narration but does not illustrate the images. Occasionally, Ojijo subtly connects to passages used in a quotation-like manner, such as Heiner Goebbels's *Eislermaterial* in the video installation *Beweis zu nichts* (2016), when the sounds, together with the camera, hauntingly encircle Fritz Cremer's heroic Buchenwald memorial from 1958. The fact that, for the semiotician Odenbach, music is always a sociological sign is evidenced by the multiple uses of classical

14 Cf. Marlis Grüterich, "Das Schweigen deutscher Räume erschreckt mich," *KUNSTFORUM International* 77 / 78 (1985), pp. 110–13.
15 Cf. *Marcel Odenbach: Ach, wie gut, dass niemand weiß*, ed. Udo Kittelmann, exh. cat. Kölnischer Kunstverein (Cologne, 1999); and Sabine Maria Schmidt, "Not creating images, but working on them . . . Thoughts on the video installation 'Oh, how good that no-one knows,'" in Herzogenrath 2008 (see note 3), pp. 76–89.
16 Hans Nieswandt, "Marcel Odenbach," ibid.
17 "Interview vom 5. Februar 1999, Hans Belting und Marcel Odenbach," ibid., pp. 52–69, here p. 58.
18 A double vinyl album with compositions by Richard Ojijo, documenting his twenty-year collaboration with Marcel Odenbach, will be released to coincide with the present exhibition.

music, especially in the early videos, as a reference to the dignified bourgeois, Western high culture often invoked by the artist. The socio-psychological potential of music is exemplified in the collage *Selbstportrait* (*Self-Portrait*, 2017). The stack of LPs from Odenbach's private vinyl collection reveals a self-image influenced by music, which can be read as an expression of a generational affiliation.

Selecting, copying, cutting, mounting together, using and reusing visual material, working with quotations and fragments has been characteristic of Odenbach's work from its beginnings to the present day. With regard to film, Odenbach systematically applies the technique of cutting and montage to the factors of time and movement. The editing technique, practiced from an early stage and accompanied by a dissolution of linear narratives and text-image hierarchies, arranges details into a newly structured whole. The interweaving of history and the present is revealed through the juxtaposition in the filmic collages, causes logical causality to be questioned, and relies on self-determined viewers who think for themselves. This procedure comes into play in the videos, but even more so in the more recent paper collages, when Odenbach pieces together motifs based on his own or found photographs from the most diverse pictorial elements. His large-format collages are assembled like a mosaic from countless small, photocopied, and colored images. The individual parts are arranged in such a way that they create a meta-picture with all the illusionistic effects of surfaces, light, shadows, and reflecting areas. The closer one gets to the picture, the more details can be discovered as additional pictorial information. Like picture puzzles, the collages call for mobility in viewing, with the image changing depending on the viewer's position. In the collage *Tupac* (2015), based on an iconic photograph of the rapper and singer Tupac Shakur (1971–1996) by the Dutch artist Dana Lixenberg, small-scale documentary imagery from the era of the American civil rights movement can be discerned in the shirt, hand, and headscarf: "In these dialectics of the parts and the whole, the artist's collages fathom the complexity of his respective themes."[19]

In Odenbach's work, history reveals itself as a process that can never be completed. The aesthetic of the images assembled from a wide variety of sources stands in the tradition of twentieth-century political art. Following the model of the historical form of collage developed by George Grosz, Hannah Höch, John Heartfield, and others in the medium of paper, Odenbach uses meticulously placed cuts to assemble the individual parts into a newly structured whole and, with a fragmenting aesthetic, tests the possibilities remaining after modernism of a narrative art that is sharpened in terms of political content. The centerpiece of the exhibition in Düsseldorf is therefore the double projection *Wer Leidet der Schneidet* (*He Who Suffers, Cuts*), conceived in 2019 as a commissioned work for the comprehensive John Heartfield retrospective at the Akademie der Künste in Berlin. While it was projected in Berlin on two free-standing walls, the video installation, accompanied by Ojijo's fine sound texture, will be shown in K21 as an autonomous work in the centrally located, sound-proofed Black Box. It forms the conclusion—or the beginning—of the presentation of an oeuvre that invites the most diverse readings. *So oder so* (One way or another), the subtitle Marcel Odenbach has given his show at K21, quotes the last verse of a famous poem from 1971 by the German author, poet, and film director Thomas Brasch and aptly captures the retrospective character of the exhibition of a decidedly open oeuvre:

"He who writes remains
Here or away or where
He who writes drifts
One way or another"[20]

19 Hans Dickel, "Eine Frage der Distanz," in *Marcel Odenbach: Es brennt*, ed. Ellen Seifermann, exh. cat. Kunsthalle Nürnberg, Nuremberg (Cologne, 2020), pp. 24–46, here p. 28.

20 Thomas Brasch, "Dornröschen und Schweinefleisch," in *Der schöne 27. September* (East Berlin, 1981) [translated].

32 *Ach, wie gut, daß niemand weiß*, 1997/1999
Hal glad am I that no one knew
Vierkanal-Videoinstallation, Farbe und SW, Ton, je 08' 11" / Four-channel video installation, color and black-and-white, sound, each 08' 11"

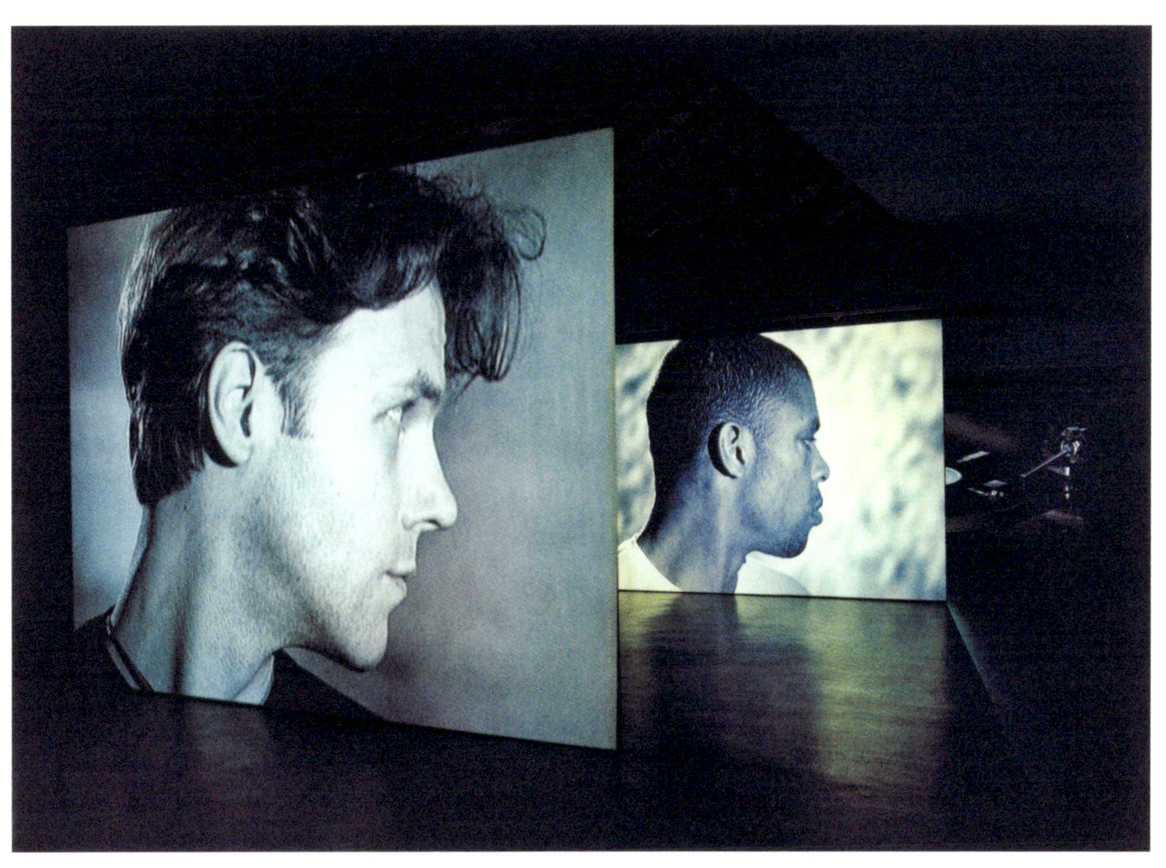

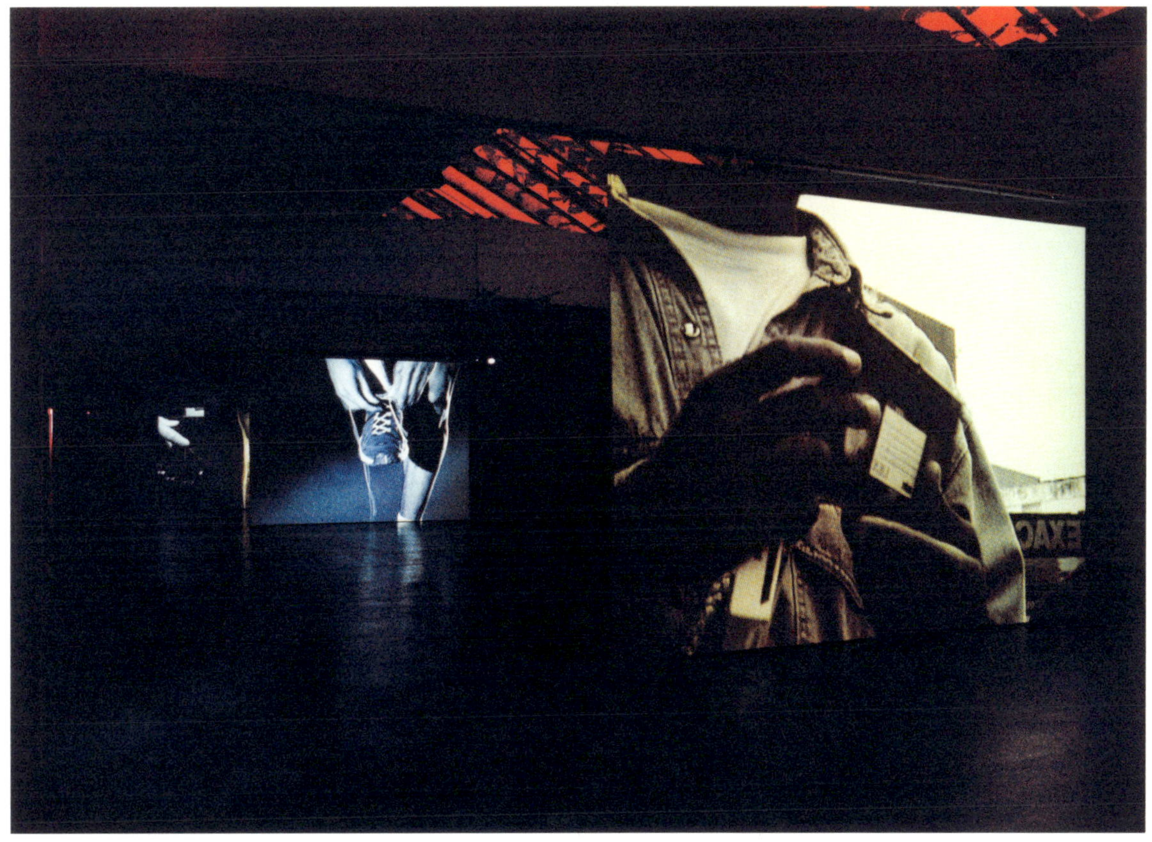

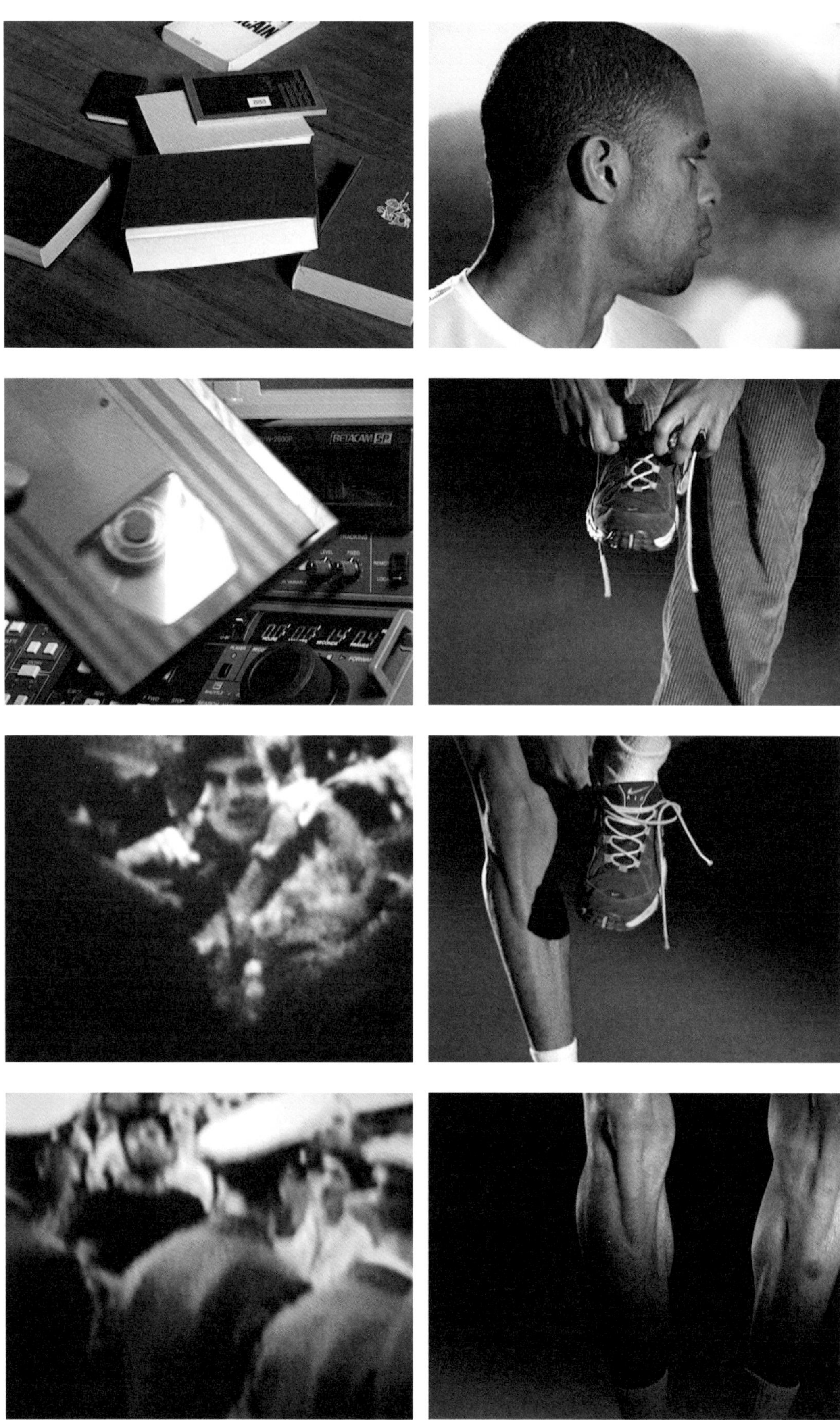

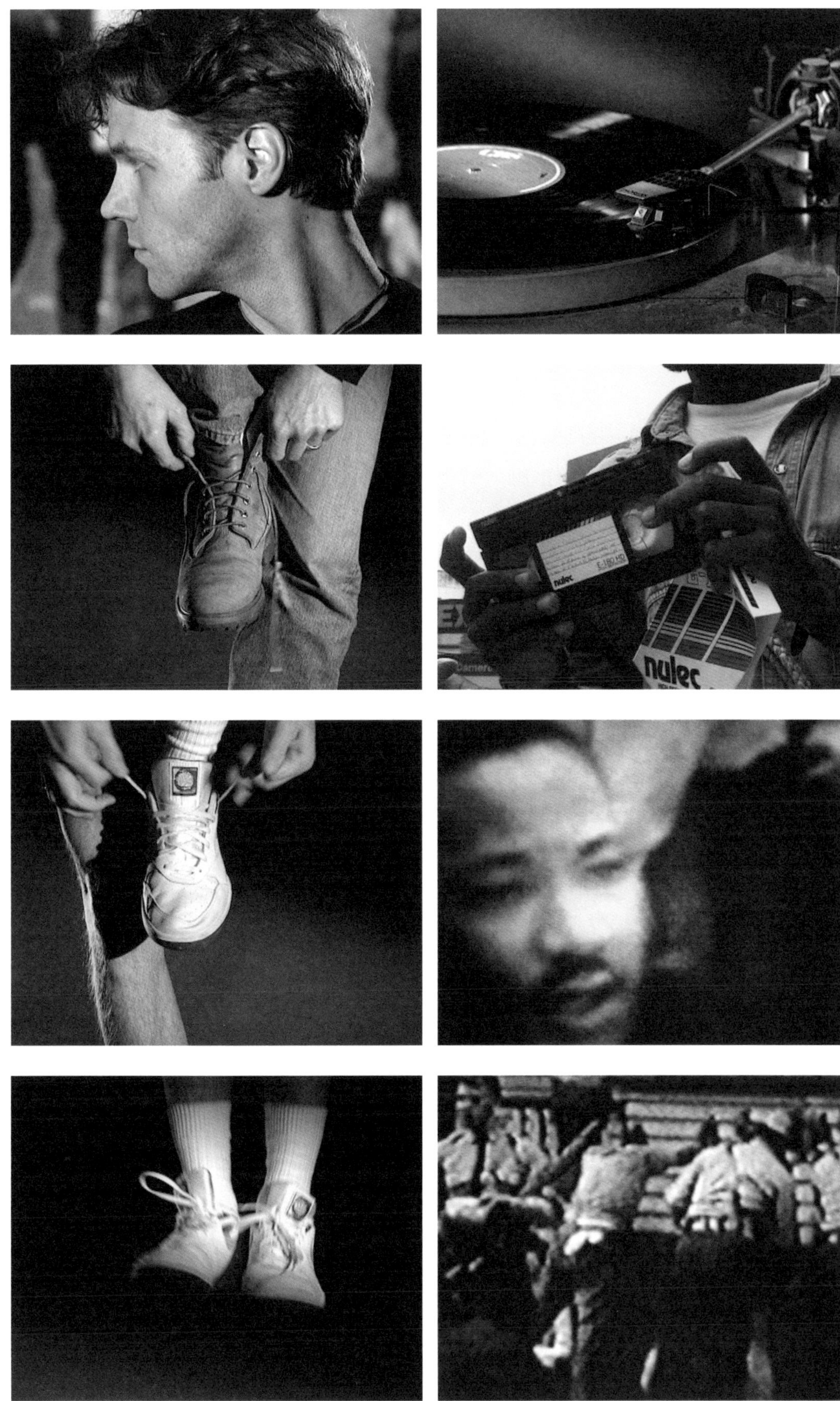
nulec
nulec

28 *Ohne Titel (Namibia)*, 1990
Untitled (Namibia)
Collage (erste Version der späteren Schnittvorlagen / first version of the later templates), 21 × 29,5 cm

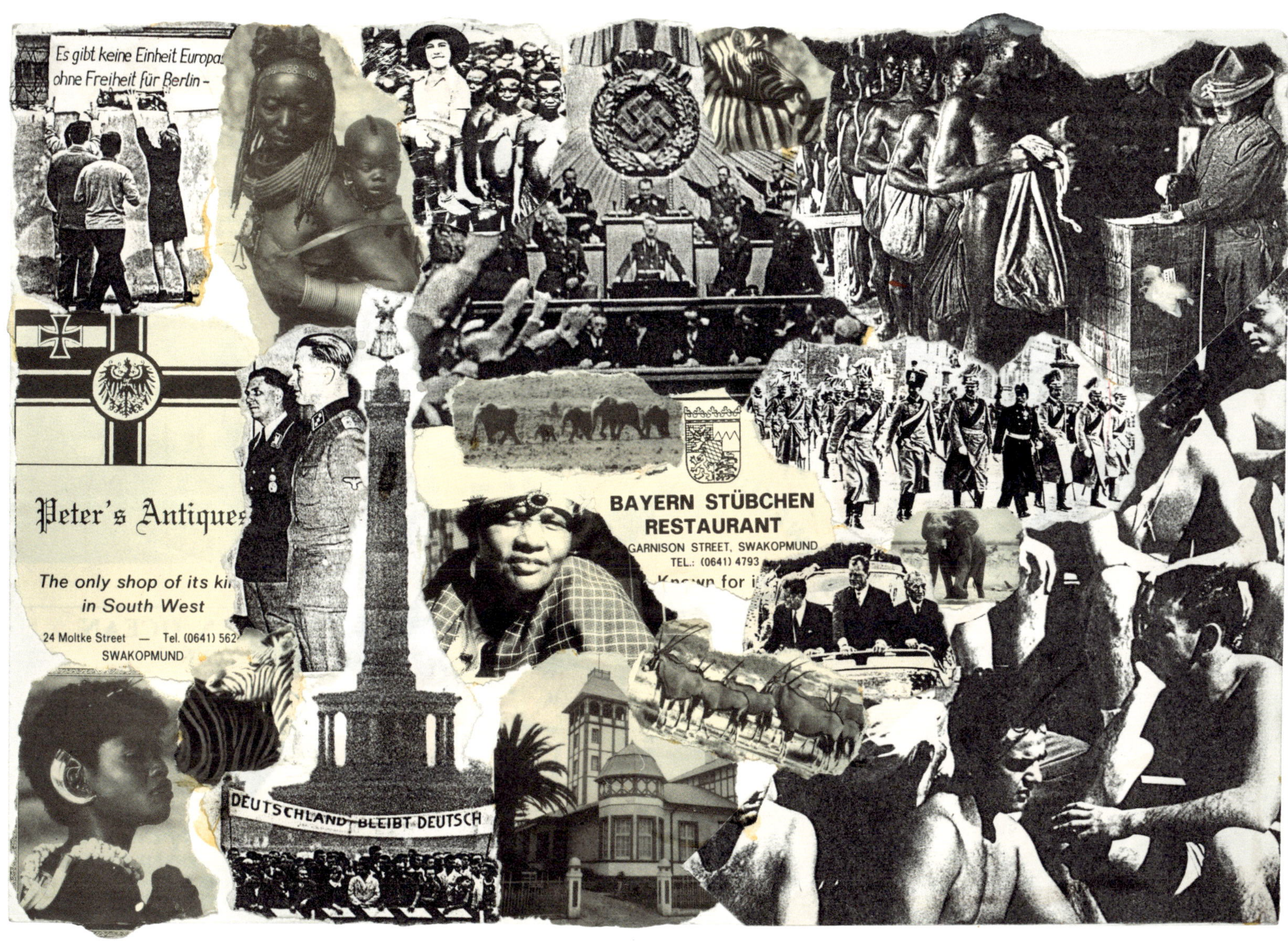

Es gibt keine Einheit Europas
ohne Freiheit für Berlin -
Peter's Antiques
The only shop of its ki
in South West
24 Moltke Street — Tel. (0641) 562
SWAKOPMUND
BAYERN STÜBCHEN
RESTAURANT
GARNISON STREET, SWAKOPMUND
TEL.: (0641) 4793
DEUTSCHLAND BLEIBT DEUTSCH

29 *Ohne Titel (Politikerköpfe)*, 1991
Untitled (heads of politicians)
Collage, 42 × 56 cm

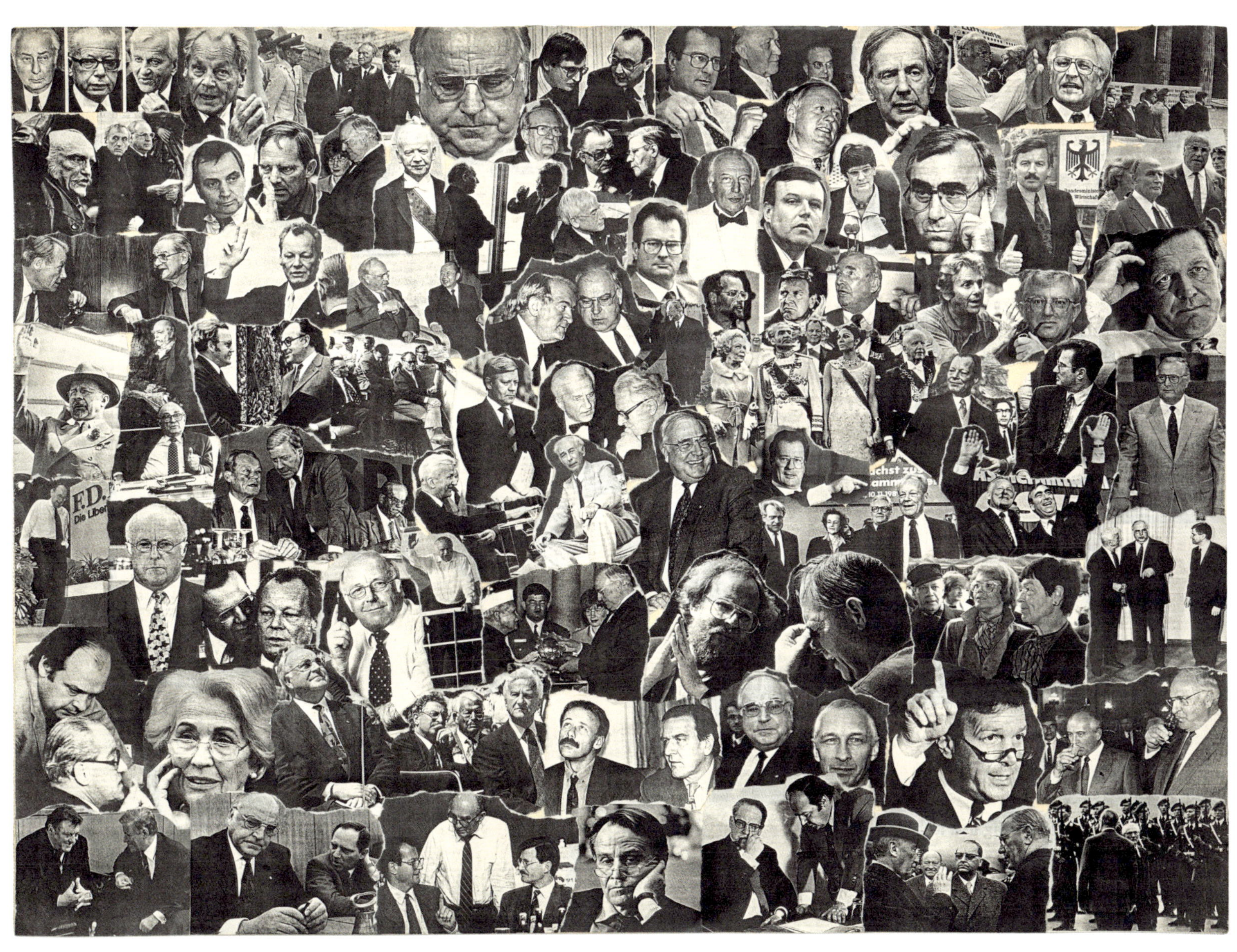

NACH SILS

Cécile Huber

In der Engadiner Hochebene, in einem Dorf am Rande der Seen liegt im ersten Stock eines weißverputzten Hauses diese kleine Kammer, von der eine beträchtliche geistesgeschichtliche Wirkung ausgeht. Dunkel und schlicht die Einrichtung, viel braucht es nicht, wenn draußen die Berglandschaft lockt. Allein die Bücher fehlen in seiner „Höhle", wie der ehemalige Bewohner sie nannte, doch diese finden sich heute wohlsortiert neben weiteren Archivalien in den anderen Zimmern des Nietzsche-Hauses in Sils Maria, dessen Herzkammer das kleine Zimmer bildet. Das Haus bewahrt das Andenken des Philosophen seit den späten 1950er-Jahren und fungierte in seinen Anfängen auch als Ort einer positiven Wiederaneignung seines Denkens, nachdem er im Nationalsozialismus zum Vordenker erkoren worden war. Friedrich Nietzsche kam 1881 nach Sils, mietete das Zimmer an und verbrachte bis 1888 wiederholt ungewöhnlich glückliche Sommermonate dort, in denen seine Hauptwerke entstanden. Nach ihm haben Philosoph*innen, Vorbeiwandernde und Künstler*innen diesen Ort aufgesucht und seiner seltsamen Kraft nachgespürt – so auch Marcel Odenbach.

In seiner Collage *Ausblick ohne Gott* (2019/2021) bildet er besagte Kammer nicht einfach ab, er porträtiert vielmehr den Ort mit allem Licht und Schatten seines geistesgeschichtlichen Nachlebens. Diese Nuancen sind für Odenbachs Collagen charakteristisch, für deren kleine Details er Bildmaterial sorgfältig aneinanderfügt und damit Assoziationen zum Gesamtmotiv ermöglicht. In Sils hatte Nietzsche die Eingebung zu *Also sprach Zarathustra*, in dem verkündet wird, dass Gott tot sei, womit der Autor einen zentralen Gedanken der anbrechenden Moderne formulierte. Odenbach nimmt Bezug darauf, indem er Päpste und religiöse Darstellungen unter dem Schreibtisch versammelt, die auf dieses Vermächtnis Nietzsches hindeuten. Gleichzeitig diente der *Zarathustra* und das darin beschworene Übermenschentum aber auch der nationalsozialistischen Ideologie als Quelle. Porträts von Nietzsches Schwester sowie der mit ihr geführte Briefwechsel aus der Silser Zeit in Tisch- und Zimmerdecke verweisen bei Odenbach auf den Anteil Elisabeth Förster-Nietzsches an der nationalsozialistischen Rezeption. Die weiteren verwendeten Schnittvorlagen der Collage betten Zimmer und darin entstandenes Werk ferner auch in die politischen Umstände zu Nietzsches Lebzeiten ein und weisen auf die Umbrüche hin, die sich zu dieser Zeit in Deutschland und Russland ankündigten. Außerdem scheint Richard Wagners Musik im Waschgeschirr auf – Wagner, den Nietzsche in jungen Jahren erst vergötterte, um sich dann später in den Silser Jahren entschieden von ihm abzuwenden, auch aufgrund dessen Antisemitismus und Deutschtums. Im Muster des Teppichs, das Bezüge zu Indien enthält, mit dem sich Odenbach auch in anderen Arbeiten beschäftigt hat, ist über den Siddartha auch Hermann Hesse als eine*r der vielen prominenten Besucher*innen des Nietzsche-Hauses anwesend.

Schließlich deutet sich auch der 1889 drohende Zusammenbruch Nietzsches in Odenbachs Collage an. Das Turiner Pferd taucht in wiederkehrender Darstellung tapetenartig in der Vertäfelung auf. Es verweist auf einen Moment in Turin, in dem Nietzsche angeblich einem Pferd, das von seinem Kutscher geschlagen worden war, schluchzend und von Mitleid ergriffen um den Hals fiel. Dieser Moment, der den Beginn von Nietzsches geistiger Umnachtung markierte, gilt häufig als biografischer Wendepunkt. Im Anschluss an die Begebenheit in Turin nahmen ihn seine Mutter und seine Schwester in Deutschland in Obhut und er konnte bis zu seinem Tod im Jahr 1900 nicht mehr arbeiten. Odenbach greift mit den tapezierten

Pferden diesem traumatisierenden Moment vor. Ganz gleich, ob diese Szene so stattgefunden hat oder nicht, der darauffolgende Wahn des Verfassers des *Zarathustra*, in dem er die Selbstüberwindung anstrebte, hat viele fasziniert. Darüber hinaus arbeitet Odenbach weitere Dokumente des sich ankündigenden Wahnsinns in der oberen linken Ecke der Stirnwand ein, nämlich die sogenannten Wahnzettel, die Nietzsche in geistiger Umnachtung versandte, und sein wirr gekritzeltes, mit Noten durchsetztes Testament, das heute wenige Räume entfernt ausgestellt ist. Der Untertitel, den Odenbach für seine Collage wählt, „als er wieder Worte fand, hatte er nichts mehr zu sagen", verweist noch einmal auf den Wahnsinn und wirft zuletzt auch die Frage auf, ob Nietzsche nicht doch noch arbeitete und ob wir, die Nachwelt, nur aufgrund von arglistiger Nachlasspolitik davon nie etwas wissen werden. Alles das, was nach Sils kam, nach dieser Hochphase von Nietzsches Schaffen, flicht Odenbach in sein Porträt des Orts mit ein.

Typisch für Odenbach ist diese Verknüpfung von Orten mit ihrer Geschichte, insbesondere der deutschen, die durch die Informationen aus der Collage erfahrbar wird. Auf einer anderen Ebene lässt sich jedoch auch Nietzsches Ästhetik selbst auf Odenbachs Collagetechnik anwenden. Im Zusammenspiel der Collage zwischen Gesamtansicht und Detail klingt der apollinisch-dionysische Gegensatz an. Das Apollinische als das Harmonische, als Einheit und Traum, als schöner Schein und als *principium individuationis* äußert sich im Gesamtbild, in dem auf die Ferne ungestörten Eindruck des Zimmers. Das Dionysische hingegen zeigt sich im Detail. Dort lauert der Ausbruch aus der Einheit, das Überbordende, der rauschhafte Wahn, hier ist Raum für Dissonanz. Die kleinen Bilder, die erst in der Nahsicht erschließbar werden, bilden den brodelnden Untergrund, ihre Informationen und Assoziationen schießen aus dem Gesamtbild heraus. Die Collagen kann man wohl als Versuch bezeichnen, diese gegensätzlichen Kräfte zu bannen. Dabei kommt es Odenbach aber – ganz in der Linie der westlichen Kunst des 20. Jahrhunderts – nicht auf eine synthetische Vereinheitlichung zum wagnerschen Gesamtkunstwerk an, vielmehr stellt er auch die Brüche und Fragmente zur Schau, die im Gesamtkunstwerk verschwinden. Bei Nietzsches Kammer linst etwa, ganz im Sinne des Dionysischen, der Albtraum aus der am linken Bildrand angeschnittenen Bettdecke hervor, aber dieser Gegensatz zwischen apollinischer Einheit und dionysischem Detail ist auch allgemein ein ästhetisches Prinzip der odenbachschen Collagen. Auch bei der Collage *zur Ruhe kommen* (2021), einer zweiten Collage mit einem Silser Ausgangsmotiv, verhält es sich so.

Verlässt man das Nietzsche-Haus und folgt der Hauptstraße für ein kurzes Stück einen steilen Hang hinauf, steht man vor dem Hotel Waldhaus, das über Sils thront und wacht. Darin befindet sich noch ein Zimmer, das Odenbach porträtiert. Es handelt sich um eines der verbliebenen alten Zimmer, das seit der Gründung des Hauses 1908 nicht wesentlich verändert worden ist.

Wieder lässt Odenbach in diesem Interieur verschiedene Fäden der Geistesgeschichte des 20. Jahrhunderts zusammenlaufen und auf die Gegenwart verweisen. Das Waldhaus ist Erholungsort und Bühne für Verleger*innen, Schriftsteller*innen, Filmemacher*innen, Musiker*innen und besonders immer wieder auch Künstler*innen. Das Gästebuch liest sich wie ein Who's who der europäischen Kultur- und Geistesgeschichte.

In den Details des Hotelzimmers, das Odenbach abbildet, erscheinen einige von ihnen, im Boden etwa Albert Einstein, Marc Chagall, Luchino Visconti, Primo Levi und Gerhard Richter. Aus den Vorhängen blinzeln Schweizer Literaten hervor, zum Beispiel Max Frisch und Friedrich Dürrenmatt – beide ebenfalls Gäste des Waldhauses. Die Werke dieser beiden Autoren bedeuteten für eine junge Generation nach dem Krieg, zu der auch Odenbach gehört, Aufbruch und Befreiung. Frisch hat sich außerdem, wie Odenbach, als Künstler kritisch zu den politischen Gegebenheiten verhalten. Solche autobiografischen Bezüge blitzen in verschiedenen anderen Ecken der Einrichtung hervor. In den grünen Samtsesselpolstern finden sich ineinandergeflochten Abbildungen von Werken der mit Odenbach befreundeten Schweizer Künstlerin Miriam Cahn, von James Ensor, dem wie Teile von Odenbachs Familie aus Belgien stammenden Symbolisten, und von dem die Gräuel des Krieges sezierenden Maler Otto Dix. Schließlich spielt der geklöppelte Bettüberwurf auf den Künstler Lucian Freud an, was der eher biederen Szenerie des Hotelzimmers etwas Körperliches, Bewohntes verleiht.

Im Jahr 2021 entstanden, handelt es sich bei *zur Ruhe kommen* um die jüngste Arbeit der Ausstellung. Sie verhandelt auch die gegenwärtig das Alltagsleben dominierende Pandemie. Die Tapete variiert die unterschiedlichen in der Pandemie kursierenden Grafiken des Coronavirus zu einem sich verselbstständigenden Muster. So fügt sich das Virus ganz nebenbei in das altmodische Hotelzimmer ein. Damit schlägt Odenbach den Bogen zu einem anderen Hotel in den Schweizer Alpen, nämlich dem Berghof in Davos aus Thomas Manns *Der Zauberberg*.

Das von Hans Castorp aufgesuchte Sanatorium ist dem Waldhaus nicht ganz unähnlich. Wenn man es sich leisten konnte, fuhr man zur Kur in die Berge, denn die Höhenluft versprach Linderung der damals grassierenden Tuberkulose. Das von Odenbach dargestellte Hotelzimmer springt also zwischen Vergangenheit und Gegenwart. Was früher Tuberkulose war, so könnte man Odenbach verstehen, ist heute Corona. Auch heute noch ist das Waldhaus nichts anderes als ein Kurhotel, das von Philosoph*innen oder Künstler*innen aufgesucht wird.

Im August 1886 verfasste Nietzsche in Sils unter dem Titel „Versuch einer Selbstkritik" ein Vorwort zur Neuauflage der *Geburt der Tragödie*, dem Werk, in dem er den Gedanken des Apollinischen und des Dionysischen entwickelt hatte. Darin heißt es, „die Wissenschaft unter der Optik des Künstlers zu sehn, die Kunst aber unter der des Lebens …". Genau diese Nähe zwischen Philosophie, Kunst und Leben, die im Rahmen seiner Silser Schriften auch sprachlich ihren Höhepunkt erreicht, fasziniert Menschen an Nietzsche bis heute. Er setzte dem kleinen Dorf im Oberengadin ein Denkmal. Auch deswegen sind viele nach ihm nach Sils gereist. Seinem und ihrem Nachleben spürt Odenbach nach.

AFTER SILS

Cécile Huber

On the Engadine plateau, in a village on the edge of the lakes, lies a small chamber on the second floor of a white-plastered house that emanates a considerable intellectual-historical effect. Dark and simple in its furnishings, it doesn't need much when the mountain landscape beckons outside. Only the books are missing in what the former occupant called his "cave"; today, however, they are well sorted along with other archival materials in the other rooms of the Nietzsche House in Sils Maria, the heart of which is this small room. The house has preserved the philosopher's memory since the late 1950s and, in its early days, also functioned as a place for a positive reappropriation of his thinking after he had been posthumously adopted as the chief philosophical beacon of National Socialism. Friedrich Nietzsche made his way to Sils in 1881, rented the room, and repeatedly spent unusually happy summer months there until 1888, during which he wrote his major works. After him, philosophers, passersby, and artists have sought out this place and traced its strange power—including Marcel Odenbach.

In his collage *Ausblick ohne Gott* (*View without God*, 2019–21), Odenbach doesn't simply depict the chamber; he portrays the place with all the light and shadow of its intellectual and historical afterlife.

These nuances are characteristic of Odenbach's collages, whose small details he carefully assembles from pictorial material, thus enabling associations with the overall motif. It was in Sils that Nietzsche had the inspiration for his 1883–85 philosophical novel *Also Sprach Zarathustra* (*Thus Spoke Zarathustra*), in which it is proclaimed that God is dead, thus formulating a central idea of the dawning modern age. Odenbach makes reference to this by gathering popes and religious representations under the desk that point to this legacy of Nietzsche's. At the same time, however, *Zarathustra* and the superhumanity it invokes served as a source for National Socialist ideology. Portraits of Nietzsche's sister as well as his correspondence with her from his time in Sils on the tablecloth and ceiling refer to the role Elisabeth Förster-Nietzsche played in the National Socialist reception. The other cutouts used in the collage also embed the room and the work created in it in the political circumstances of Nietzsche's lifetime and point to the upheavals that were heralded in Germany and Russia at that time. In addition, Richard Wagner's music appears in the wash basin and pitcher—Wagner, whom Nietzsche first idolized in his younger years, only to decisively turn away from him later during his time in Sils, also because of his anti-Semitism and Germanness. In the pattern of the carpet, which contains references to India, a topic Odenbach has dealt with in other works as well, Hermann Hesse, one of the many prominent visitors to the Nietzsche House, is likewise present via Siddhartha.

Finally, Nietzsche's imminent collapse in 1889 is also hinted at in Odenbach's collage. The "Turin horse" appears repeatedly in a wallpaper-like design in the paneling. It refers to a moment in Turin in which Nietzsche allegedly flung his arms around the neck of a horse that had been beaten by its coachman, sobbing and moved by compassion. This moment, which heralded the beginning of Nietzsche's mental derangement, is often considered a biographical turning point. Following the incident in Turin, his mother and sister took him into their care in Germany, and up to his death, in 1900, he was unable to work. Odenbach anticipates this traumatizing moment with the wallpapered horses. Whether or not this scene took place as it did, the subsequent delusion of the author of *Zarathustra*, in which he sought to overcome himself, has fascinated many. Odenbach, moreover, incorporates other documents of the impending madness in the upper-left corner of the front wall, namely the so-called *Wahnzettel* (delusion notes), which Nietzsche sent out in his mental derangement, and his chaotically scribbled last will and testament interspersed with notes, now on display a few rooms away. The subtitle that Odenbach chose for his collage, *als er wieder Worte fand, hatte er nichts mehr zu sagen* (*when he found words again, he had nothing more to say*), refers once again to Nietzsche's madness. It ultimately also raises the question as to whether Nietzsche was not still working after all and whether we—that is to say, posterity—will never know anything about it only because of fraudulent estate politics. Everything that came after Sils, after this high phase of Nietzsche's work, Odenbach weaves into his portrait of the place.

Typical for Odenbach is this linking of places with their history, especially German history, which can be experienced through the information in the collage. On another level, however, Nietzsche's aesthetic itself can be applied to Odenbach's collage technique. In the interplay of the collage between overall view and detail, the Apollonian-Dionysian opposition resonates. On the one hand, the Apollonian as the harmonious, as unity and dream, as beautiful appearance, and as *principium individuationis* is expressed in the overall image, in the at a distance undisturbed impression of the room. The Dionysian, on the other hand, reveals itself in the detail. There lurks the outbreak from unity, the exuberant, the intoxicating delusion; that is where there is room for dissonance. The small images, which can only be made out in the close-up view, form the seething underground, their information and associations shooting out of the overall image. The collages can well be described as an attempt to banish these opposing forces. In doing so, however, Odenbach—entirely in line with Western art of the twentieth century—is not interested in a synthetic unification along the lines of Wagner's Gesamtkunstwerk; rather, he also displays the fractures and fragments that disappear in the Gesamtkunstwerk. In Nietzsche's chamber, for example, a nightmare peeks out from the bedspread cut off at the left edge of the picture, completely in the sense of the Dionysian; but this contrast between Apollonian unity and Dionysian detail is in fact an aesthetic principle of Odenbach's collages in general. This is also the case in *zur Ruhe kommen* (*Come to Rest*, 2021), a second collage that takes a motif from Sils as its starting point.

Leaving the Nietzsche House and following the main road a short distance up a steep slope, we stand before the Hotel Waldhaus, which towers above and watches over Sils. Here, there is another room that Odenbach portrays. It is one of the remaining old rooms that has not been significantly changed since the hotel was established, in 1908.

Once again, Odenbach lets various threads of twentieth-century history culminate in this interior and refer to the present. The Waldhaus is a place of recreation and a stage for publishers, writers, filmmakers, musicians, and especially artists. The guestbook reads like a Who's Who of European cultural and intellectual history.

Some of these personages appear in the details of the hotel room that Odenbach exhibits: in the floor, for instance, we see Albert Einstein, Marc Chagall, Luchino Visconti, Primo Levi, and Gerhard Richter. Swiss literary figures, such as Max Frisch and Friedrich Dürrenmatt—both likewise guests at the Waldhaus—peak out from the curtains. The works of these two authors signified renewal and liberation for a young postwar generation, to which Odenbach also belongs. As an artist, Frisch—like Odenbach—was critical of the political situation. Such autobiographical references similarly flash out in various other corners of the interior. Interwoven into the green velvet chair cushions are images of works by Miriam Cahn, a Swiss artist friend of Odenbach's; James Ensor, the Symbolist artist who, like parts of Odenbach's family, came from Belgium; and Otto Dix, an artist who dissected the horrors of war. Finally, the bobbin-lace bedspread alludes to the artist Lucian Freud, lending the rather staid setting of the hotel room something corporeal, inhabited.

Created in 2021, *zur Ruhe kommen* is the most recent work in the exhibition. It also negotiates the pandemic currently dominating everyday life. The wallpaper varies the different graphics of the coronavirus circulating in the pandemic into a pattern that takes on a life of its own. In this way, the virus blends in quite incidentally with the old-fashioned hotel room. Odenbach thus freely associates with another hotel in the Swiss Alps, namely the Berghof in Davos from Thomas Mann's 1924 novel *Der Zauberberg* (*The Magic Mountain*). The sanatorium visited by Mann's young protagonist, Hans Castorp, is not entirely dissimilar to the Waldhaus. If someone could afford it, they went to the mountains for a cure, because the mountain air promised relief from tuberculosis, which was rampant at the time. The hotel room depicted by Odenbach thus jumps between past and present. What used to be tuberculosis, Odenbach might be understood to say, is now the coronavirus. To this day, the Waldhaus is nothing else than a sanatorium frequented by philosophers and artists.

While at Sils in August 1886, Nietzsche wrote under the title "Attempt at Self-Criticism" a preface to the new edition of his first book, *Die Geburt der Tragödie* (*The Birth of Tragedy*), in which he had developed the idea of the Apollonian and the Dionysian. In it he states that at issue was "to look at scientific enquiry from the perspective of the artist, but to look at art from the perspective of life." It is exactly this contiguity between philosophy, art, and life, which also reaches its linguistic climax in the context of his writings in Sils, that fascinates people about Nietzsche to this day. He set a monument to the small village in the Upper Engadine. This is one of the reasons why many have traveled to Sils after him. Odenbach traces his and their afterlife.

55 *Ausblick ohne Gott*, 2019/2021
View without God
Collage, Fotokopien, Bleistift und
Tinte auf Papier / Collage, photocopies,
pencil, and ink on paper, 179,5 × 147,5 cm

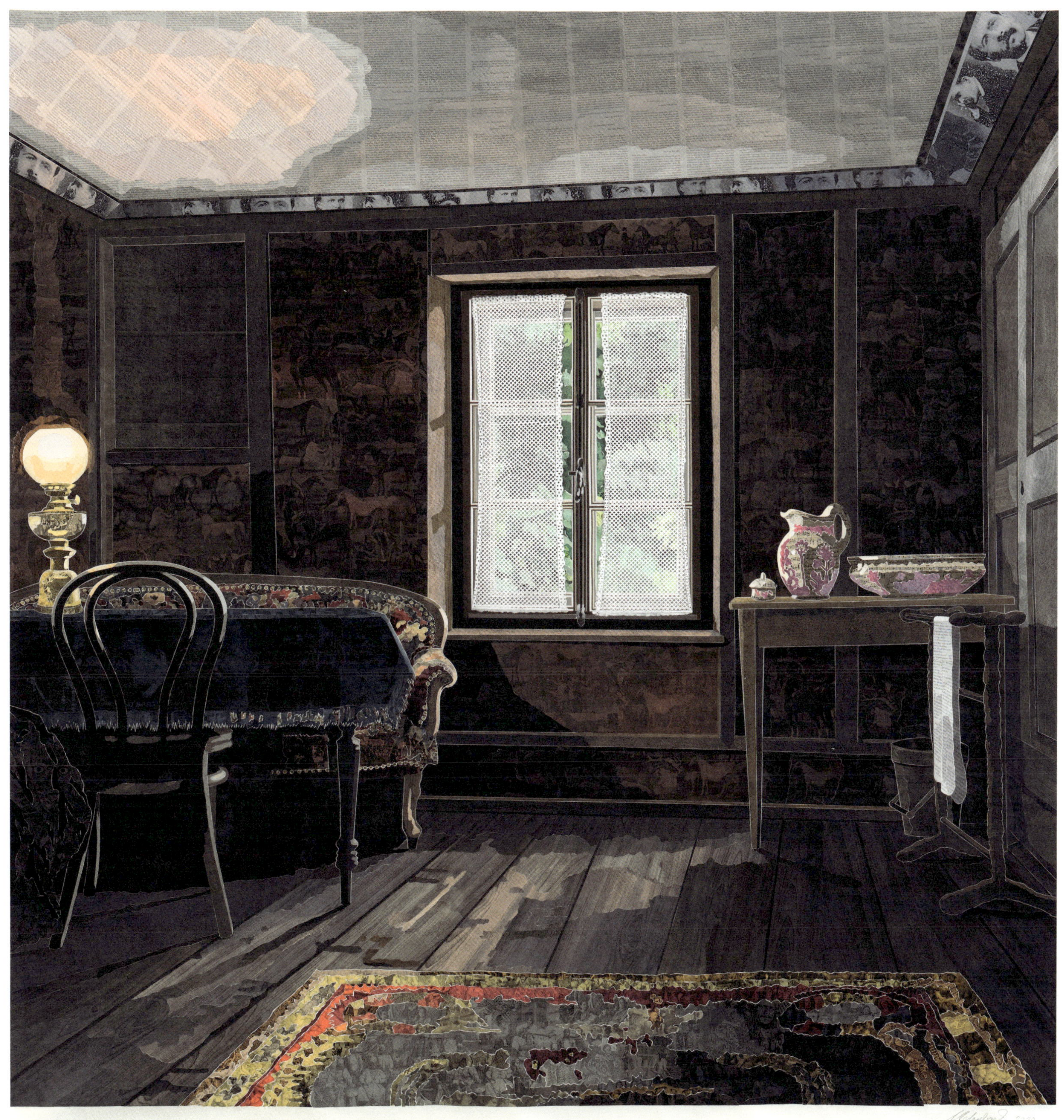

als er wieder Worte fand, hatte er nichts mehr zu sagen

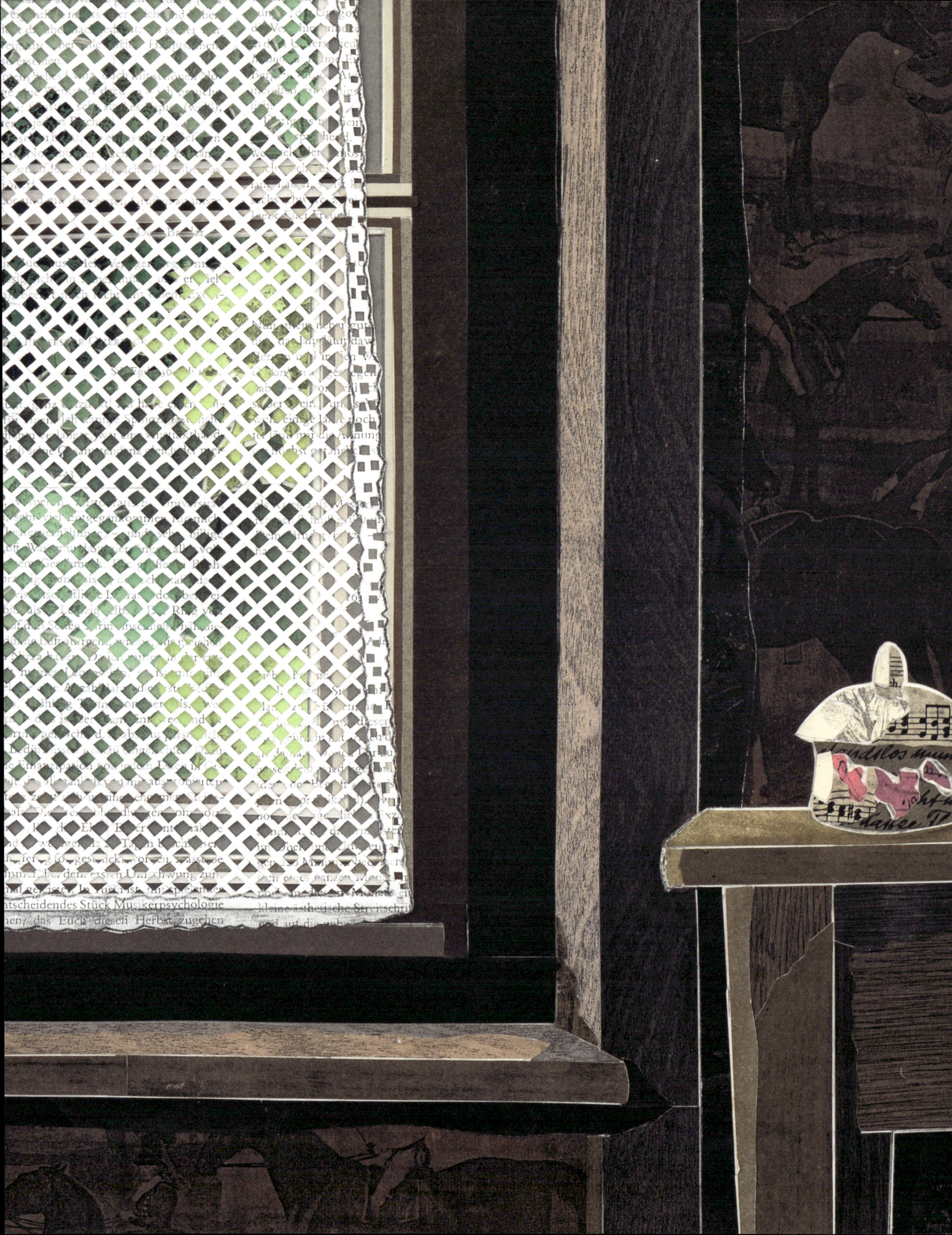

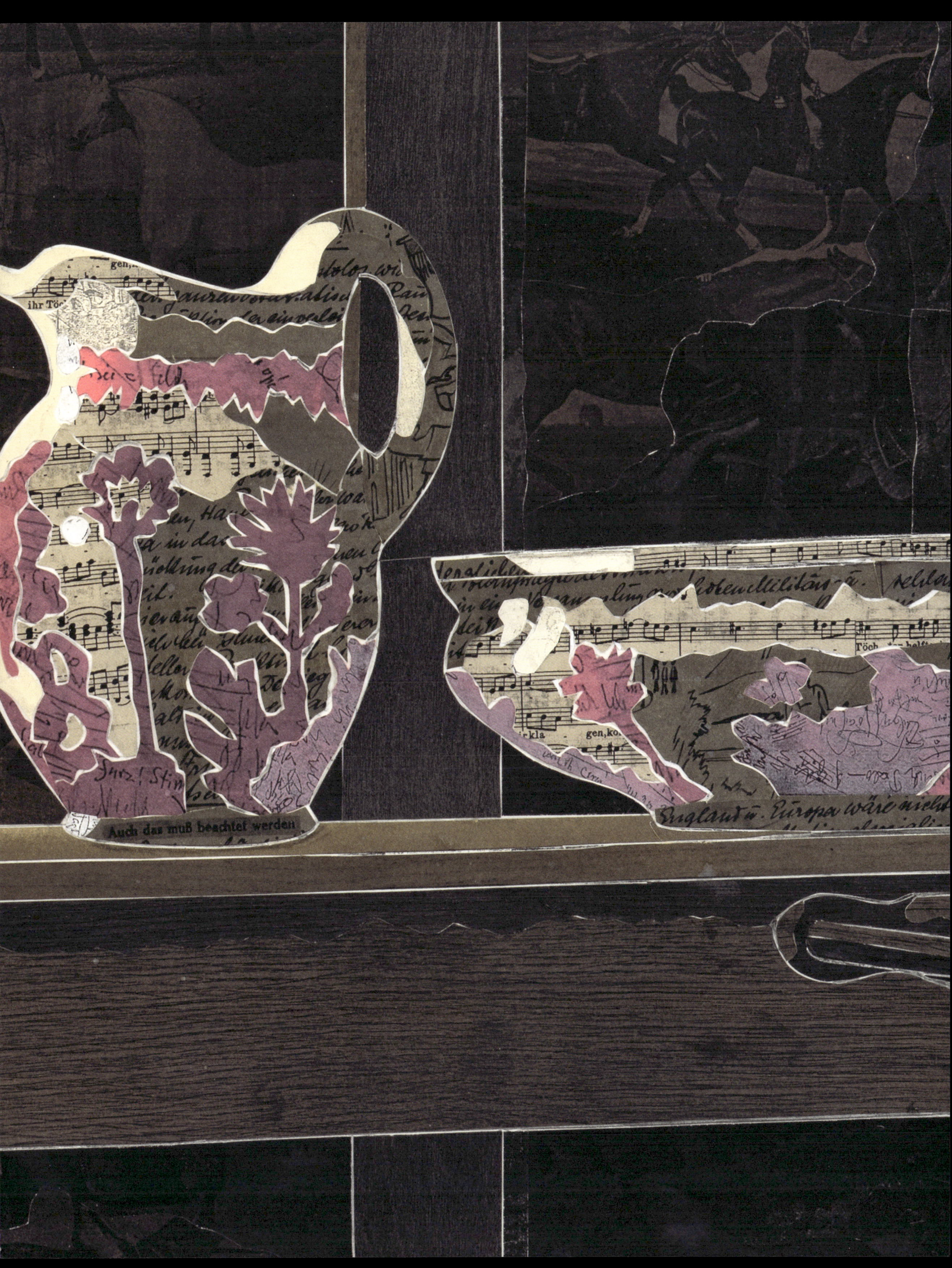
Auch das muß beachtet werden

56 *zur Ruhe kommen,* 2021
Come to Rest
Collage, Fotokopien, Bleistift und
Tinte auf Papier / Collage, photocopies,
pencil, and ink on paper,
222 × 165 cm

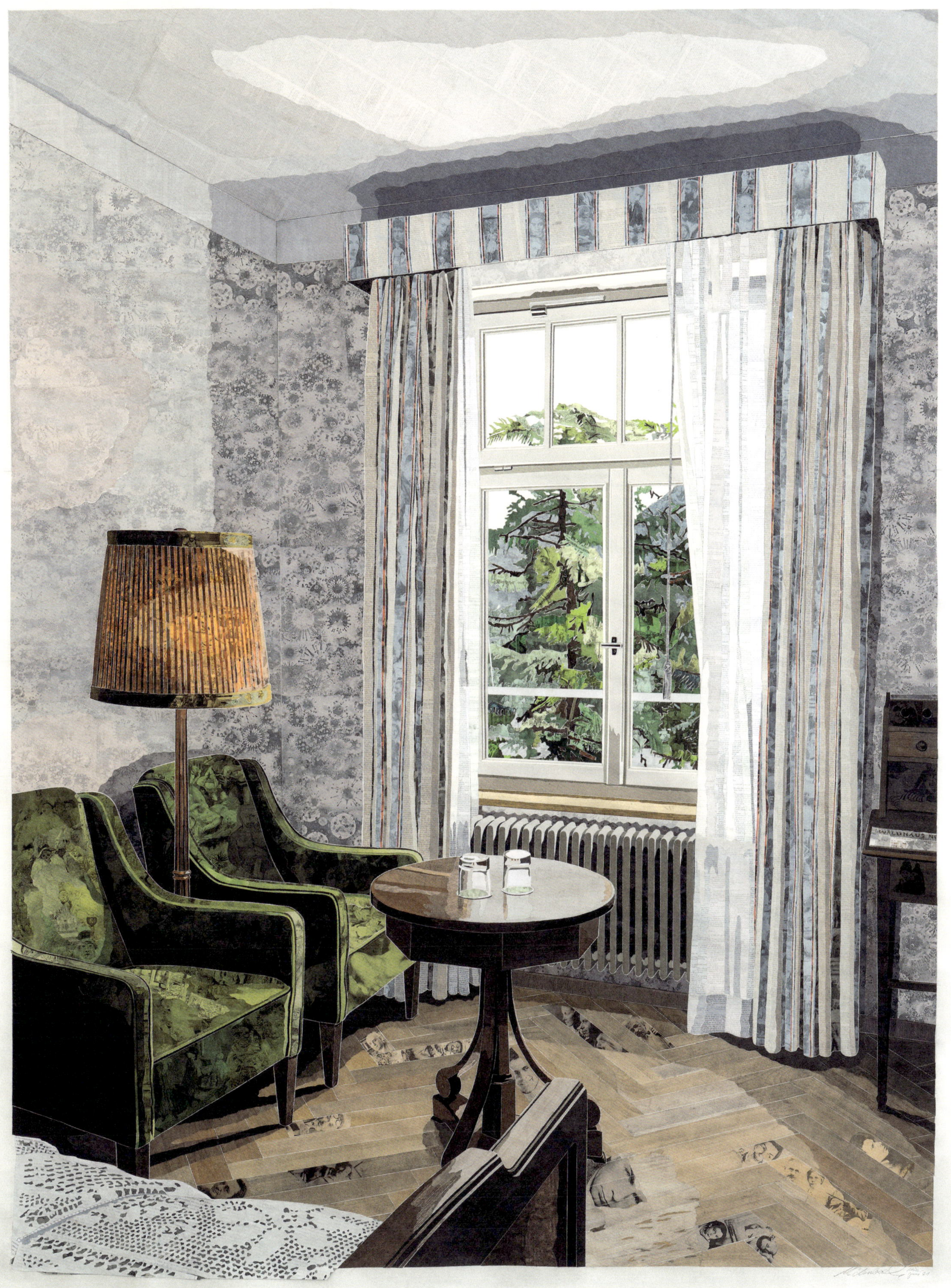

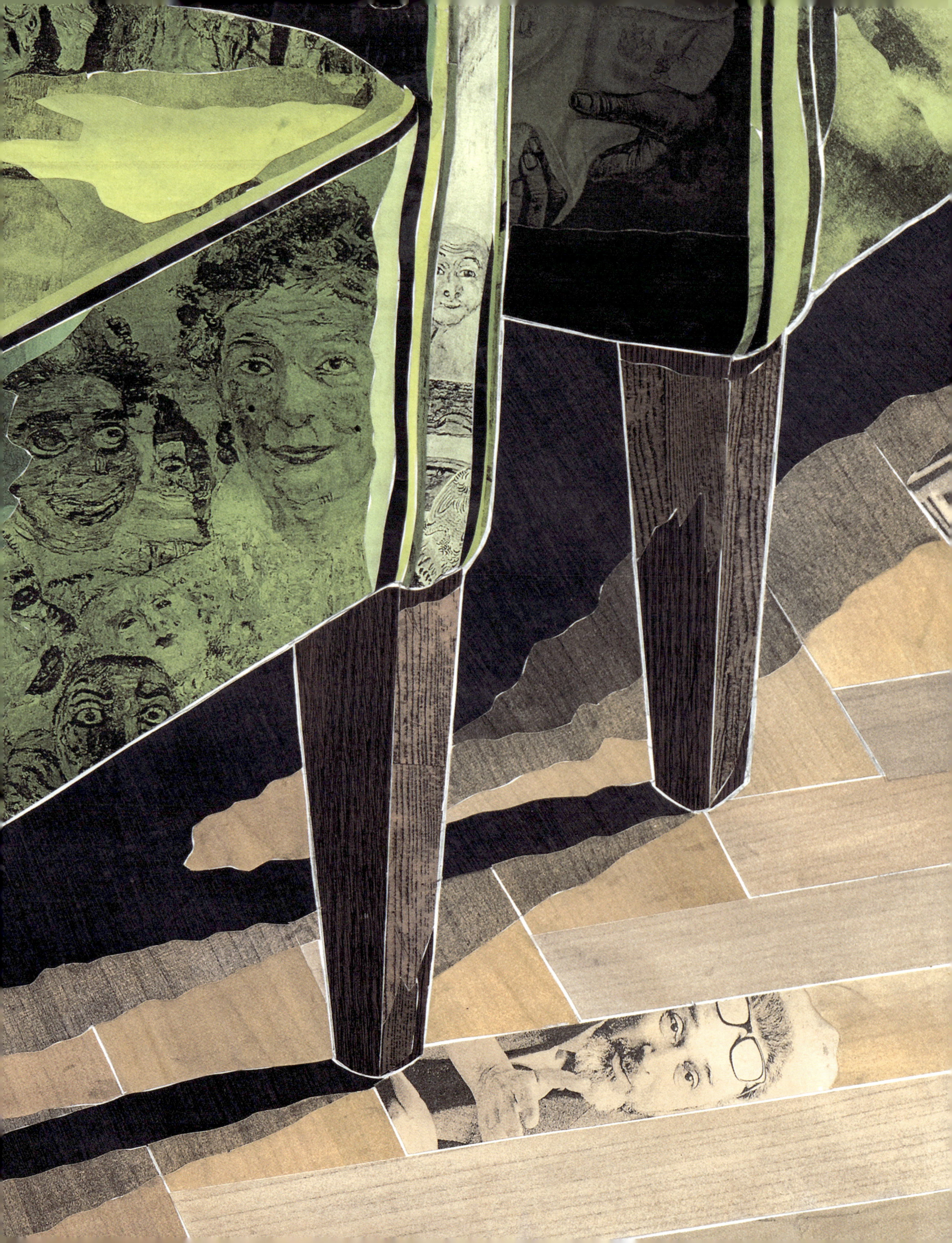

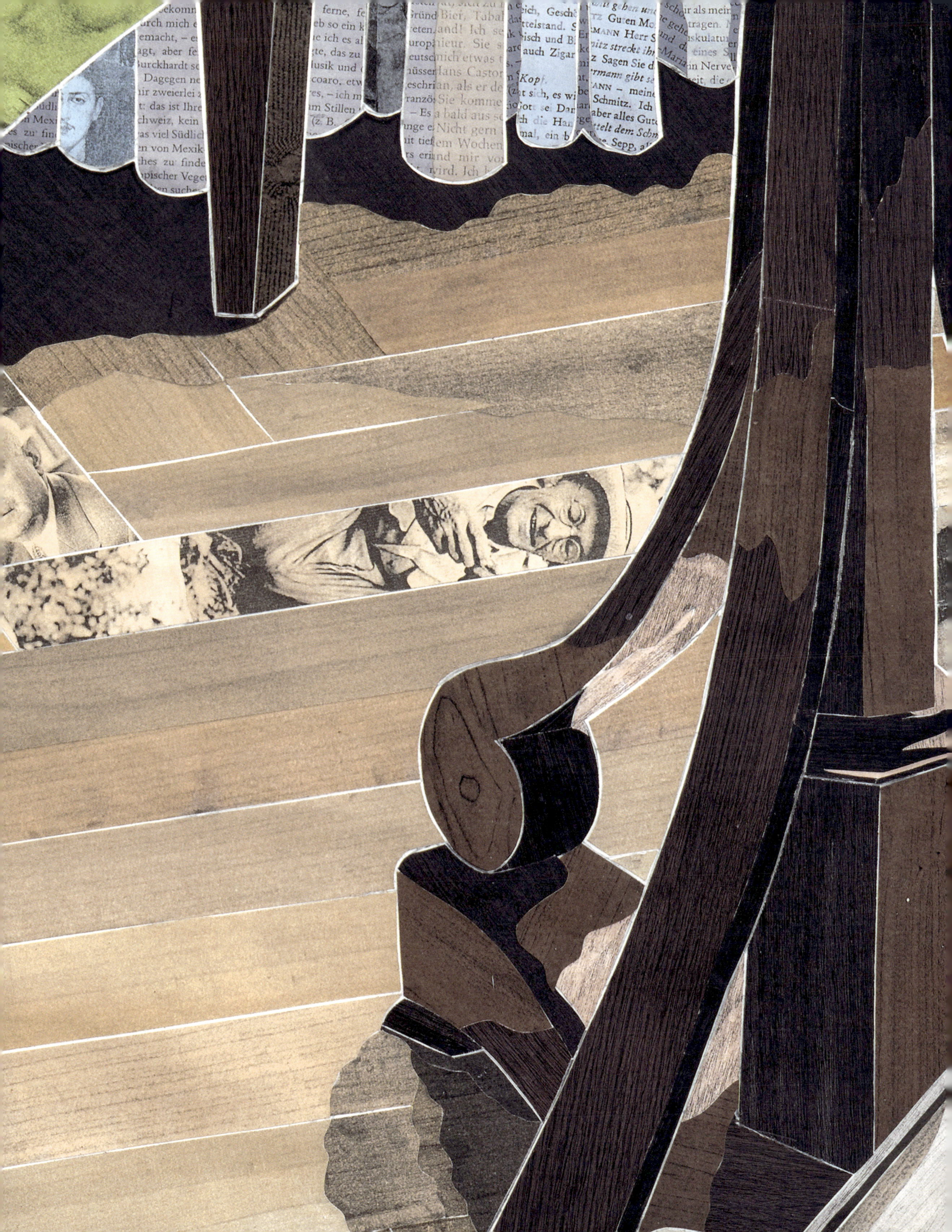

RÜCKBAUTEN DES KOLONIALEN BETRACHTER-RAUMS

Kolja Reichert

Kolonisierung geschieht mit den Augen. Der Umbau globaler Produktionsverhältnisse nach den Gewinninteressen europäischer Herrscher und Unternehmer ging einher mit dem Umbau der Welt zum Bild. Als 1889 vier ägyptische Forscher zu einem Stockholmer Orientalistenkongress reisten, fanden sie sich auf der Pariser Weltausstellung in der Rekonstruktion einer mittelalterlichen Straße in Kairo wieder, mit sorgfältig beschmutzten, auskragenden Fassaden. Gäste wurden auf importierten Eseln durchs Gewühl geführt, als Ägypter verkleidete Franzosen boten Parfüm, Gebäck und Tarbusche feil und hinter der Attrappe einer Moschee wurde zum Anblick tanzender Derwische und junger Ägypterinnen Kaffee ausgeschenkt.[1]

Zu den Eigentümlichkeiten der Europäerinnen und Europäer zählte der Ägypter Basha Ali Mubarak schon 1823 im Alam al-Din, einer der ersten arabischsprachigen Darstellungen Europas, die „intizam al-manzar": die Organisation der Sicht. „One of the characteristics of the French is to stare and get excited at everything new", schrieb Mubarak, während er einige Jahre in Paris verbrachte, und: „Every year that passes, you see thousands of Europeans traveling all over the world, and everything they come across they make a picture of."[2]

In Kairo wird Jeremy Bentham verspottet, als er ein Minarett besteigt. Aber erst hier oben fühlt sich auch Gustave Flaubert endlich seinem inneren Bild der orientalischen Stadt nahe, das er von Ausstellungen, Fotografien und Reiseberichten mitgebracht hat. 62 000 Gäste strömen an einem einzigen Sonntag des Jahres 1878 zu Hagenbecks Nubier-Ausstellung im Berliner Zoologischen Garten.[3] Als Touristen eingeladen, Europa kennenzulernen, finden sich die Darstellerinnen und Darsteller selbst als Exponate auf Bühnen und hinter Zäunen wieder.

Der Kolonialismus lässt sich auch als Installation eines weltumspannenden Betrachterraums beschreiben. Er weist den einen die Rolle von Bildern zu und den anderen die Rolle interpretierender Betrachterinnen und Betrachter. „[T]he age of the exhibition was necessarily the colonial age", schreibt Timothy Mitchell, „the age of world economy and global power in which we live, since what was to be made available as exhibit was reality, the world itself."[4] Dampfschiffe und Züge erlaubten die Anordnung menschlicher und nichtmenschlicher Exponate zu anschaulichen Demonstrationen des Triumphs industriellen Fortschritts gegenüber wilden Brauchtümern und die Fotografie tat ihr Übriges zur Stabilisierung ungleicher Machtverhältnisse.

Im Kameraverschluss sieht Ariella Aïsha Azoulay den kolonialen Apparat schlechthin:[5] Er trennt das Fotografierte von seiner Umgebung ab, auch von der „fotografischen Begegnung" selbst, in der das Foto entstand. Er löst aus einer Begegnung von Subjekten ein Objekt, das seinen Sinn nicht aus dieser Begegnung, sondern aus Begegnungen mit weit entfernten Betrachterinnen und Betrachtern bezieht, mit deren Projektionen es in Austausch tritt. Weltausstellungen, ethnografische Fotografien, exotisierende Zeichnungen und die in nahezu jeden Haushalt verschickten Postkarten mit Motiven aus Kolonien und Kolonialausstellungen etablierten Betrachterräume, deren Vorzug darin liegt, dass sie einen privilegierten Blickpunkt bieten, den sie als Normalität durchsetzen. Um den Preis, dass sie Kommunikation vereinseitigen, die Projektionen der Betrachtenden dauerhaft stabilisieren und gegen Infragestellung durch andere Perspektiven immunisieren – etwa der Perspektiven der Betrachteten.

Die während des Kolonialismus etablierten Betrachterräume leben bis heute fort: in Reiseprospekten, auf geposteten Reisefotos und in den ethnologischen Museen, die noch immer so tun, als könne man Geschichte anhand der eroberten Objekte erzählen, ohne die zur Eroberung verwandten Objekte mitauszustellen. Auch in der affektgeladenen Leugnung des Coronavirus oder des amerikanischen Wahlausgangs lässt sich das Beharren auf einem Anspruch auf Unversehrtheit des eigenen Betrachterraums erkennen, der gegenüber Fakten und Institutionen in Stellung gebracht wird.

Das Werk Marcel Odenbachs lässt sich als Beitrag zum Rückbau dieses kolonialen Betrachterraums beschreiben. In feinst aufgelösten, zerbrechlichen Papiercollagen und langsam sich entfaltenden, konzentrierten Videoinstallationen hintergeht Odenbach die Tendenz des Bildes zur Fixierung von Gegenständen und Vorstellungen. In unterschiedlichen Strategien der Doppelbelichtung bringt er die Betrachterin oder den Betrachter den Bildern gegenüber in Bewegung und hintertreibt beider Immersion.

Der blinde Fleck des Bildes ist der Raum, den es schafft, das Selbstbild, das es der Betrachterin oder dem Betrachter nahelegt, die Verhältnisse, in die es die Betrachtenden gegenüber anderen Menschen und Gegenständen setzt. Die meisten Bilder eröffnen die Position des Souveräns: Sie bieten visuelle Verfügung über ihre Gegenstände, unter Ausblendung der Bedingungen, die diese Verfügung erlauben. Bei Odenbach hingegen gibt der Betrachterraum auf jeden Schritt hin nach, fächert sich auf in unzählige andere Betrachterräume, die einander in spezifische Kontexte setzen. Odenbachs Werke dröseln die Position des souveränen Betrachtenden auf und ersetzen sie durch Beziehungen. Seine Anordnungen von Bildern und Betrachtern schaffen nicht Bilder, sondern Sensibilität für historische Verhältnisse.

Marcel Odenbachs Zweikanal-Videoprojektion *Tropenkoller* (2017) etwa enthüllt die deutsche Kolonisierung Togos als Arbeit an einem deutschen Selbstporträt. „So ist Lomé schon durch sein bloßes Dasein ein Denkmal deutscher Tatkraft und deutschen Fleißes", behauptet im linken Bild ein zeitgenössisches Zitat in Frakturschrift, während im rechten Bild die Kamera über die heutige Brüstung eines Kirchenbalkons mit segnender Christus-Figur auf den darunter liegenden Platz blickt. Odenbach schneidet eigene Aufnahmen kolonialer Relikte im heutigen Togo gegen historische Filmaufnahmen und Berichte. Das linke Bild zeigt einen verfallenden Pier in Farbe, dann das rechte Bild in Schwarz-Weiß auf demselben Pier heranschreitende Kolonialsoldaten in weißen Sakkos. Dazu wieder links das Zitat: „Mit unwiderstehlicher Gewalt dringt die deutsche Kultur über die Brücke ins Land hinein."

In langen Einstellungen kontrastiert *Tropenkoller* die Zackigkeit des wilhelminischen Deutschland mit einer dem Klima angemessenen Gemächlichkeit, die stolz vorgezeigten Beispiele technischer Infrastruktur wie Eisenbahn, Erdölleitungen, Funkturm mit ihren heutigen Ruinen, die Arbeit an einem Bild von Deutschland in „Afrika" mit Szenen, die auf kein Bild abzielen. Gerade der Umstand, dass viele Spuren des deutschen Kolonialprojekts offenbar einfach liegen gelassen wurden, lässt die Gegenwart gelassen über die Geschichte triumphieren, den Alltag über die Abstraktionen der Ideologie. So gewinnt umgekehrt die blinde Gewalt der Kolonisierung Kontur. Die deutsche Kolonisation wird sichtbar als kulturelles Selbstgespräch, wie es schon Uwe Timm 1978 in seinem Roman *Morenga* in Bezug auf die Eroberung Namibias aus historischen Quellen rekonstruierte, mithin als Identitätspolitik. Wahrgenommen wird nur, was entweder deutsch oder nicht deutsch ist.

„Lomé war zur deutschen Zeit der sauberste Platz in ganz Westafrika", lautet ein Zitat in *Tropenkoller,* ein weiteres: „Zeit hat nicht den geringsten Wert für diese zivilisierten wollköpfigen Wilden." Dazu sieht man einen Jungen bäuchlings auf einer einfachen, leicht schiefen Holzbank neben einem deutschen Grab im Schatten der Baumkronen schlafen.

In vergleichendem Sehen überlässt es Odenbach Bildern, ihre jeweiligen Eigentümlichkeiten zu enthüllen. Er bringt Bilder durch Bilder auf Distanz. Im Sinne von Bertolt Brechts Diktum, eine Fotografie reiche nicht hin, um tatsächliche Verhältnisse zu zeigen, und es komme stattdessen darauf an, etwas zu bauen, baut Odenbach Verhältnisse. Dabei unterscheidet sich seine Montagetechnik grundlegend von jener des angeblichen Erfinders der Fotomontage, John Heartfield, der in Odenbachs Arbeit *Wer Leidet der Schneidet* (2019)

1 Timothy Mitchell, Orientalism and The Exhibitionary Order, in: Colonialism and Culture, hg. von Nicholas B. Dirks, Michigan 2001, S. 289–317.

2 Ebd.

3 Erika Fischer-Lichte, Verwandlung als ästhetische Kategorie, in: Erika Fischer-Lichte, Friedemann Kreuder, Isabel Pflug (Hg.), Theater seit den 60er Jahren. Grenzgänge der Neo-Avantgarde, Tübingen/Basel 1998, S. 21–91, hier S. 85.

4 Mitchell 2001 (wie Anm. 1), S. 289–317.

5 Ariella Aïsha Azoulay, Potential History. Unlearning Imperialism, London/New York 2019.

in der Archivaufnahme einer Eröffnungsrede erklärt, dass „man mit dem Foto, wenn man nur richtig zeigt, was da ist, die Wahrheit ausdrücken kann, einfach den Fakt ausdrückt, die Tatsache berichtet. Dass man dann, wenn man die Tatsache berichtet, schon in die Fresse geschlagen hat der Lüge."

Von jenen Vorstellungen von Fakt und Lüge, mithin der souveränen Verfügung über Gegenstände, letztlich: dem Glauben ans Bild, ist Odenbachs Arbeit frei. Seine Bilder treten dem historischen Material nicht als Antithesen gegenüber und provozieren schon gar keine Synthesen. Sie lösen die historischen Bilder nicht aus den Angeln, indem sie diese angreifen, sondern indem sie sich neben diese setzen, ihre Eigenlogik entfalten, Gleichwertigkeit behaupten und dadurch neue Perspektiven eröffnen. In *Tropenkoller* sieht man einen Verwaltungsbau in der Totalen und zugleich eine seiner Ecken im Close-up: Einer der taubengrauen Fensterläden ist mit einer eingeklemmten Stange nach außen gestülpt. An der linken Flanke des Hauses steht „Direction". An der rechten Seite steht auch „Direction". Man liest „Direktion" zugleich als „Richtung". Es ist ein Bild der Balance, das der Fortschrittsversessenheit der Industriemoderne einen zärtlichen Status der Unentschiedenheit entgegenhält, des Equilibriums, wie es nur in einer Begegnung auf Augenhöhe möglich ist.

Einem Künstler mit deutschem Pass sind kaum Grenzen gesetzt, was die Aneignung fremder Erfahrungen als Bild betrifft (anders als etwa einer togoischen Künstlerin). Doch wie schafft man Bilder, die Rechenschaft über das eigene Verhältnis zu diesen Erfahrungen ablegen? 1994 forschte Odenbach gerade im Medienarchiv der Vereinten Nationen in New York, als Filmaufnahmen vom Völkermord in Ruanda eintrafen, die in westlichen Medien noch nicht zu sehen waren. Die tödliche Spätfolge kolonialer Grenzziehungen und Rasseneinteilungen beschäftigte Odenbach über Jahre hinweg, er sagt, er sah „eine Möglichkeit, zu versuchen, meine eigene Geschichte zu verstehen".[6] 2002 und 2003 reiste er mit einem Filmteam durch Ruanda, um schließlich nach einem Jahr Schnitt nur einen Bruchteil der Aufnahmen für die Zweikanalprojektion *In stillen Teichen lauern Krokodile* (2002/2004) zu verwenden. Die Gewalt taucht fast nur in ihrem Abglanz auf: in den Hetzreden des Radiosenders RTLM gegen die „Kakerlaken" genannten Tutsi. In Einschusslöchern in einer Kapellendecke. In dicht aneinandersteckenden Holzkreuzen auf Massengräbern, gegenüber von Aufnahmen der Feldarbeit. In Kameraschwenks über vom Blut versteifte Kleider Getöteter. In den Porträtaufnahmen von Jungen, die, eingeladen, den eigenen Schmerz durch Schreie zu äußern, nur stumm den Mund aufreißen.

Gegen Mitte der Arbeit wird eine dramatische Steigerung weniger über Motive erreicht als über den immer stärker drängenden Soundtrack und eine hastende, suchende Kameraführung. Nun tauchen auch historische Aufnahmen auf, das Einschlagen auf am Boden liegende Menschen. Züge von Flüchtenden. Odenbach überblendet Leichen oder hastende Milizen mit eigenen Aufnahmen eines Flusses oder Waldes. Wie in *Tropenkoller* wird auch hier das Grauen in den Kontext der Gegenwart gesetzt – durchaus mit dem Risiko des Pittoresken und des Kitsches, denn die Überblendung von Flusswasser und Leichen erinnert zwangsläufig an Joseph Conrad. Im Mittelpunkt stehen die Pflege des so fruchtbaren Landes und Kinder. Kinder, die auf der Wiese eines Stadions Fußball spielen. Kinder, die auf Holzrollern einen Schotterhang hinunterbrettern. Ein Massengrab wird abgebaut. Das historische Grauen umkreisend, gleicht die Arbeit mit ihren wechselnden Gegenüberstellungen von linker und rechter Projektion einem immer neuen testweisen Scharfstellen einer Optik, mit dem Ziel, vor dem Hintergrund eines historischen Traumas die Zukunft in den Blick zu bekommen.

Dabei richtet die Arbeit mindestens so sehr den Blick auf die eigenen Werkzeuge: Sie beginnt mit den Aufnahmen sich drehender Filmspulen und eines Filmprojektors und zeigt zuerst historisches Schwarz-Weiß-Material aus Ruanda, bevor sie dem Künstler in die

6 Gespräch mit Marcel Odenbach am 08.03.2021.

ruandische Gegenwart folgt. Die Aufteilung in sieben Kapitel, deren Collagierungen von Szenen sich jeder Handlungserwartung widersetzen, betont die Artifizialität der Bauweise. So wie der Eingangschor der Matthäuspassion „Kommt, ihr Töchter, helft mir klagen" und das Thema der Arie „Erbarme dich", denen Odenbach zum Ende hin ruandische Hofmusik gegenüberstellt, gesungen vom 1900 geborenen Bernard Rujindiri.

Dieser eklektische und zugleich hochspezifische Soundtrack, den Richard Ojijo um eigene Kompositionen baut, ist nur die offensichtlichste Anspielung an Pier Paolo Pasolinis *Das 1. Evangelium – Matthäus* von 1964, dessen Gegenüberstellung von Landschaften und Gesichtslandschaften von Laiendarstellerinnen und Laiendarstellern in Odenbachs Bildern widerhallt; einschließlich des Motivs von Mutter und Kind.

Die unerhörte Anmaßung, sich als deutscher Künstler mit einem Werk auf den ruandischen Völkermord zu beziehen, wird hier als Rechenschaft über die eigene Position produktiv. *In stillen Teichen lauern Krokodile* macht keinen Bildgegenstand verfügbar, ohne dass die Verfügbarmachung selbst zum Gegenstand würde. Der dokumentarische Einblick ist durch formale Erfindungen verstellt. Odenbachs Anordnungen brechen mit jeder Illusion der Möglichkeit von Vermittlung fremder Erfahrungen durch Bilder. Selbst wenn sie, wie hier, das Universelle an einem historischen Ereignis herausarbeiten, betonen sie die Kluft zwischen je spezifischen Erfahrungen, die prinzipielle Unverfügbarkeit fremder Schicksale. Das Grauen, das sich der Fassbarkeit entzieht, wird zum Anlass einer existenziellen Reflexion über das Bildermachen. Dabei ist entscheidend, dass man in jedem Schnitt und Gegenschnitt, in der Länge jeder Einstellung, die bewusste Entscheidung des Künstlers spürt; dass man mit ihm schaut; dass er den Blick lenkt.

In gewisser Hinsicht handelt es sich auch bei *In stillen Teichen lauern Krokodile* um ein Selbstporträt, vergleichbar dem der deutschen Kolonisation. Aber nicht unter Verwendung des Fremden als Leinwand, sondern im Blick von dort aus zurück: Statt einer Einschreibung in fremde Schicksale handelt es von den Fragen, die sich von jenen aus an sich selbst stellen lassen. Dieses diskrete Meta-Selbstporträt handelt von den Bedingungen, unter denen der Künstler den Blick auf Gegenstände richtet. Es zeigt die Prägung der eigenen Rolle vor, statt sie durch Blicke in Schicksale anderer zu verschleiern. Odenbach, zu den Klängen von Bach und Miles Davis aufgewachsen. Odenbach, Urgroßenkel des Kölner Architekten Franz Nöcker, bei dessen Familienfesten es einen Judentisch und einen Nazitisch gab – und dessen Sohn Peter mit Berufsverbot belegt wurde, weil er sich nicht von seiner jüdischen Frau trennte. Die sich in der Folge mit ihrer ebenfalls jüdischen Schwägerin das Leben nahm. Odenbach, Großneffe von Jacques Lejeunes, Pflichtverteidiger von Patrice Lumumba, dem später gestürzten ersten Präsidenten der unabhängigen Demokratischen Republik Kongo. Odenbach baut Bildanordnungen aus der Perspektive eines Deutschen, in dessen Familiengeschichte der Kolonialismus und der Holocaust eingeschrieben sind.

Als Kind löste Odenbach von Briefen aus dem Kongo die Marken und klebte sie in ein Album. Heute wünscht er sich, er hätte auch die Briefe behalten. Weite Teile der Familiengeschichte sind ihm nach dem Ableben von Verwandten versperrt. In der neuen Collage *Meine Freimarken* (2019/2021) hat Odenbach Briefmarken aus dem Kongo collagiert: der Reichtum von Tierwelt und Kultur, der Kampf gegen Malaria, auch hier die Mutter Jesu mit dem Kind. Bilder, mit denen ein Staat sich gegenüber der Welt positionierte. Tritt man näher, sieht man das Bildmaterial, aus dem die Motive gebaut sind: Hinter den ausgebreiteten Schwingen eines Raubvogels liegt die Zeichnung eines Totentanzes mit einem Meer aus Totenköpfen. Seiten aus dem Buch *The Idea of Africa* des kongolesischen Anthropologen und Literaturwissenschaftlers Valentin-Yves Mudimbe aus dem Jahr 1994 tauchen auf. Nachrichten wie „220 Millim. Niederschlag". Ethnografische Fotografien. Und ein Foto, auf dem Odenbachs Großonkel zu sehen ist.

Relativieren sich in Odenbachs Zweikanalprojektionen Bilder gegenseitig, um einander in spezifische Verhältnisse zu setzen, so geschieht das Gleiche in seinen Papiercollagen. Nur sind hier die Motive hintereinander angeordnet statt nebeneinander. So wie Odenbach in *Tropenkoller* mit verschiedenen Blendweiten auf den historischen Landesteg blickt, Bewegungen landauswärts und landeinwärts kontrastiert, so verliert man vor seinen papierenen Vexierbildern immer so viel Information aus dem Blick, wie man gewinnt. Jeder Eindruck eines fixierten Motivs löst sich beim Näherkommen in unzählige Einzelheiten auf. Odenbachs Collagen zwingen, eine Wahl zu treffen, auf jeweils eine Bildebene scharfzustellen, ohne den Weg dorthin zu vergessen.[7]

Darin spiegelt sich Odenbachs Bemühung um historische Spezifik; um eine Optik, die erlaubt, zugleich voraus- und zurückzublicken: ins Bild, aber auch vom Bild aus zurück in den Betrachterraum; in die Geschichte, aber zugleich in die Zukunft. So entstehen Bilder, die sich rückbauen, während sie sich aufbauen.

In *Beweis zu nichts* (2016) stellt Odenbach diese Optik an einem Bild scharf, das einen ähnlichen Anspruch verfolgt, in dem sich aber die Absichten eines Künstlers mit denen eines Staates kreuzen: der von Fritz Cremer (1906–1993) entworfenen und nach Vorstellungen der SED modifizierten Figurengruppe vor dem Glockenturm der Gedenkstätte Buchenwald bei Weimar. Nach der Prämierung seines gemeinsam mit Bertolt Brecht und dem Gartenbauarchitekten Reinhold Lingner eingereichten Entwurfs 1952 wurde Cremer über sechs Jahre hinweg gezwungen, seine gedrungene Gruppe leidender Figuren optimistischer und siegessicherer zu gestalten, sie auf einen Sockel zu heben und einen Fahnenträger hinzuzufügen.[8]

Im Aufeinandertreffen von Digitalvideo und Steinbildhauerei erweckt *Beweis zu nichts* das Resultat mitsamt den ihm eingeschriebenen Widersprüchen neu zum Leben. Die Arbeit eröffnet mit dem Ausblick in die Landschaft, gefolgt von historischen Filmaufnahmen von KZ-Häftlingsmärschen, kommunistischen Umzügen, Blicken in die Kameras der sowjetischen Befreier. Lange ruht die Kamera auf einem Jungen mit Roller, dem, während er sich nach Kräften ein Lächeln abmüht, eine Träne aus dem linken Auge kullert. Im Soundtrack ein langgezogener Synthesizer, der an Fliegeralarm denken lässt. Neben dem Gesicht des Jungen schwebt die Kamera die Stufen zu Cremers Denkmal hinauf, die graue Monumentalität des Stalinismus unter nebligem Himmel kontrastiert vom Punktum einer stehen gelassenen Coca-Cola-Dose. In Zeitlupe hüpft ein blauer Ball die Stufen herab der Kamera entgegen und nach einem Achssprung weiter die Stufen hinab in die Landschaft.

Nun fährt die Kamera langsam hinter den Figuren entlang, blickt über ihre Schultern, zwischen ihren Beinen hindurch. Fast zum Stillstand kommend, tastet sie Physiognomien ab, fährt über Lippen, Kinne, lässt Cremers Absicht des Leidensausdrucks zu ihrem Recht kommen. Verhaltene Fanfaren machen tastende Halbtonschritte hinab und wieder hinauf. Plötzlich singt dazu Josef Bierbichler aus Heiner Goebbels' *Eislermaterial*: „In diesem Lande / Und in dieser Zeit / dürfte es trübe Abende nicht geben / …" Man glaubt, die Finger einer Hand, die der Kamerakran abfährt, seien ausgestreckt, damit man sie ergreife.

Richard Ojijos Musik ist seit Ende der 1990er-Jahre entscheidender Bestandteil von Marcel Odenbachs filmischen Collagen. Mal schmiegt sie sich fast illustrativ an die Bilder an, wie wenn sie das Aufprallen des Balls akustisch nachformt. Meist aber baut sie Perspektiven aus hintereinander gestaffelten Räumen, im Hintergrund metallenes Dräuen, im Vordergrund hölzernes Klopfen. Ojijos Soundtracks erzeugen dieselbe schwebende Intensität des Equilibriums wie Odenbachs Bilder. Sie ähneln den Bewegungen des Kamerakrans, der sich in jedem Moment in jede Richtung wenden könnte; oder dem Flugdrachen, der zu Beginn und Ende von *Beweis zu nichts* am Himmel steht. In dieser Wachheit des Blicks, der Offenheit für jede Änderung des Windes bei gleichzeitigem Beharren auf einer spezifischen Perspektive, dem Zurücktreten des Egos gegenüber den Umständen, der Annäherung an objektiven Überblick durch subjektive Entscheidungen liegt der spezifische Beitrag von Marcel Odenbachs Werk.

7 Vgl. zu Odenbachs Techniken der Anordnung Hans Dickel, Eine Frage der Distanz, in: Marcel Odenbach, Es brennt, hg. von der Kunsthalle Nürnberg im KunstKulturQuartier (Ausst.-Kat. Kunsthalle Nürnberg), Köln 2020, S. 25.
8 Siehe Jörg Heiser, Schweifen in Strenge, in: Marcel Odenbach, Beweis zu nichts, hg. von der Kunsthalle Wien (Ausst.-Kat. Kunsthalle Wien), Berlin 2017, S. 33–48.

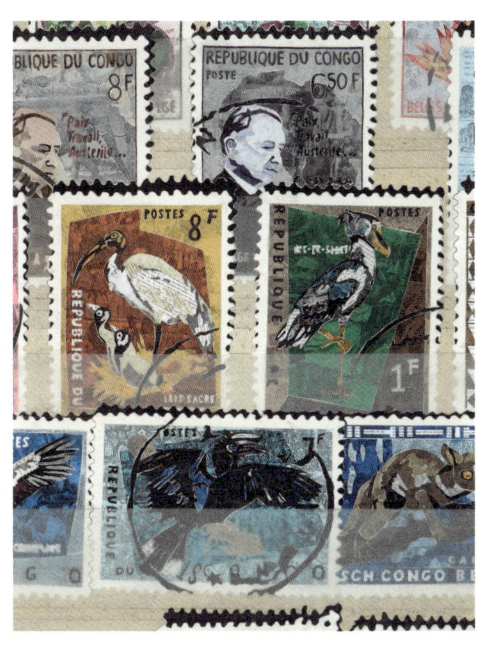

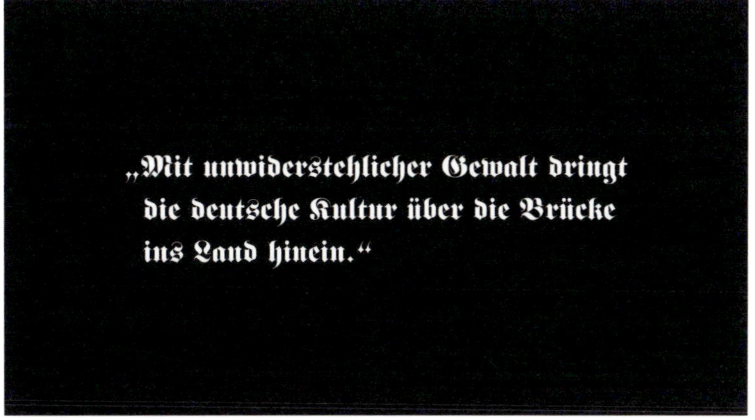

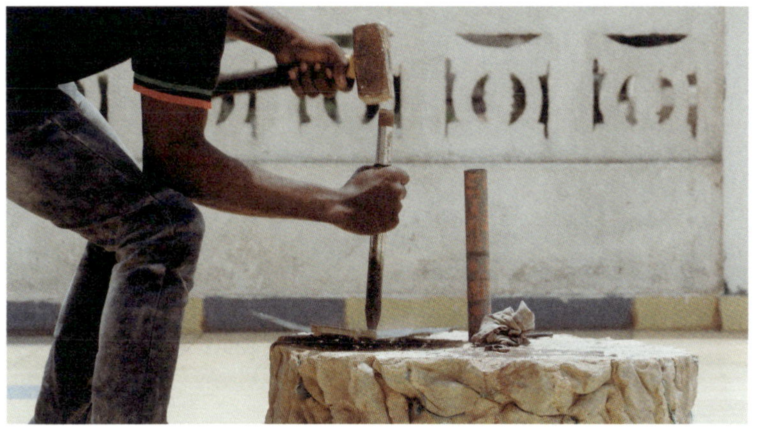

Links / Left
Detail aus / from: *Meine Freimarken* (*My Postage Stamps*), 2019/2021

Rechts / Right
Filmstills aus / Film stills from: *Tropenkoller* (*Tropical Frenzy*), 2017

DISMANTLING THE COLONIAL VIEWER SPACE

Kolja Reichert

Colonization takes place with the eyes. The transformation of global production relationships according to the profit interests of European rulers and entrepreneurs went hand in hand with the transformation of the world into an image. When four Egyptian scholars traveled to an Orientalist conference in Stockholm in 1889, they found themselves at the Exposition universelle in Paris in a reconstruction of a medieval street in Cairo, with carefully soiled, overhanging façades. Guests were led through the bustle on imported donkeys; Frenchmen dressed as Egyptians offered perfume, pastries, and tarbooshes for sale; and coffee was served behind a mockup of a mosque to the sight of dancing dervishes and young Egyptian women.[1]

In *Alam al-Din*, an early Arabic-language account of Europe published in 1823, the Egyptian Basha Ali Mubarak counted among the peculiarities of the Europeans what he called "*intizam al-manzar*": the organization of the view. "One of the characteristics of the French is to stare and get excited at everything new," Mubarak wrote while spending a few years in Paris, and: "Every year that passes, you see thousands of Europeans traveling all over the world, and everything they come across they make a picture of."[2]

In Cairo, Jeremy Bentham was mocked when he climbed a minaret. But that was the only place where Gustave Flaubert also finally felt close to his inner image of the Oriental city, which he brought with him from exhibitions, photographs, and travel reports. On a single Sunday in 1878, 62,000 guests flocked to Carl Hagenbeck's Nubian exhibition in Berlin's Zoological Garden.[3] Invited as tourists to become acquainted with Europe, the performers themselves became exhibits on stages and behind fences.

Colonialism can also be described as the installation of a world-spanning viewer space. It assigns the role of images to some and the role of interpretive viewers to others. "The age of the exhibition was necessarily the colonial age," writes Timothy Mitchell, "the age of world economy and global power in which we live, since what was to be made available as exhibit was reality, the world itself."[4] Steamships and trains allowed human and nonhuman exhibits to be arranged into vivid demonstrations of the triumph of industrial progress over savage customs; and photography did its part to stabilize unequal power relations.

Ariella Aïsha Azoulay sees the camera shutter as the colonial apparatus par excellence:[5] It separates the photographed from its surroundings, even from the "photographic encounter" during which the photograph was taken. It detaches an object from an encounter of subjects, so that it draws its meaning not from the encounter but from encounters with distant viewers, with whose projections it interacts. World expositions, ethnographic photographs, exoticizing drawings, and postcards with motifs from colonies and colonial exhibitions sent to almost every household established viewer spaces. Their merit lies in the fact that they offer a privileged point of view, which they enforce as normality, at the price of making communication one-sided, permanently stabilizing the projections of the viewers, and immunizing them against questioning by other perspectives—such as the perspectives of the viewed.

The viewer spaces established during colonialism live on to this day: in travel brochures, in posted travel photos, and in ethnological museums that still pretend that history can be told through the objects conquered without also exhibiting the objects used for conquest. Even in the affect-laden denial of the coronavirus or the American election outcome, one can recognize the insistence on a claim to the integrity of one's own viewing space, which is positioned against facts and institutions.

The work of Marcel Odenbach can be described as a contribution to the deconstruction of this colonial viewer space. In highly detailed, fragile paper collages and slowly unfolding, concentrated video installations, Odenbach subverts the tendency of the image to fixate objects and ideas. In various strategies of double exposure, he sets the viewer in motion vis-à-vis the images and thwarts the immersion of both.

The blind spot of the image is the space it creates, the self-image it suggests to the viewer, the relations it places the viewer in vis-à-vis other people and objects. Most images open up the position of the sovereign: they offer visual disposition over their objects, ignoring the conditions that allow this disposition. In Odenbach's work, however, the viewer space yields at every step, fanning out into countless other viewer spaces that place each other in specific contexts. Odenbach's works unravel the position of the sovereign viewer and replace it with relationships. His arrangements of images and viewers don't create images, but rather a sensitivity to historical relationships.

1 Basha Ali Mubarak, cited in Timothy Mitchell, "Orientalism and the Exhibitionary Order," in *Colonialism and Culture*, ed. Nicholas B. Dirks (Ann Arbor, 1992), pp. 289–317, here p. 291.
2 Ibid., p. 304.
3 Erika Fischer-Lichte, "Verwandlung als ästhetische Kategorie," in *Theater seit den 60er Jahren: Grenzgänge der Neo-Avantgarde*, ed. Erika Fischer-Lichte, Friedemann Kreuder, and Isabel Pflug (Tübingen and Basel, 1998), pp. 21–91, here p. 85.
4 Mitchell 1992 (see note 1), p. 319.
5 Ariella Aïsha Azoulay, *Potential History: Unlearning Imperialism* (London and New York, 2019).

Odenbach's two-channel video projection *Tropenkoller* (*Tropical Frenzy*, 2017), for instance, reveals the German colonization of Togo as work on a self-portrait of Germany. "Thus, by its very existence, Lomé is a monument to German vigor and German industriousness," asserts a contemporary quote in Fraktur script in the left projection, while in the right projection the camera gazes over the present-day parapet of a church balcony with a Christ figure in a gesture of blessing onto the square below. Odenbach juxtaposes his own footage of colonial relics in present-day Togo with historical film footage and reports. The left projection in color shows a decaying pier, while the right projection in black and white shows colonial soldiers in white jackets walking along the same pier. Added to this, again on the left, is the quotation: "With irresistible force, German culture penetrates over the bridge into the land."

In long takes, *Tropenkoller* contrasts the snappiness of Wilhelmine Germany with a leisureliness appropriate to the climate, the proudly displayed examples of technical infrastructure such as railroads, oil pipelines, radio towers with their present-day ruins, the work on an image of Germany in "Africa" with scenes that aim at no image. It is precisely the fact that many traces of the German colonial project have apparently just been left lying around that allows the present to triumph serenely over history, everyday life over the abstractions of ideology. In this way, conversely, the blind violence of colonization gains contour. German colonization becomes visible as a cultural monologue, as Uwe Timm already reconstructed it in 1978 in his novel *Morenga* with reference to the conquest of Namibia from historical sources, and thus as identity politics. Perceived is only that which is either German or not German.

"During the German era, Lomé was the cleanest place in all of West Africa," reads one quote in *Tropenkoller*; and another: "Time has not the slightest value for these civilized wool-headed savages." To this, a boy is seen sleeping on his stomach on a simple, slightly crooked wooden bench in the shade of the treetops next to a German grave.

In comparative seeing, Odenbach leaves it to images to reveal their respective peculiarities. He uses images to put images at a distance. In the sense of Bertolt Brecht's dictum that a photograph is not sufficient to show actual conditions, and that instead it is important to build something, Odenbach builds relationships. In this, his montage technique differs fundamentally from that of the alleged inventor of the photomontage, John Heartfield, who, in Odenbach's work *Wer Leidet der Schneidet* (*He Who Suffers, Cuts*, 2019), explains in the archival recording of an opening speech that "You can express the truth with the photo, if you only correctly show what is there, simply express the fact, report the fact. That you then, if you report the fact, have already punched the lie in the face."

Odenbach's work is free of such notions of fact and lie and thus of the sovereign disposal of objects, ultimately of the belief in the image. His pictures don't confront the historical material as antitheses and certainly don't provoke any syntheses. They don't unhinge the historical images by attacking them, but by being placed next to them, unfolding their own logic, asserting equivalence, and thus opening up new perspectives. In *Tropenkoller*, one sees an administrative building in long shot and at the same time one of its corners in close-up: one of the dove-gray shutters is turned outward and held by a rod. On the left flank of the building is written "Direction." On the right side it also says "Direction." One reads "administration" also as "direction." It is an image of balance that counters the obsession with the progress of industrial modernity with a delicate status of indecision, of equilibrium, as is only possible in an encounter at eye level.

An artist with a German passport has hardly any limits when it comes to appropriating foreign experiences as images (unlike, for example, a Togolese artist). But how does one create images that give an account of one's own relationship to these experiences? In 1994, Odenbach was conducting research at the United Nations Media Archive in New York when film footage of the Rwandan genocide arrived that had not yet been seen in Western media. The deadly aftermath of colonial border demarcations and racial divisions preoccupied Odenbach for years; he states that he saw "an opportunity to try to understand my own history."[6] In 2002 and 2003, he traveled through Rwanda with a film team—eventually, after a year of editing, using only a fraction of the footage for the two-channel projection *In stillen Teichen lauern Krokodile* (*In Still Waters Crocodiles Lurk*, 2002–04). The violence appears almost only in a distant echo: in the diatribes of the radio station RTLM against the Tutsis, called "cockroaches." In bullet holes in a chapel ceiling. In closely spaced wooden crosses on mass graves, juxtaposed with footage of fieldwork. In camera pans over clothes stiffened by the blood of those killed. In the portraits of boys who, invited to express their own pain through screams, only open their mouths silently.

Toward the middle of the work, a dramatic intensification is achieved, less through motifs than through the increasingly urgent soundtrack and a hurried, searching camera movement. At this point, historical shots also appear, the beating of people lying on the ground. Trains of people fleeing. Odenbach crossfades images of corpses or rushing militias with his own shots of a river or forest. As in *Tropenkoller*, the horror is placed in the context of the present—certainly with the risk of the picturesque and the kitschy, for the crossfading of river water and corpses is inevitably reminiscent of Joseph Conrad. The focus is on the cultivation of the fertile land and children. Children playing soccer on the grass of a stadium. Children plodding down a gravel slope on wooden scooters. A mass grave being dismantled. Encircling the historical horror, the work with its alternating juxtapositions of left and right projections resembles an ever-new test focusing of an optic, aimed at getting a view of the future against the background of a historical trauma.

At the same time, the work focuses at least as much on its own tools: it begins with shots of spinning film reels and a film projector and first shows historical black-and-white footage from Rwanda before following the

6 Marcel Odenbach, in conversation with the author, March 8, 2021.

artist into the Rwandan present. The division into seven chapters, with collages of scenes defying any expectation of action, emphasizes the artificiality of the construction. This is also the case with the opening chorus of Johann Sebastian Bach's *St. Matthew Passion*, "Come ye daughters, join my lament," and the theme of the aria "Have Mercy, Lord, on me," which Odenbach juxtaposes toward the end with Rwandan court music, sung by Bernard Rujindiri, born in 1900.

This eclectic yet highly specific soundtrack, which Richard Ojijo builds around his own compositions, is only the most obvious allusion to Pier Paolo Pasolini's *Gospel According to St. Matthew*, from 1964, whose juxtaposition of landscapes and facial landscapes by amateur actors and actresses is echoed in Odenbach's images, including the motif of mother and child.

The outrageous presumptuousness of a German artist referring to the Rwandan genocide with a work of art becomes productive here as a reckoning of one's own position. *In stillen Teichen lauern Krokodile* makes no pictorial object available without the act of "making available" itself becoming the object. The documentary insight is obscured by formal inventions. Odenbach's arrangements break with any illusion of the possibility of mediating the experience of others through images. Even when, as here, they elaborate the universality of a historical event, they emphasize the gap between specific experiences, the fundamental unavailability of foreign fates. The horror that eludes comprehension becomes the occasion for an existential reflection on image-making. What is decisive here is that, in every cut and counter-cut, in the length of every shot, one senses the artist's conscious decision, that one looks with him, that he directs the gaze.

In a sense, *In stillen Teichen lauern Krokodile* is also a self-portrait, comparable to that of German colonization—albeit not using the foreign as a canvas but rather in looking back from there: instead of an inscription into foreign fates, it is about the questions that can be asked of oneself from these. This discrete meta-self-portrait is about the conditions under which the artist directs his gaze at objects. It shows the imprint of his own role instead of obscuring it by looking into the fates of others. Odenbach, who grew up to the sounds of Bach and Miles Davis. Odenbach, the great-grandson of the Cologne-based architect Franz Nöcker, at whose family celebrations there was a Jewish table and a Nazi table—and whose son Peter was banned from working in his profession because he didn't separate from his Jewish wife, who subsequently committed suicide together with her sister-in-law, who was also Jewish. Odenbach, the great-nephew of Jacques Lejeunes, public defender of Patrice Lumumba, the later overthrown first president of the independent Democratic Republic of Congo. Odenbach constructs pictorial arrangements from the perspective of a German, in whose family history colonialism and the Holocaust are inscribed.

As a child, Odenbach peeled postage stamps from letters from Congo and glued them into an album. Today, he wishes he had kept the letters as well. Large parts of his family history are no longer available to him since relatives have passed away. In the recent collage *Meine Freimarken* (*My Postage Stamps*, 2019–21), Odenbach has collaged stamps from Congo: the richness of wildlife and culture, the fight against malaria, and here as well, Mary with the Christ Child—images with which a state positioned itself in relation to the world. On closer inspection, we see the pictorial material from which the motifs are constructed: behind the spread wings of a bird of prey lies a drawing of a dance of death with a sea of skulls. Pages from the 1994 book *The Idea of Africa* by the Congolese anthropologist and literary scholar Valentin-Yves Mudimbe appear. News items such as "220 millim. precipitation." Ethnographic photographs. And a photo of Odenbach's great-uncle.

If, in Odenbach's two-channel projections, images relativize each other in order to place one another in specific relationships, the same happens in his paper collages. Only here, the motifs are arranged one behind the other instead of side by side. Just as, in *Tropenkoller*, Odenbach looks at the historical pier with different fade lengths, contrasting movements away from and toward land, when contemplating his paper picture puzzles, we always lose sight of as much information as we gain. As we approach the image, every impression of a fixated motif dissolves into innumerable details. Odenbach's collages force us to make a choice, to focus on one picture plane at a time, without forgetting the path that took us there.[7]

This reflects Odenbach's effort to achieve historical specificity; for an optic that allows the viewer to look ahead and back at the same time: into the picture, but also from the picture back into the viewer's space; into history, but at the same time into the future. In this way, images are created that deconstruct themselves, while at the same time building themselves up.

In *Beweis zu nichts* (*Proof of Nothing*, 2016), Odenbach brings this optic into sharp focus on an image that pursues a similar claim, but in which the intentions of an artist intersect with those of a state: the sculptural group in front of the bell tower of the Buchenwald memorial near Weimar, designed by Fritz Cremer (1906–1993) and modified according to the ideas of the Socialist Unity Party of (East) Germany. After his design, submitted jointly with Bertolt Brecht and the horticultural architect Reinhold Lingner, was awarded the commission in 1952, Cremer was forced over a period of six years to make his compact group of suffering figures more optimistic and confident of victory, to raise them onto a pedestal, and to add a flag bearer.[8]

In the encounter between digital video and stone sculpture, *Beweis zu nichts* breathes new life into the result, along with the contradictions inscribed in it. The work opens with a view of the landscape, followed by historical film footage of concentration camp prisoner marches, communist parades, and glimpses into the cameras of Soviet liberators. For a long time, the camera rests on a boy on a scooter who struggles to smile as a tear rolls down from his left eye. In the soundtrack is a drawn-out synthesizer that brings to mind air-raid alarms. Next to the boy's face, the camera sweeps up the steps to Cremer's memorial, the gray monumentality of Stalinism under a foggy sky contrasted by the punctum of a Coca-Cola can left standing there. In slow motion, a blue ball bounces down the steps toward the camera and, after an axis jump, continues to descend the steps into the landscape.

Then the camera moves slowly behind the figures, gazes over their shoulders, between their legs. Almost coming to a standstill, it scans physiognomies, runs over lips, chins, lets Cremer's intention of the expression of suffering come into its own. Restrained fanfares make groping half-steps down and up again. Suddenly, the German actor Josef Bierbichler sings to this from Heiner Goebbels's *Eislermaterial*: "In this country / And in these times / Dreary evenings should not be allowed." One believes that the fingers of a hand, from which the camera crane is retreating, are stretched out so that one can grasp them.

Richard Ojijo's music has been a crucial component of Marcel Odenbach's filmic collages since the late 1990s. At times, it nestles up against the images in an almost illustrative way, as if it were acoustically recreating the bounce of the ball. Most of the time, however, it builds perspectives out of spaces layered one behind the other, with metallic droning in the background and wooden knocking in the foreground. Ojijo's soundtracks create the same floating intensity of equilibrium as Odenbach's images. They resemble the movements of the camera crane, which could turn in any direction at any moment; or the flying kite that stands in the sky at the beginning and end of *Beweis zu nichts*. In this alertness of the gaze, in the openness to any change in the wind while insisting on a specific perspective, in the resignation of the ego to circumstances, in the approach to objective overview through subjective decisions, lies the specific contribution of Odenbach's work.

7 Regarding Odenbach's techniques of pictorial arrangement, cf. Hans Dickel, "Eine Frage der Distanz," in *Marcel Odenbach: Es brennt*, exh. cat. Kunsthalle Nürnberg im KunstKulturQuartier, Nuremberg (Cologne, 2020), p. 25.
8 See Jörg Heiser, "Schweifen in Strenge," in *Marcel Odenbach: Beweis zu nichts*, exh. cat. Kunsthalle Wien, Vienna (Berlin, 2017), pp. 33–48.

54 *Meine Freimarken*, 2019/2021
My Postage Stamps
Collage, Fotokopien, Bleistift und
Tinte auf Papier / Collage, photocopies,
pencil, and ink on paper, 260 × 180 cm

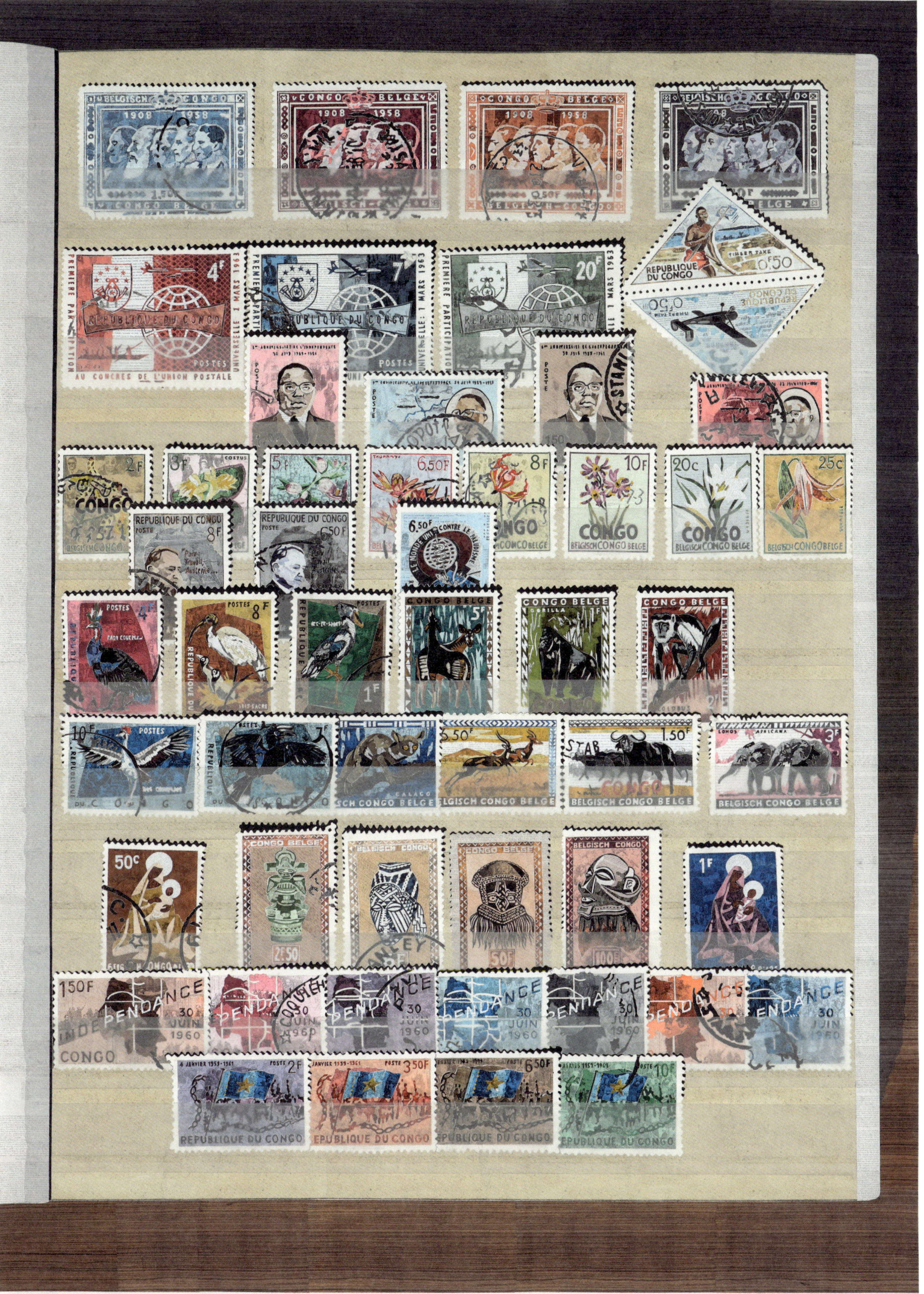
CONGO BELGE
1908 1958
REPUBLIQUE DU CONGO
AU CONGRES DE L'UNION POSTALE
POSTES
CONGO
BELGISCH CONGO BELGE
REPUBLIQUE DU CONGO
CONGO BELGE
BELGISCH CONGO
30 JUIN 1960
REPUBLIQUE DU CONGO

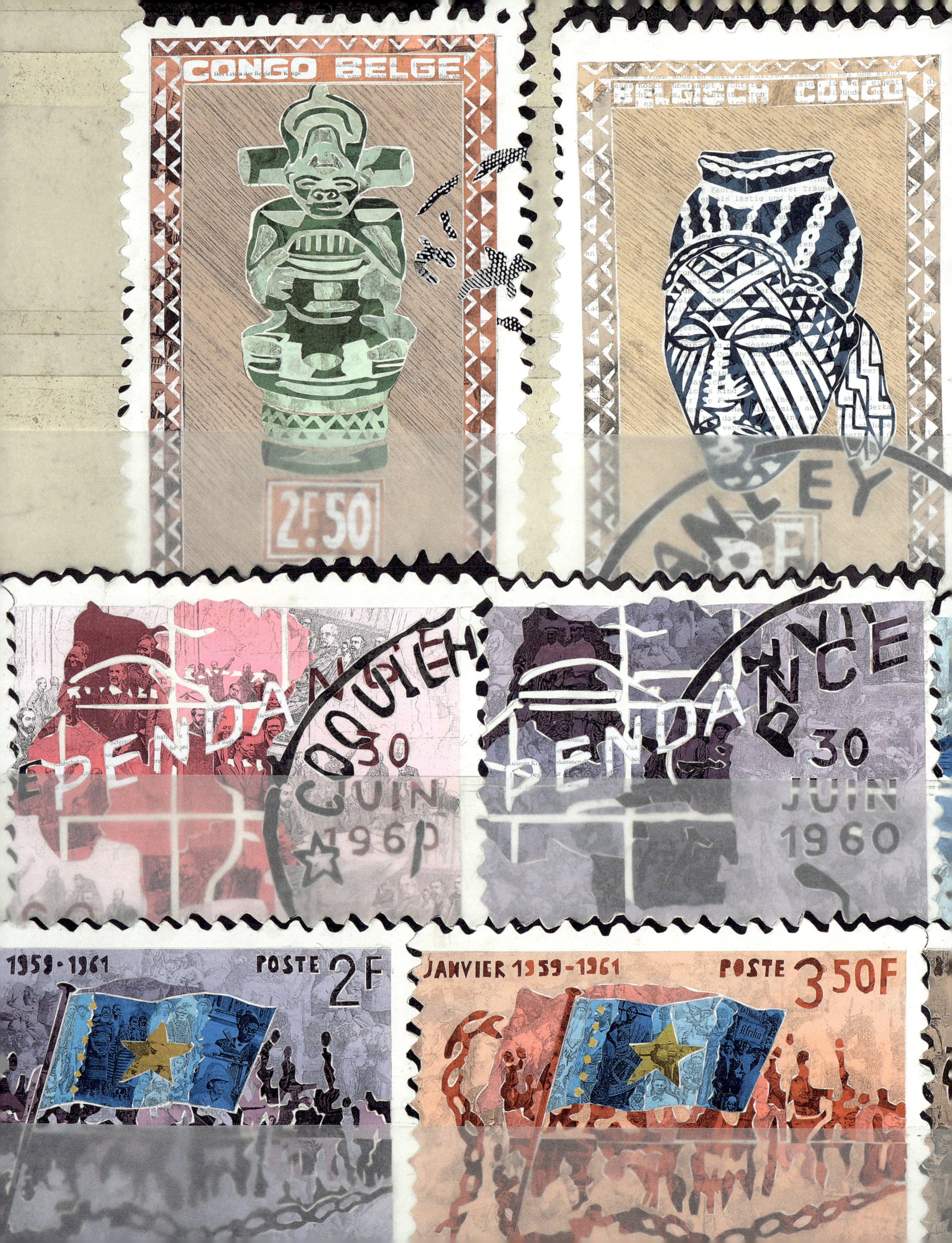

CONGO BELGE

2F.50

BELGISCH CONGO

PENDANCE 30 JUIN 1960

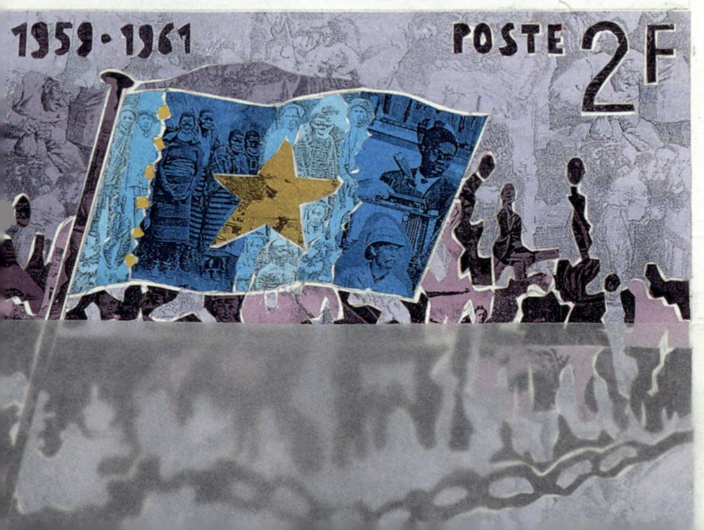

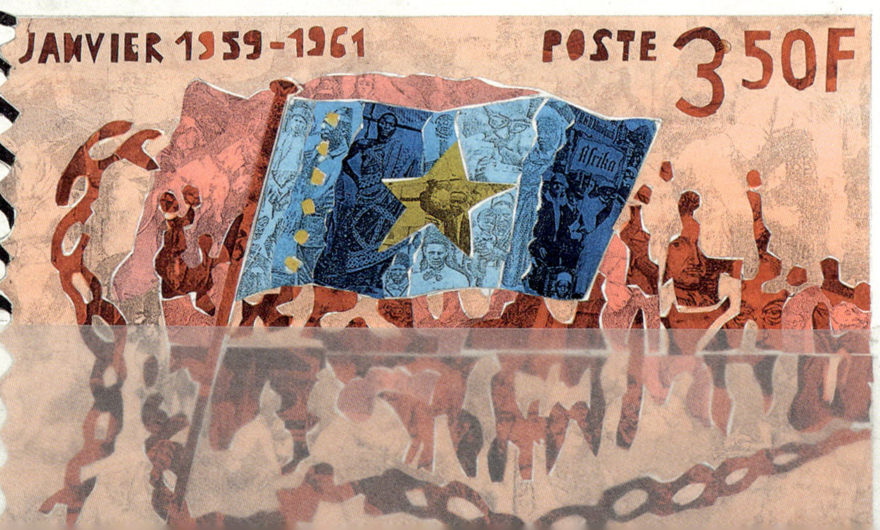

CONGO BELGE
50F
BELGISCH CONGO
100F
NDANCE
30
JUIN
1960
ENDANCE
30
JUIN
1960
POSTE 6,50F
POSTE 10F

48 *Tropenkoller*, 2017
Tropical Frenzy
Zweikanal-Videoinstallation, Farbe, Ton / Two-channel video installation, color, sound, 17' 42"

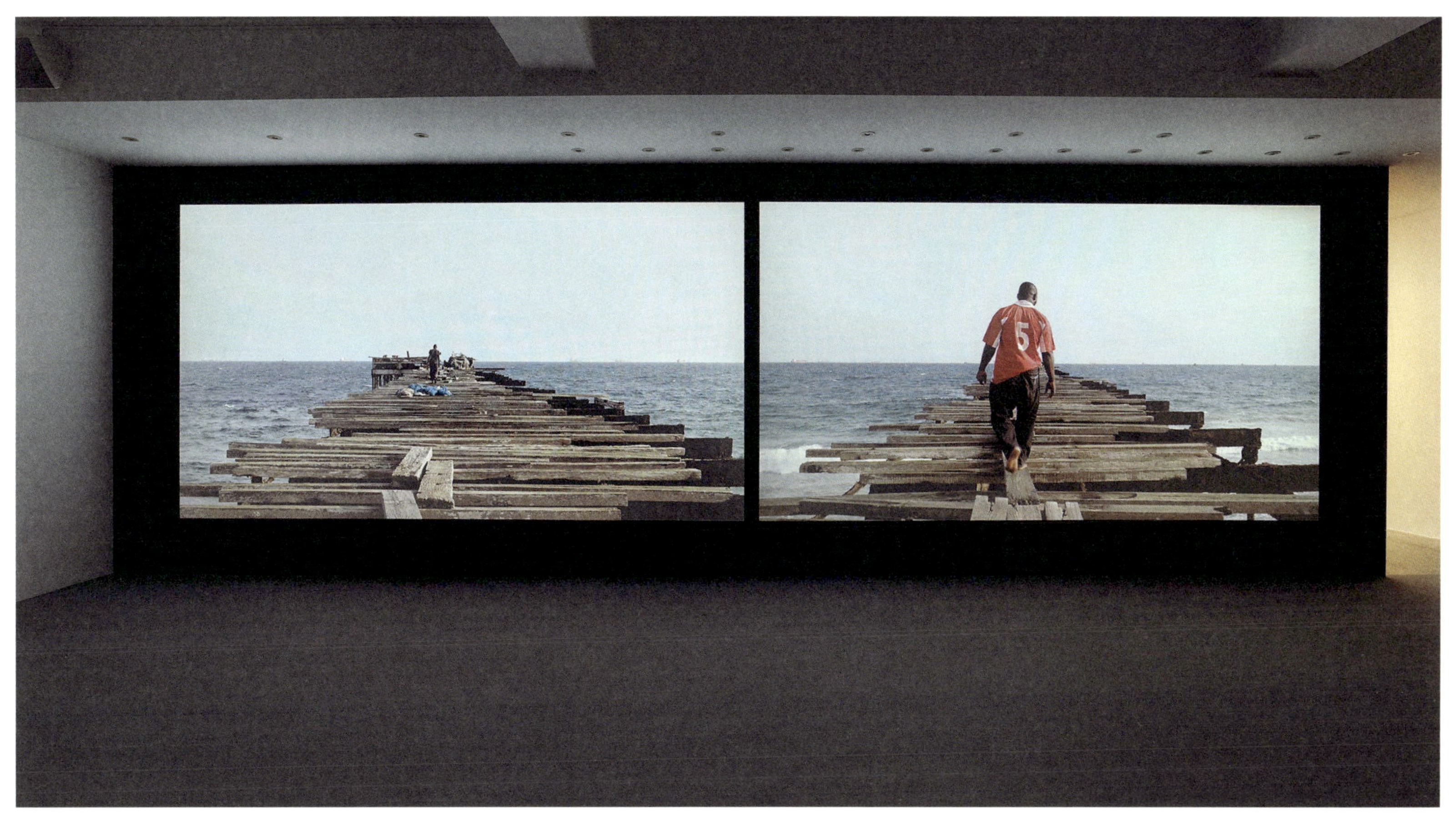

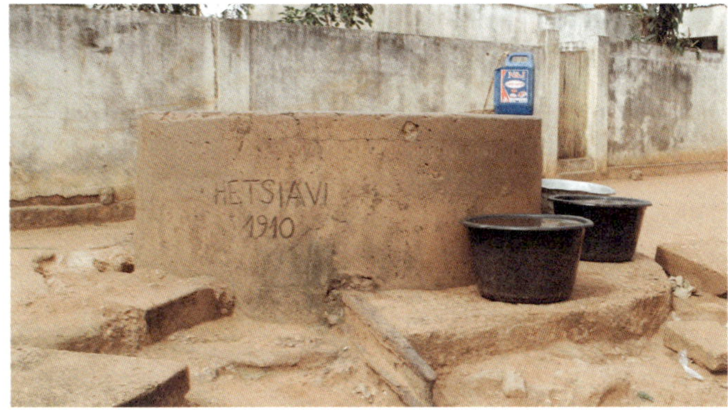
HETSIAVI
1910

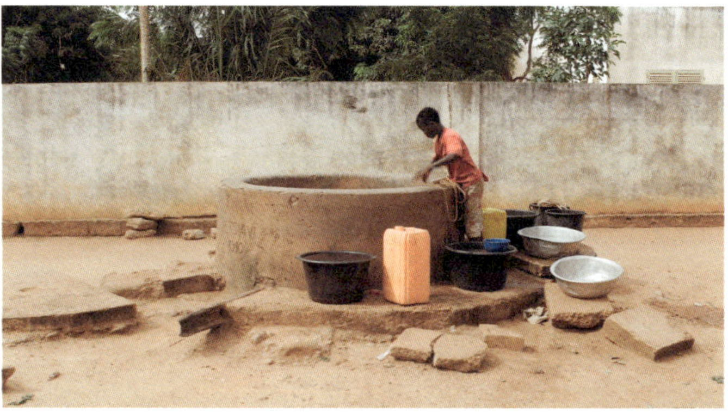

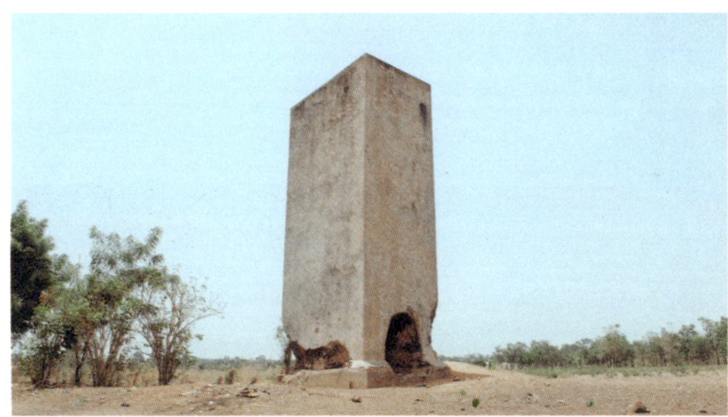

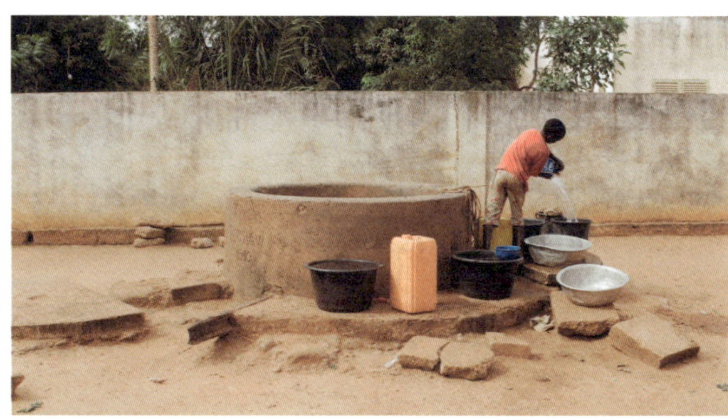

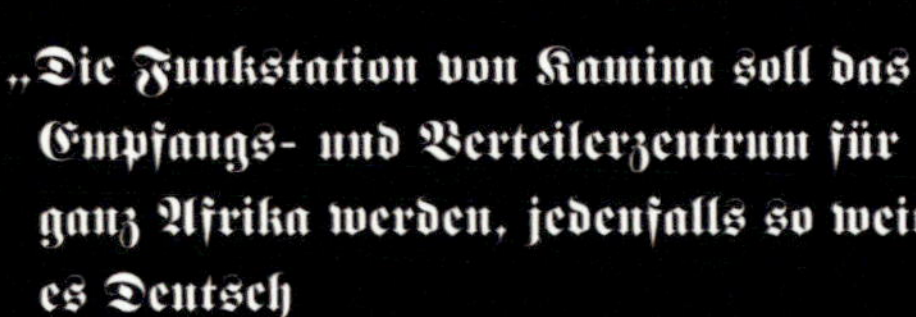
„Die Funkstation von Kamina soll das
Empfangs- und Verteilerzentrum für
ganz Afrika werden, jedenfalls so weit
es Deutsch

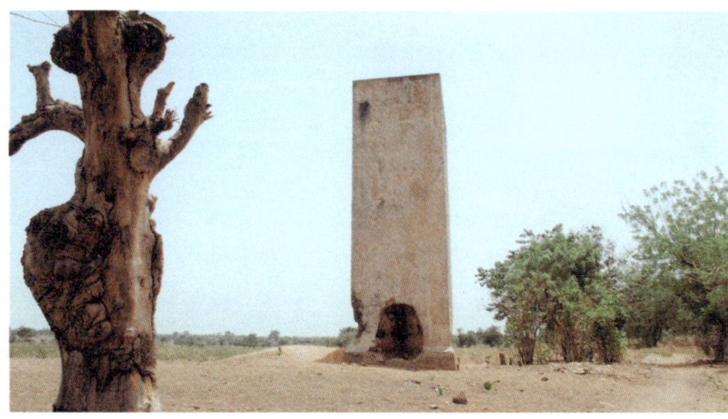

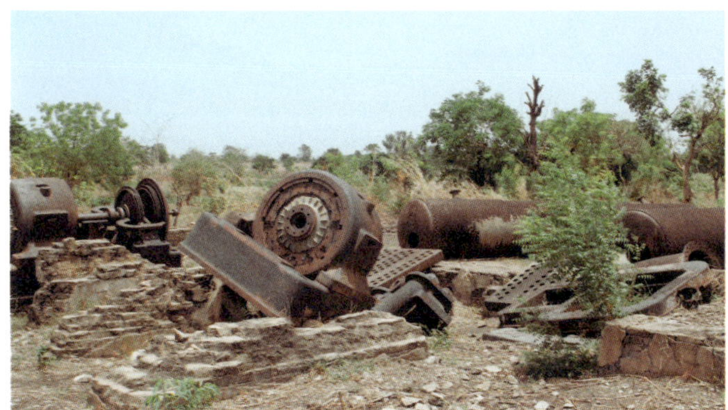

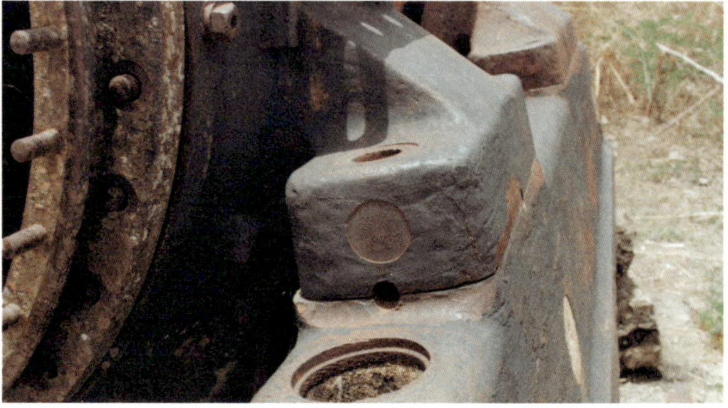

„Mit unwiderstehlicher Gewalt dringt die deutsche Kultur über die Brücke ins Land hinein."

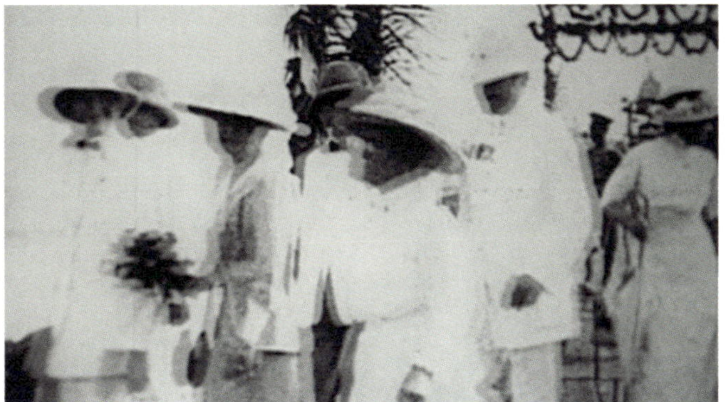

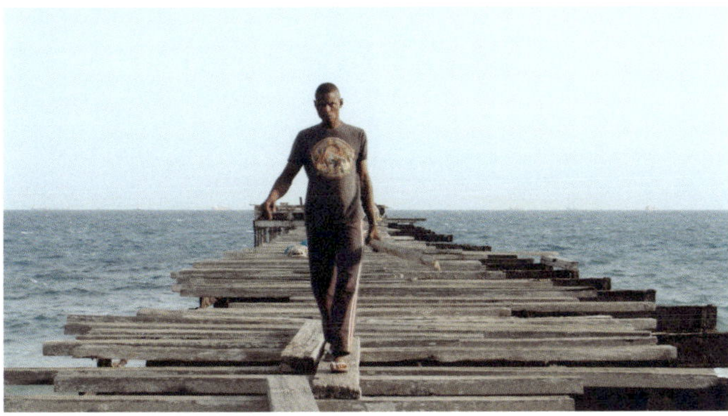

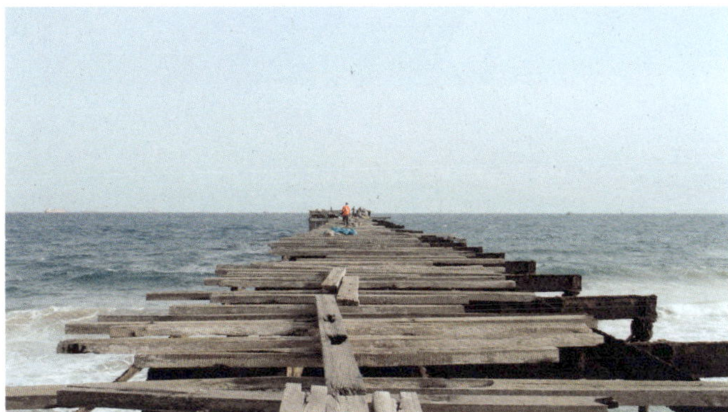

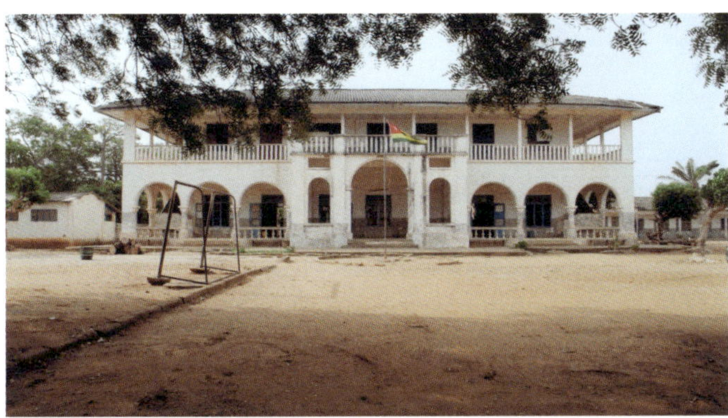

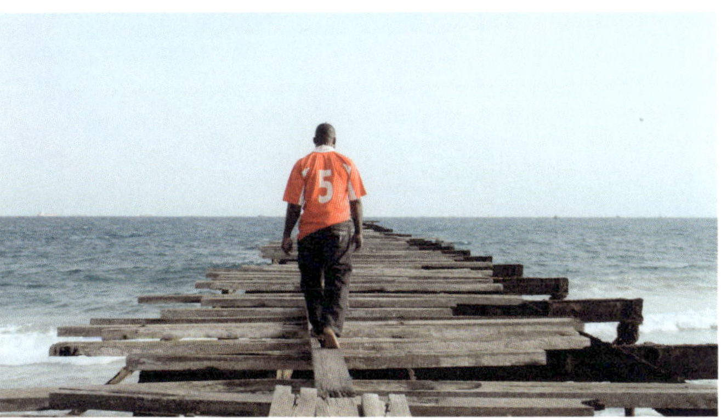

„Wenn der junge Afrikaner anfängt an Frauen zu denken, dann werden ihm seine Unterrichtsstunden gleichgültig."

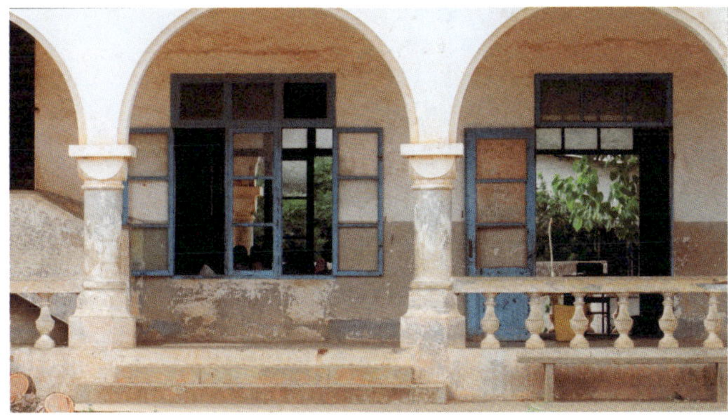

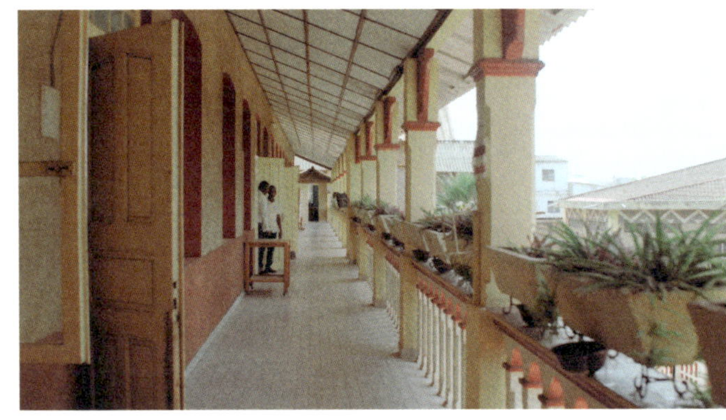

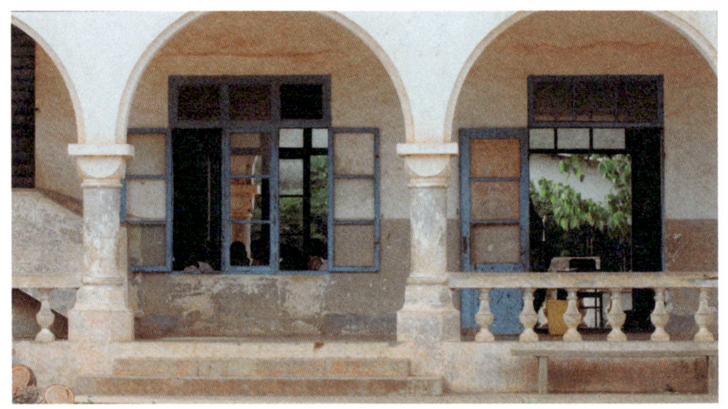

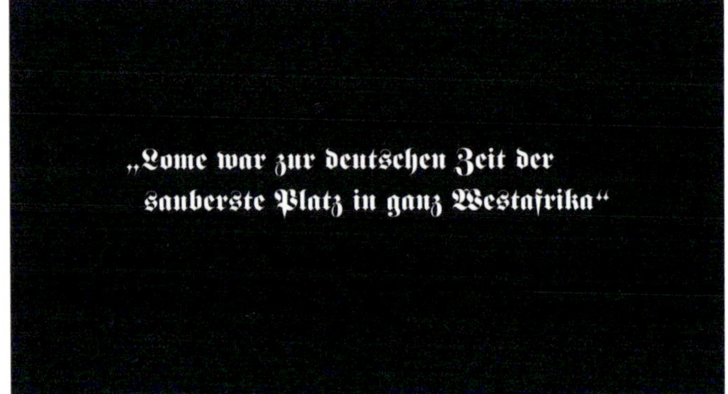
„Lome war zur deutschen Zeit der
sauberste Platz in ganz Westafrika"

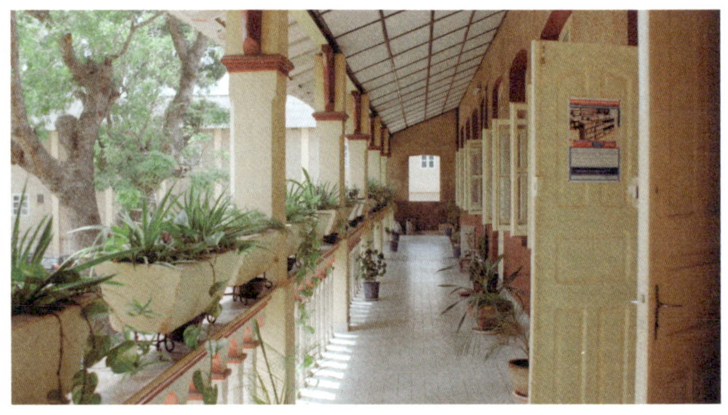

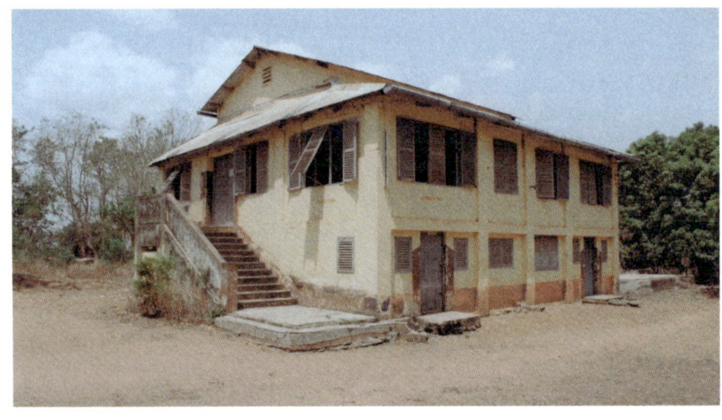

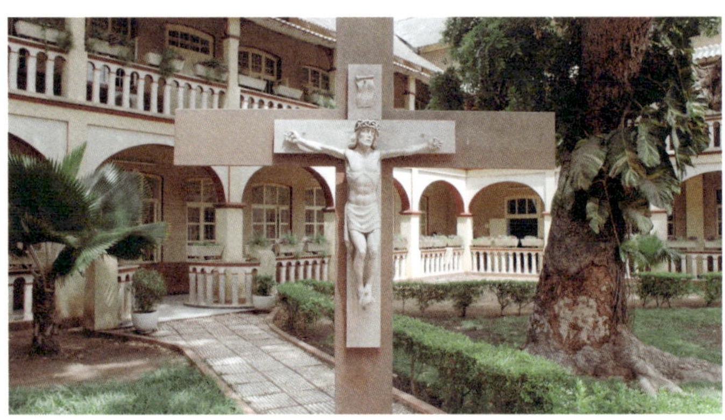

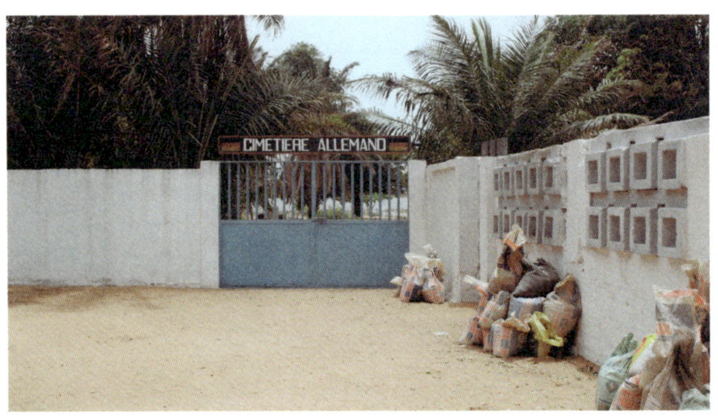
CIMETIERE ALLEMAND

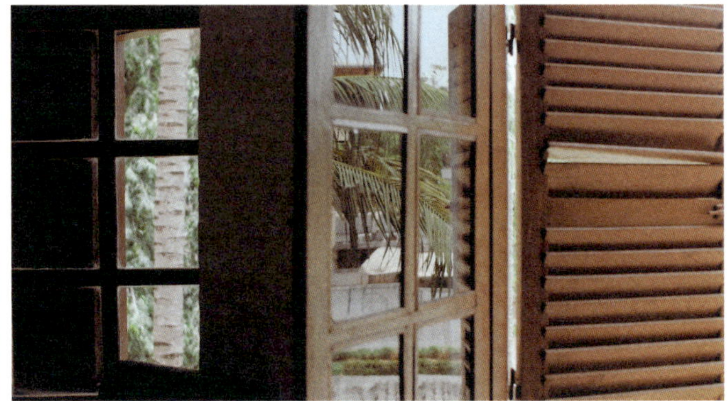

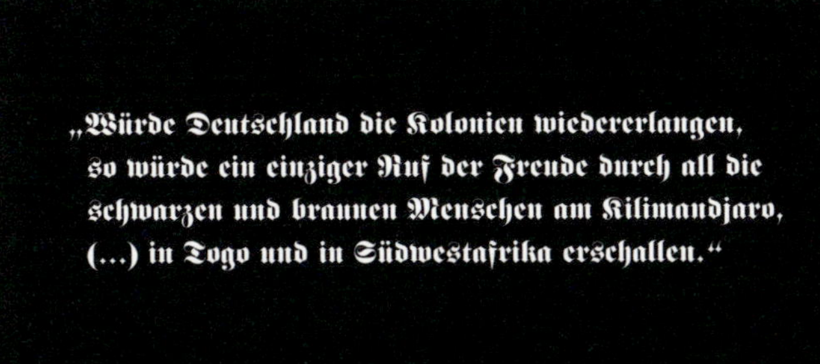
„Würde Deutschland die Kolonien wiedererlangen,
so würde ein einziger Ruf der Freude durch all die
schwarzen und braunen Menschen am Kilimandjaro,
(…) in Togo und in Südwestafrika erschallen.“

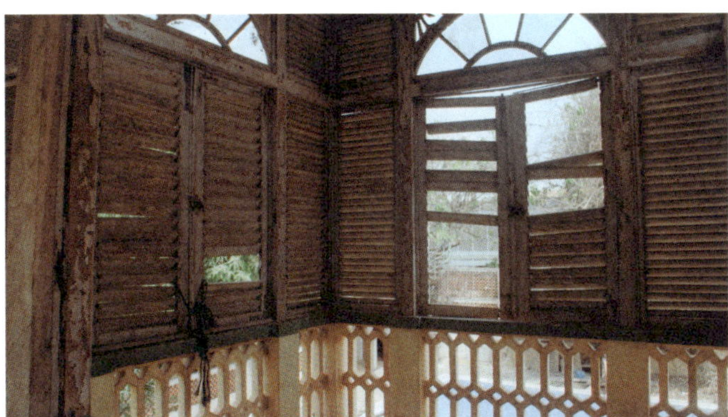

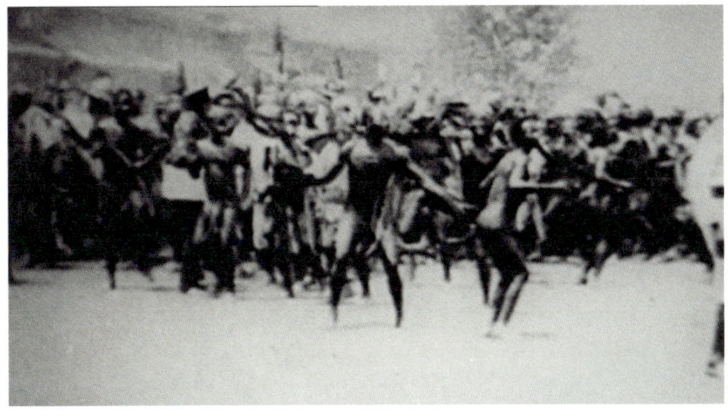

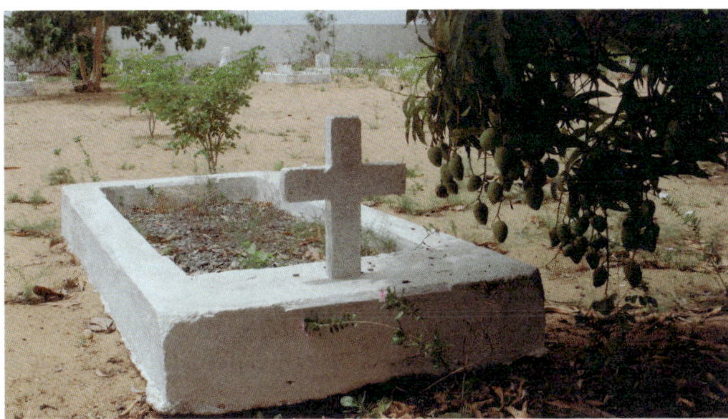

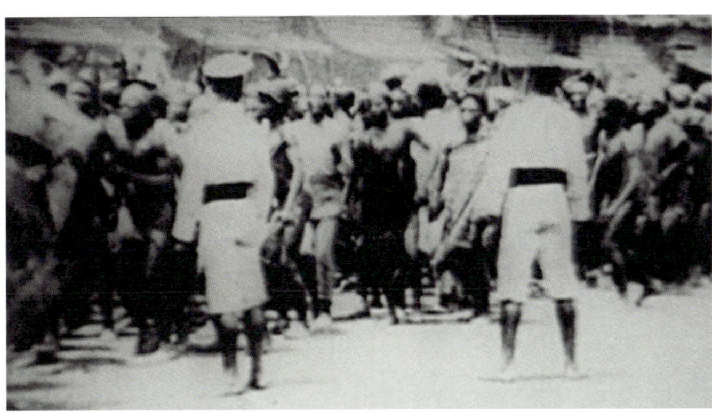

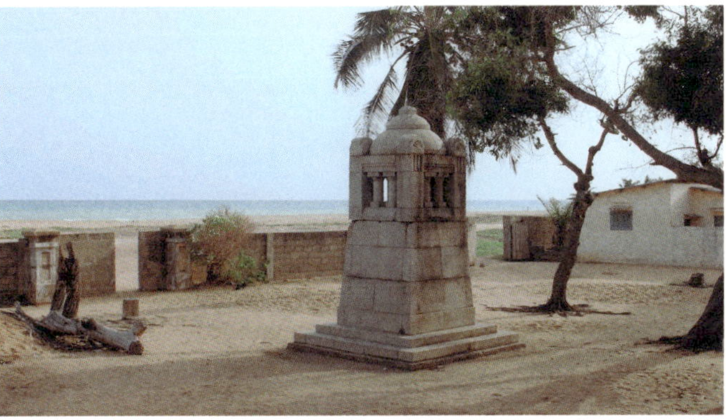

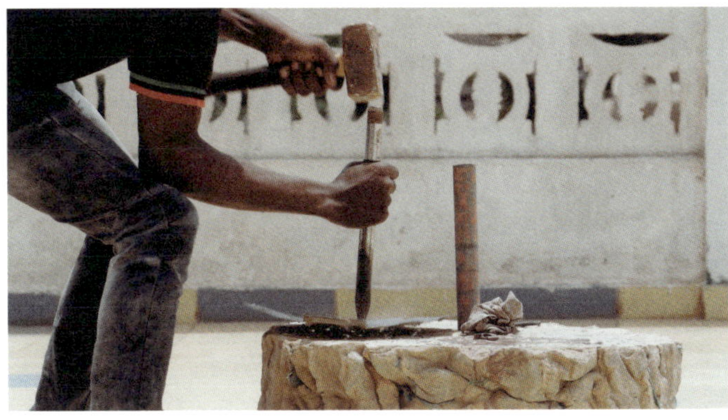

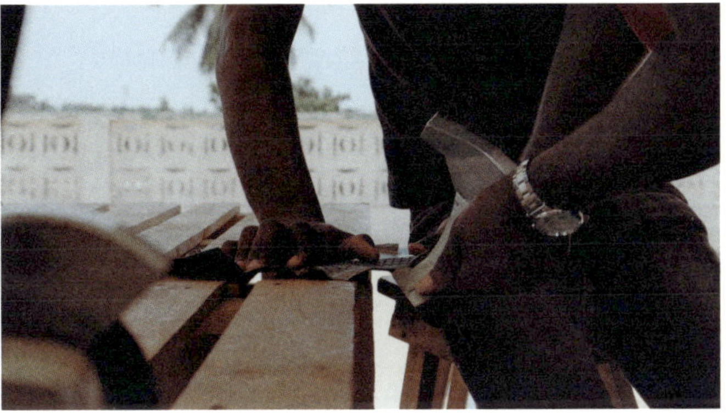

30 *Ohne Titel (Webervogelnester)*, 1991
Untitled (Weaver bird nests)
Bleistift, Kohle und Dispersion auf Papier sowie Collage, Fotokopie, Grafit auf Papier / Pencil, charcoal, and dispersion on paper as well as collage, photocopy, and graphite on paper, (Blatt 5/5) / (sheet 5/5), 41,5 × 29 cm

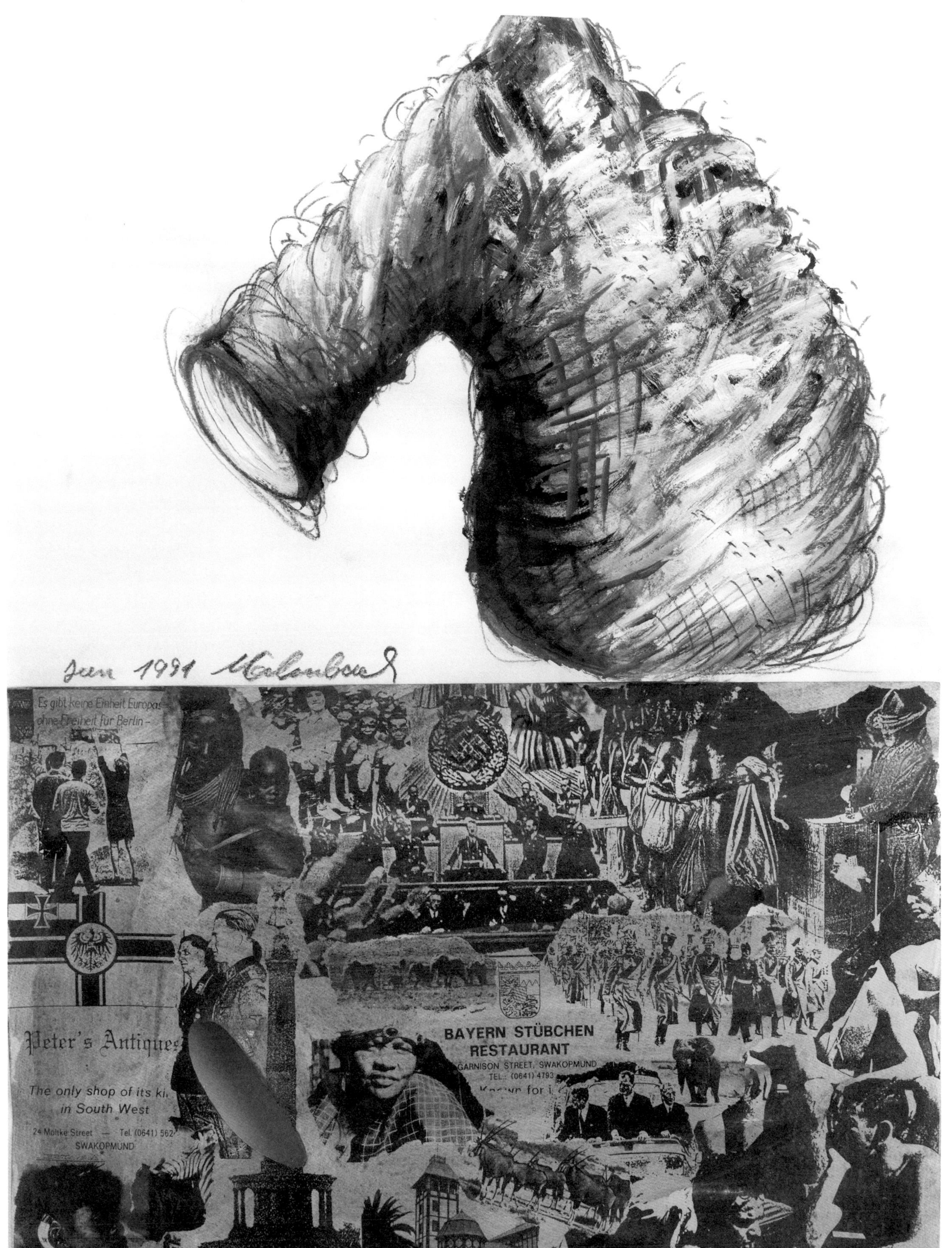
Juni 1991 Malenbach
Es gibt keine Einheit Europas ohne Freiheit für Berlin –
Peter's Antiques
The only shop of its ki
in South West
24 Moltke Street — Tel. (0641) 562
SWAKOPMUND
BAYERN STÜBCHEN
RESTAURANT
GARNISON STREET, SWAKOPMUND
TEL. (0641) 4793
DEUTSCHLAND BLEIBT DEUTSCH

42 *Sitzfleisch*, 2012
Staying Power
Collage, Fotokopien, Bleistift und Tinte auf Papier / Collage, photocopies, pencil, and ink on paper, 242 × 152 cm

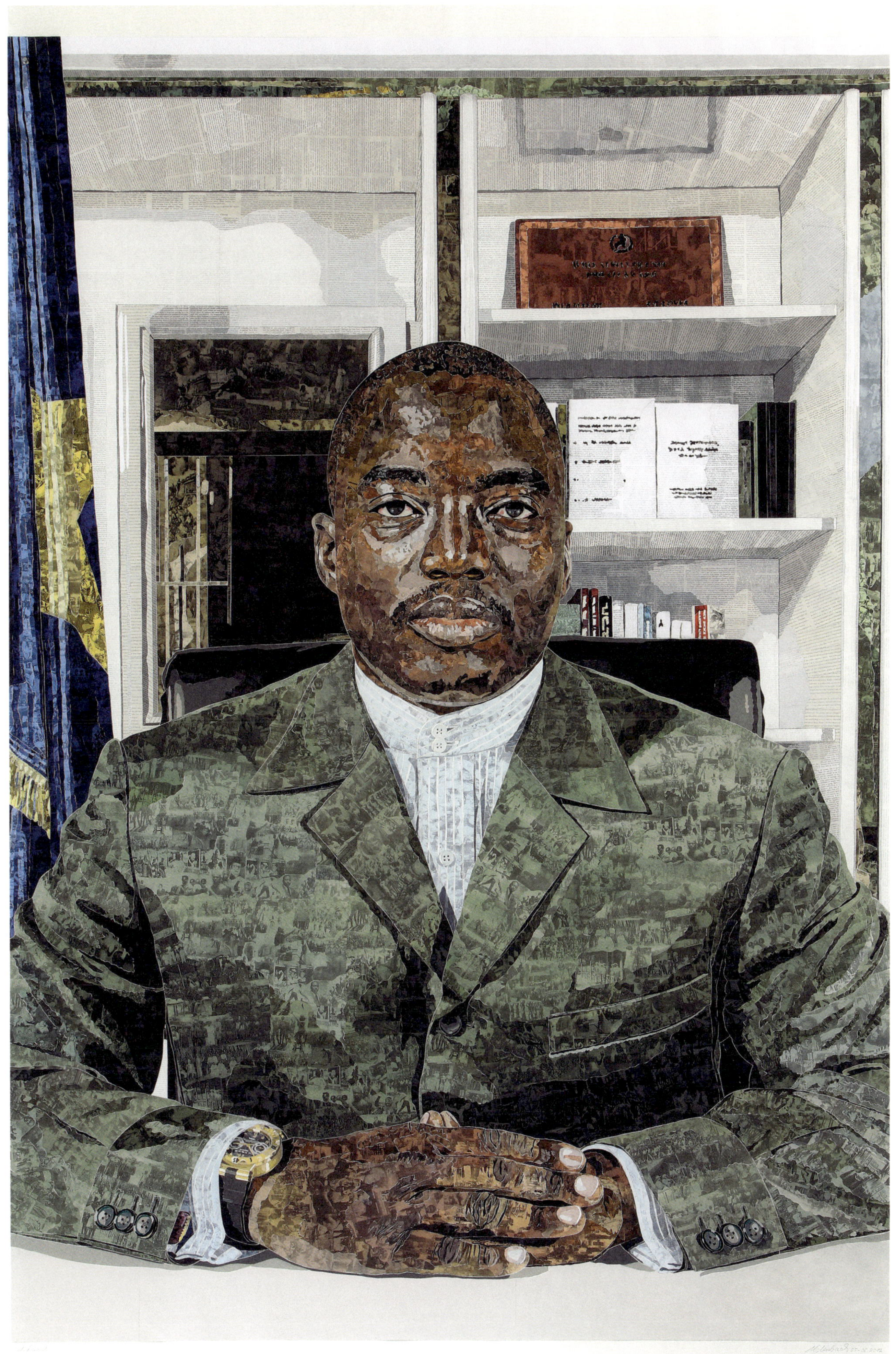

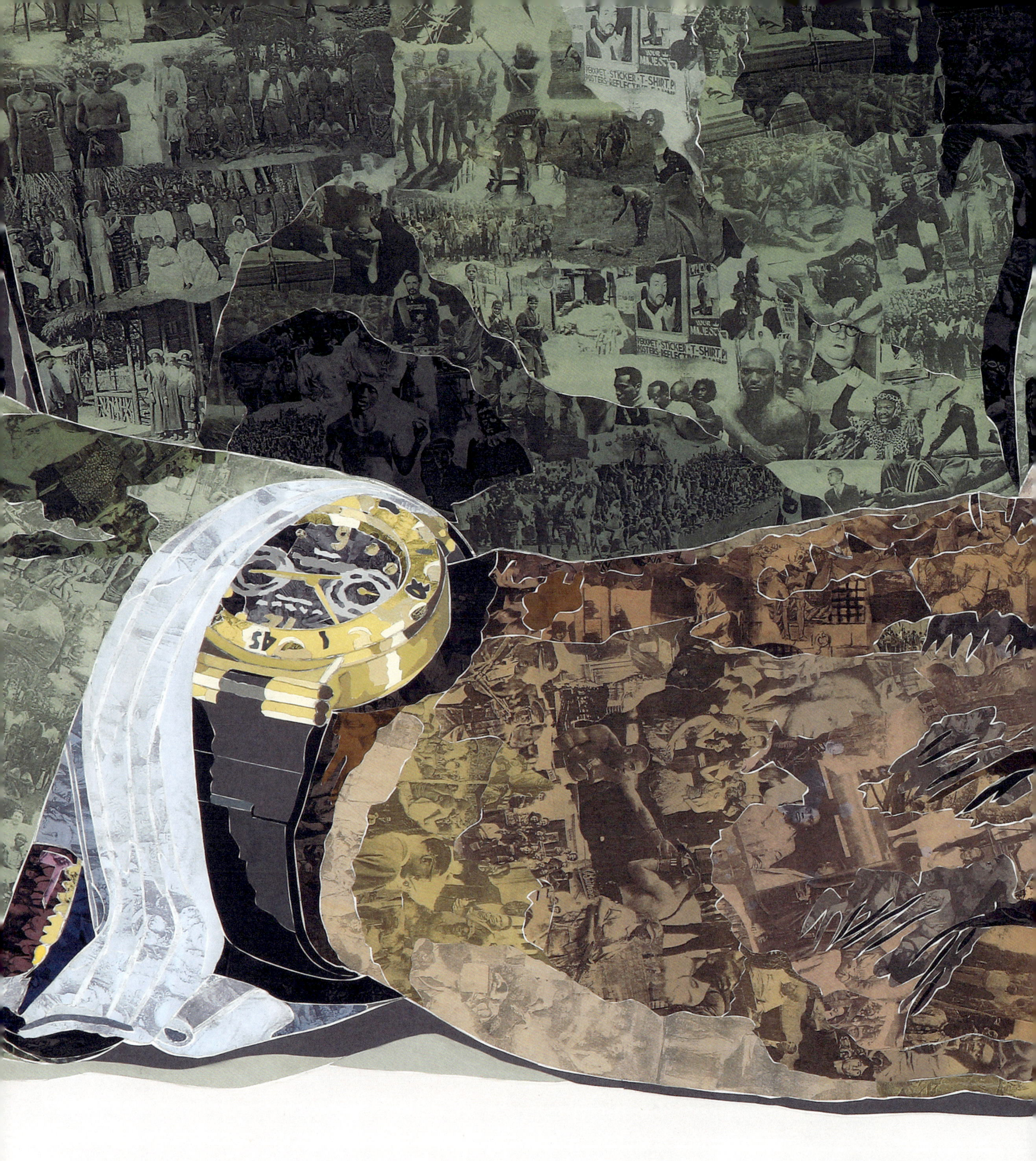

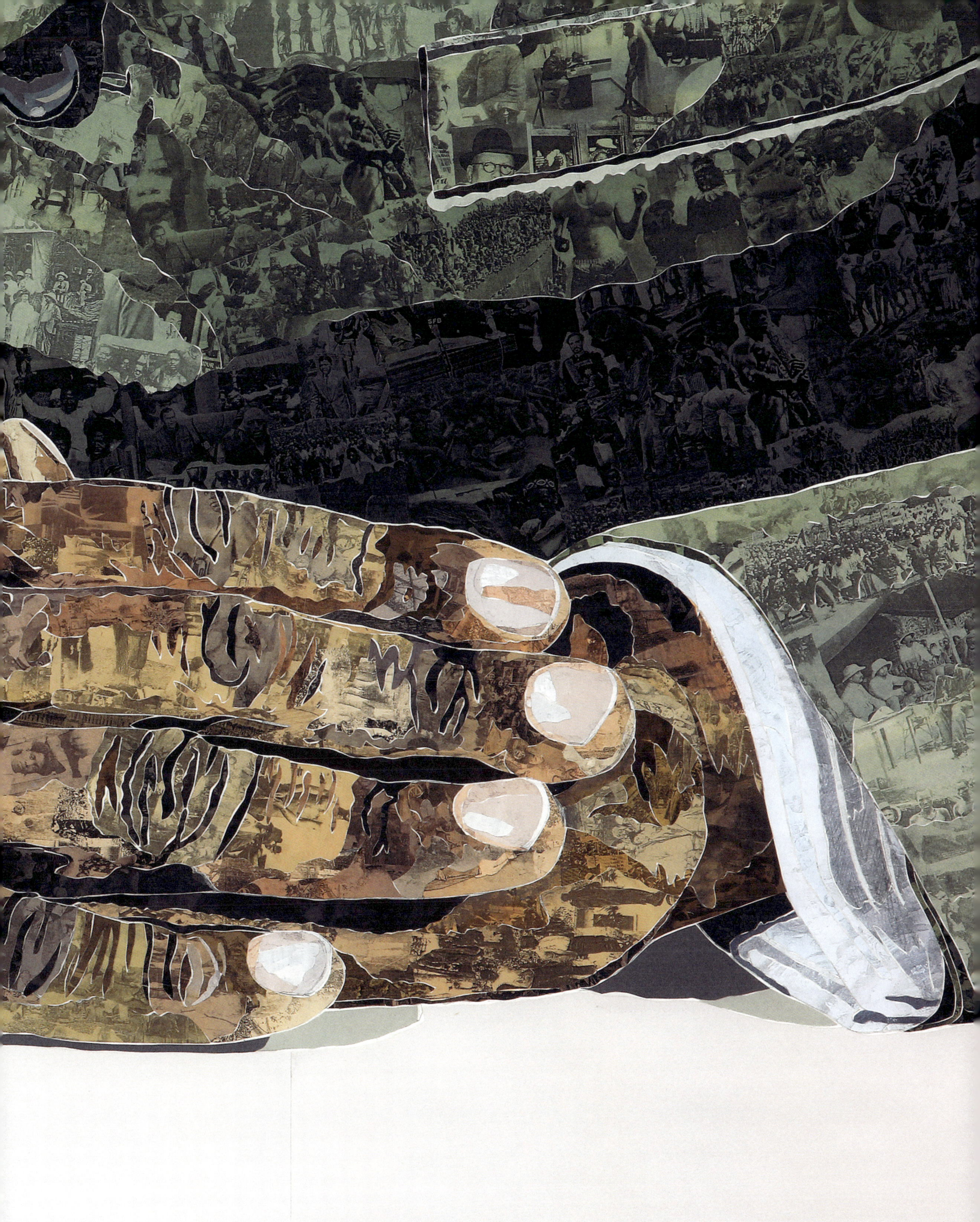

37 *In stillen Teichen lauern Krokodile*, 2002/2004
In Still Waters Crocodiles Lurk
Zweikanal-Videoinstallation, Farbe,
Ton / Two-channel video installation, color,
sound, 31' 15"

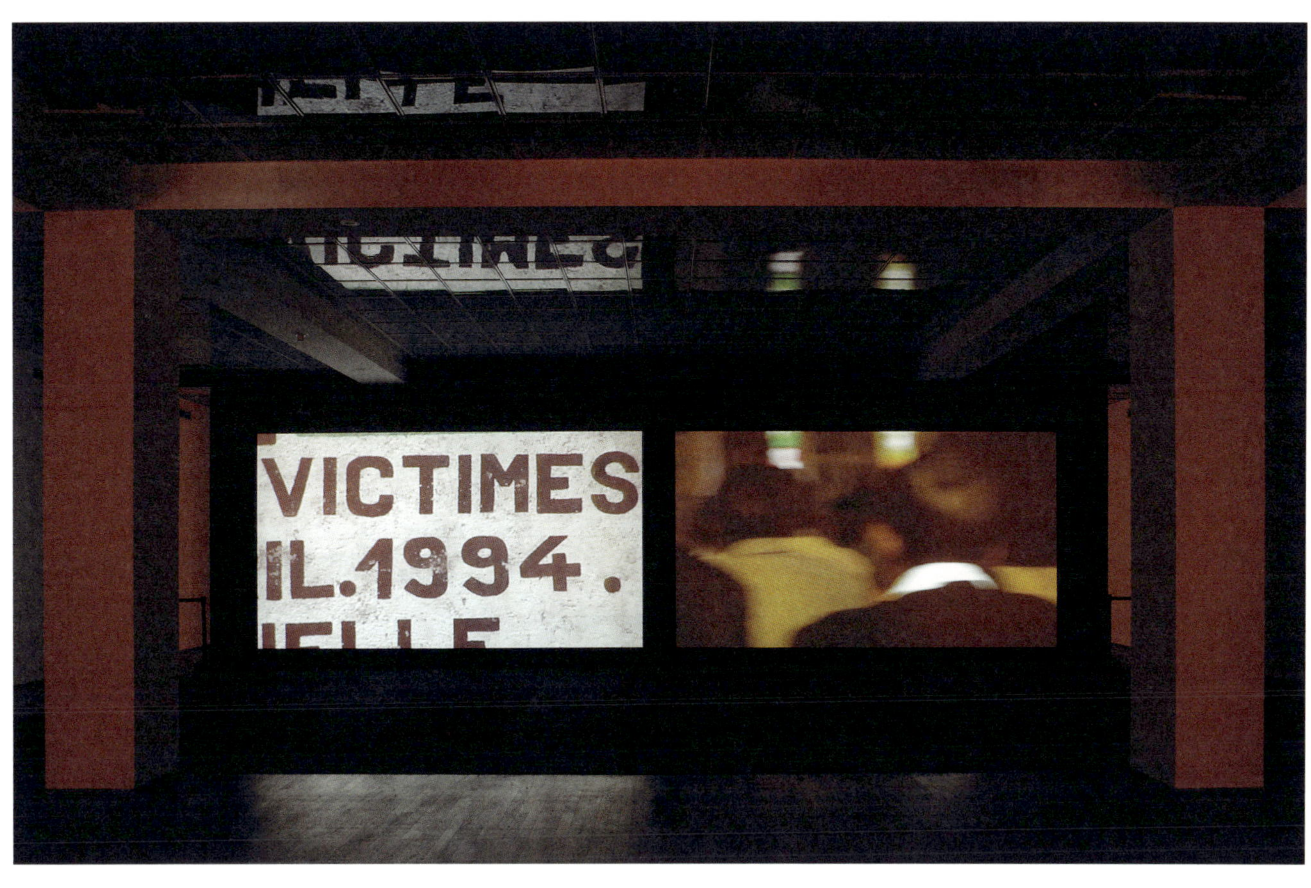
VICTIMES
IL.1994.

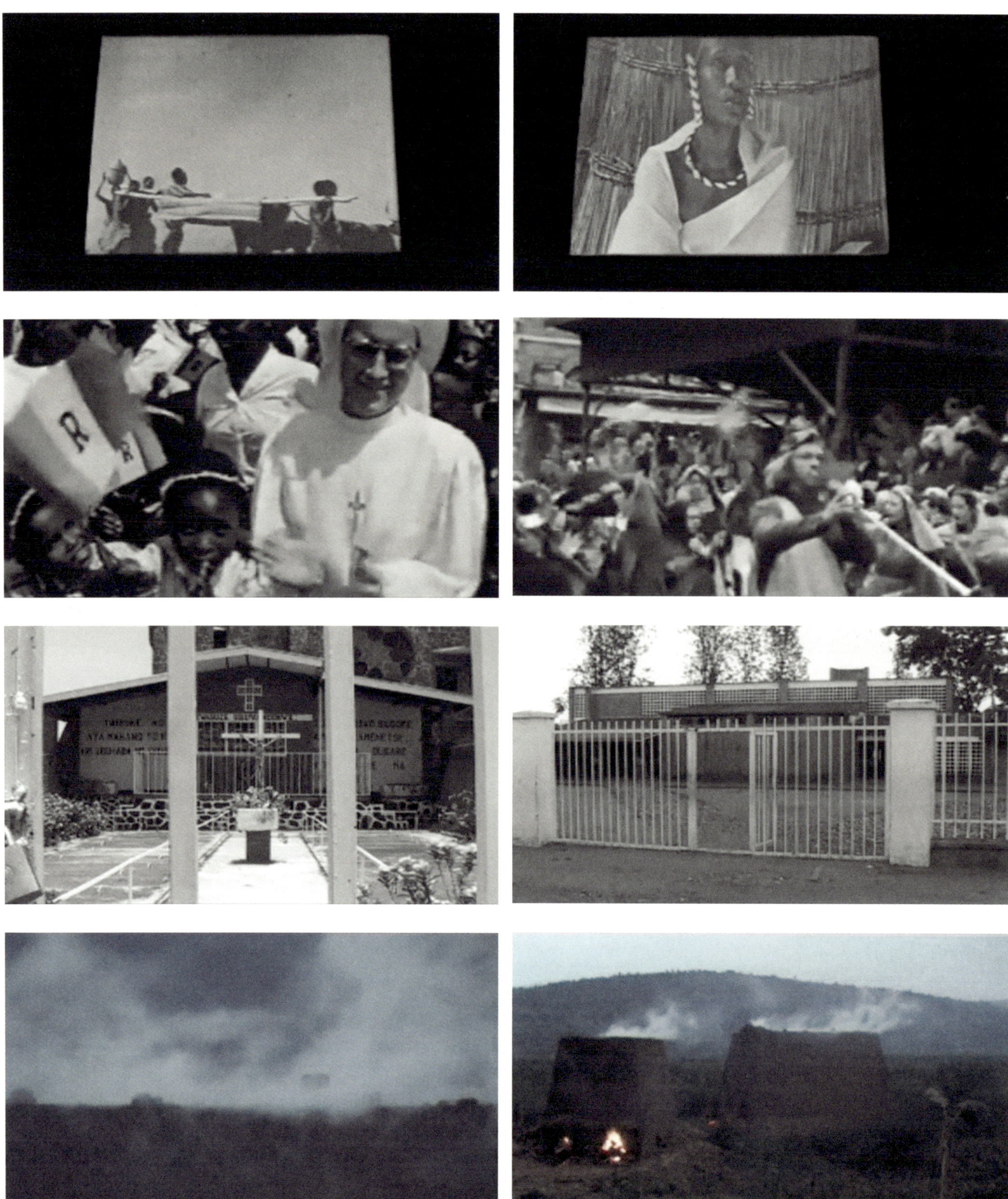

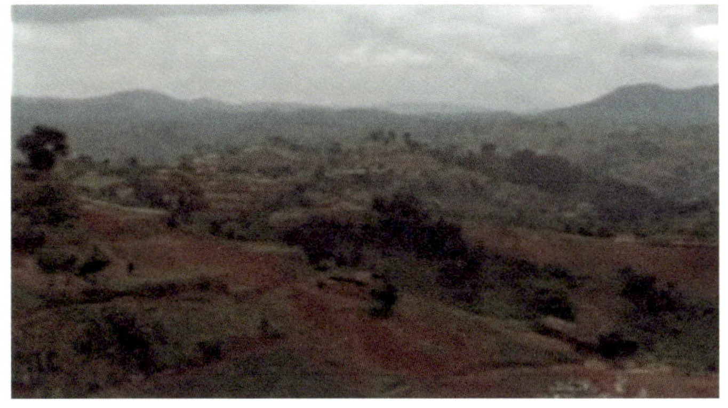

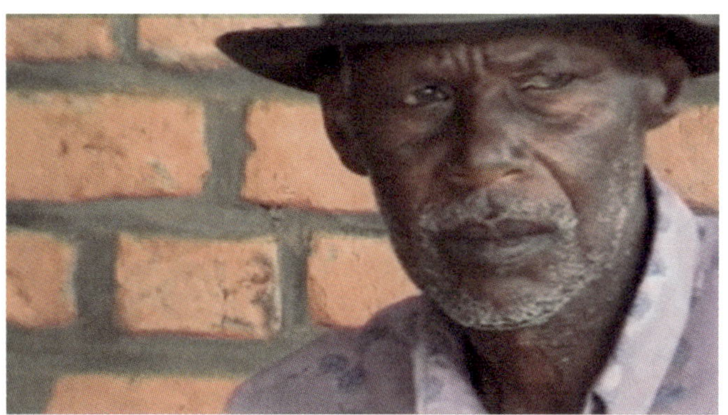

Kapitel zwei

Ein Land, in dem Milch und Honig fließt

Chapter two

A land of milk and honey

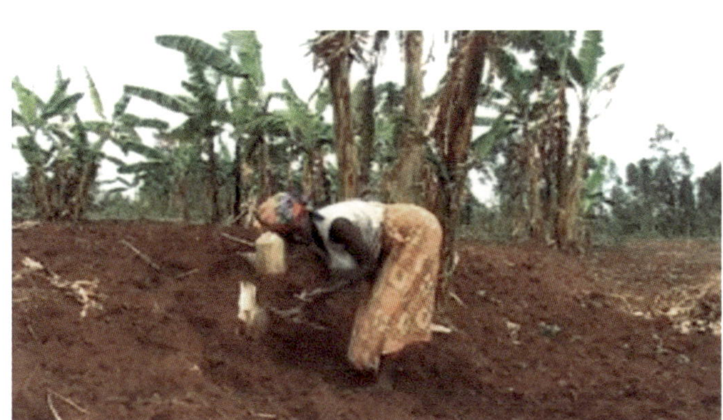

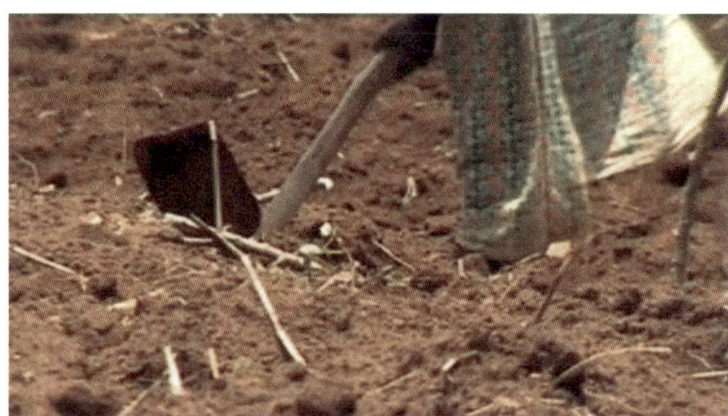

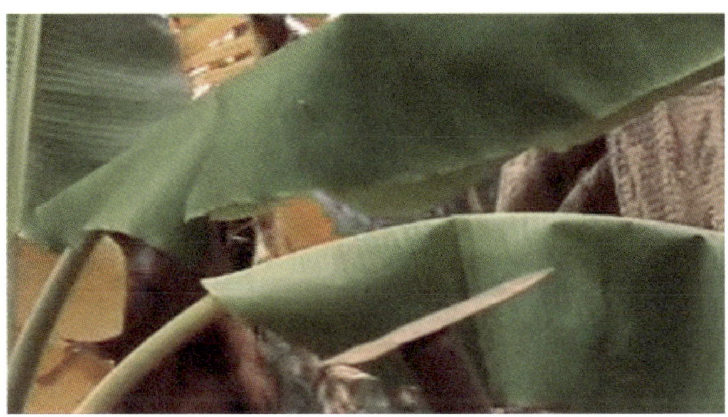

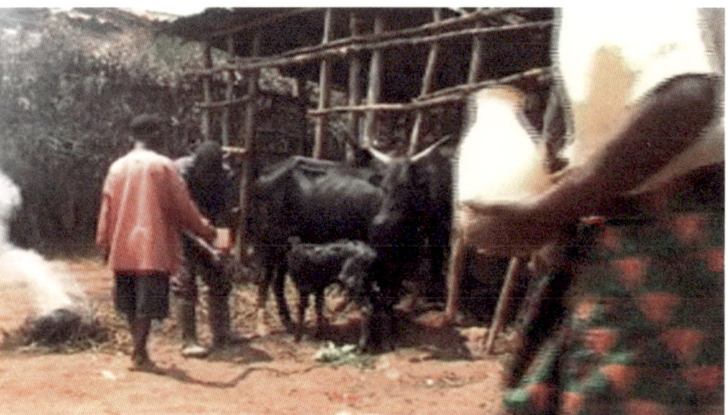

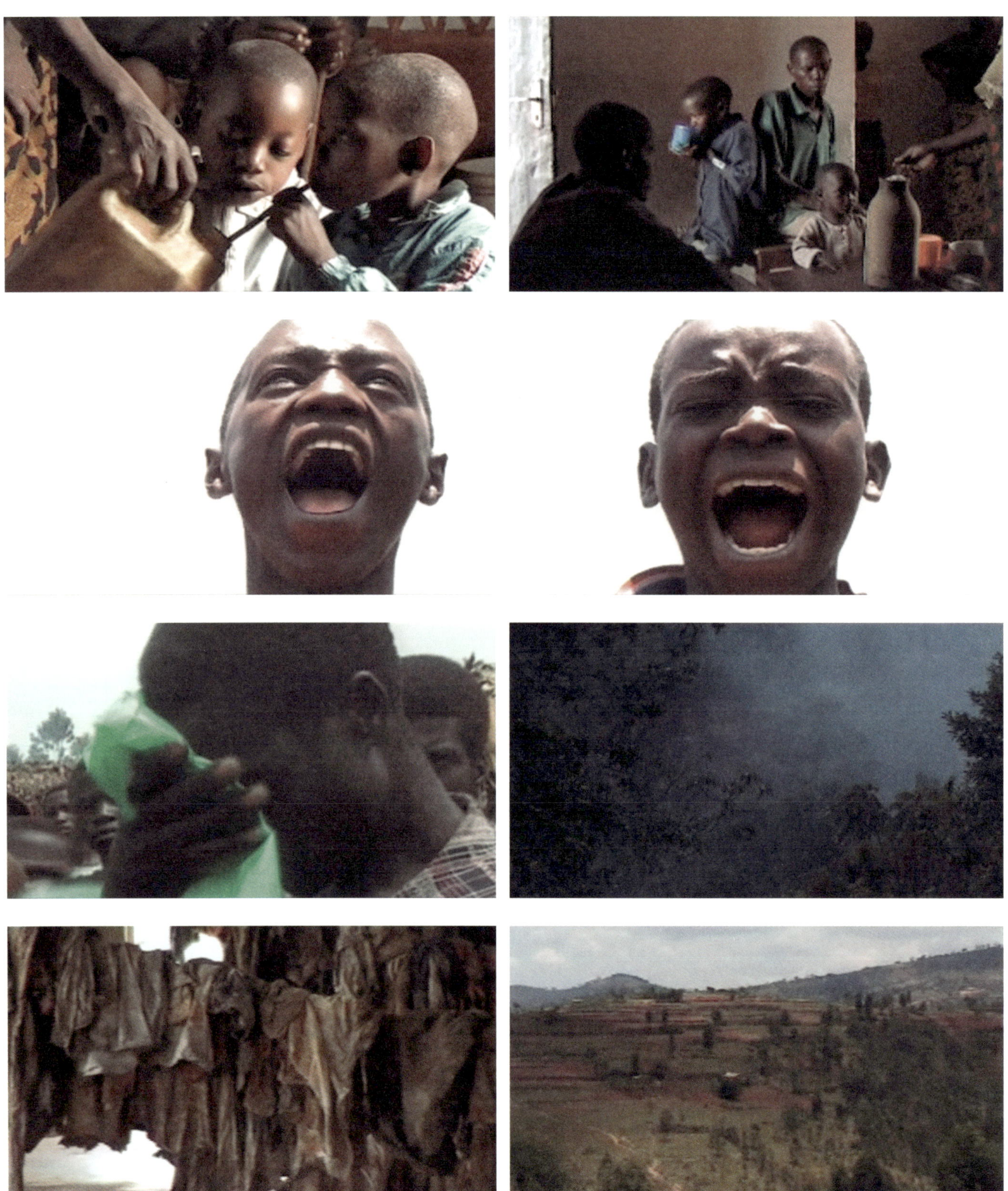

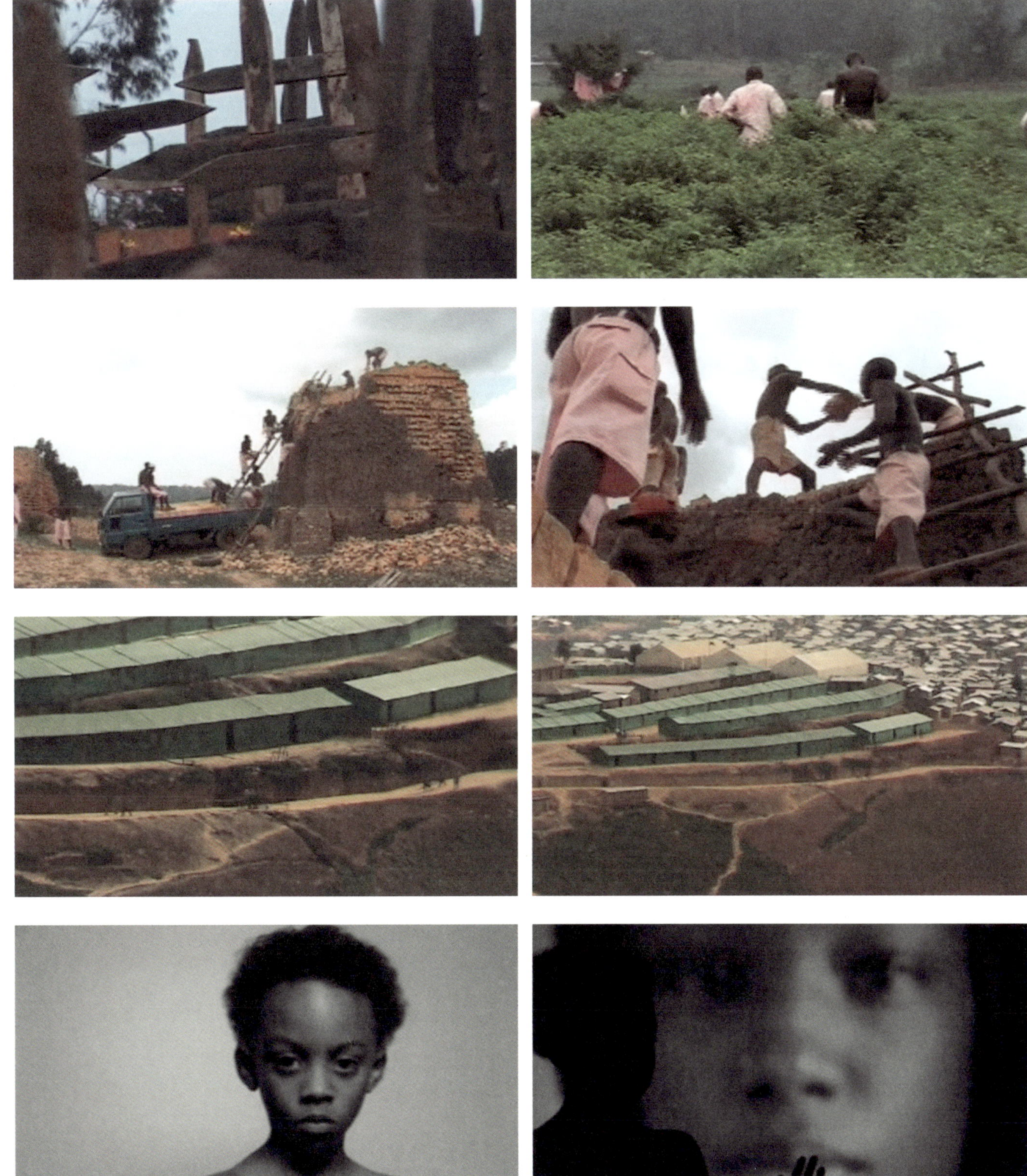

47 *Meldung*, 2016
Notification
Collage, Fotokopien, Bleistift und Tinte auf Papier / Collage, photocopies, pencil, and ink on paper, 150 × 190 cm

W e r k s c h u t z　　　　　　　　　W o l f e n, den 22. 4. 1942

Tgb.Nr. 1806

M e l d u n g.

In letzter Zeit wurde festgestellt, daß ein großer Teil der polnischen Arbeiterinnen des Vistra - Zug - Betriebes und Spinnerei Gebäude 700 die vorgeschriebenen Abzeichen mit (P) überhaupt nicht oder versteckt tragen.

Zeit: 23 Uhr

Werkschutz

Tgb.Nr. 1806 ....

b. Laffer...

Meldu...

In letzter Zeit wurde festgeste...
Arbeiterinnen des Vistra – Zug –...
die vorgeschriebenen Abzeichen n...
tragen.
Zeit: 23Uhr

He...

Wolfen, den 22. 4.

.g.

t, daß ein großer Teil der polni
Betriebes und Spinnerei Gebäude
t(P)überhaupt nicht oder verstec

46 *Beweis zu nichts*, 2016
Proof of Nothing
Zweikanal-Videoinstallation, Farbe, Ton / Two-channel video installation, color, sound, 12' 42"

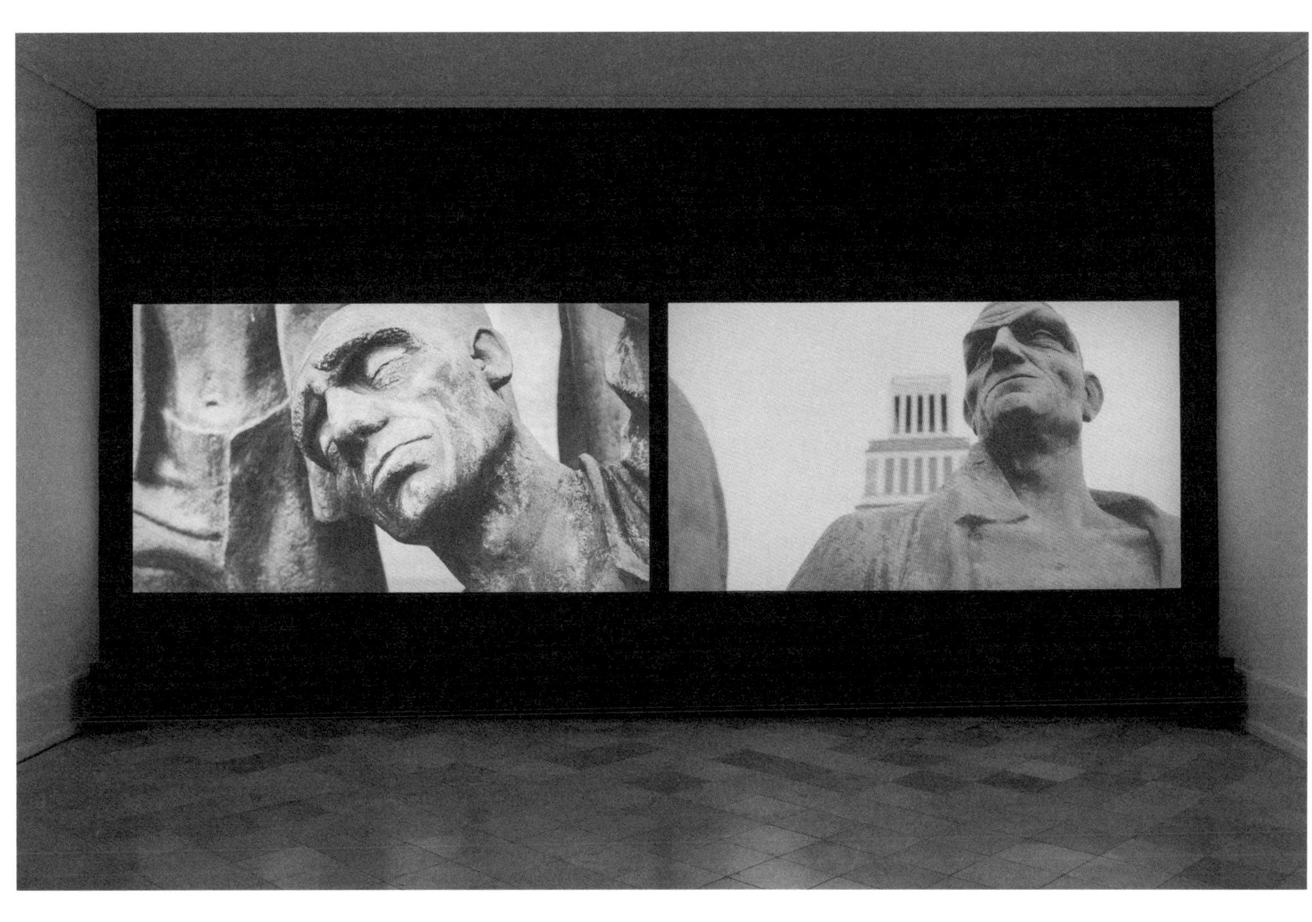

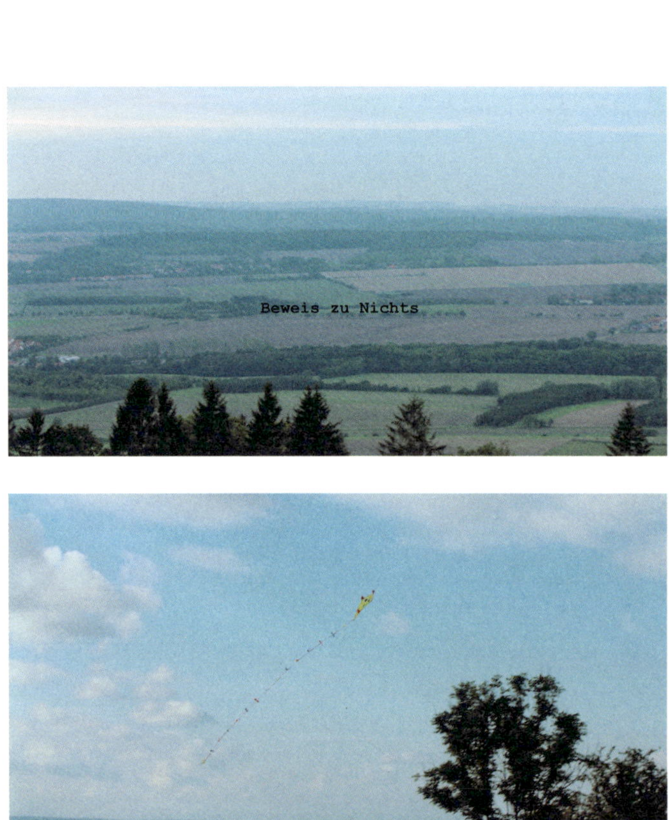
Beweis zu Nichts

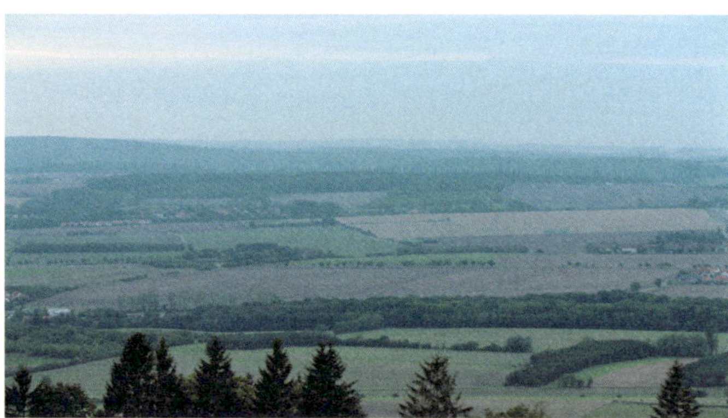

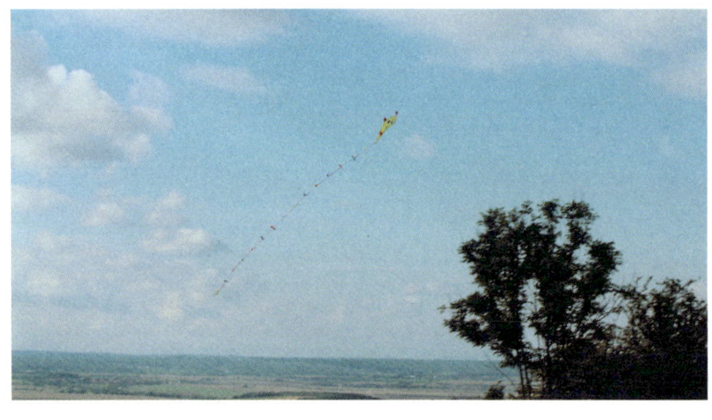

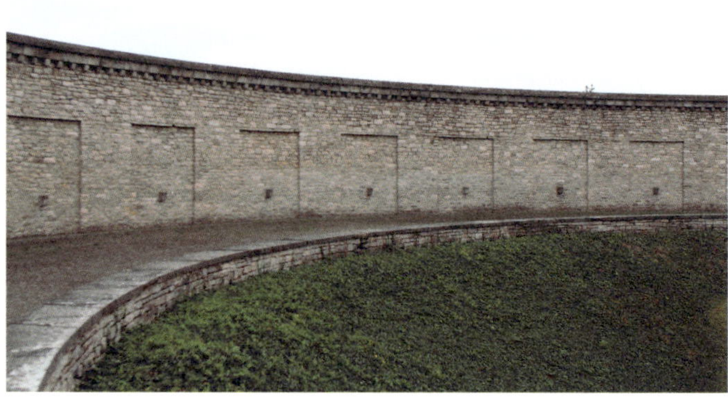

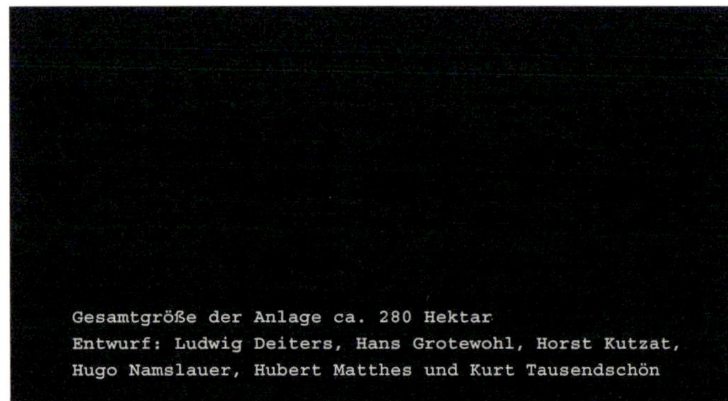
Gesamtgröße der Anlage ca. 280 Hektar
Entwurf: Ludwig Deiters, Hans Grotewohl, Horst Kutzat,
Hugo Namslauer, Hubert Matthes und Kurt Tausendschön

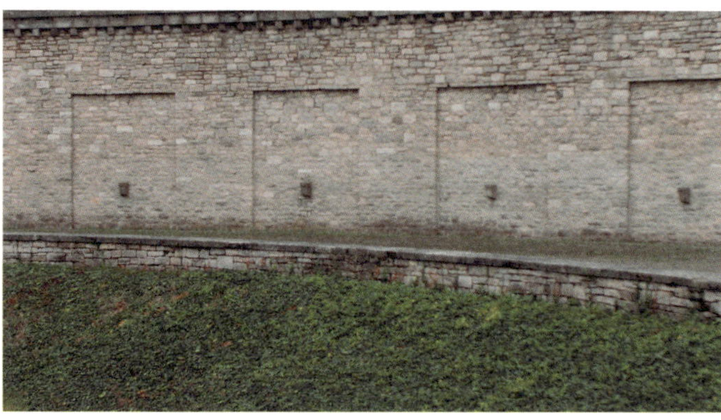

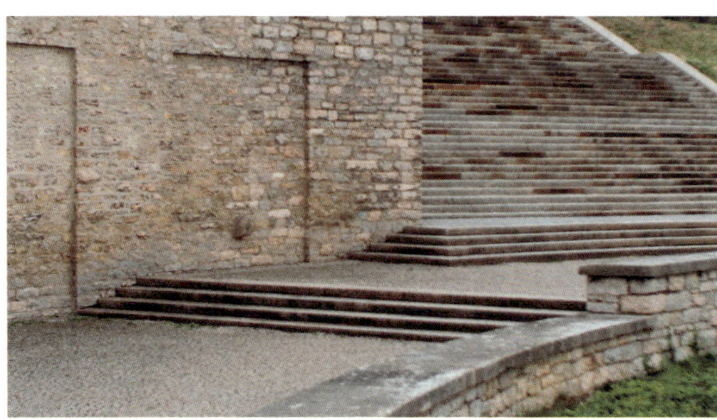

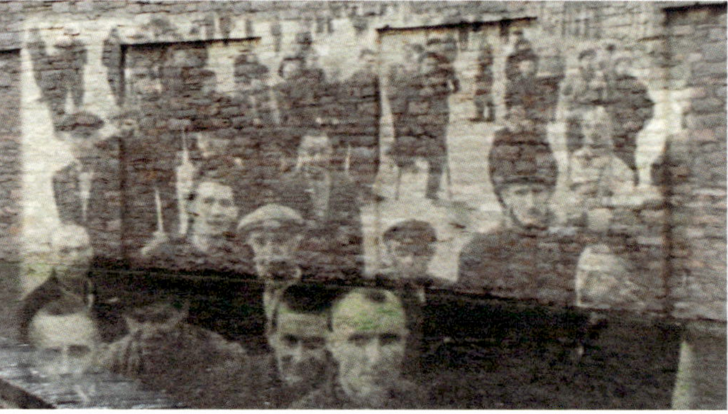

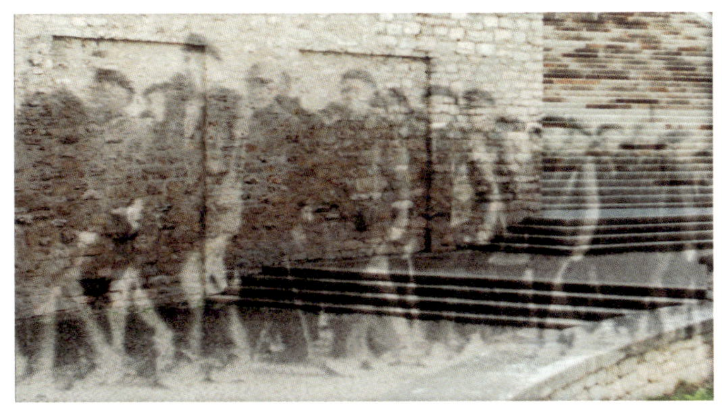
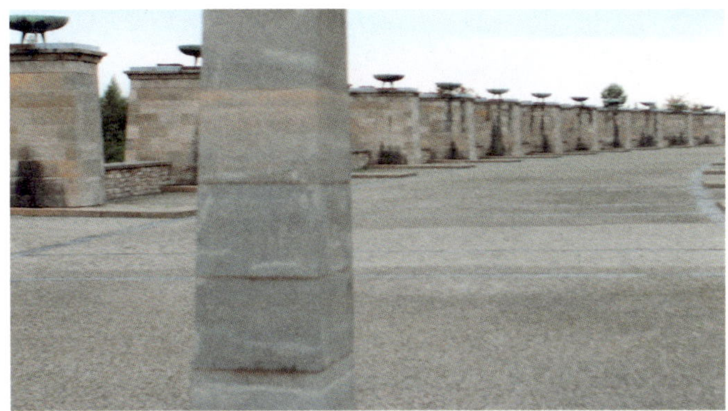
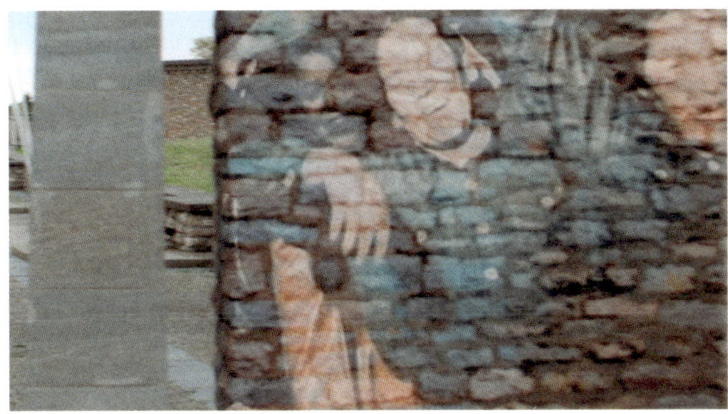
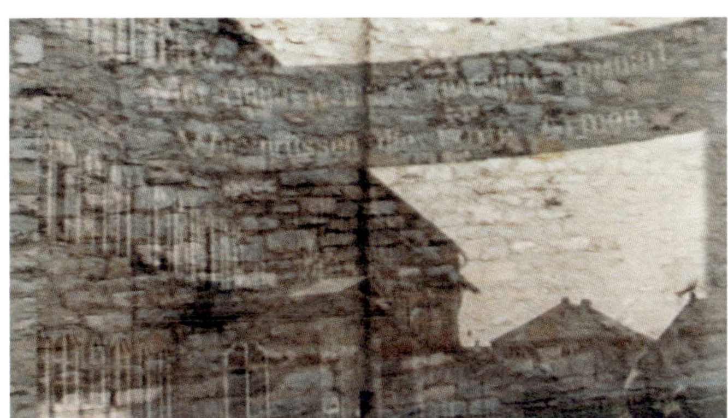
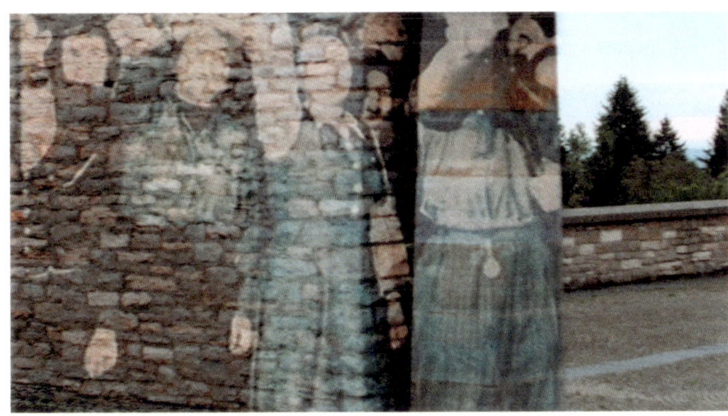
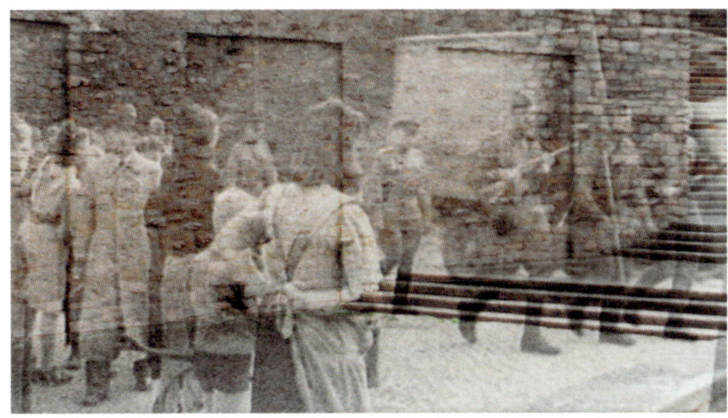
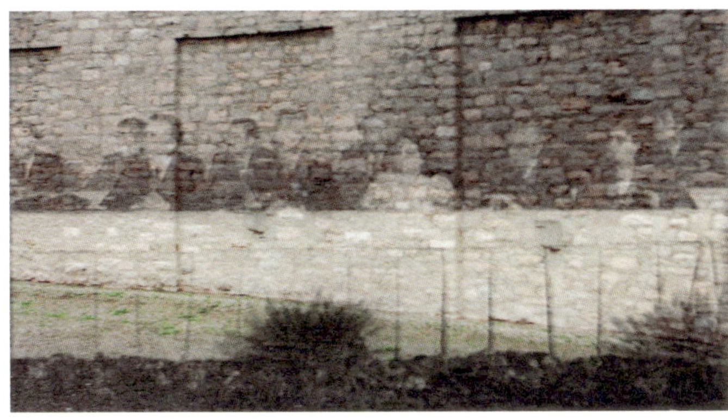
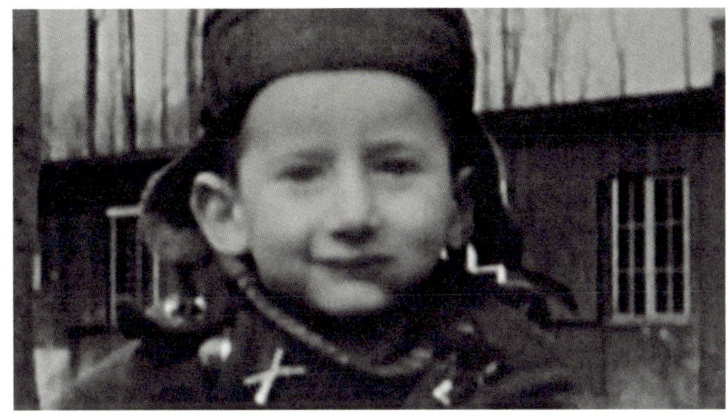

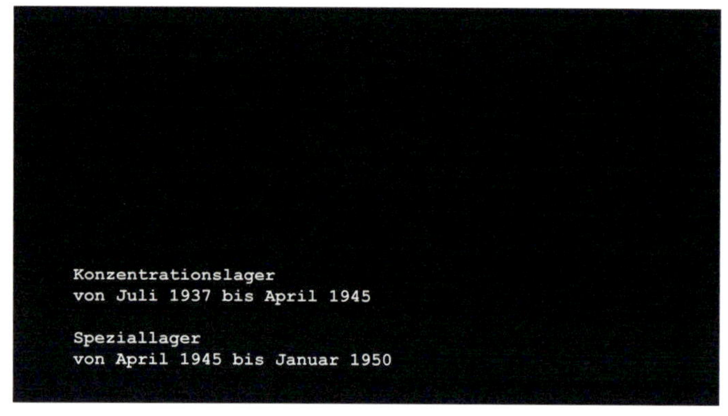
Konzentrationslager
von Juli 1937 bis April 1945

Speziallager
von April 1945 bis Januar 1950

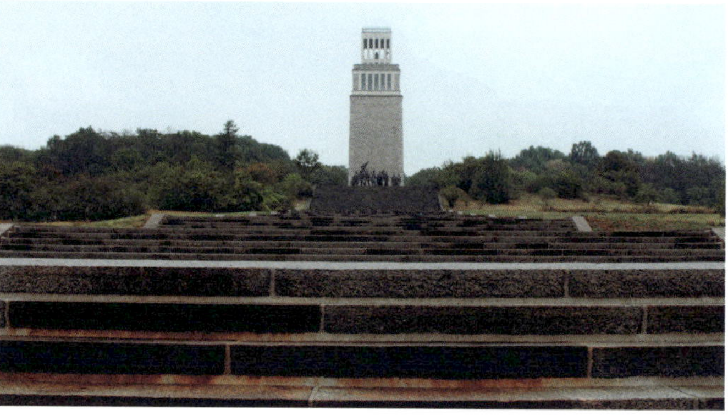

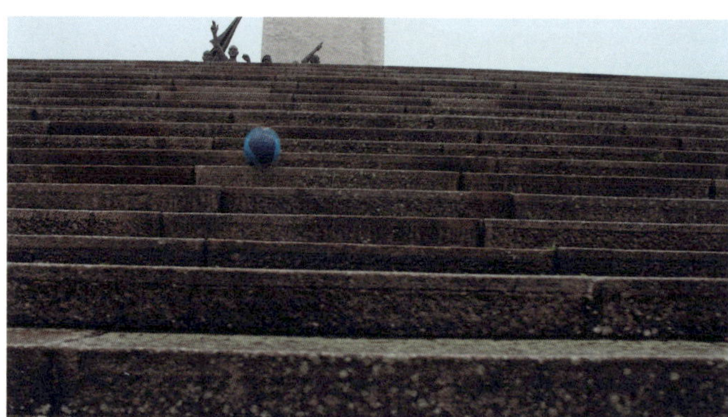

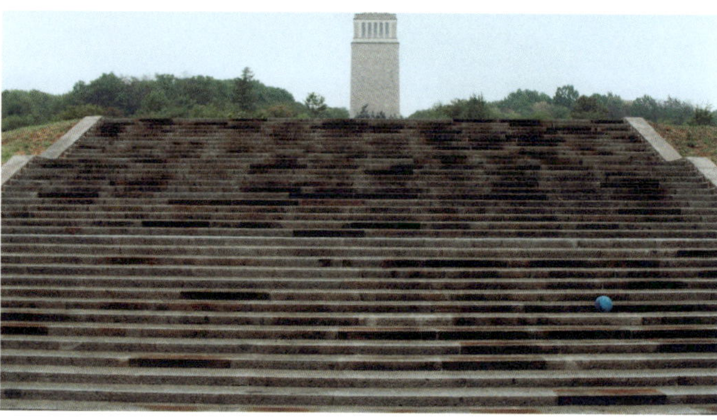

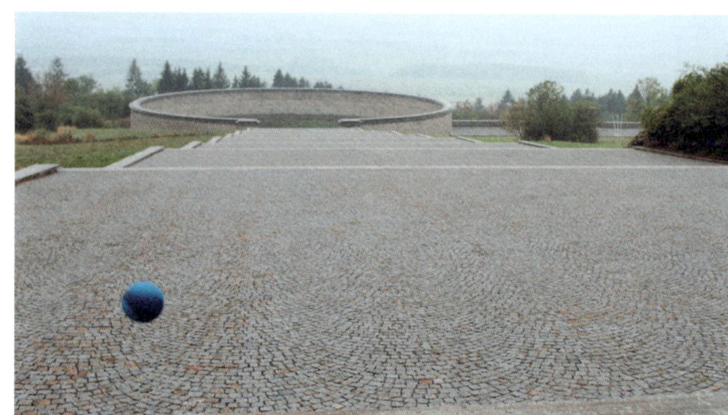

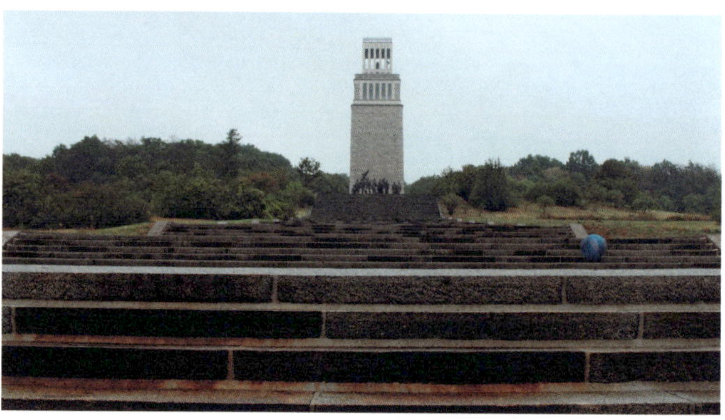

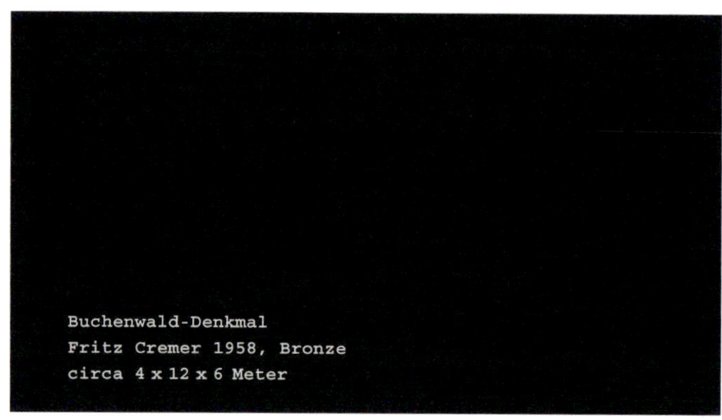
Buchenwald-Denkmal
Fritz Cremer 1958, Bronze
circa 4 x 12 x 6 Meter

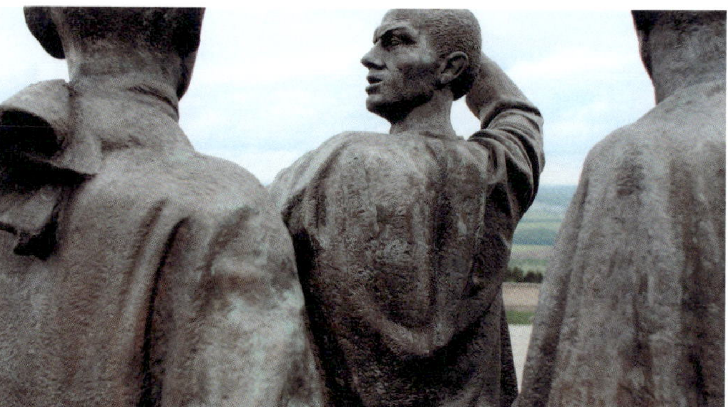

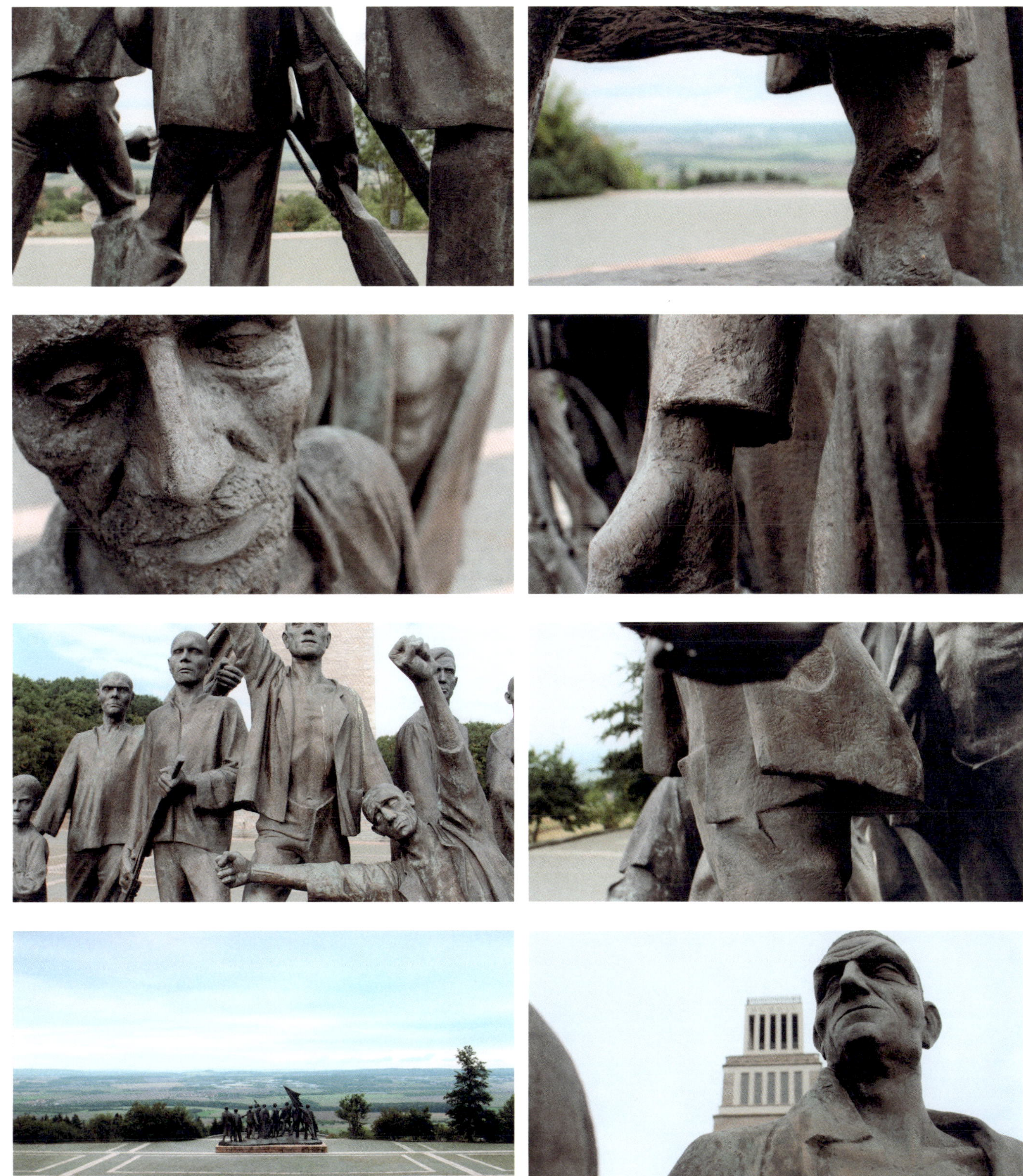

VERGRÖSSERUNG DER ZEIT

Nils Emmerichs

Marcel Odenbach ist ein kontemplativer Berichterstatter. Seine Kunstwerke setzen sich mit einem provokativen Diskurs über die Konstruktion des Selbst in Bezug auf historische und kulturelle Repräsentation(en) auseinander. Der Künstler untersucht, wie Bilder der Vergangenheit die Wahrnehmung unserer Gegenwart prägen. Ein zentrales Motiv seines künstlerischen Schaffens ist die Auseinandersetzung mit dem Faschismus aus einer deutschen Perspektive, die sich nicht nur gegen jedwede Art der Verdrängung und Verharmlosung des „Dritten Reiches" richtet, sondern die gängigen, meist moralischen Bearbeitungen dieses Themas untersucht. Dies schließt ökonomische oder soziologische Ansätze zur Erklärung der Möglichkeit der historischen Existenz des deutschen Nationalsozialismus nicht aus, sondern evoziert, in viel stärkerem Maße, Fragestellungen, die die innere Geschichte des „Dritten Reiches" betreffen.

Die Zweikanal-Videoinstallation *Wer Leidet der Schneidet* (2019), die für die Ausstellung *John Heartfield – Fotografie plus Dynamit* in der Berliner Akademie der Künste (2. Juni bis 23. August 2020) entstand, wird von einer Konzeption getragen, in der die subjektiven Gründe künstlerischer Produktivität als reflektierte Produktivität zum integralen Bestandteil der Kunstwerke, also konstitutiv, geworden sind. Odenbach versichert sich bei dem deutschen Künstler und Mitbegründer der Fotomontage John Heartfield (1891–1968) der Bedingungen seiner eigenen Produktivität und macht diese zum Gegenstand seiner künstlerischen und geistigen Auseinandersetzung. Im Collagieren seiner Bildsprache werden Subjektivität und Geschichte konzediert. Dabei zeigt sich, dass es sich keineswegs um einfache Spiegelungen der historischen Erlebnisse handelt. Vielmehr verleiht gerade die immer neue Gestaltung und Bearbeitung der Thematik eine außerordentliche Spannung und Dynamik. Das dramaturgische Prinzip von *Wer Leidet der Schneidet* beruht auf der Konstruktion von Gegensätzen – von Licht und Schatten, Ehrlichkeit und Verdorbenheit, Niedergang und Aufstieg, bitterem Ernst und humorvollem Spott.

Die filmischen Szenen zeigen zu Beginn eine nüchterne Detailaufnahme aus dem John-Heartfield-Haus im brandenburgischen Waldsieversdorf. Filmisch versetzt erscheint ein Ausschnitt aus Charlie Chaplins *Der große Diktator* (1940). Der britische Schauspieler vollführt in seiner wohl ikonischsten Rolle als Diktator Adenoid Hynkel einen filmhistorisch denkwürdigen Tanz zu Richard Wagners *Lohengrin* mit einem Luftballon als Weltkugel. Diese Gegenüberstellung wird im Folgenden mit klangrhythmisierten, maschinell anmutenden Soundloops von Richard Ojijo unterlegt, zu denen Odenbach historisches Bildmaterial aus der Weimarer Republik von Militäraufmärschen, Straßenverfolgungen, Protest und Kundgebungen sowie Fabrikationsprozessen montiert. Die Vorboten eines Zeitumbruchs werden als ästhetische Destruktion inszeniert. Odenbachs formalistischer Zugriff auf permanent zweigeteilte, teils synchron, teils gegensätzlich bewegte Bilder, die durchgängig miteinander korrespondieren, verschärft die Dramatik.

Die rhythmischen Bewegungen der historischen Aufnahmen werden durch die Einblendung Adolf Hitlers abrupt zum Stoppen gebracht und seine Stimme erklingt: „Am 30. Januar sind in Deutschland die Würfel gefallen. Und ich glaube nicht, dass die Gegner, die damals noch gelacht haben, heute auch noch lachen." (1933). Die Einblendungen von Hitler oder auch von Hermann Göring in körperlich gedrungenen und starren Inszenierungsposen werden von frenetischem Beifall der Masse begleitet, bis zu jenem Moment, in dem

Charlie Chaplins Weltkugel sich unverhofft in Luft auflöst. Nahezu gleichzeitig zeigt Odenbach den älteren John Heartfield, der agil und mit großer Leichtigkeit auf dem Geländer einer Treppe herunterrutscht. Er wirkt nicht starr oder verkrampft, sondern lasziv lebendig. Dadurch konterkariert Heartfield in seiner Physiognomie die körperlichen Erscheinungen Hitlers und Görings.

Von nun an wird Heartfield in parallel montierten Bildern aus der Vergangenheit und Gegenwart fokussiert. Wir sehen ihn beim Schwimmen im Großen Däbersee, beim Arbeiten in seinem Sommerhaus in der Märkischen Schweiz, beim Vorbereiten seiner Ausstellung in Frankfurt am Main im Jahr 1967, bei der Verteidigung seiner künstlerischen Haltung gegenüber den Repressionen des Faschismus und beim Anstimmen des volkstümlichen Liedes *Wir winden dir den Jungfernkranz* (1817–1821), das bereits Heinrich Heine in seinen *Reisebildern* (1822–1828) ironisch aufs Korn nahm. Diese privaten und öffentlichen Archivaufnahmen verwebt Odenbach mit meditativen Natureindrücken der brandenburgischen Idylle der Gegenwart. *Wer Leidet der Schneidet* endet mit einem audiovisuellen Zitat von Heartfield: „Aber ob die Hand arbeitet oder mordet, Leben zeugt oder nicht, ist ein großer Unterschied."

Wer Leidet der Schneidet zeigt, dass es keine Wahrnehmung ohne kulturelle Prägung, keine Erkenntnis ohne Voraussetzung gibt. In den düsteren Erinnerungen der historischen Aufnahmen spüren wir den Nachhall des Nationalsozialismus bis in die Gegenwart hinein und schärfen somit unseren persönlichen Blick auf die Geschichte. Odenbachs Kunst, in der nichts so ist, wie es auf den ersten Blick erscheint, fordert ein reflektiertes Sehen, das uns als aktive Betrachterin oder aktiven Betrachter voraussetzt. Statt sich mit einem generalisierenden Überblick zu genügen, müssen wir uns in die Details der Bilder vertiefen, deren Innensicht bisweilen erschreckende, aber immer ambivalente Einsichten liefert.

Die Kunst von John Heartfield belegt, wie mittels Collagetechniken Wirklichkeitsfragmente in die Kunst eindringen können. Dieses Zurückführen auf Entstehungsszenarien, das Lauschen auf sprachliche, semantische, bildliche, kulturelle, aber auch ideologische Fehlleistungen, die bei der Produktion aller Ideen beteiligt sind, eint Heartfield und Odenbach. Hierbei bedienen sie sich einer künstlerischen Haltung, die kontemplative Distanz ganz konsequent kaschiert. Ihr Schaffen ist weder allein auf Widerstand noch auf Anpassung ausgerichtet. Sie beziehen ihre Kraft vielmehr aus einer Gegenwehr gegen die Umstände und verstehen sie als eine Untersuchung einer Welt, in der wir bis heute leben. Marcel Odenbachs präziser, collagierter Blick widmet sich den großen Ereignissen unserer Bildgeschichte. Seine Kunst hinterlässt Spuren, die durch die Vergrößerung einer vergangenen Zeit als ein Symptom unserer Zeit zu deuten sind.

MAGNIFICATION OF TIME

Nils Emmerichs

Marcel Odenbach is a contemplative commentator. His artworks engage in a provocative discourse on the construction of the self in relation to historical and cultural representation(s). The artist explores how images of the past shape our perception of the present. A central theme of his artistic work is the examination of fascism from a German perspective, which is not only directed against any kind of repression and trivialization of the "Third Reich" but also examines the common, predominantly moralistic treatments of this topic. This does not exclude economic or sociological approaches to explain the possibility of the historical existence of German National Socialism; rather, it evokes, to a much greater extent, questions concerning the internal history of the "Third Reich."

The two-channel video installation *Wer Leidet der Schneidet* (*He Who Suffers, Cuts*, 2019), created for the exhibition *John Heartfield: Photography plus Dynamite* at the Akademie der Künste in Berlin (June 2–August 23, 2020), is borne by a conception in which the subjective reasons for artistic productivity have become an integral part of the artworks as reflected productivity, in other words, constitutive. Odenbach assures himself of the conditions of his own productivity with reference to the German artist and co-founder of the photomontage John Heartfield (1891–1968) and makes them the object of his artistic and intellectual examination. In the collaging of his visual language, subjectivity and history are conceded. In the process, it becomes apparent that these are by no means simple reflections of historical experiences. Rather, it is precisely the ever-changing structuring and treatment of the subject matter that lends the work an extraordinary tension and dynamism. The dramaturgical principle of *Wer Leidet der Schneidet* is based on the construction of contrasts—of light and shadow, honesty and depravity, decline and ascent, bitter seriousness and humorous mockery.

At the beginning, the film's scenes show a sober close-up view from the John Heartfield House in Waldsieversdorf, Brandenburg. Filmically offset, a clip from Charlie Chaplin's *The Great Dictator* (1940) appears. The British actor, in what is arguably his most iconic role as the dictator Adenoid Hynkel, performs a film-historically memorable dance to Richard Wagner's *Lohengrin* with a balloon as a globe. This juxtaposition is subsequently underlaid with tonally rhythmized, machine-like sound loops by Richard Ojijo, to which Odenbach montages historical footage from the Weimar Republic of military marches, street persecutions, protests and rallies, and manufacturing processes. The harbingers of a radical upheaval are staged as aesthetic destruction. Odenbach's formalist approach of permanently dichotomous images—moving partly synchronously and partly in opposition—that correspond with each other throughout, intensifies the drama.

The rhythmic movements of the historical footage are brought to an abrupt halt by the insertion of Adolf Hitler, and his voice resounds: "On the 30th of January, the die was cast in Germany. And I don't believe that the adversaries who laughed then are still laughing now." The overlays of Hitler or even Hermann Göring in physically compact and rigid staging poses are accompanied by frenetic applause from the crowd, until the moment when Charlie Chaplin's globe unexpectedly vanishes into thin air. Almost simultaneously, Odenbach shows the elderly John Heartfield sliding agilely and with great ease down the banister of a staircase. He does not appear rigid or tense, but lasciviously alive. In this way, Heartfield's physiognomy counteracts the physical appearances of Hitler and Göring.

From this point on, Heartfield is focalized in parallel montages of images from the past and present. We see him swimming in the Great Däbersee, working in his summer house in the Märkische Schweiz, preparing his exhibition in Frankfurt am Main in 1967, defending his artistic stance against the repressions of fascism, and singing the folk song *Wir winden dir den Jungfernkranz* ("We Wind Round Thee the Bridal Wreath"), which Heinrich Heine had already ironically lampooned in his *Reisebilder* (*Pictures of Travel*). Odenbach interweaves these private and public archive recordings with meditative natural impressions of the Brandenburg idyll from the present. *Wer Leidet der Schneidet* ends with an audiovisual quote from Heartfield: "But whether the hand works or murders, begets life or not, there is a great difference."

Wer Leidet der Schneidet shows that there is no perception without cultural imprinting, no knowledge without precondition. In the somber memories of the historical photographs, we sense the reverberations of National Socialism right up to the present day, thus sharpening our personal view of history. Odenbach's art, in which nothing is as it appears at first glance, demands a reflective seeing that presupposes us as active viewers. Instead of being satisfied with a generalizing overview, we must delve into the details of the pictures, the internal view of which provides at times startling, but always ambivalent insights.

The art of John Heartfield proves how fragments of reality can penetrate art by means of collage techniques. Heartfield and Odenbach are united by this tracing back to scenarios of origin, by listening to linguistic, semantic, pictorial, and cultural, as well as ideological misperceptions that are involved in the production of all ideas. In doing so, they empower themselves with an artistic attitude that quite consistently conceals contemplative distance. Their work is neither directed solely toward resistance nor toward conformity. Rather, they draw their strength from a resistance to circumstances and understand it as an investigation of a world we still live in today. Marcel Odenbach's precise, collaged view is dedicated to the great events of our pictorial history. His art leaves traces that, by magnifying a past time, can be interpreted as a symptom of our own time.

53 *Wer Leidet der Schneidet*, 2019
He Who Suffers, Cuts
Zweikanal-Videoinstallation, Farbe,
Ton / Two-channel video installation,
color, sound, 9' 45"

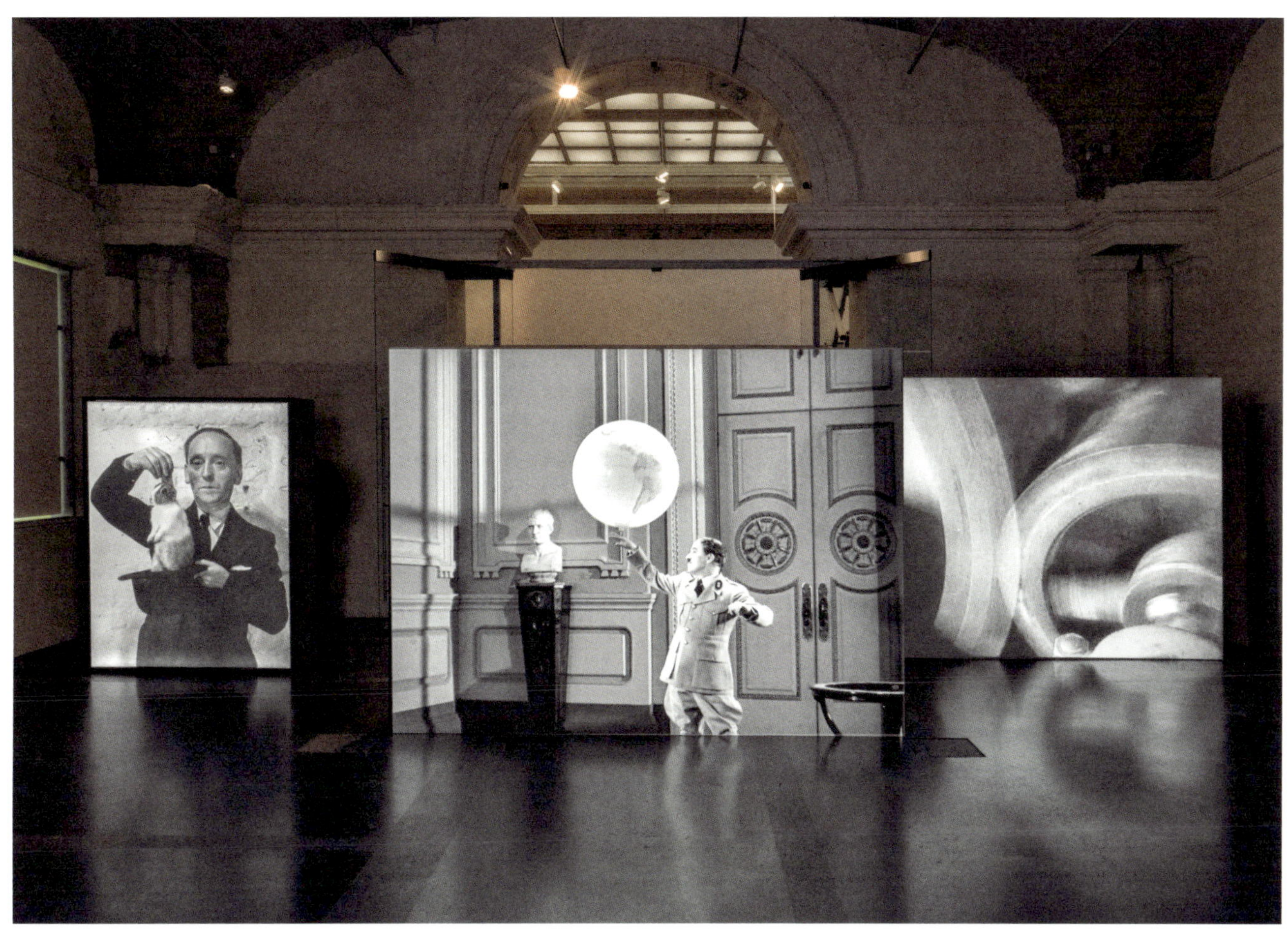

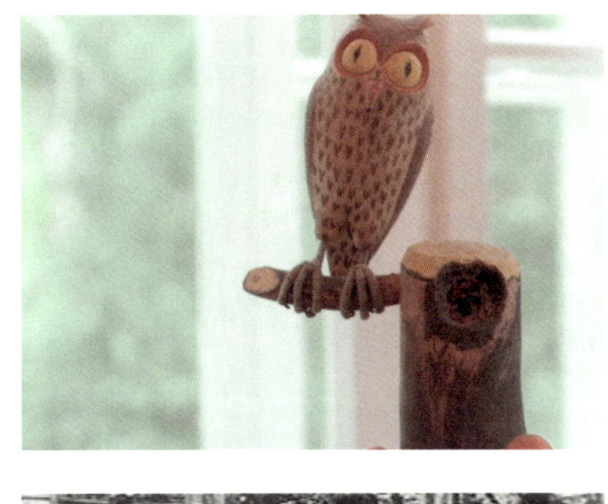
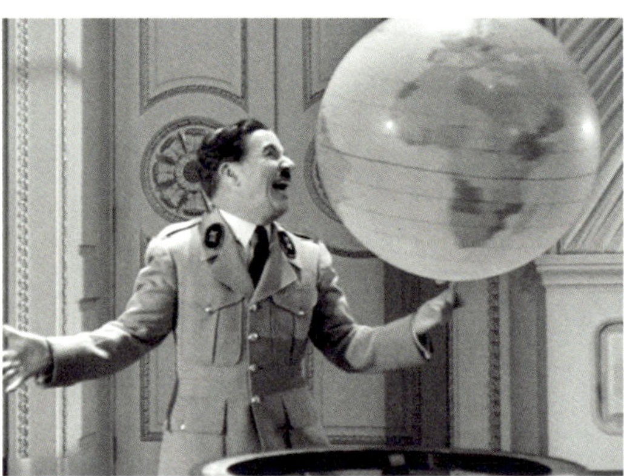
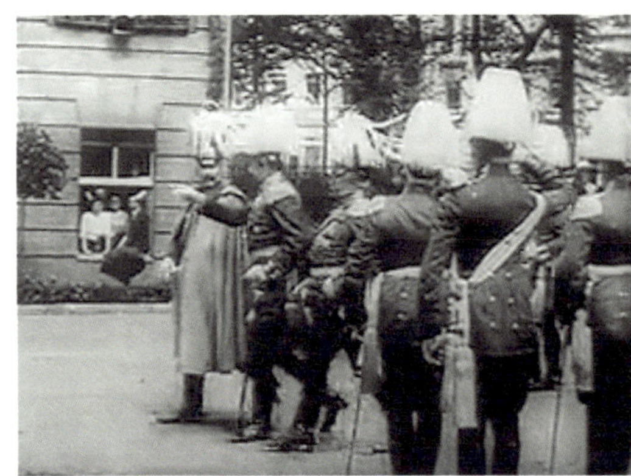
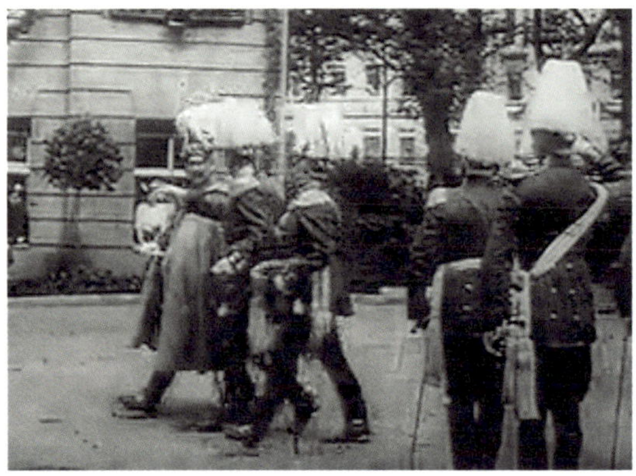
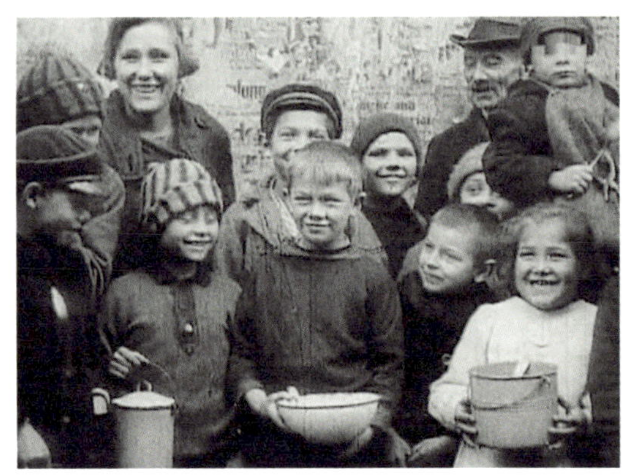
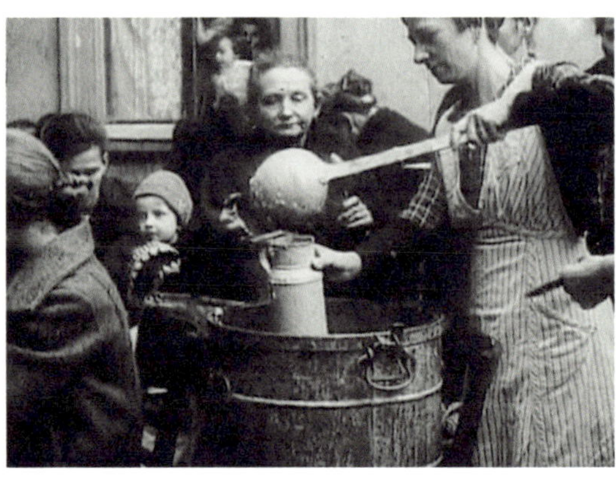
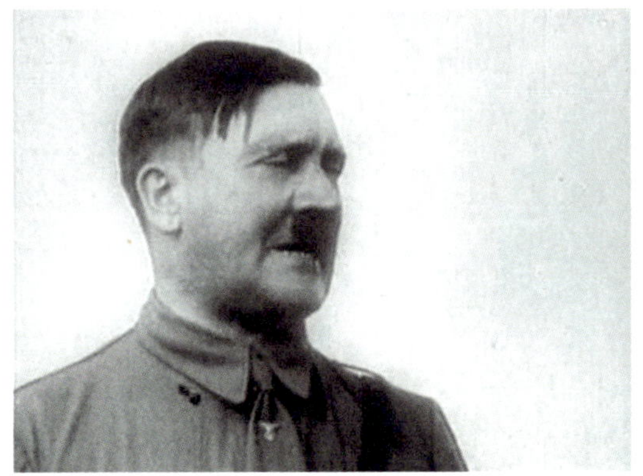
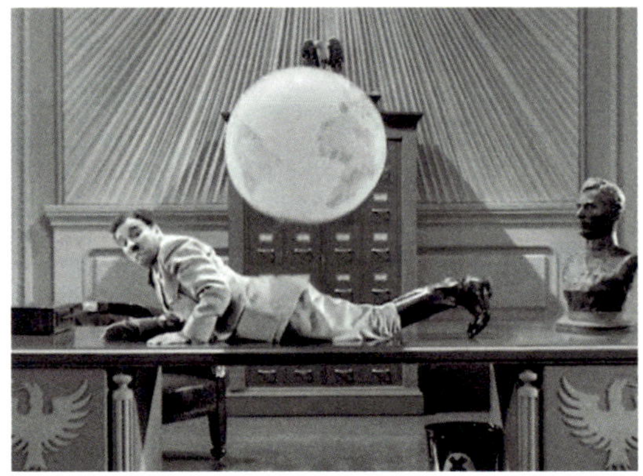

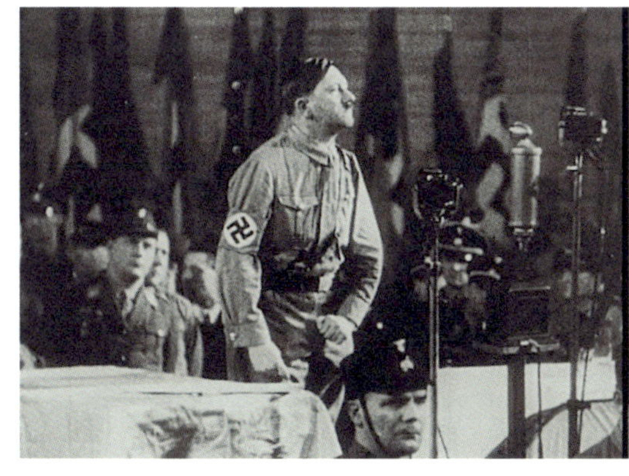

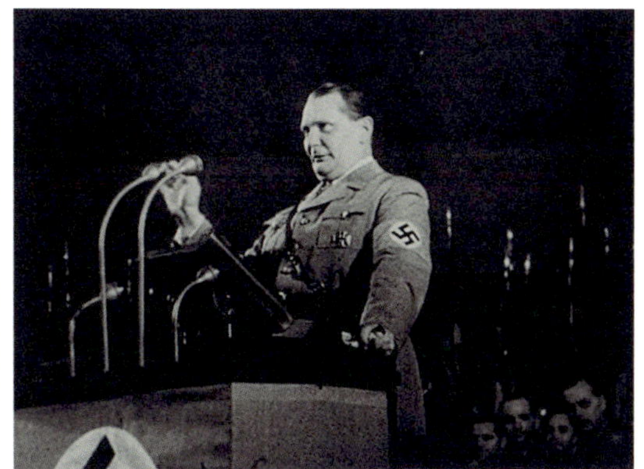

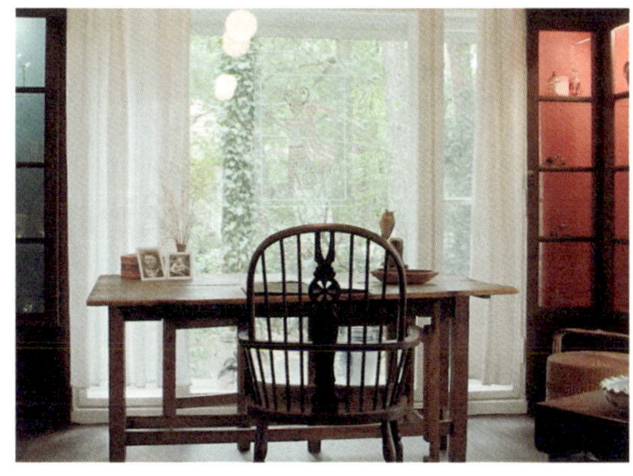

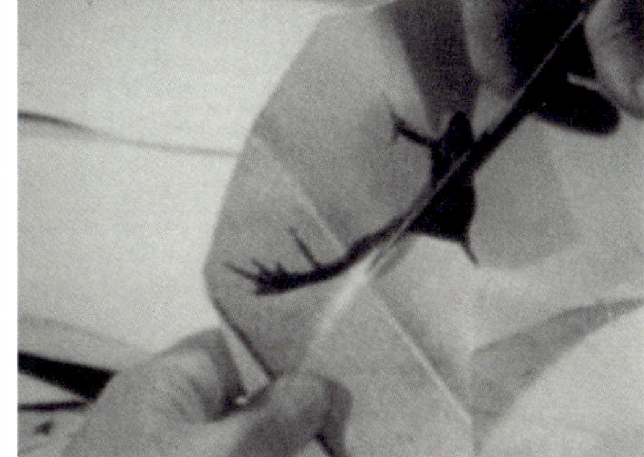

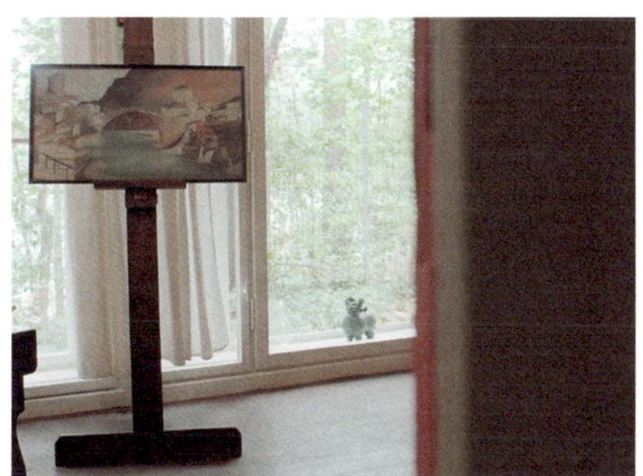

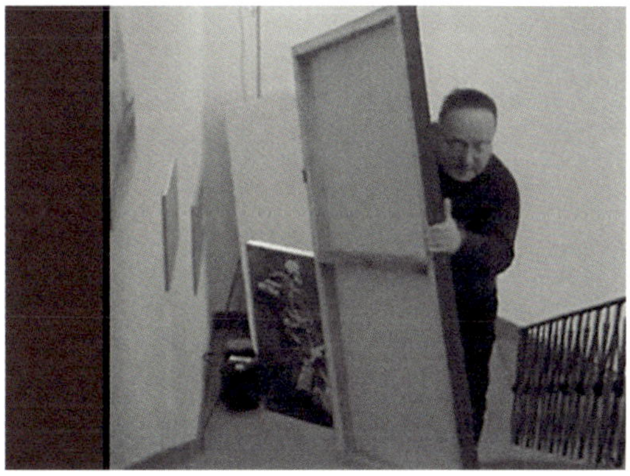

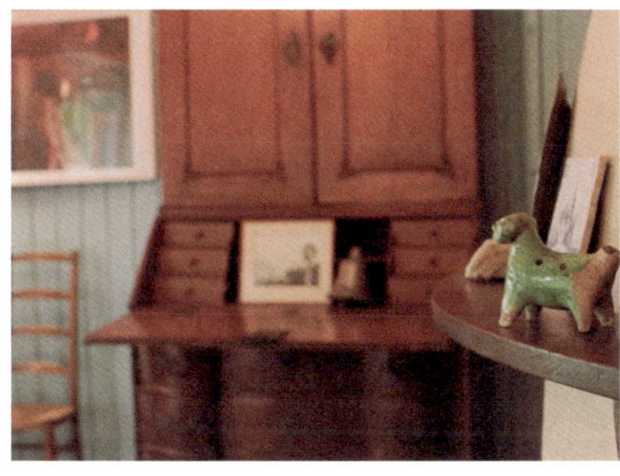

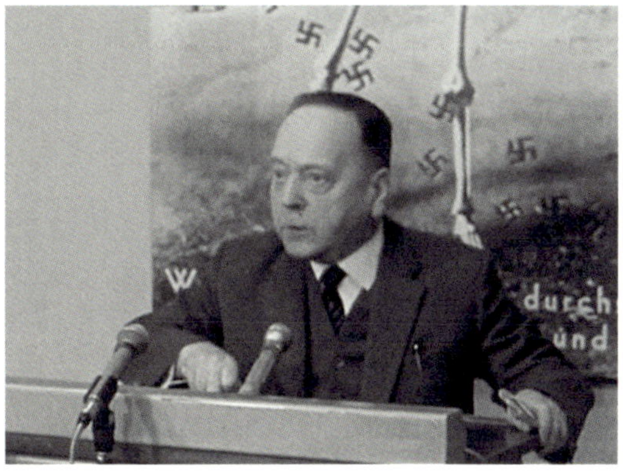
durch
und

GROSSE FENSTER, GROSSES KINO

Doris Krystof

„Fenster und Rahmen" – im ersten Kapitel der *Filmtheorie zur Einführung* von Thomas Elsaesser und Malte Hagener (2007) wird die grundlegende Bedeutung der Einfassung des Filmbilds diskutiert, und zwar am Beispiel von Filmregisseuren und -theoretikern wie Sergei Eisenstein, Rudolf Arnheim, André Bazin und Alfred Hitchcock (mit einer pointierten Analyse von dessen Film *Rear Window* [*Das Fenster zum Hof*]). Filmerfahrung wird hier konzeptuell als „privilegierter Zugang zu einer anderen Welt, als Aus- und Einblick in ein diegetisch erzeugtes Universum" (Elsaesser/Hagener 2007, S. 16) gefasst, dieser naturalistischen Auffassung stehen konstruktivistische gegenüber. Zentrale historische Referenz ist das Motiv des *finestra aperta* (offenes Fenster), das in der Kunsttheorie seit der Renaissance als prägender Topos einer der Naturnachahmung verpflichteten Malerei fungiert. Konsequenterweise findet das Fenstermotiv ab dem 20. Jahrhundert seine Fortsetzung in den bewegten Bildern des Films und hallt – etwa im Betriebssystem Windows – bis in die digitale Welt nach.

Marcel Odenbachs Arbeiten stehen kunsthistorisch und medientechnologisch in der Tradition der Videokunst. Sie sind aber (und das gilt auch für die Papiercollagen) voller Anspielungen auf das Kino und auf die „Geschichte/n des Films" (*Histoire/s du cinéma*), die nach Jean-Luc Godard „das Gedächtnis des 20. Jahrhunderts" bilden. Viele von Odenbachs frühen Einkanalvideos sind von Zitaten aus der Filmgeschichte durchdrungen, der postmoderne Rückgriff auf Hitchcock in der bildenden Kunst zum Beispiel erfährt hier eine seiner ersten Ausprägungen. Wie Slavko Kacunko in seiner monografischen Dissertation zu Odenbach (1998) belegt, beziehen sich zahlreiche Einkanalvideos der 1980er-Jahre auf Hitchcock. Und noch Jahrzehnte später scheint ein Hitchcock-Reflex in einer Collage auf, denn im rechten Auge des Rappers Tupac Shakur in *Tupac* (2015) ist eine Spirale zu sehen, die auf Salvador Dalís Traumsequenz in *Spellbound* (*Ich kämpfe um dich*) von 1945 zurückgeht. Auch wenn bei Odenbach rein quantitativ die Hitchcock-Referenzen an oberster Stelle stehen, ist er gleichermaßen ein großer Fan der Filme von Ingmar Bergman, Pier Paolo Pasolini, Rainer Werner Fassbinder und eben Godard, die als Protagonisten der kinematografischen Erneuerungsbewegung im Europa der 1950er- bis 1970er-Jahre das reflexive und selbstreferenzielle Potenzial des Kinos entwickelt haben. Als bildender Künstler arbeitet Odenbach zwar in einem anderen Kontext und verfolgt eine ganz andere Produktionspraxis, doch verdanken sich seine Techniken des Erzählens und Zeigens ebenso wie sein Umgang mit den Themen und Stoffen vielfach den Verfahren des neuen Kinos. Dieses scheint ihn womöglich stärker geprägt zu haben als die bisweilen spielerisch zwischen Dokumentation und Fiktion oszillierenden Darbietungen der zeitgenössischen bildenden Kunst. Odenbachs Arbeiten gehen mit dem moralischen Ethos der Autorenfilmer an ihre meist großen, ernsthaften historischen und sozialen Themen heran. Dabei ist sich der Künstler darüber bewusst, dass alles, was geeignet ist, Realität zu dokumentieren, im selben Maße dazu geeignet ist, Realität zu fingieren. Fenster und Rahmen reflektieren in diesem Zusammenhang die filmische Repräsentation, markieren ihre Bedingungen, Ausschnitte und Formate. Und sie werden selbst zum Thema, wie in der Videoinstallation *Das große Fenster, Einblick eines Ausblicks* (2001).

Das 12-minütige Video, eine Collage aus dokumentarischem Filmmaterial aus der NS-Zeit und selbst gefilmten Bildern, entstand für Odenbachs Ausstellung im Kunstraum auf der Zugspitze im Jahr 2001. Der Titel bezieht sich zunächst konkret auf Adolf Hitlers berühmtes Panoramafenster im nahegelegenen Berghof auf dem Obersalzberg bei Berchtesgaden. Hitlers Feriendomizil wurde nach 1933 zu einer Art Reichskanzlei auf dem Lande ausgebaut und diente im Krieg als zusätzliches „Führerhauptquartier". Das von Hitler selbst entworfene, 4 × 8 Meter große Sprossenfenster war – zusammen mit einer beträchtlichen Kunstsammlung – ein wichtiges Repräsentationsmittel im Berghof, es war versenkbar und bot von der großen Halle aus einen unverstellten Blick in die imposante Berglandschaft. 1945 wurde es bei Angriffen der Alliierten komplett zerstört (Bilder der Inspektion des ausgebombten Berghofs durch Vertreter der US-Behörden sind am Ende des Videos zu sehen). Für sein Video montierte Odenbach das Raster des großen Fensters vor Aufnahmen nahezu desselben Blicks auf die Alpen, wie er sich vom Berghof geboten hat. Das Panorama wird im Video durch das achtmalige Auf- und Zuziehen eines goldbraunen Vorhangs mehrfach vorgezeigt und wieder verhüllt. Mitunter schieben sich eingeblendete Doku-Szenen zwischen Raster und

Alpenpanorama, dann wieder dient der Vorhang als Projektionsfläche für dokumentarisches Filmmaterial. Mit den übereinander geschichteten Bildebenen führt das Video unterschiedliche Rahmungen von Sehen und Erkennen vor, *Einblicke eines Ausblicks*. Der Vorhang greift dabei einen weiteren prominenten Malerei-Topos auf, der mit der Legende der antiken Maler Zeuxis und Parrhasios wiederum zum Thema Augentäuschung führt.

Immer wieder zeigt das Video Hitler, der pathetisch versonnen in die Berge schaut, sinnierend vor einem Gemälde steht, auf der Terrasse Gäste begrüßt, Kinderwangen tätschelt. Die vielfach von Hitlers Lebensgefährtin Eva Braun, aber auch von professionellen Fotografen (wie zum Beispiel Walter Frentz), auf dem Berghof aufgenommenen Fotos und Filme zeigen, wie der Diktator und Massenmörder die bayerische Idylle nutzt, um sich als Naturfreund, Familienmensch und Kunstsammler zu inszenieren. O-Töne im Video unterstreichen den Personenkult, „Du bist der Führer, Deutschlands Retter, Du bist Treue, Liebe, unser Glaube", leiert eine Kinderstimme inbrünstig. Hitler selbst ist mit seiner Rede zur Eröffnung der Ausstellung *Entartete Kunst* zu hören. Seine Worte vom „Natürlichen und Schönen", „vom Mut zur wahren Schönheit" werden von Bildern der Ausstellung im Jahr 1937 und athletischen Sportlern aus Leni Riefenstahls Film *Olympia* (1936) illustriert. Gegen Ende zeigt das Video Aufnahmen zerstörter Städte, dazu hört man Vogelgezwitscher und eine längere Passage aus der Siebten Sinfonie von Anton Bruckner, die zur Bekanntmachung von Hitlers Tod am 30. April 1945 im deutschen Rundfunk lief.

Odenbachs aus mehreren Elementen montiertes Video gibt mit Hitlers Ausblick auf dem Berghof einen Einblick in die NS-Propagandamaschinerie. *Das große Fenster, Einblick eines Ausblicks* ist ein Lehrstück über den Komplex von Lüge und Täuschung, was ein Verweis auf die Illusionsmaschinerie Kino untermauert. Odenbach zitiert die UFA-Produktion *Münchhausen* (1943), den vom Propagandaminister Joseph Goebbels im vierten Kriegsjahr als Durchhalteparole beauftragten, finanziell erfolgreichsten Film der NS-Zeit, und lässt den von Hans Albers gespielten Lügenbaron auf seiner Kanonenkugel am großen Fenster vorbeifliegen. In der Collage *Familienfeier* (2011/12) hat Odenbach das Thema Berghof mit der gesamten Kluft zwischen der Schönheit der Landschaft und dem Abgrund der Verbrechen des Nationalsozialismus noch einmal aufgegriffen. Von Weitem betrachtet entspricht seine Berghofterrasse den Vorstellungen vom Sommerurlaub in den Bergen, doch je näher man dem Bild kommt, desto mehr zeigen sich im Detail die Schrecken der Geschichte.

Die Verwendung von Fenstern und Rahmungen und Vorhängen zieht sich wie ein roter Faden durch Odenbachs Werk. Sie setzt 1976 mit einer Performance im Schaufenster einer Hamburger Off-Galerie ein und wird sichtbar in der häufigen Verwendung von Split-Screen-Techniken der frühen Videobänder wie *Die Distanz zwischen mir und meinen Verlusten* (1983), *Vorurteile oder die Not macht erfinderisch* (1983/84*), As if memories could deceive me / Als ob Erinnerungen mich täuschen könnten* (1984/1986) oder *Estar de pie es no caerse / Stehen ist Nichtumfallen* (1989). Auch in den Papierarbeiten kommen Fenster und Vorhänge mehrfach als Motiv vor. Die Collage *zugezogen* (2004) entstand im Vorfeld zu einer Rauminstallation für die Universität Freiburg zur Erinnerung an die in der NS-Zeit ermordeten Jüdinnen und Juden. Und noch in den neuesten Arbeiten zeigt sich die Tragfähigkeit des Fenstermotivs. So demonstriert die Collage *Ausblick ohne Gott* (2019/2021) mit den virtuos geschnittenen Spitzenvorhängen in Friedrich Nietzsches Kammer die Funktion des Fensters als transparente Membran zwischen innen und außen, während das Fenster im Hotel Waldhaus in der Collage *zur Ruhe kommen* (2021) wie ein gerahmtes Bild im Bild wirkt. Solche innerbildlichen Verweise und selbstreferenziellen Inszenierungen lenken den Blick auf das Artifizielle von Bildern, offenbaren (deren) Realität als Konstruktion. Insofern haben Rahmungen als Formatierungen bei der Verwendung von dokumentarischem Found Footage eine besondere Bedeutung. Mit den frühen Videobändern entwickelte sich die Technik der Ein-, Aus- und Überblendung des genutzten Materials; die raumgreifenden Projektionen der seit den 1990er-Jahren entstehenden Videoinstallationen erweitern das Spektrum der formalen Optionen. Das am meisten von Odenbach genutzte Format ist die Doppelprojektion auf dunkel grundierter Wand, das in der Ausstellung mit *In stillen Teichen lauern Krokodile* (2002/2004) einsetzt und bis zu *Beweis zu nichts* (2016) und *Tropenkoller* (2017) führt. Eine Variante der Doppelprojektion zeigt *Männergeschichten 1* (2003), wo die beiden Bilder über Eck projiziert sind, sodass die Projektionsflächen wie in einem Raum angeordnete Fenster erscheinen. Die für die Istanbul Biennale 2003 realisierte Installation, eine Hommage an Yilmaz Güneys Filmdrama *Yol – Der Weg* (1982), eröffnet eine dreidimensionale Perspektive jenseits der tradierten gewohnten

Rezeption des Films im Kino. Ein anderes Angebot machen frei im Raum hängende, zwischen Fenster und Vorhang oszillierende Leinwände, die die Rezeption gewissermaßen räumlich choreografieren. In *Ach, wie gut, daß niemand weiß* (1997/1999) verschieben sich die Bilder beim Gehen. Überblendung wird zur interaktiven Aktion, die vom betrachtenden Subjekt selbst gesteuert wird. Einen Vorläufer für frei im Raum hängende Projektionsflächen stellt die Arbeit *Die zwei Seiten der Medaille* (1995/96) für die Ausstellung *3 legged race* 1996 in Harlem/New York dar, auf die Odenbach mehr als zwanzig Jahre später noch einmal zurückkommt. Das nach dem Titel der damaligen Dreier-Ausstellung (mit Janine Antoni und Nari Ward) benannte Video *3 Legged Race* (2018) präsentiert dokumentarisches Material gleich auf mehreren Ebenen: Zu sehen sind die Mitte der 1990er-Jahre gemeinsam vorgenommenen Renovierungsarbeiten in dem Offspace, einem heruntergekommenen Gebäude einer ehemaligen Feuerwehrstation in Harlem, sowie die Ausstellung während ihrer Vorbereitung, Eröffnung und Vollendung. Odenbachs damals auf zwei im Abstand von 5 Metern frei im Raum installierten Leinwänden gezeigte Installation *Die zwei Seiten der Medaille* beinhaltet wiederum lange Sequenzen dokumentarischen Materials. Die beiden von einem Standpunkt am Ufer des Hudson River in zwei Richtungen aufgenommenen Filme zeigen den viel befahrenen Fluss vor der Skyline von New Jersey und den frequentierten Pier entlang des Ufers. Mit den Passanten unterschiedlichster Herkunft und den Booten auf dem Fluss stellen sich die mit dem Ort der Filmaufnahmen historisch verbundenen Themen Einwanderung und Integration als Kern der Dokumentation dar.

Als eine der wenigen Videoarbeiten von Odenbach, die mit Text und einem Akteur operiert, belegt die Einkanal-Videoinstallation *Disturbed Places — Five Variations on India / Verstörte Orte – Fünf Variationen über Indien* (2007), inwiefern „Fenster und Rahmen" in einem übertragenen Sinne auch an der filmischen Narration ansetzen können. Die 34-minütige Filmhandlung, mit hochwertiger HD-Kameratechnik in bester Spielfilmmanier aufgenommen, verarbeitet mit suggestiven Aufnahmen Odenbachs Erfahrungen von einer Indienreise im Jahr 2006/07. Bewusst klischierte Vorstellungen des Subkontinents vom Hippieparadies bis zum Armenhaus dominieren den Kurzfilm. Zeitsprünge bewirken, dass erst am Schluss des Films aufgeschrieben wird, was am Anfang passiert. Identitäten verschieben sich (etwa vom indischen Stoffverkäufer zum westlich wirkenden Autor an der Schreibmaschine) und das Drehbuch des Films taucht im Film als Requisit auf. Odenbach greift hier theatrale, postdramatische Darstellungsformen auf, die eine lineare, kausale Erzählweise hinter sich gelassen haben und im filmischen Genre neue Erzählweisen erproben. Die Projektion des Films auf eine vor die Wand montierte Scheibe unterstützt die Verfremdungseffekte und versetzt die Darstellung einmal mehr in einen Schwebezustand.

Ob es in dem frühen Video *Sich selbst bei Laune halten oder die Spielverderber* (1977) um Pressefotos und abgefilmtes RAF-Bildmaterial geht oder um die infrage gestellte Authentizität einer Paris-Erfahrung durch das Betrachten von Ansichtskarten in *Abwarten und Tee trinken oder die Stadt der anscheinenden Künstler* (1978) – Odenbachs Arbeiten bestehen auf der Vermittlungsfähigkeit von Bildern und halten gleichzeitig an der grundsätzlichen Interpretierbarkeit ihrer Bedeutung fest. Das große Potenzial der Durchdringung von dokumentarischem Material und künstlerischer Gestaltung demonstriert schließlich die Collage *Schweinfurter Grün* (2015). Die Frankfurter Allgemeine Zeitung brachte am 8. Januar 2015 als Aufmacher auf dem Titelbild, ebenfalls ein „großes Fenster", die Nachricht vom islamistischen Anschlag auf die Redaktion der Satirezeitschrift *Charlie Hebdo* in Paris am Tag zuvor. Odenbach griff die Zeitungsseite für seine Collage auf, vergrößerte sie und bestrich sie mit lasierender monochromer Farbe. Sein konzeptuelles Vorgehen zeigt sich in der Auswahl der Farbe Schweinfurter Grün, die auch als Pariser Grün bekannt und eng mit dem Grün des Islam verwandt ist, darüber hinaus arsenhaltig, also hochgiftig und deswegen heute verboten. Die Wirklichkeit der Gegenwart und wie wir sie wahrnehmen bildet das Fundament der Arbeiten von Marcel Odenbach. Es sind Fenster in die Welt.

BIG WINDOWS, GRAND CINEMA

Doris Krystof

"Cinema as Window and Frame"—the first chapter of *Film Theory: An Introduction Through the Senses* by Thomas Elsaesser and Malte Hagener (2010), discusses the fundamental significance of the framing of the film image, using the example of film directors and theorists such as Sergei Eisenstein, Rudolf Arnheim, André Bazin, and Alfred Hitchcock (with a pithy analysis of the latter's film *Rear Window*). Film experience is conceptualized here as "a privileged outlook onto and insight into a diegetically coherent, but separate, universe" (Elsaesser/Hagener 2010, p. 8); this naturalistic view is contrasted with constructivist interpretations. The central historical reference is the motif of the *finestra aperta* (open window), which has functioned in art theory since the Renaissance as a formative topos of painting committed to imitating nature. Consistently, the window motif finds its continuation in the moving images of film from the twentieth century onward and reverberates—in the Windows operating system, for instance—into the digital world.

In terms of art history and media technology, it could be said that Marcel Odenbach's works are part of the tradition of video art. They are, however—and this also applies to his paper collages—full of allusions to cinema and to the *histoire/s du cinéma*, which, according to Jean-Luc Godard, form "the memory of the twentieth century." Many of Odenbach's early single-channel videos are permeated with quotations from the history of film; the postmodern recourse to Hitchcock in the visual arts, for example, experiences one of its first manifestations here. As Slavko Kacunko points out in his monographic dissertation on Odenbach (1998), numerous single-channel videos of the 1980s refer to Hitchcock. And even decades later, a Hitchcock reflex appears in a collage: in the right eye of the rapper Tupac Shakur in *Tupac* (2015), a spiral can be seen that harks back to Salvador Dalí's dream sequence in *Spellbound* from 1945. Although, in purely quantitative terms, Hitchcock references are at the top of Odenbach's list, he is equally a great fan of the films of Ingmar Bergman, Pier Paolo Pasolini, Rainer Werner Fassbinder, and, indeed, Jean-Luc Godard, who, as protagonists of the cinematic renewal movement in Europe from the 1950s to the 1970s, developed the reflexive and self-referential potential of cinema. As a visual artist, Odenbach works in a different context and pursues a very different production practice, but his techniques of storytelling and presenting, as well as his treatment of themes and subject matters, owe much to the techniques of the new cinema. This seems to have had a stronger influence on him than the at times playful oscillations between documentary and fiction in contemporary visual art. Odenbach's works approach their usually grand, serious historical and social themes with the moral ethos of writer-director filmmakers. In doing so, the artist is aware that anything capable of documenting reality is equally capable of faking it. In this context, windows and frames reflect cinematic representation, marking its conditions, excerpts, and formats. And they themselves become the subject, as in the video installation *Das große Fenster, Einblick eines Ausblicks* (*The big window—insight, looking out*, 2001).

The twelve-minute video, a collage of documentary footage from the Nazi era and self-filmed images, was created for Odenbach's exhibition at the Raum für Kunst at the peak of the Zugspitze in 2001. The title refers specifically to Adolf Hitler's famous panorama window in the nearby Berghof on the Obersalzberg near Berchtesgaden. After 1933, Hitler's vacation home was transformed into a kind of Reich Chancellery in the countryside and served as an additional "Führer headquarters" during the war. The four-by-eight-meter mullioned window, designed by Hitler himself, was—together with a considerable art collection—an important means of representation in the Berghof; it was retractable and offered an unobstructed view of the imposing mountain landscape from the large hall. In 1945, it was completely destroyed during Allied attacks (images of the inspection of the bombed-out Berghof by representatives of the US authorities can be seen at the end of the video). For his video, Odenbach mounted the grid of the large window in front of shots of nearly the same view of the Alps as that offered by the Berghof. In the video, the panorama is repeatedly shown and covered again by the eightfold opening and closing of a golden-brown curtain. Documentary scenes are occasionally inserted between the grid and the alpine panorama, and the curtain serves as a projection surface for documentary film material. With the layered image levels, the video presents various framings of seeing and recognizing, *insight, looking out*. The curtain thereby takes up another prominent topos from the history of painting, which, with the legend of the ancient Greek painters Zeuxis and Parrhasius, in turn leads to the theme of optical illusion.

Time and again, the video shows Hitler looking emotively pensive into the mountains, pondering in front of a painting, greeting guests on the terrace, patting children's cheeks. The photos and films, many of which were taken at the Berghof by Hitler's partner, Eva Braun, but also by professional photographers (such as Walter Frentz), show how the dictator and mass murderer used the Bavarian idyll to stage himself as a nature lover, family man, and art collector. Original quotes in the video underline the personality cult: "You are the Führer, Germany's savior; you are loyalty, love, our faith," a child's voice fervently intones. Hitler himself can be heard giving his speech at the opening of the *Entartete Kunst* (Degenerate art) exhibition. His words regarding the "natural and beautiful" and "the courage to depict true beauty" are illustrated by images of the exhibition in 1937 and physically fit athletes from Leni Riefenstahl's film *Olympia* (1936). Toward the end, the video shows footage of destroyed cities, accompanied by birdsong and a lengthy passage from Anton Bruckner's Symphony no. 7, which was played on German radio when Hitler's death was announced, on April 30, 1945.

Odenbach's video, pieced together from several elements, provides insight into the Nazi propaganda machinery with Hitler's view from the Berghof. *Das große Fenster, Einblick eines Ausblicks* is an object lesson on the complex of lies and deception, underpinned by a reference to the illusionary machinery of cinema. Odenbach cites the UFA production *Münchhausen* (1943), the most financially successful film of the Nazi era. Commissioned by Propaganda Minister Joseph Goebbels in the fourth year of the war as an exhortation to hold out, it has the Liar Baron, played by Hans Albers, fly past a big window on his cannonball. In the collage *Familienfeier* (*Family Affair*, 2011–12), Odenbach revisited the theme of the Berghof with the entire gulf between the beauty of the landscape and the abyss of the crimes of National Socialism. Seen from a distance, his Berghof terrace corresponds to the ideas of a summer vacation in the mountains. But the closer one gets to the picture, the more the horrors of history are revealed in the details.

The use of windows, framing, and curtains appears like a leitmotiv in Odenbach's work. It begins in 1976 with a performance in the shop window of an off-gallery in Hamburg and becomes visible in the frequent use of split-screen techniques in early videotapes such as *Die Distanz zwischen mir und meinen Verlusten* (*The Distance between Me and My Losses*, 1983), *Vorurteile oder die Not macht erfinderisch* (*Prejudices, or Necessity Is the Mother of Invention*, 1983–84), *As if memories could deceive me / Als ob Erinnerungen mich täuschen könnten* (1984–86), and *Estar de pie es no caerse / Stehen ist Nichtumfallen* (*Standing Is Not Falling*, 1989). Windows and curtains also appear several times as motifs in the works on paper. The collage *zugezogen* (*drawn closed*, 2004) was created in the run-up to the eponymous installation for the University of Freiburg in memory of the Jews murdered during the Nazi era. And even in the most recent works, the viability of the window motif remains evident. The collage *Ausblick ohne Gott* (*View without God*, 2019–21), for example, with the virtuously cut lace curtains in Friedrich Nietzsche's chamber, demonstrates the function of the window as a transparent membrane between inside and outside, while the window in the Hotel Waldhaus in the collage *zur Ruhe kommen* (*Come to Rest*, 2021) seems like a framed picture within a picture. Such intra-pictorial references and self-referential stagings direct the viewer's gaze to the artificiality of images, revealing (their) reality as a construction. In this respect, framings as formatting have a special significance in the use of documentary found footage. With the early videotapes, the technique of fading in, out, and over the material used developed; the expansive projections of the video installations created since the 1990s broaden the spectrum of formal options. The format most often used by Odenbach is the double projection on a dark-painted wall, which begins in the exhibition with *In stillen Teichen lauern Krokodile* (*In Still Waters Crocodiles Lurk*, 2002–04) and leads up to *Beweis zu nichts* (*Proof of Nothing*, 2016) and *Tropenkoller* (*Tropical Frenzy*, 2017). A variant of the double projection is shown in *Männergeschichten 1* (*Male Stories 1*,

2003), in which the two images are projected across corners so that the projection surfaces appear like windows positioned in a room. The installation realized for the 8th Istanbul Biennial, in 2003, a homage to Yilmaz Güney's film drama *Yol* (1982), opened up a three-dimensional perspective beyond the traditional reception of the film in the cinema. Another reception was offered by screens hanging freely in the space, fluctuating between window and curtain, so that they to a certain extent choreographed the reception spatially. In *Ach, wie gut, dass niemand weiß* (*Hal glad am I that no one knew*, 1997–99) the images shift as one walks. Crossfading becomes an interactive action controlled by the viewing subjects themselves. The work *Die zwei Seiten der Medaille* (*Two Sides of the Same Coin*, 1995–96) for the exhibition *3 legged race* in 1996 in Harlem, New York, to which Odenbach returned more than twenty years later, represents a precursor for projection surfaces hanging freely in space. Named after the title of the three-person exhibition at the time (with Janine Antoni and Nari Ward), the video *3 Legged Race* (2018) presents documentary material on several levels at once: It shows the mid-1990s renovations they undertook together in the off-space, a dilapidated building of a former fire station in Harlem, as well as the exhibition during its preparation, opening, and completion. Odenbach's installation at the time, *Die zwei Seiten der Medaille*, projected on two screens freely installed five meters apart from each other in the space, again includes long sequences of documentary material. Shot in two directions from a vantage point on the banks of the Hudson River, the two films show the busy river in front of the New Jersey skyline and the frequented pier along the shore. With passersby of diverse origins and boats on the river, the themes of immigration and integration historically associated with the location of the filming present themselves as the core of the documentary.

As one of the few video works by Odenbach that operates with text and an actor, the single-channel video installation *Disturbed Places—Five Variations on India / Verstörte Orte – Fünf Variationen über Indien* (2007) demonstrates the extent to which "windows and frames" can also be applied to cinematic narration in a figurative sense. The thirty-four-minute film narrative, shot with high-quality HD camera technology in the best feature film style, uses suggestive shots to process Odenbach's experiences from a trip to India in 2006–07. Deliberately clichéd notions of the subcontinent, from hippie paradise to poorhouse, dominate the short film. Time jumps have the effect that what happens at the beginning does not become clear until the end of the film. Identities shift (for example from the Indian fabric seller to the Western-looking author at the typewriter), and the screenplay appears in the film as a prop. Here, Odenbach takes up theatrical, post-dramatic forms of representation that have abandoned a linear, causal narrative and test new modes of narration in the cinematic genre. The projection of the film onto a glass pane mounted in front of the wall supports the alienation effects and once again places the presentation in a state of suspension.

Whether it is about press photos and filmed RAF footage in the early video *Sich selbst bei Laune halten oder die Spielverderber* (*Staying in a Good Mood, or the Spoilsports*, 1977) or the questioned authenticity of an experience of Paris through the viewing of postcards in *Abwarten und Tee trinken oder die Stadt der anscheinenden Künstler* (*Sit back and have some tea, or the city of artists*, 1978)—Odenbach's works insist on the mediating capacity of images and at the same time hold on to the fundamental interpretability of their meaning. Finally, the collage *Schweinfurter Grün* (*Schweinfurt Green*, 2015) demonstrates the great potential of the interpenetration of documentary material and artistic design. On January 8, 2015, the *Frankfurter Allgemeine Zeitung* ran the news of the Islamist attack on the editorial offices of the satirical magazine *Charlie Hebdo* in Paris the day before as the lead story on the front page, also a "big window." Odenbach took up the newspaper page for his collage, enlarged it, and coated it with glazing monochrome paint. His conceptual approach is evident in his choice of the color Schweinfurt Green, also known as Paris Green and closely related to the green of Islam, moreover arsenical—that is to say, highly toxic—and therefore banned today. The reality of the present and how we perceive it forms the foundation of Odenbach's works. They are windows onto the world.

41 *Familienfeier*, 2011/12
Family Affair
Collage, Fotokopien, Bleistift und
Tinte auf Papier / Collage, photocopies,
pencil, and ink on paper, 215 × 290 cm

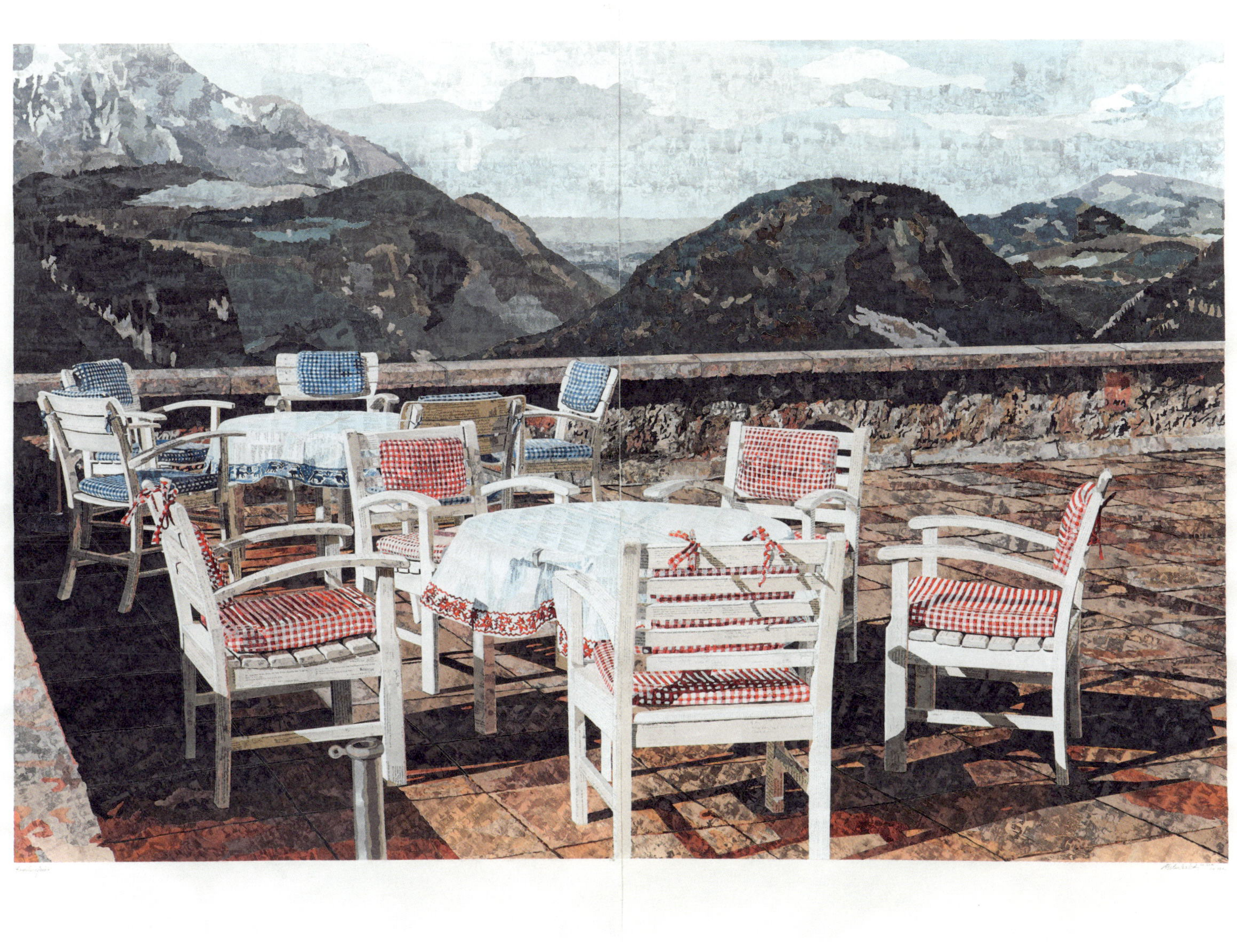

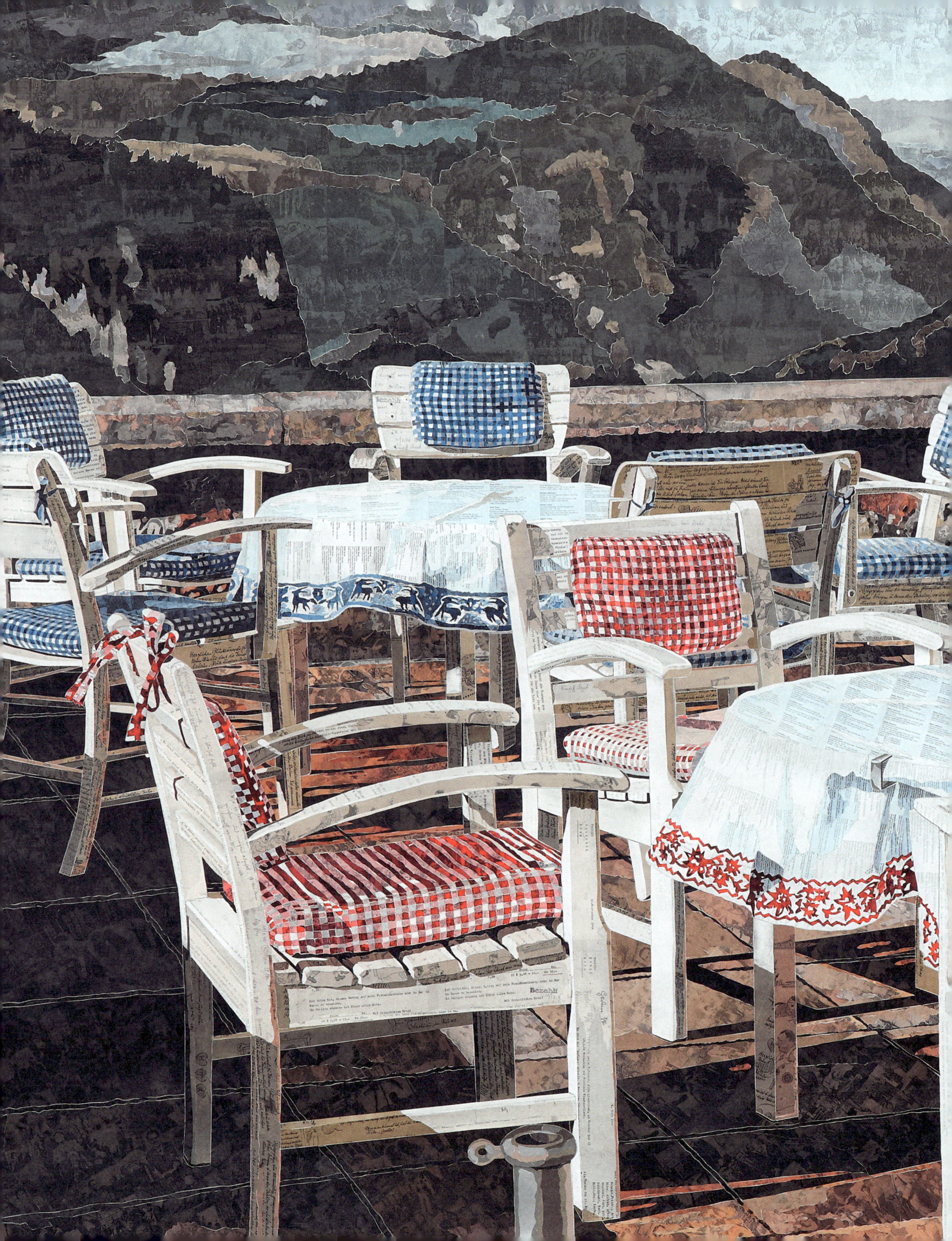

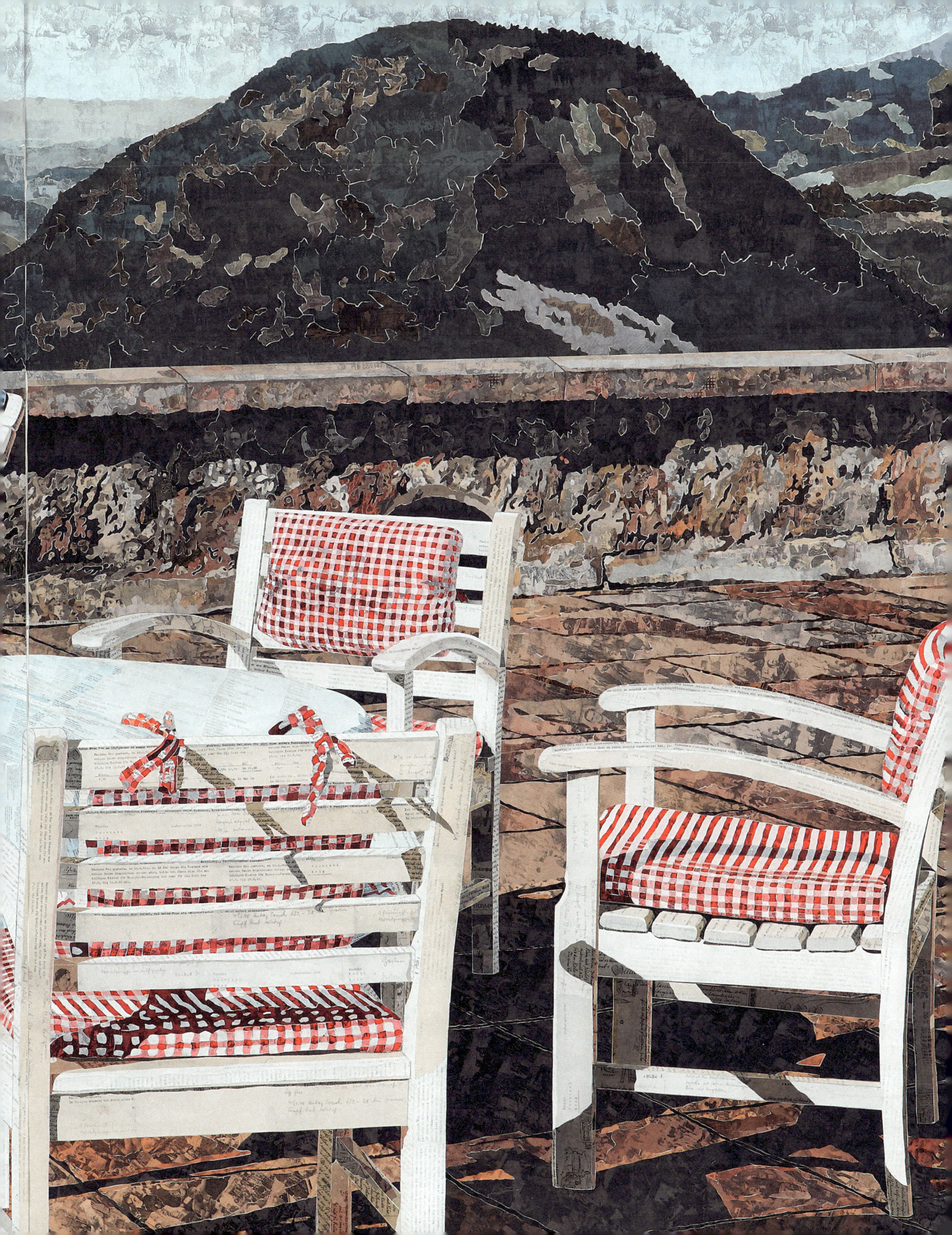

33 *Das große Fenster, Einblick eines Ausblicks*, 2001
The big window—insight, looking out
Einkanal-Videoinstallation, Farbe und SW, Ton / Single-channel video, color and black-and-white, sound, 12' 20"

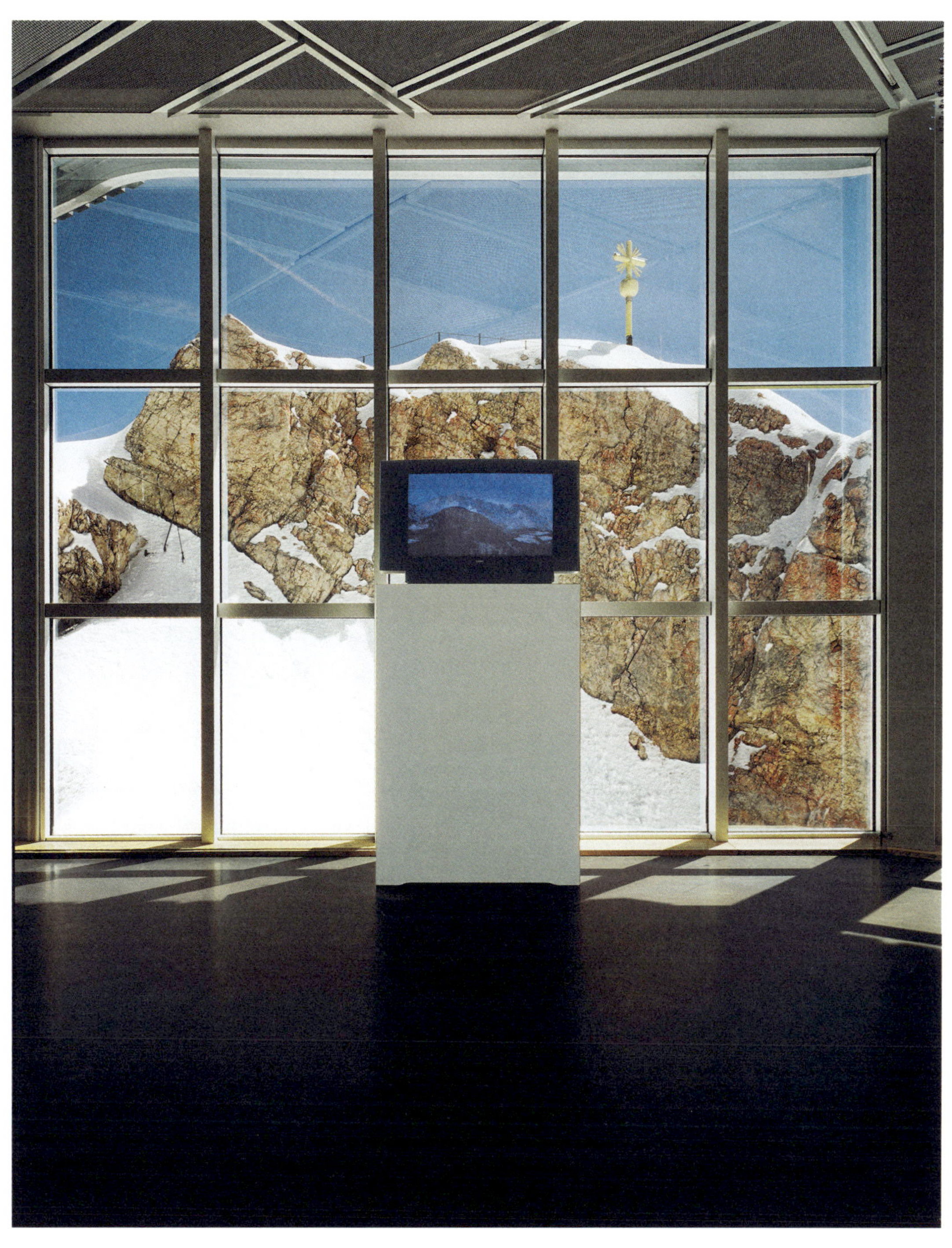

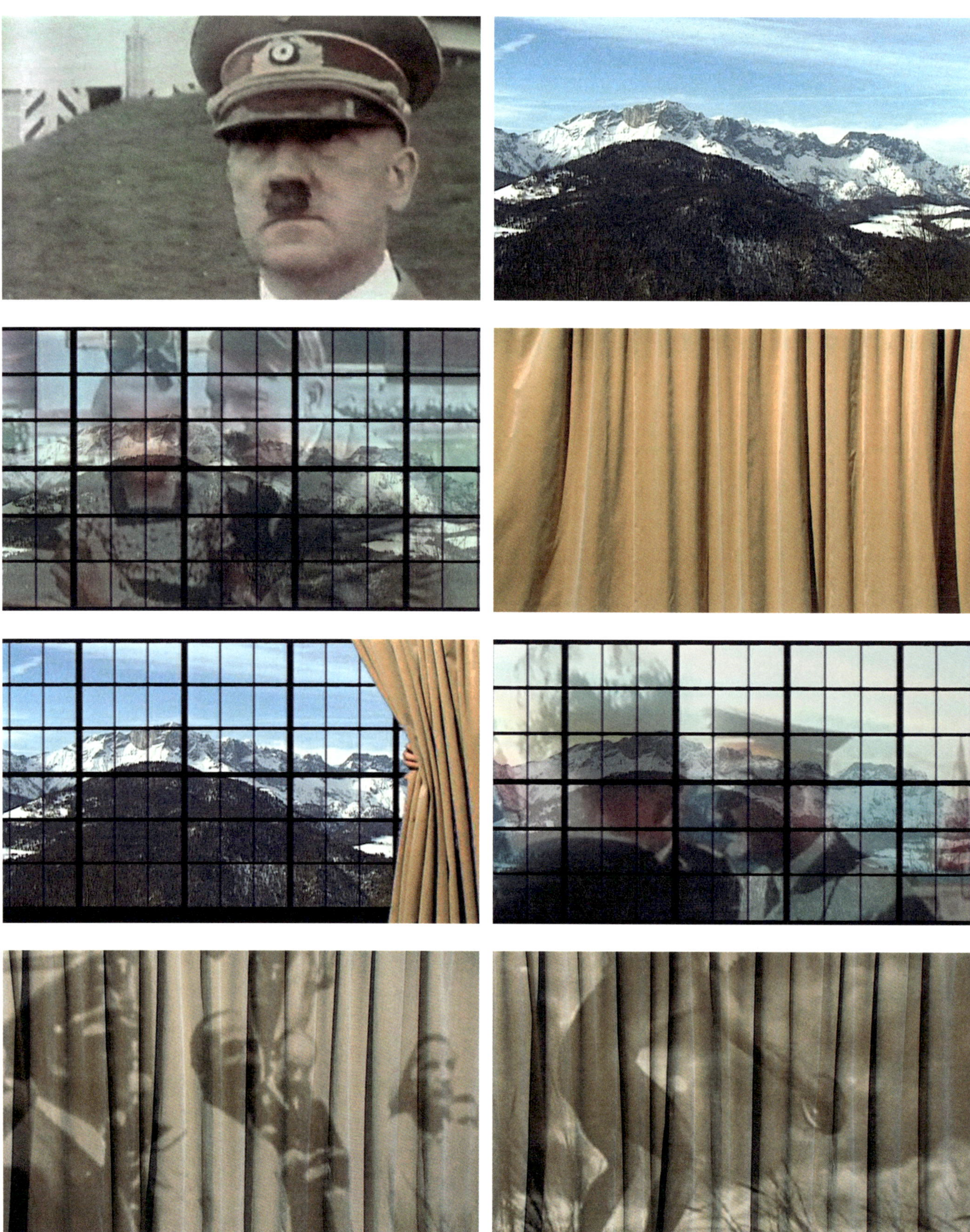

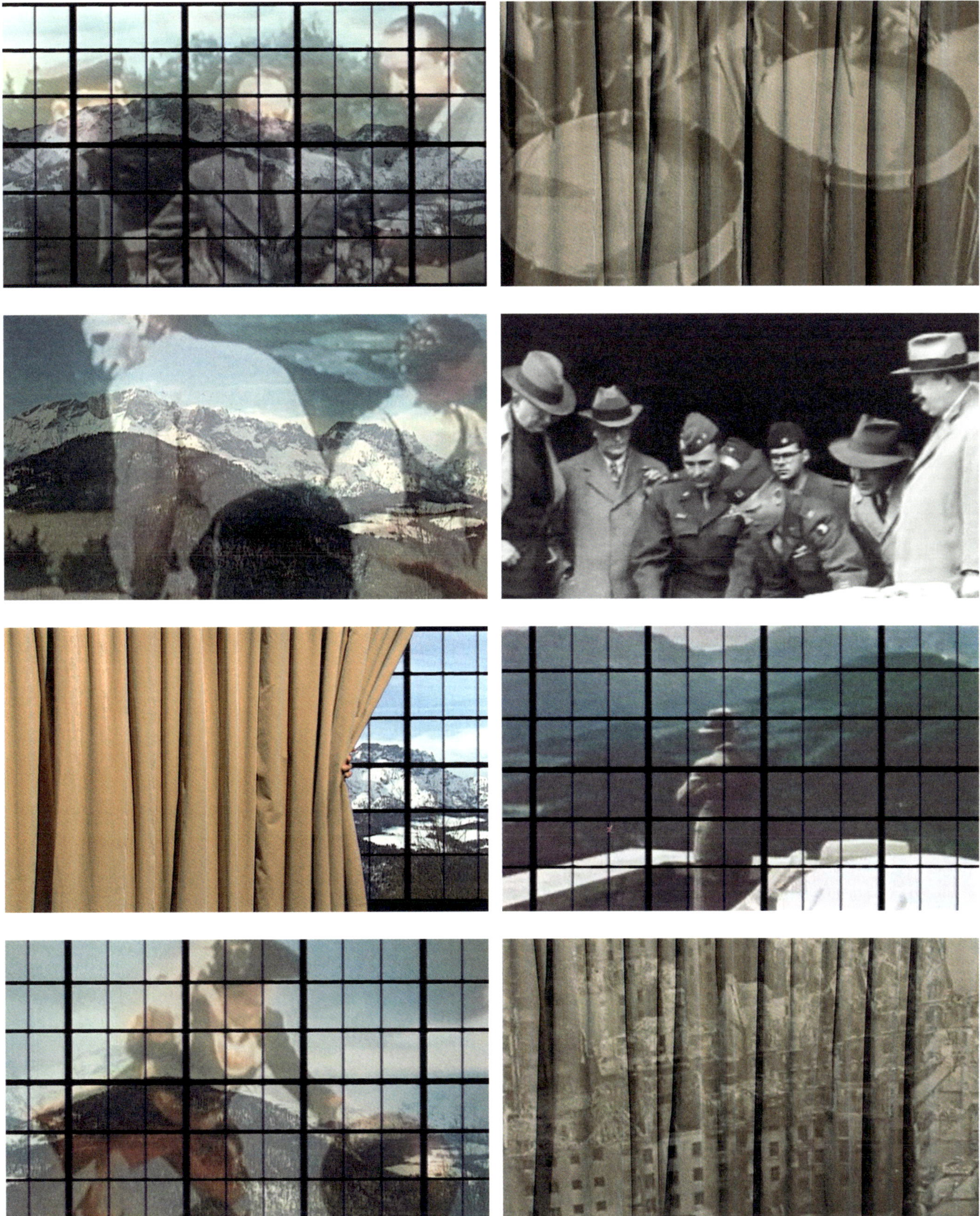

38 *zugezogen*, 2004
drawn closed
Collage, Fotokopien und Tinte auf Papier / Collage, photocopies, and ink on paper, 150 × 231 cm

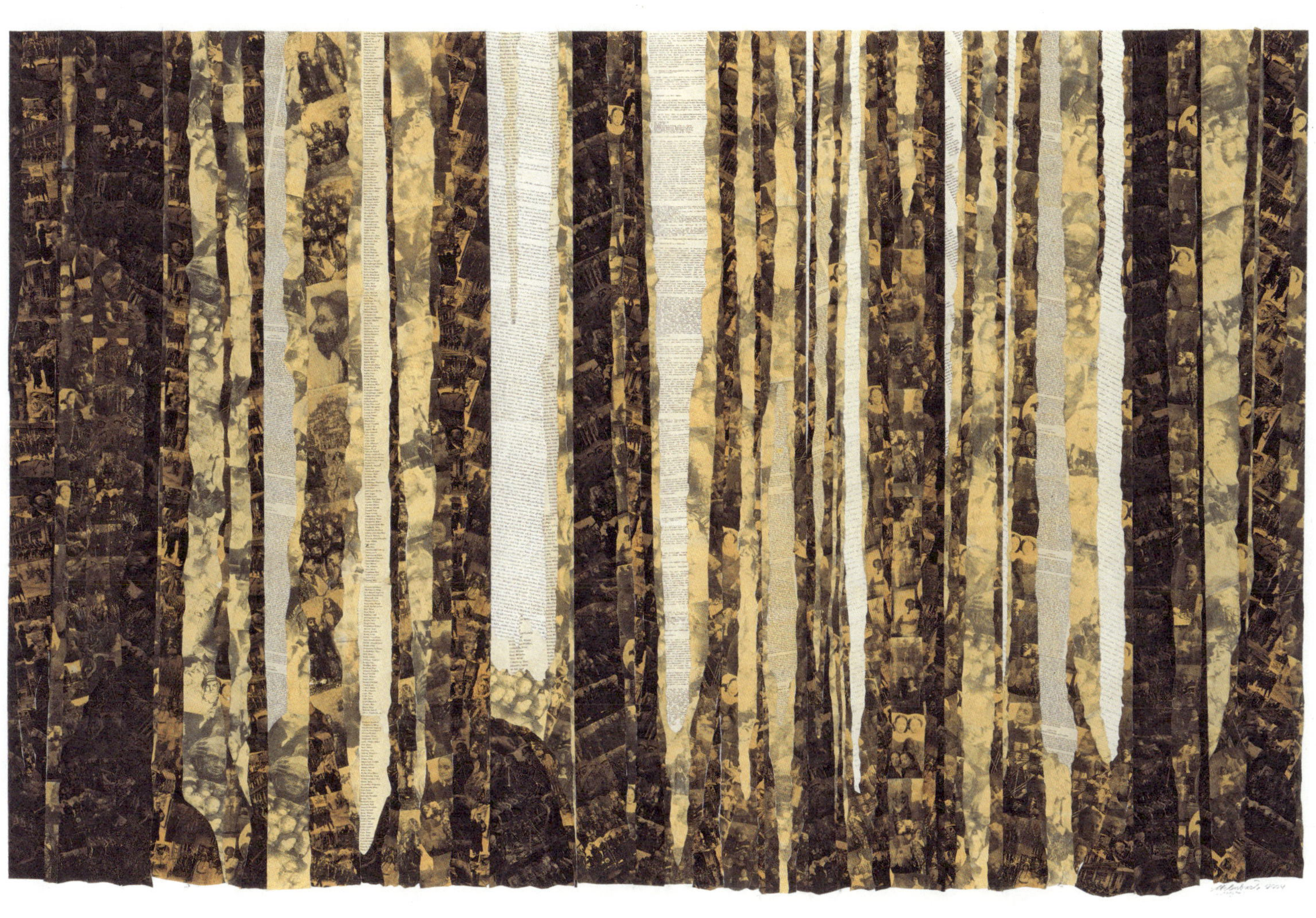

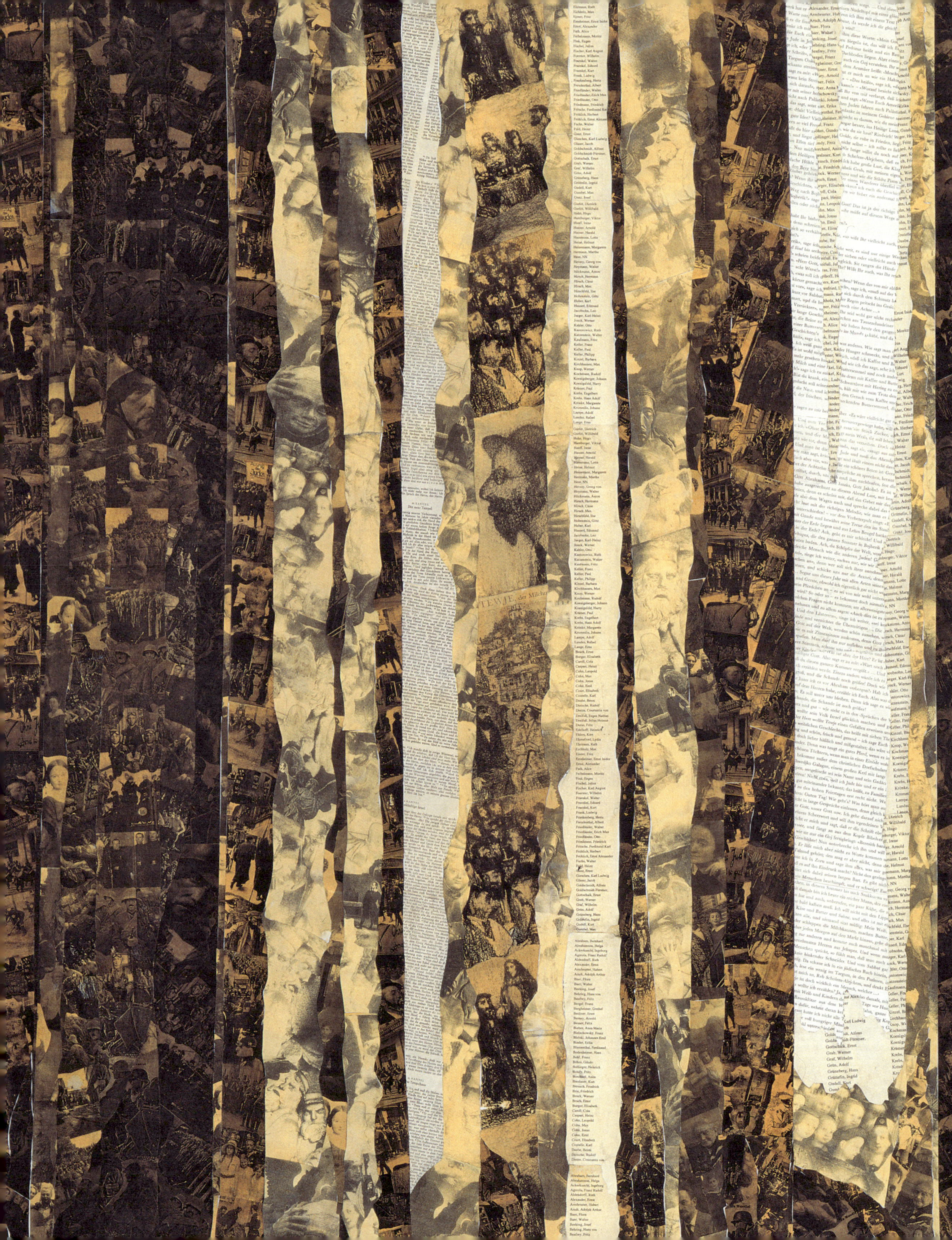

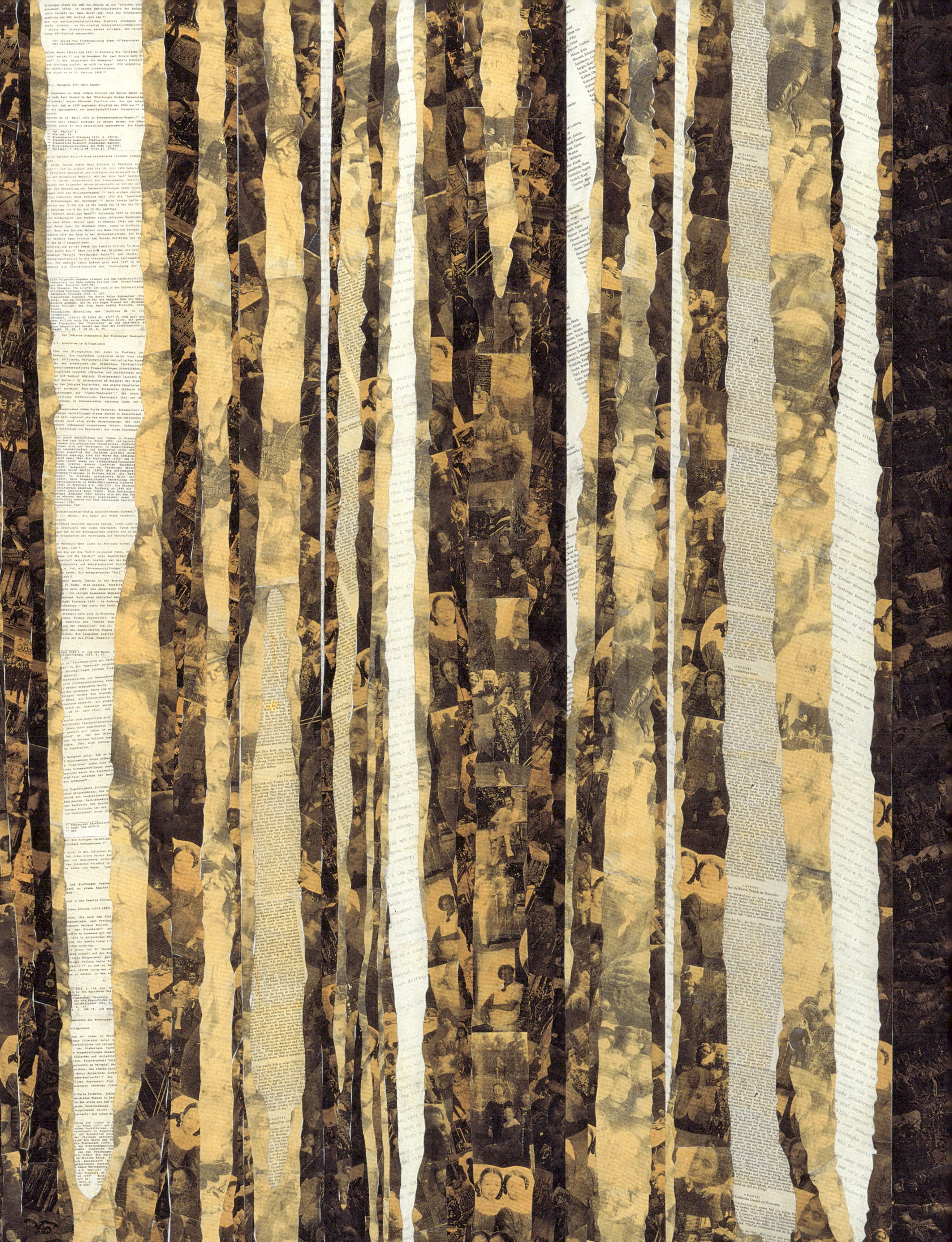

39 *Disturbed Places—Five Variations on India*, 2007
Verstörte Orte – Fünf Variationen über Indien
Einkanal-Videoinstallation, Farbe, Ton /
Single-channel video installation, color,
sound, 34' 00"

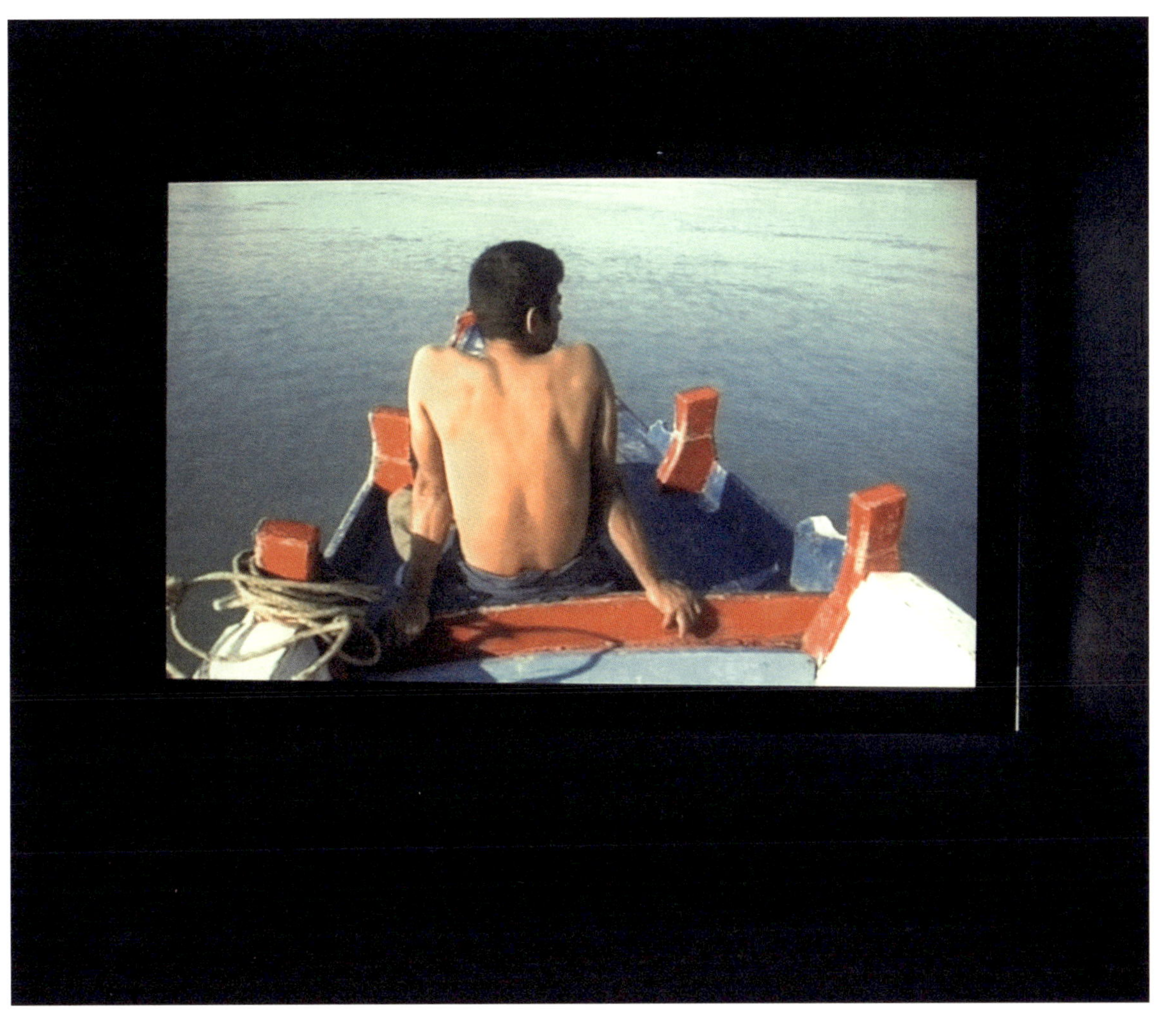

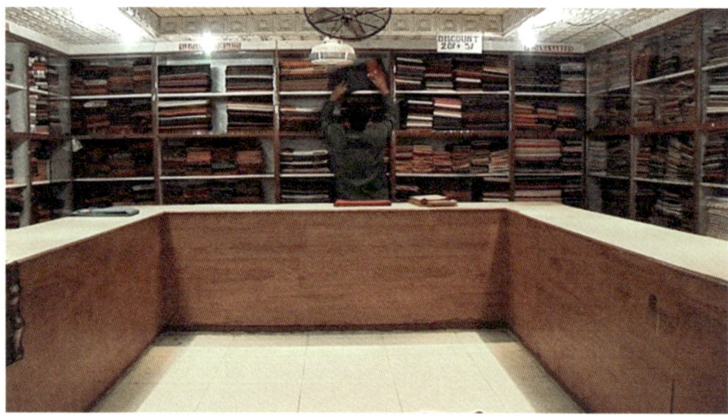

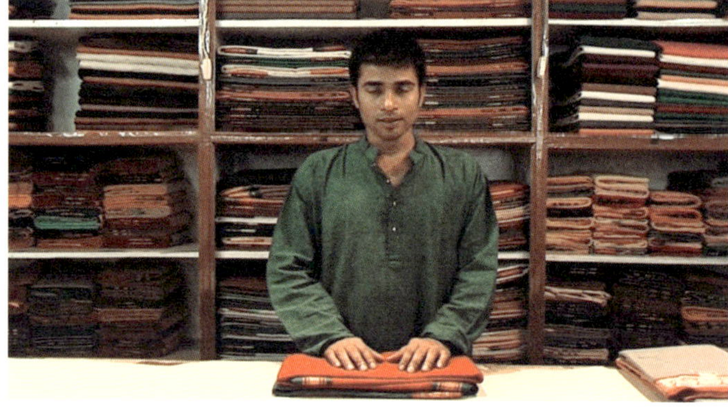

"I shall now narrate five anecdotes; I shall go down memory lane. These are short stories that have stuck in my memory, episodes that perhaps do not make any sense and that one does not have to believe.
Somewhat like a diary that has long ceased to be a document. Because who knows which images I can still trust. Have they not paled long ago due to frequent use?
"I could now switch off the camera just like a light switch; simply click it out, clack.....

And then it would be dark, pitch black, and one cannot see anymore. There would be no more information. However, on removing the light source you can still perceive in the darkness; you could perhaps still guess my silhouette, feel and hear my breath. It would take only a while before you see an image that would perhaps make sense again. You could also distinguish a black thread from a white one. However, if I turn the camera off I would no longer exist for you (here); it would almost be like a suicide, would mean the total destruction of the story. Even the memory of me would fade, since I have remained story-less. As the artist, I have unlimited power to determine the fate of the story.

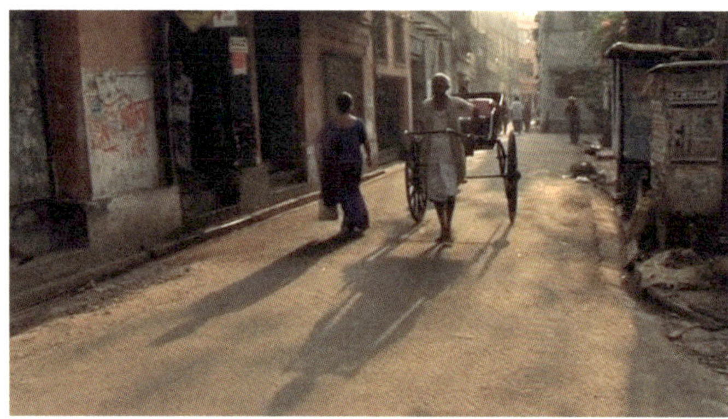

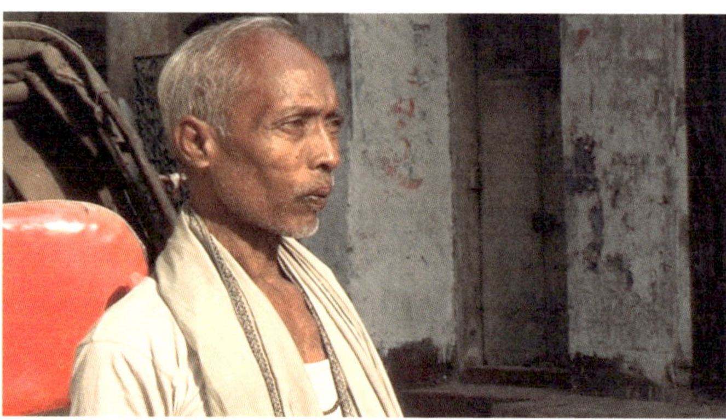

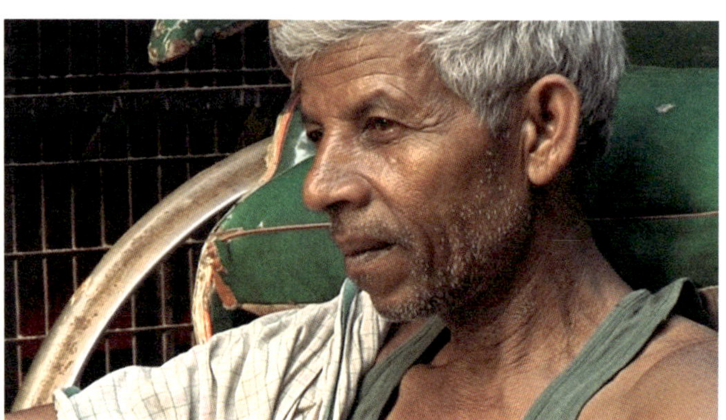

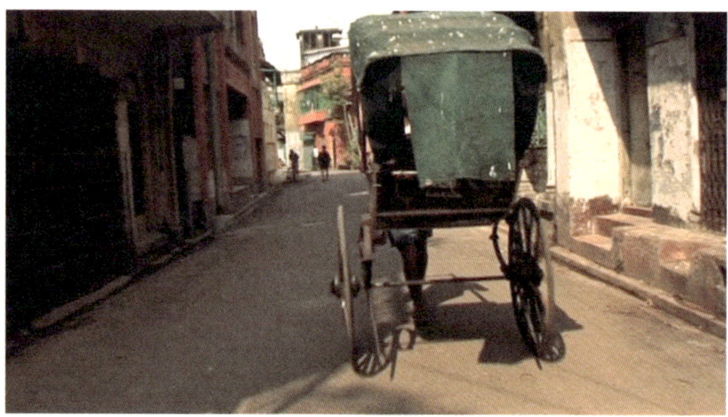

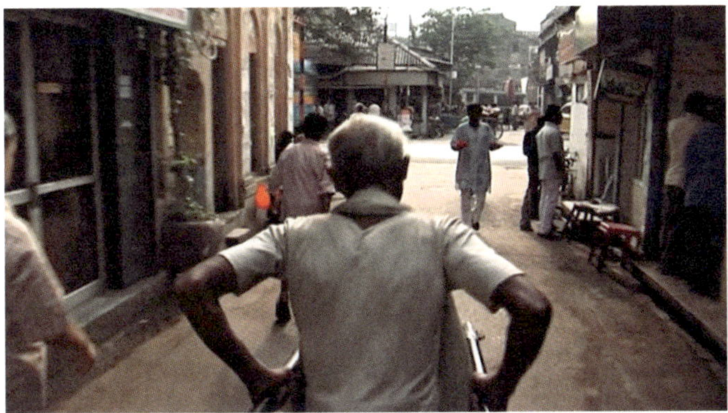

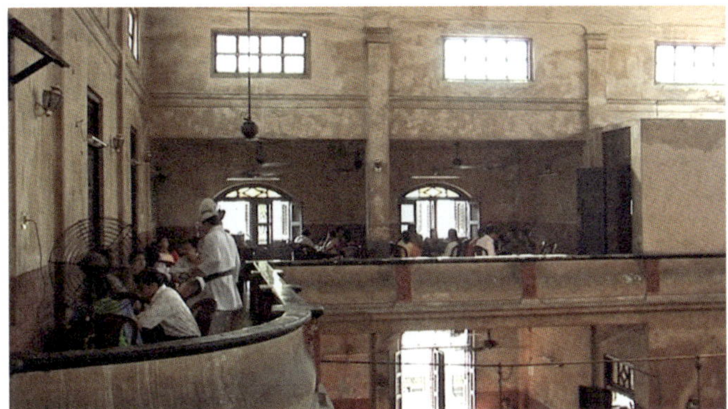

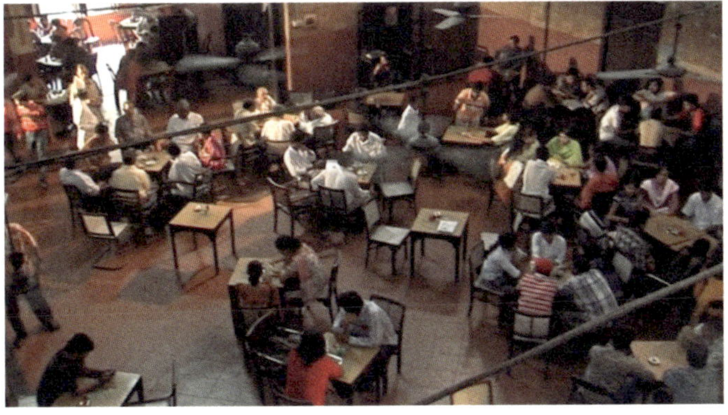

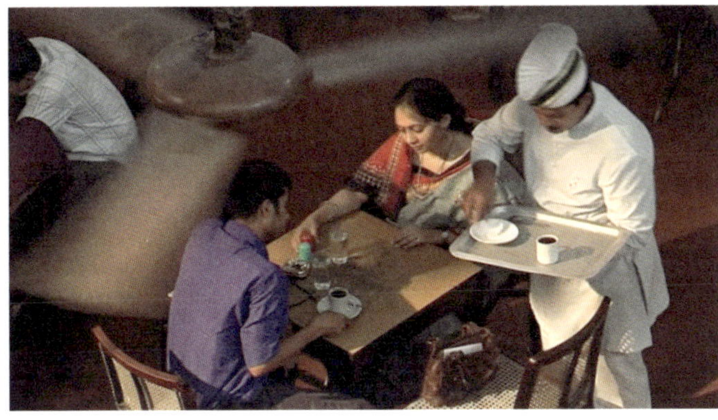

Woman: I like coming here from time to time.
Man: It is like a place from another time.

It is perhaps a melancholic place. It gives me the feeling as if the past could still be really experienced.
This place is witness to the illusion of a better future.
I think it incapacitates people and at the same time offers an excuse for it.

Man: The fans don't cease to rotate. In this city the fans run day and night.
They cut the air without interruption.

Often I no longer know whether they really bring relief?
Sometimes I hear each one of them very clearly, each rotation is different from the next – they make me quite sick.
I can then not think of anything else, it is a ceaseless wait for the next draught of air.

I often do not take notice of them at all. Then I even find them having a calming and downright natural effect.
They give everyone a rhythm. When they are motionless I get concerned, there is something missing, it is like a standstill.

Woman: Now one can hear them again very clearly.

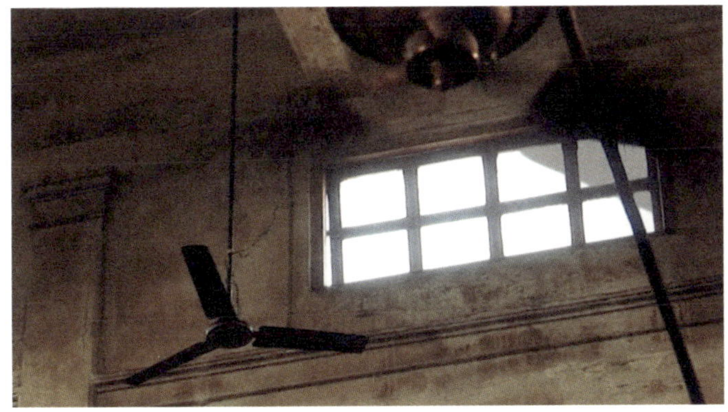

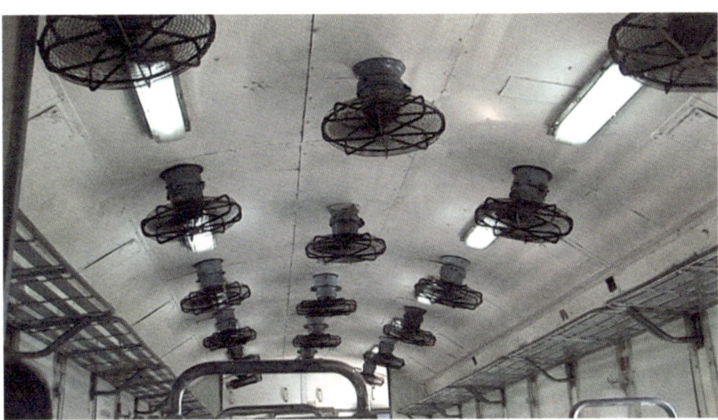

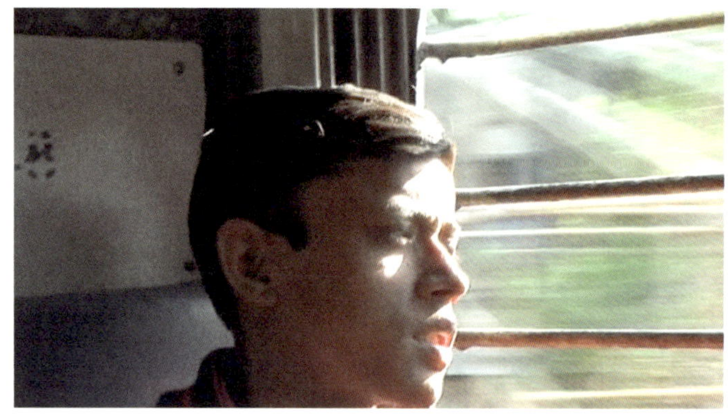
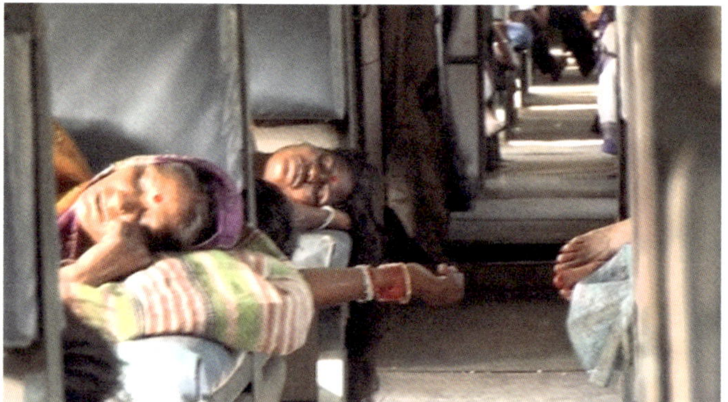
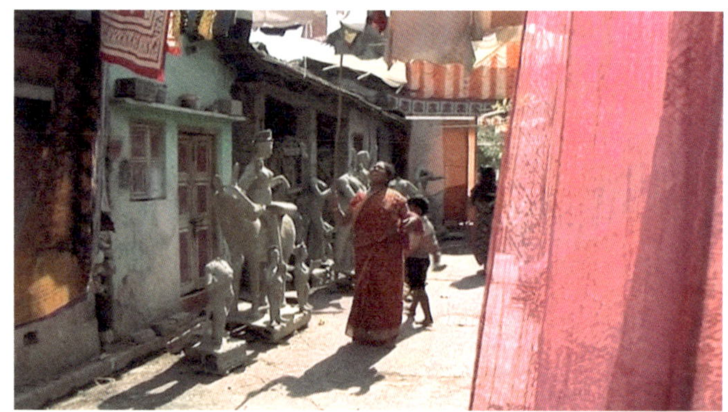
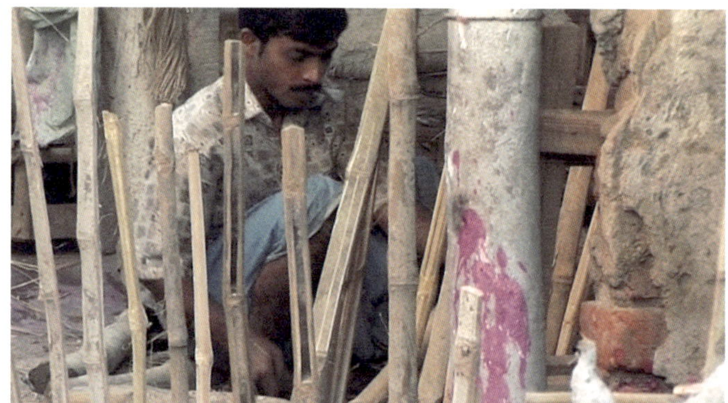
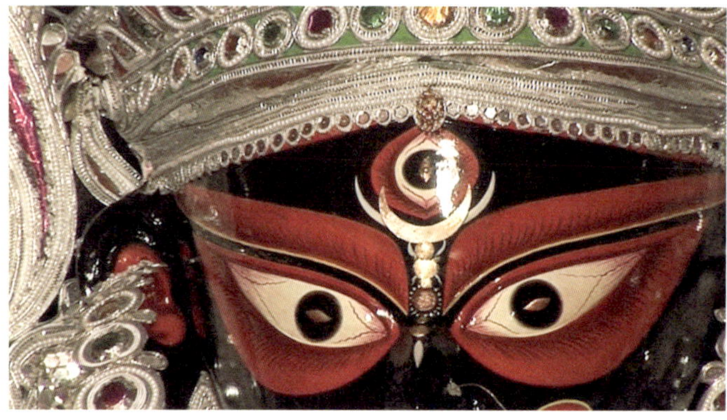
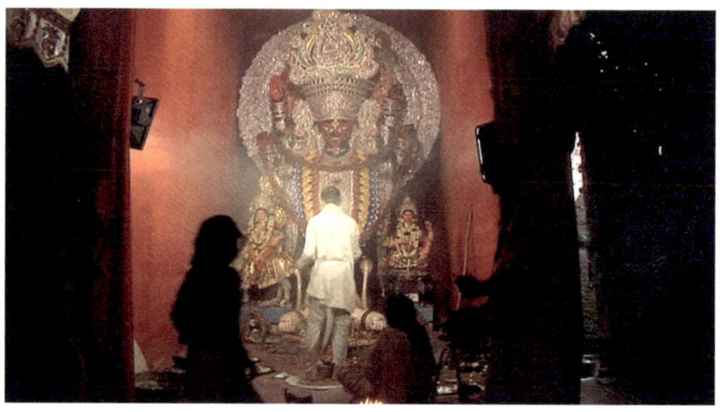
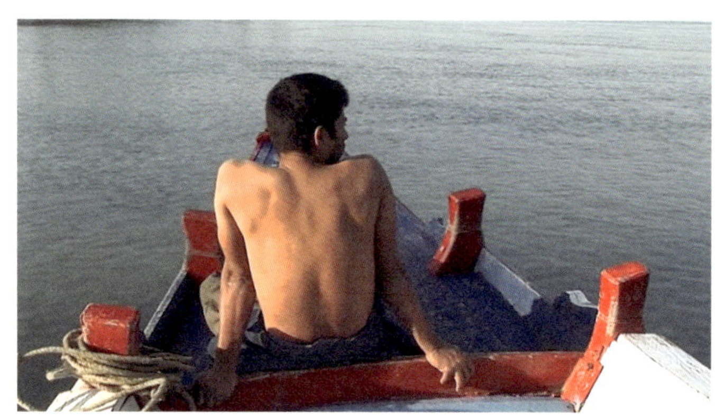
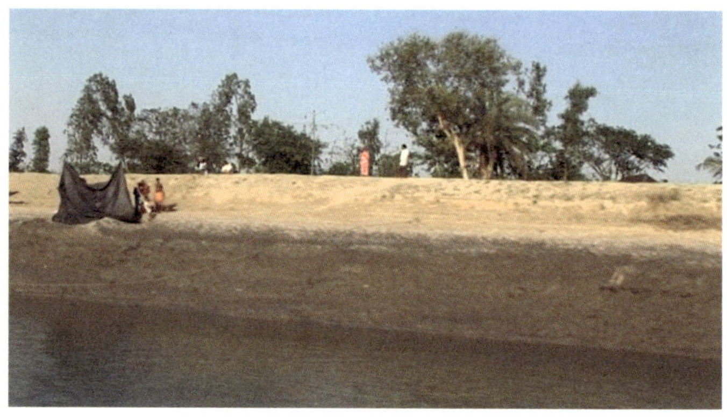

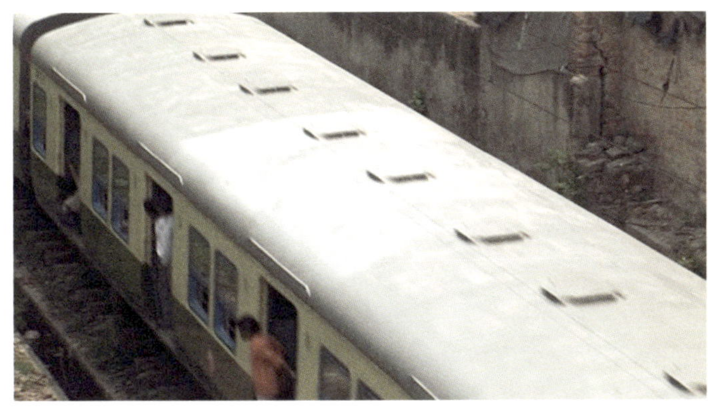
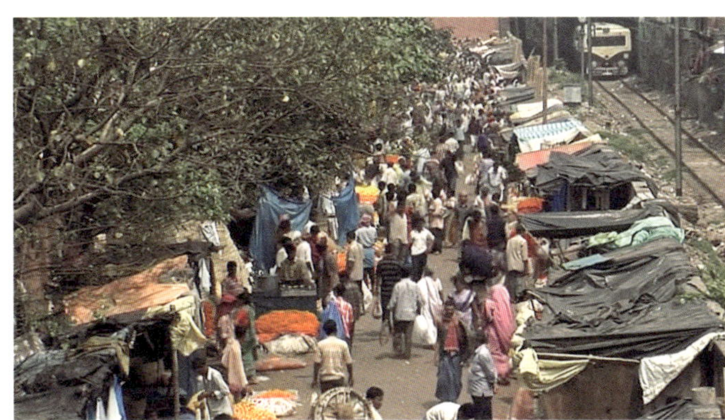
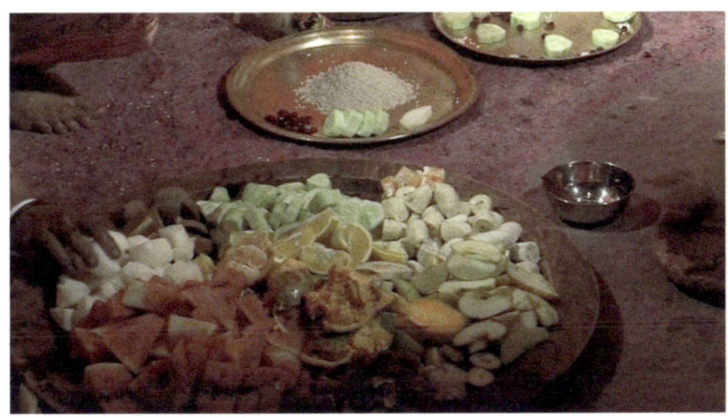
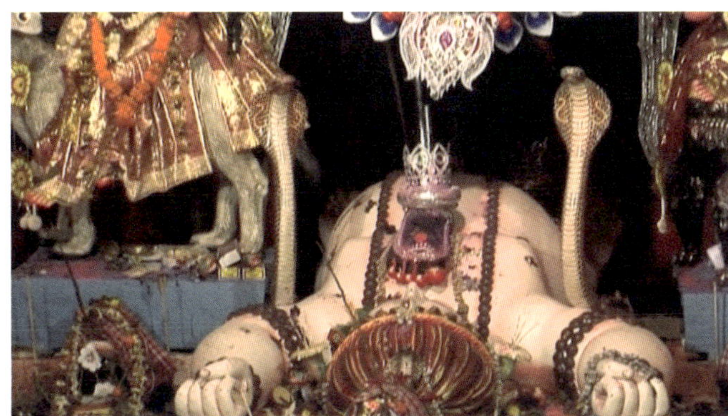
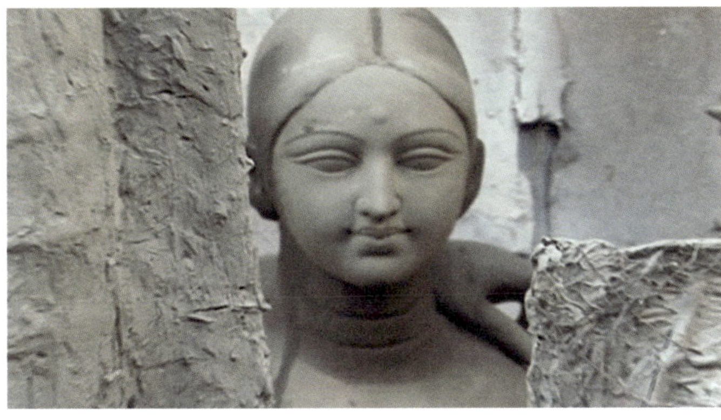
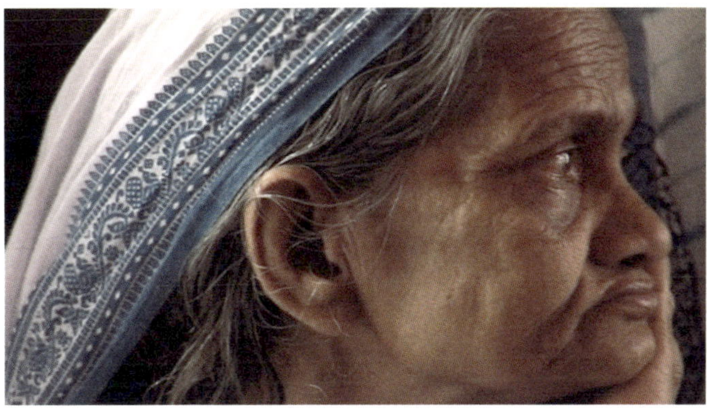
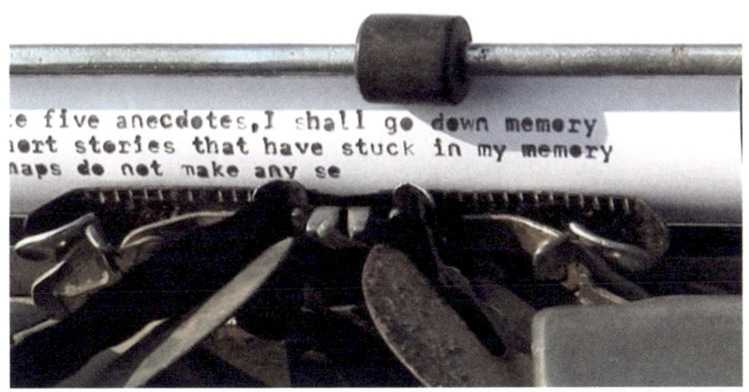
five anecdotes,I shall go down memory
stories that have stuck in my memory
maps do not make any se
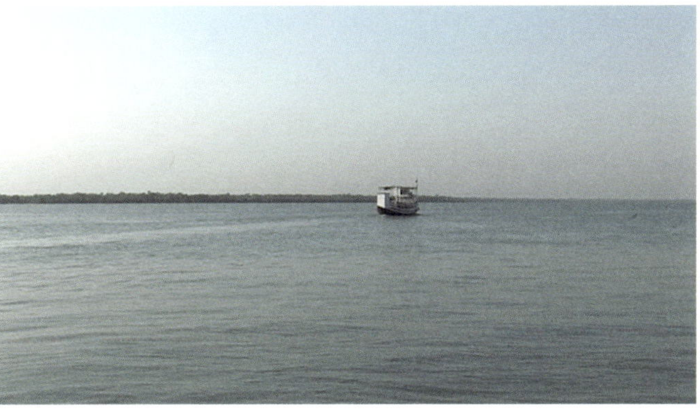

50 *Als mein Haus noch kein Dach hatte*, 2018
When my house did not have a roof
Collage, Fotokopien, Bleistift und
Tinte auf Papier / Collage, photocopies,
pencil, and ink on paper, 179 × 260 cm

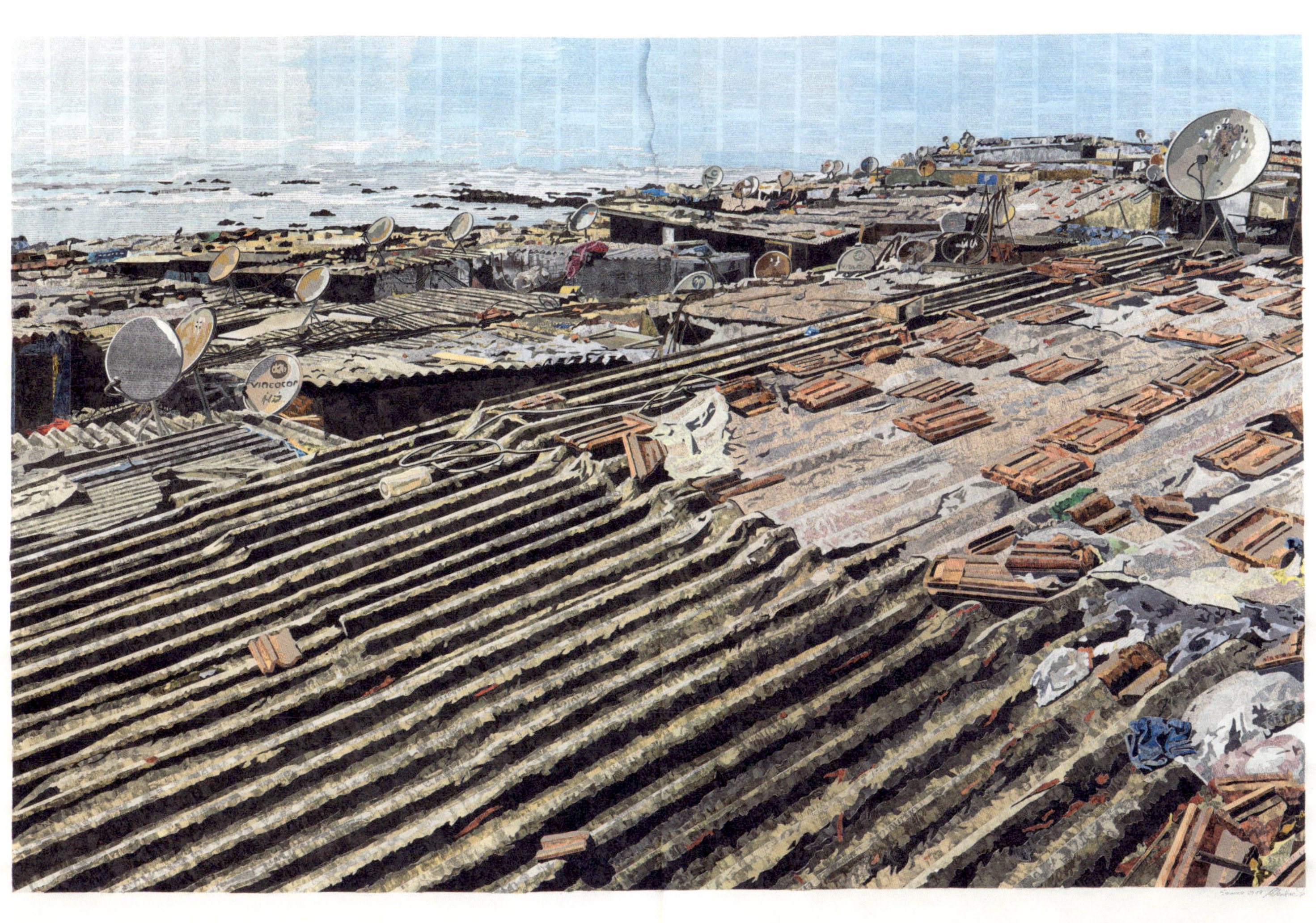
vincocor

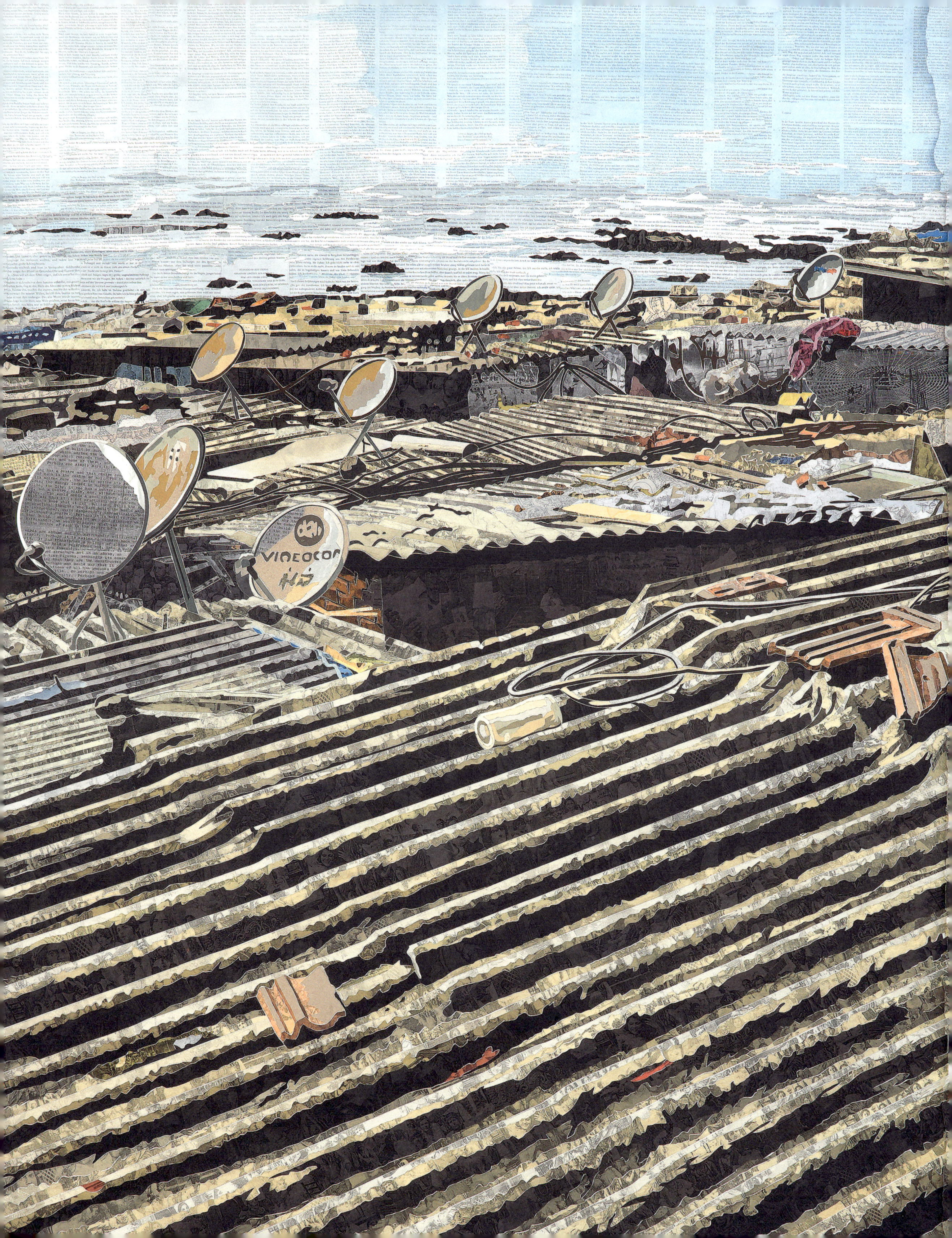
VIDEOCON

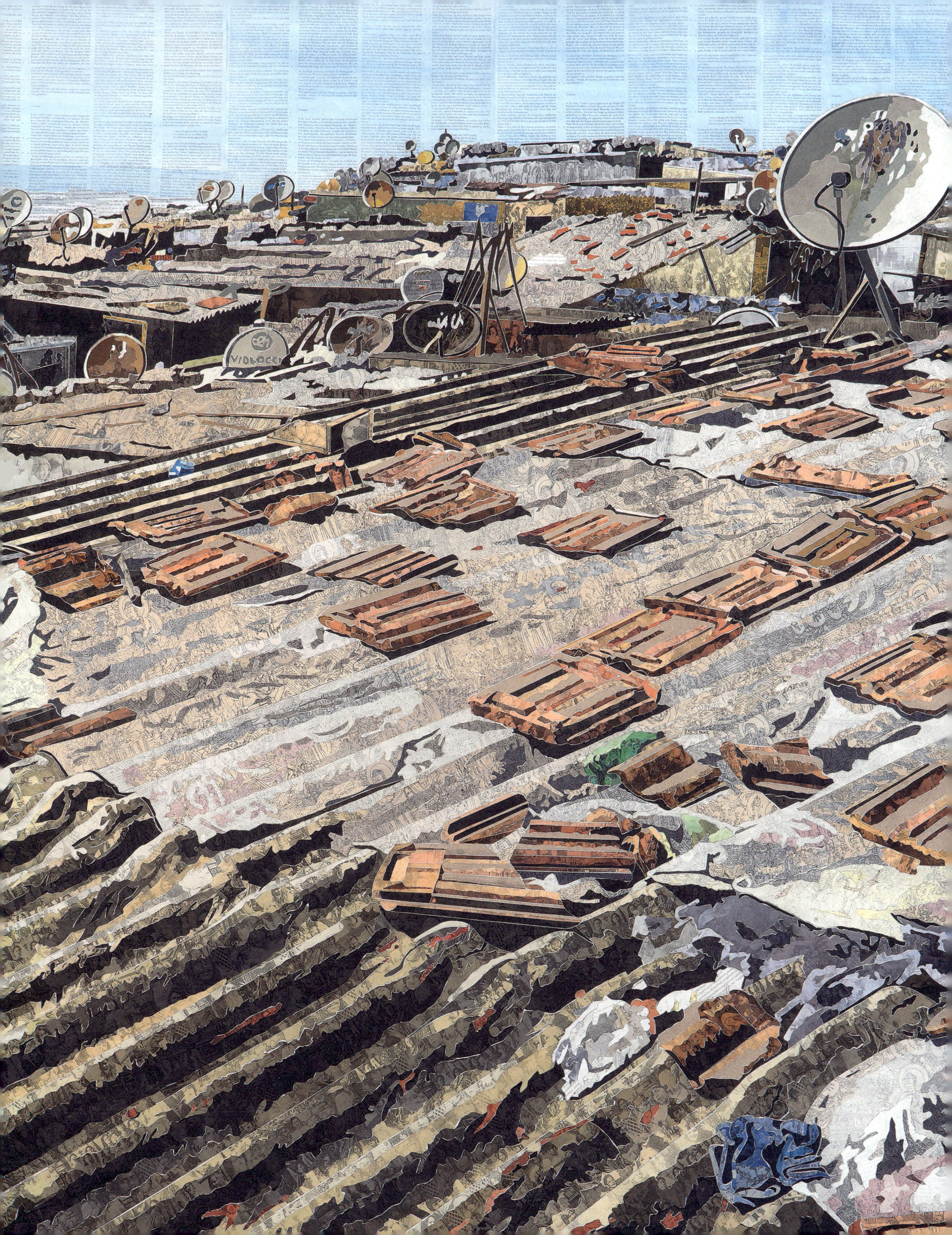

20 *Das Schweigen deutscher Räume erschreckt mich,*
1982
The silence of German rooms frightens me
Zweikanal-Videoinstallation, Farbe, Ton /
Two-channel video installation, color, sound,
38' 48" and 20' 00"

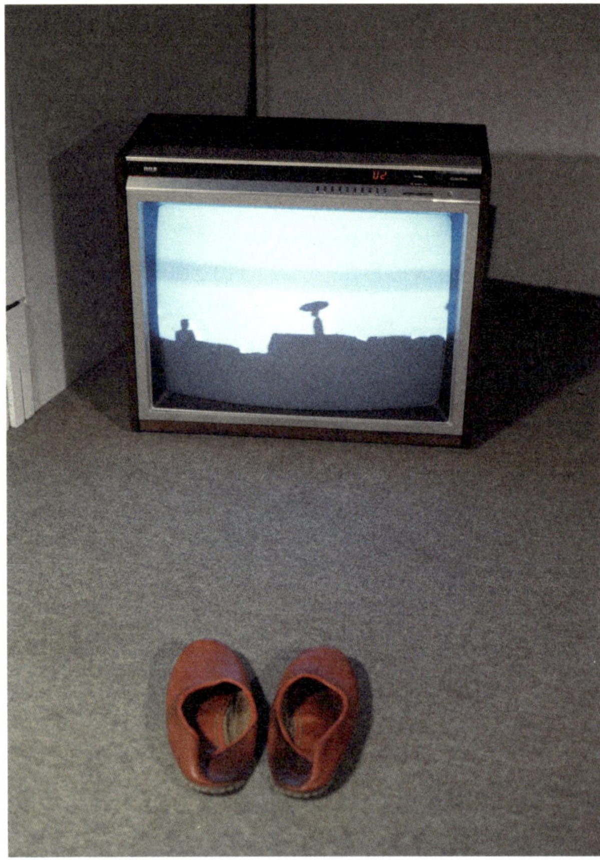

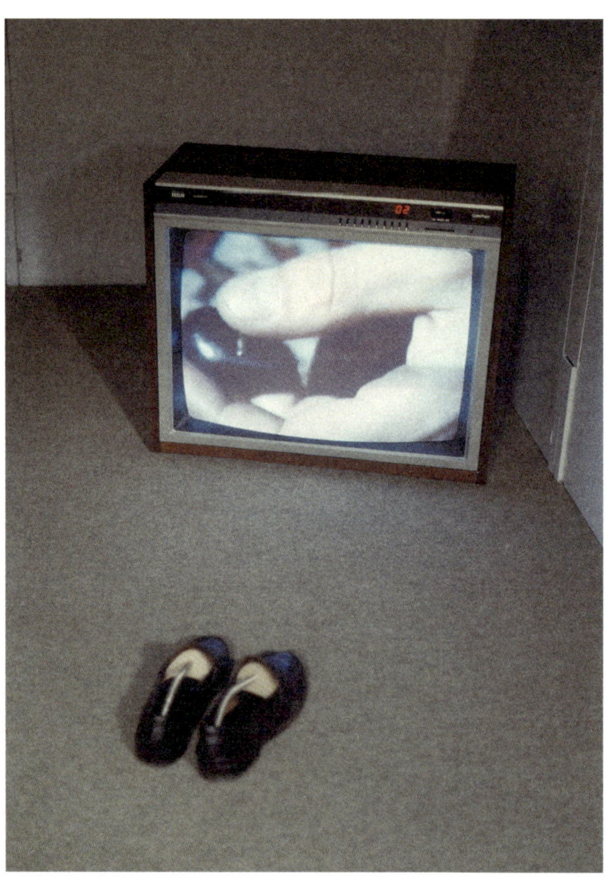

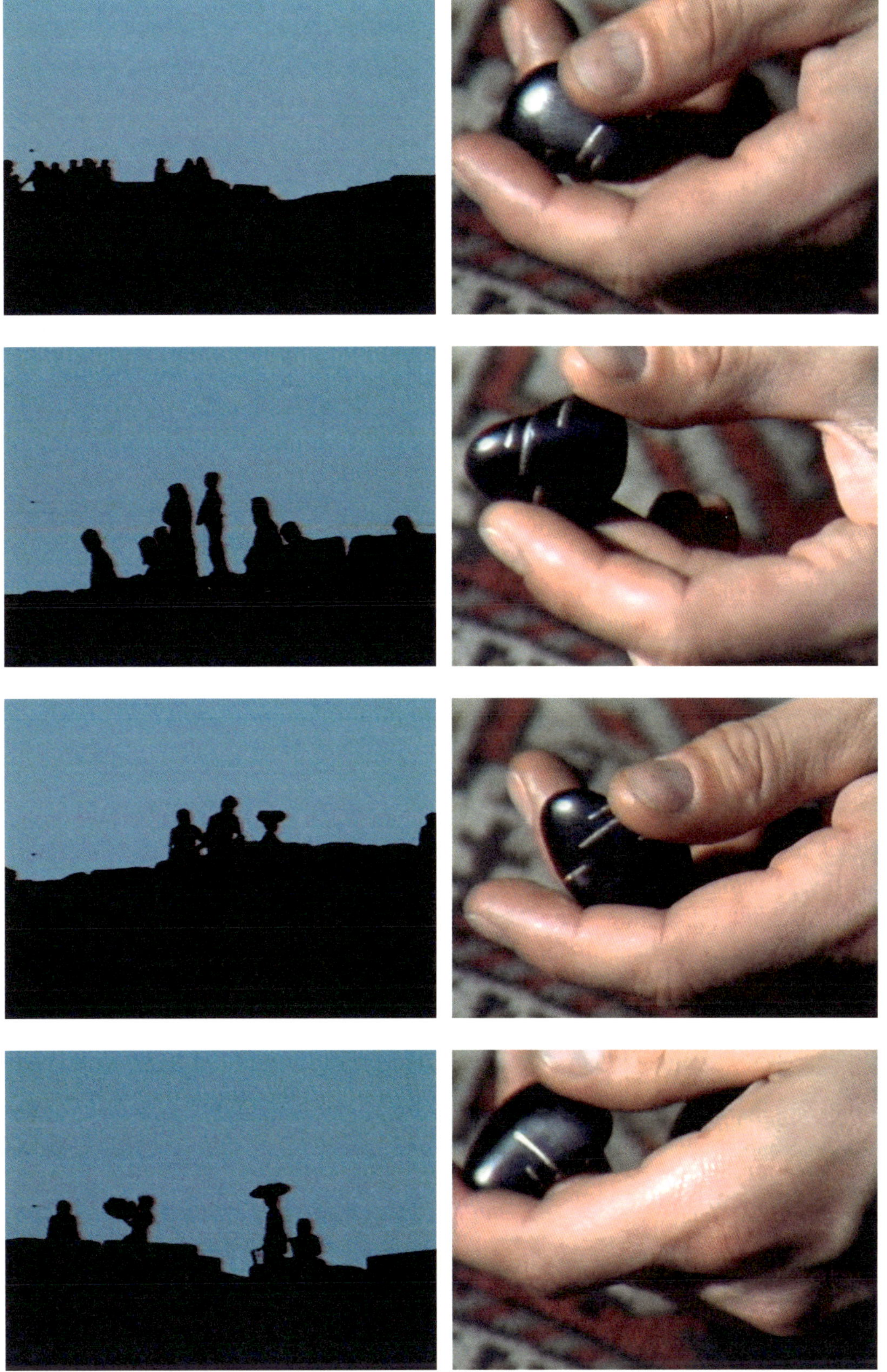

31 *Fränkischer Schreibschrank 1745 / Wellblech Namibia / Seh Sultan Husain Madrasa, Iran 1694–1722*, 1991
Franconian secretary 1745 / Corrugated iron Namibia / Seh Sultan Husain Madrasa, Iran 1694–1722
Collage, Fotokopie, Bleistift und Kaseinfarbe auf Papier / Collage, photocopy, pencil, and casein paint on paper, 3-teilig, je / 3 parts, each 110 × 245 cm

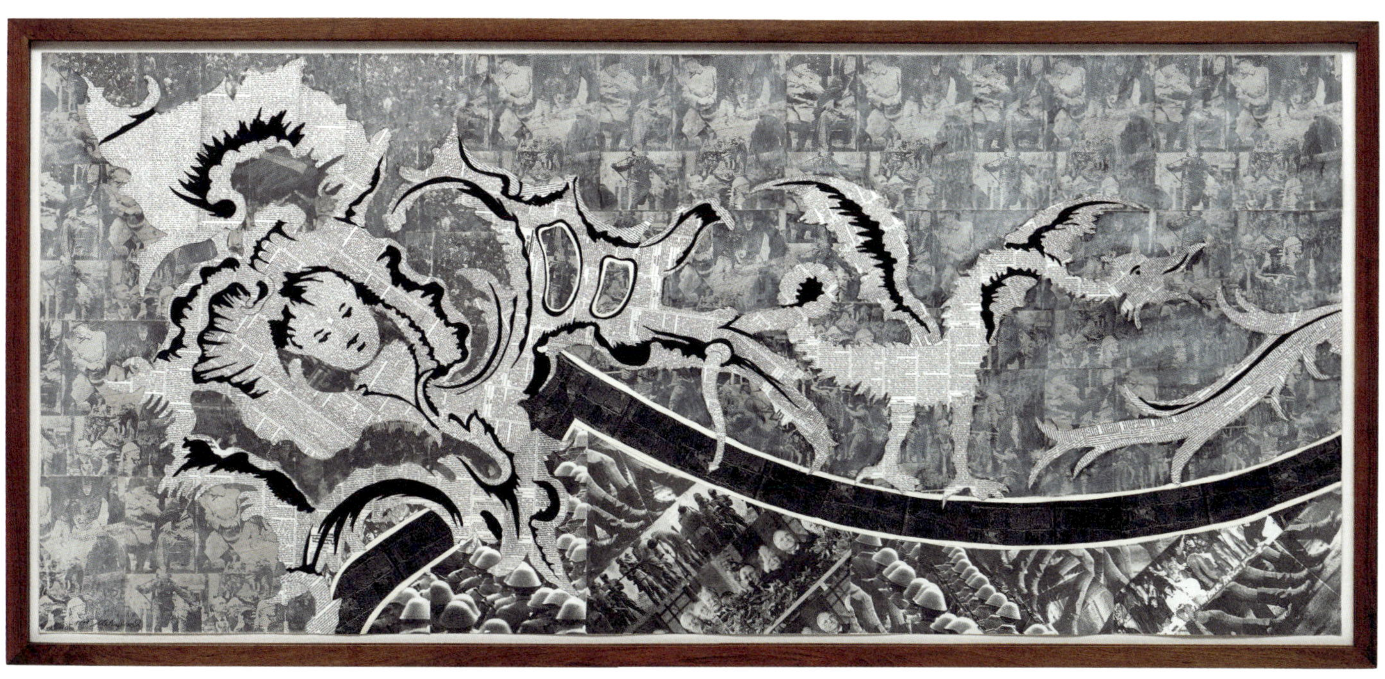

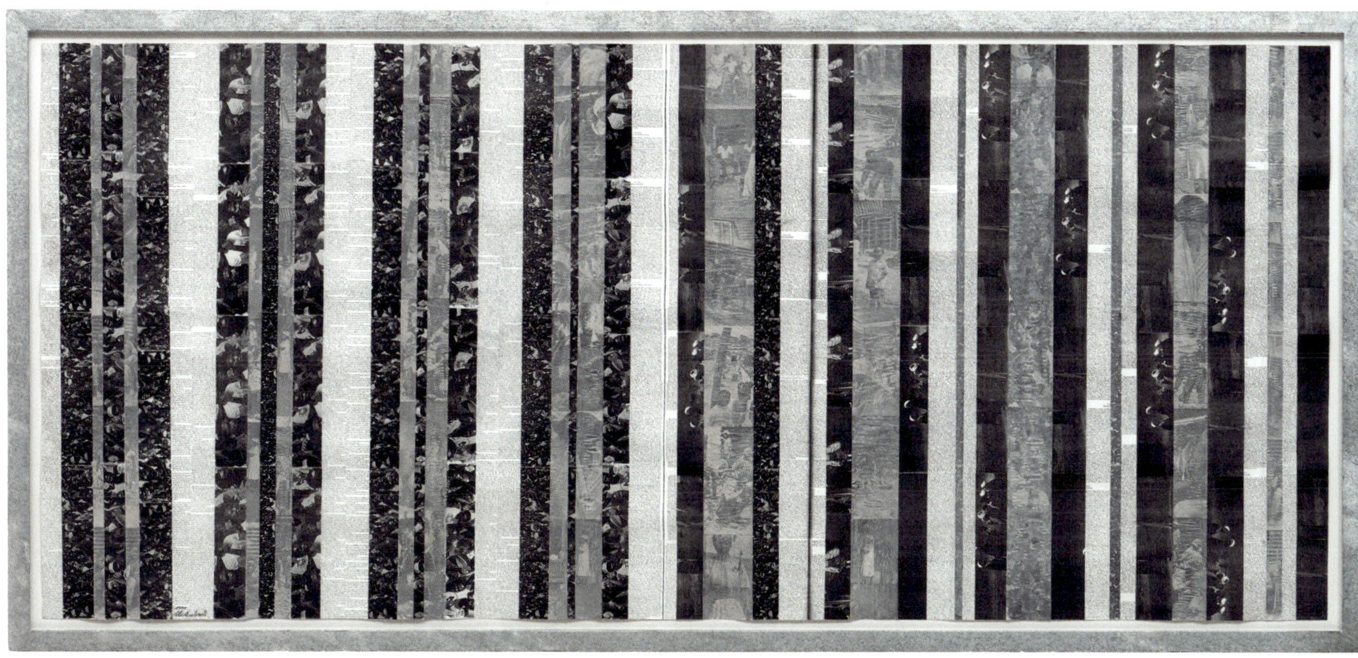

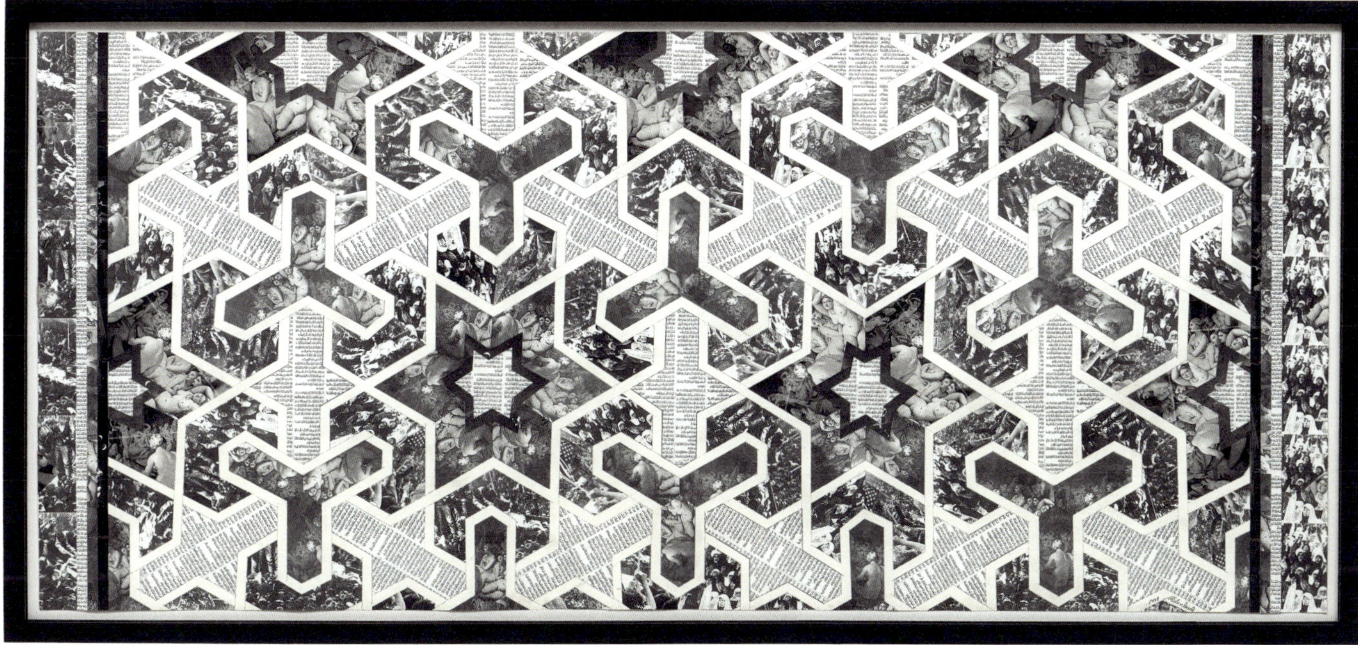

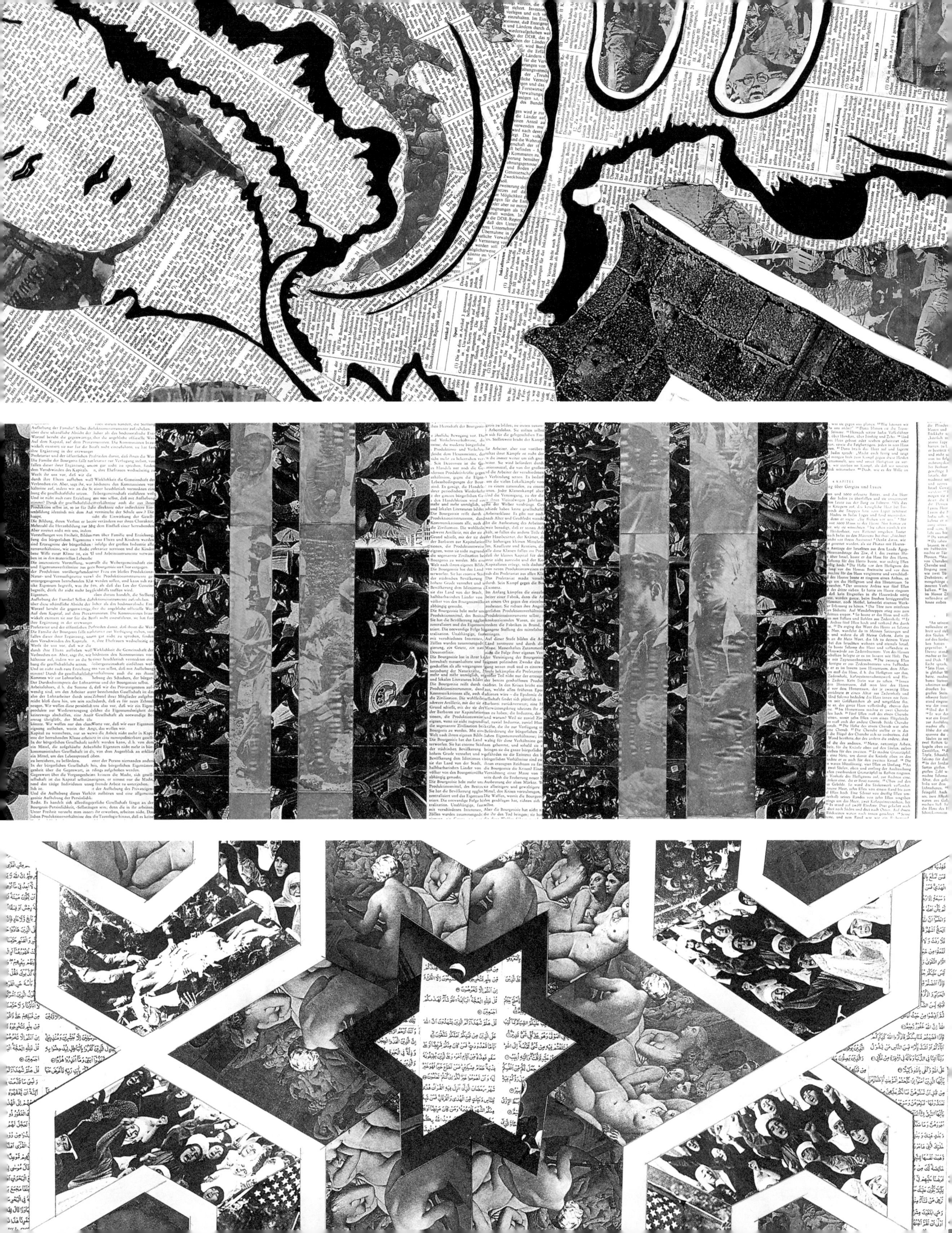

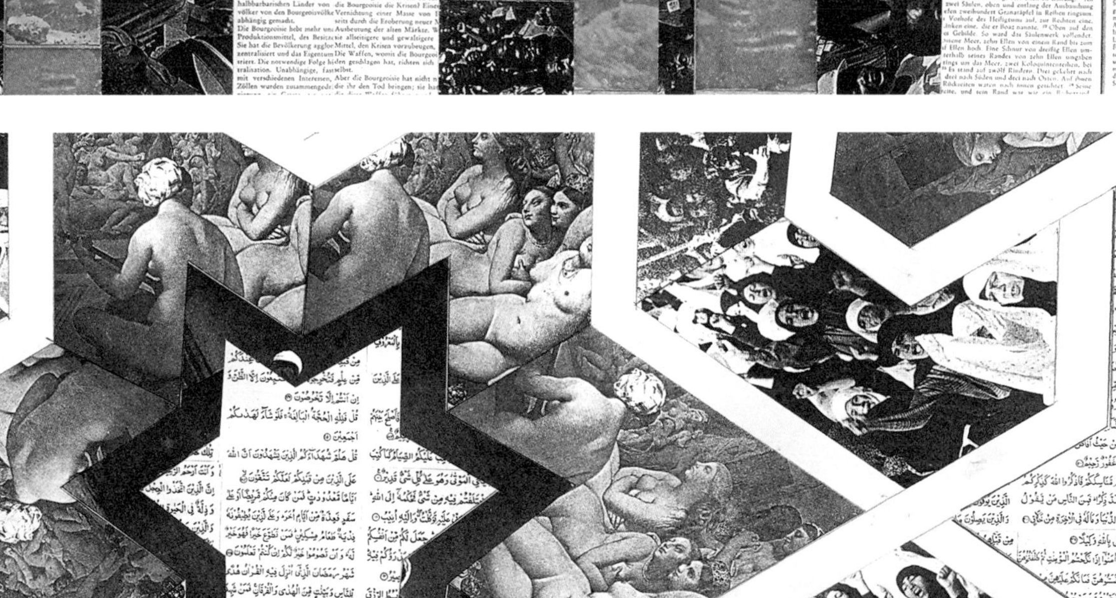

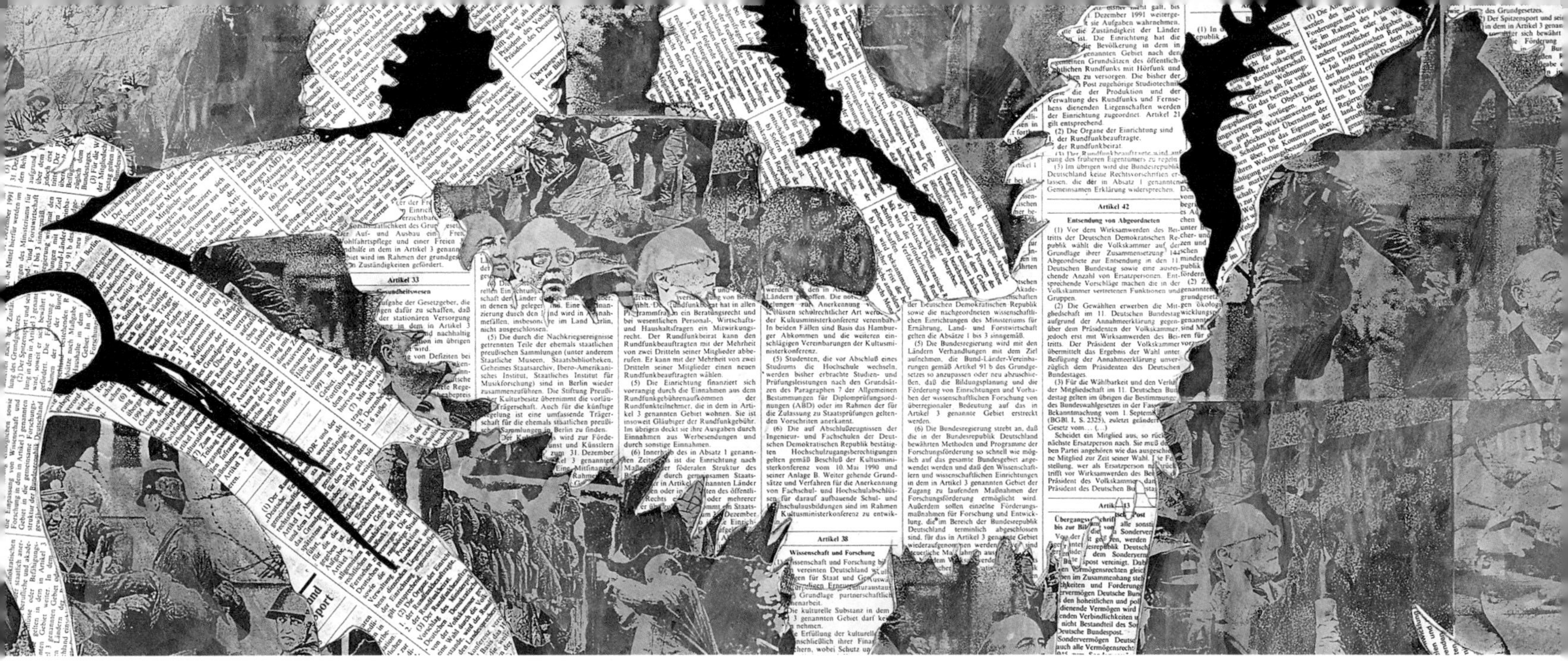

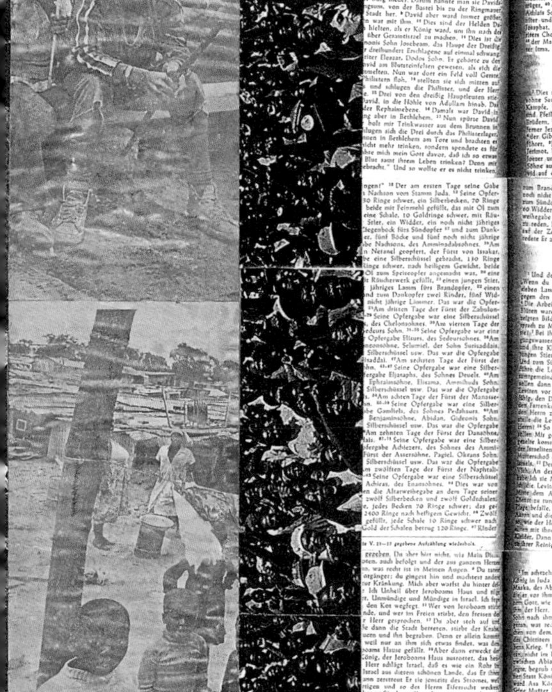

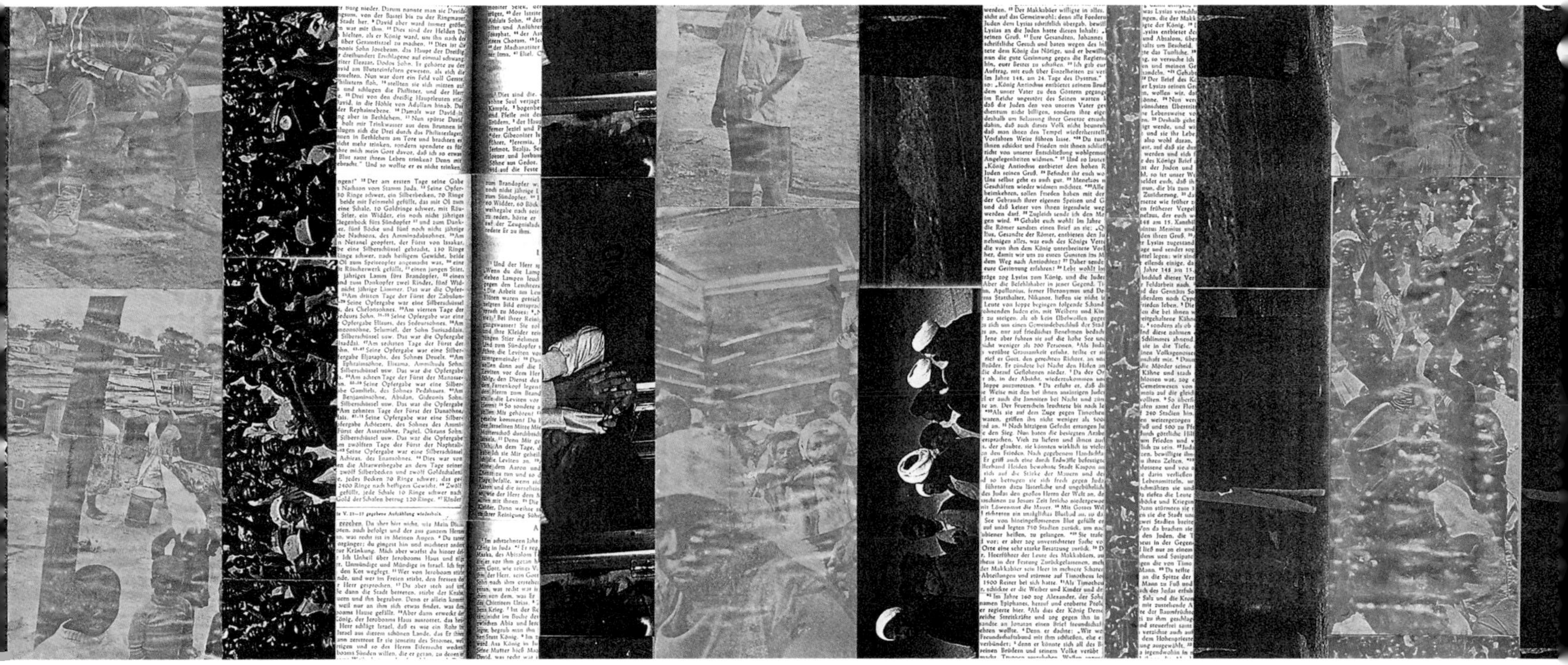

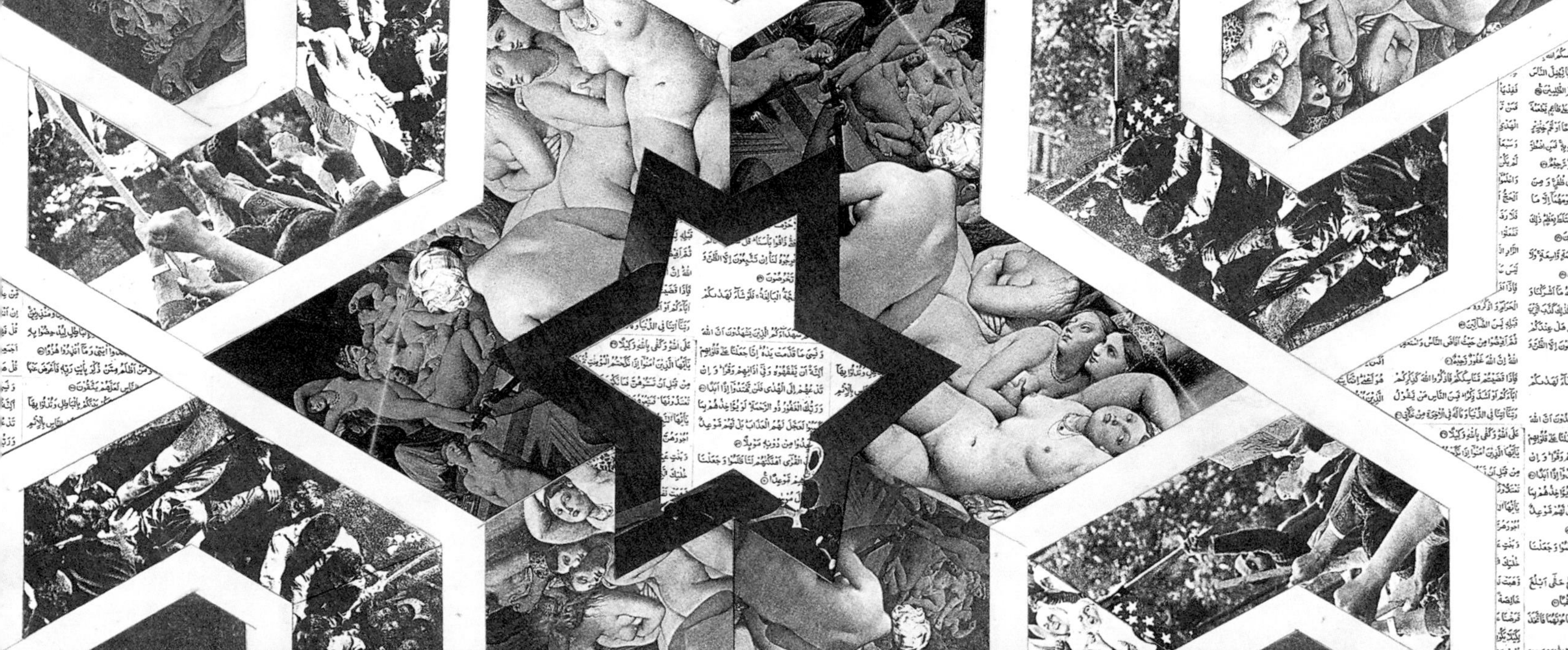

36 *Männergeschichten 1*, 2003
Male Stories 1
Zweikanal-Videoinstallation, Farbe, Ton / Two-channel video installation, color, sound, 10' 12"

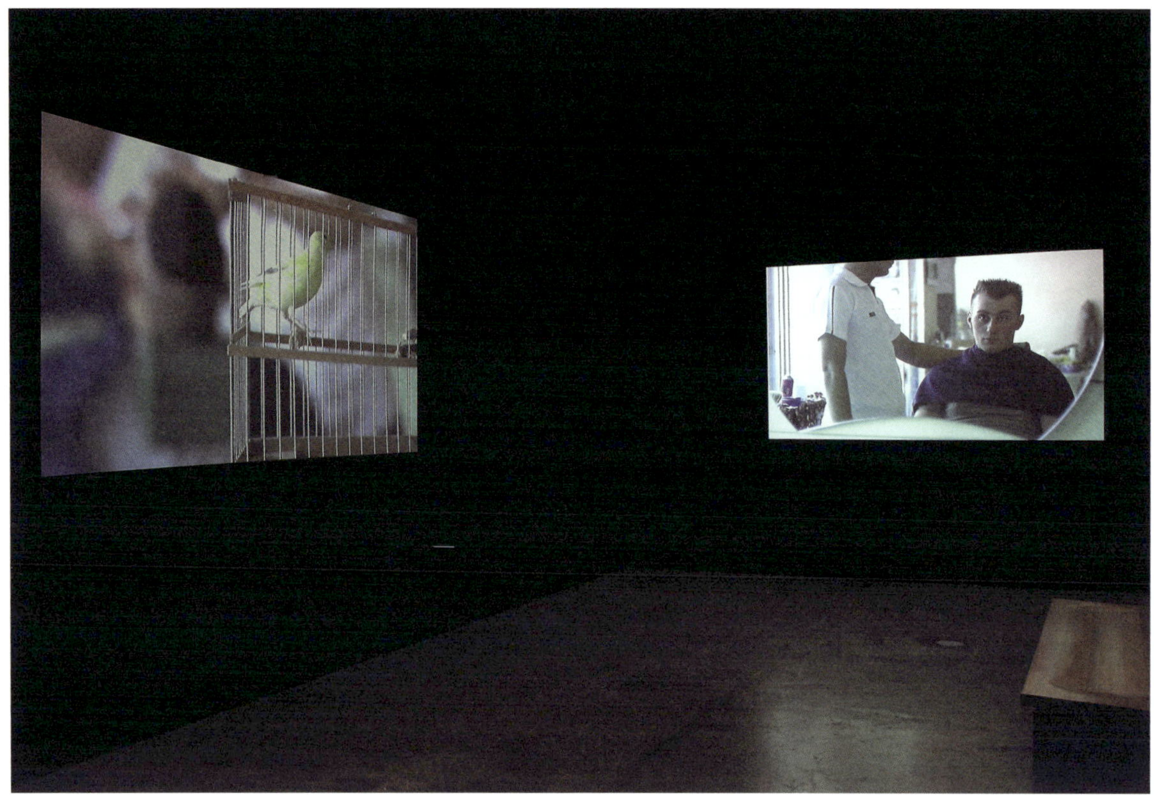

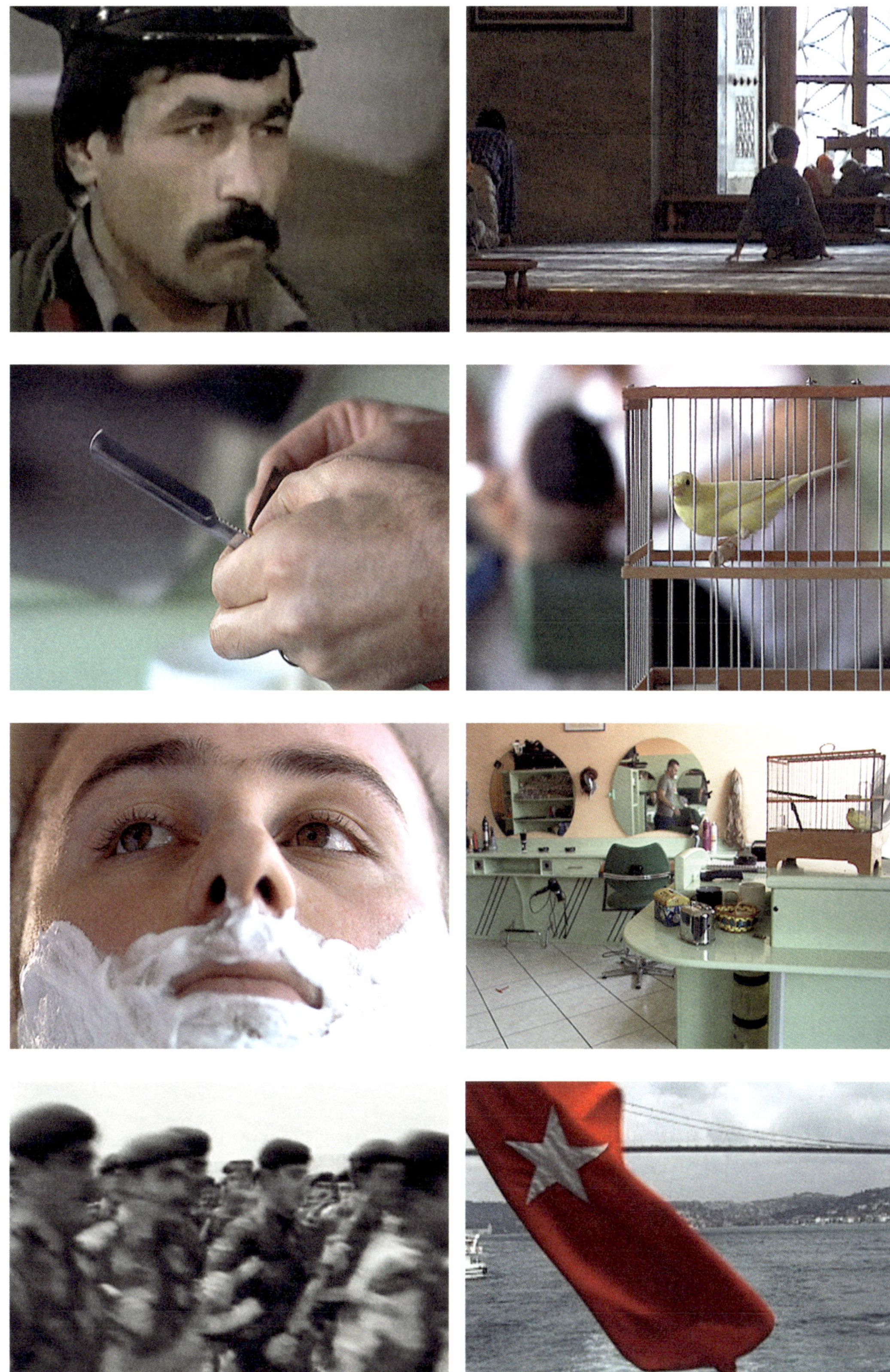

43 *Kleider machen Leute*, 2012
You are what you wear
Collage, Fotokopien, Bleistift und Tinte auf Papier / Collage, photocopies, pencil, and ink on paper, 189 × 110 cm

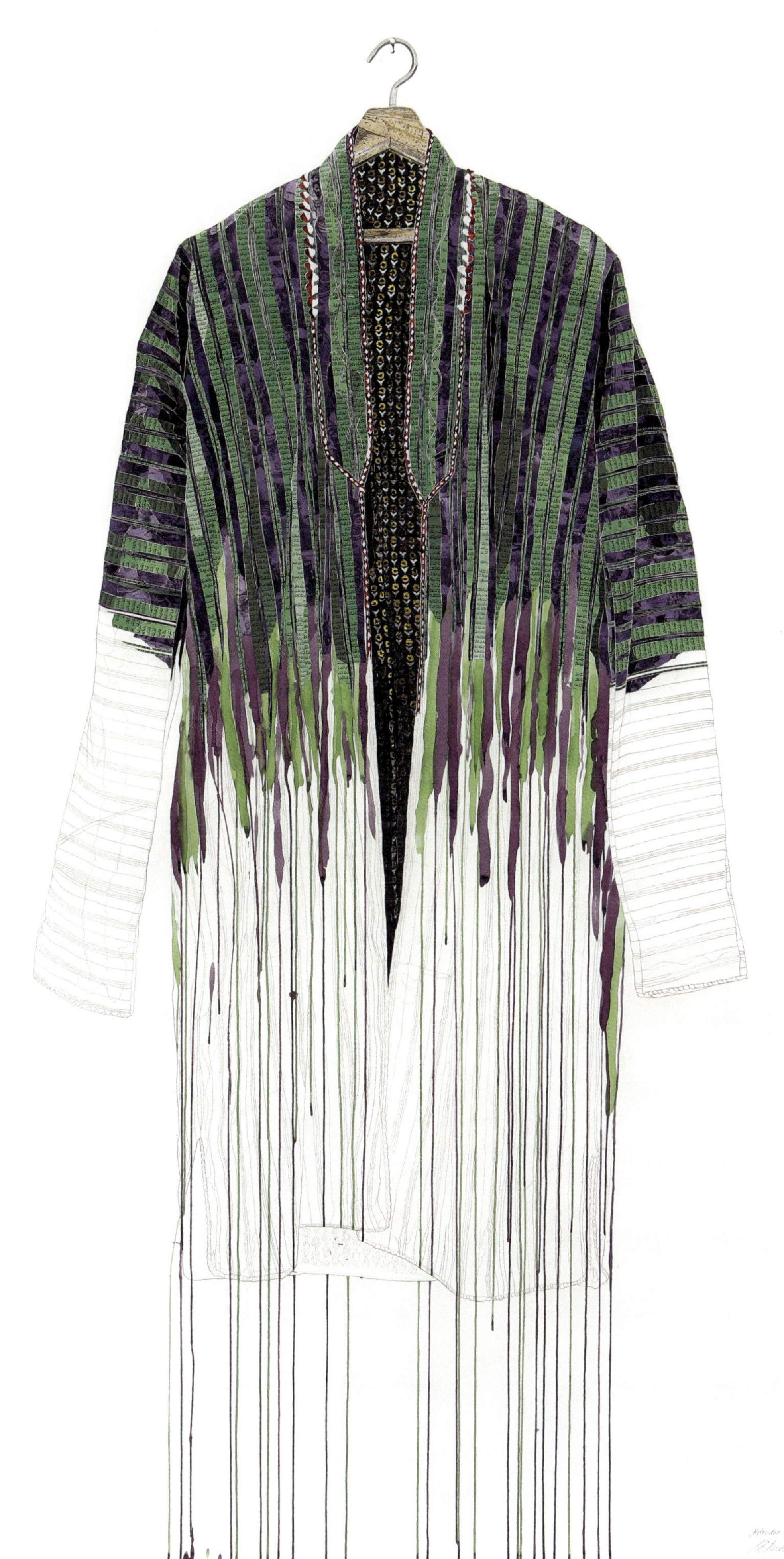

44 *Schweinfurter Grün*, 2015
Schweinfurt Green
Collage, Fotokopien, Bleistift und Tinte auf Papier / Collage, photocopies, pencil, and ink on paper, 226 × 150 cm

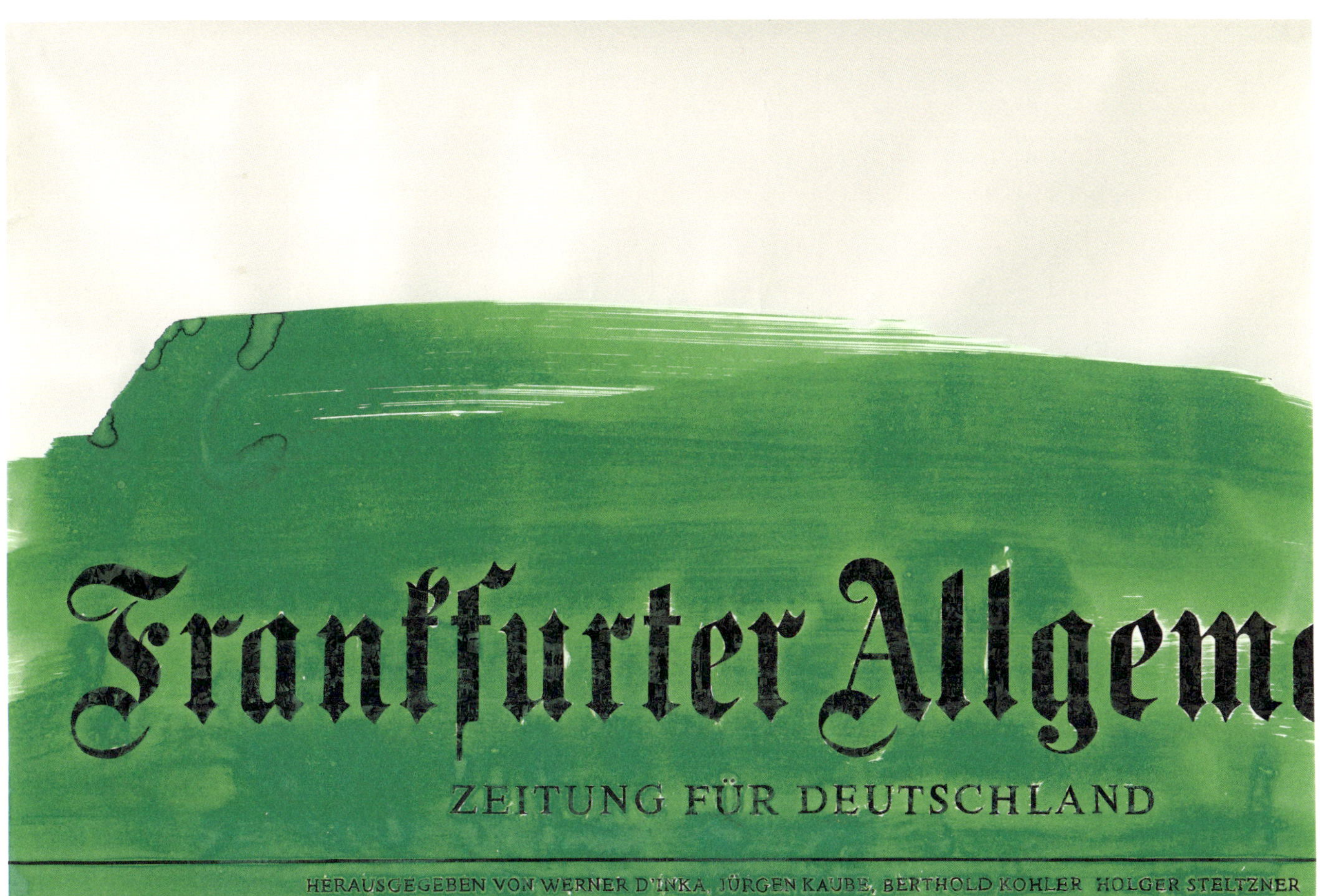
Frankfurter Allgeme
ZEITUNG FÜR DEUTSCHLAND
HERAUSGEGEBEN VON WERNER D'INKA, JÜRGEN KAUBE, BERTHOLD KOHLER HOLGER STELTZNER

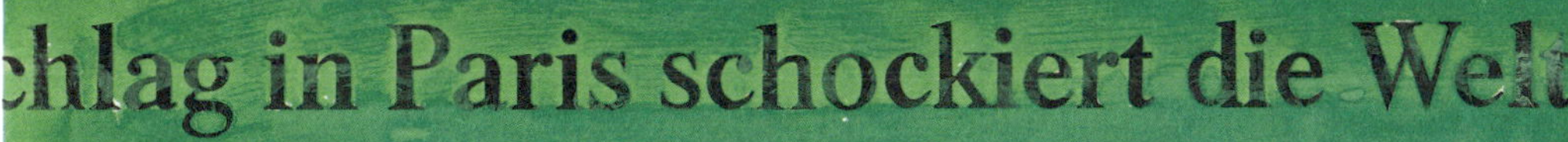
chlag in Paris schockiert die Welt
bei Angriff auf Satirezeitschrift / Hollande: Außergewöhnliche Barbarei

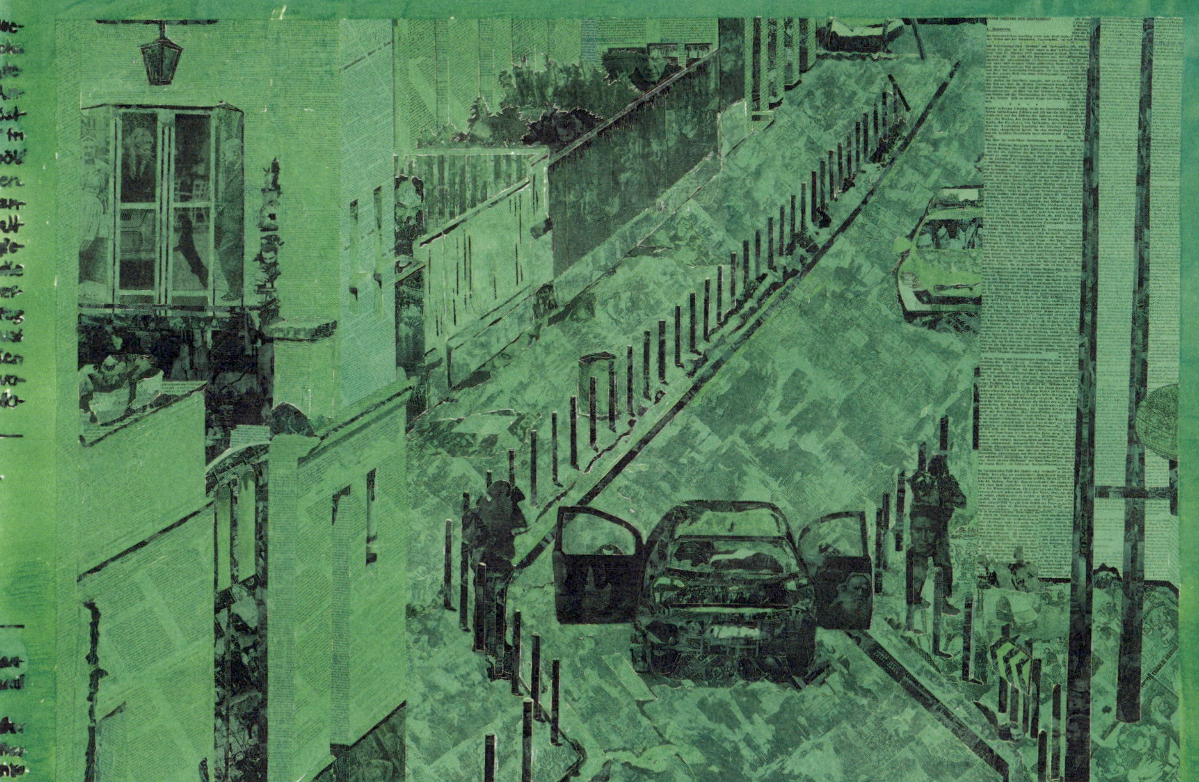

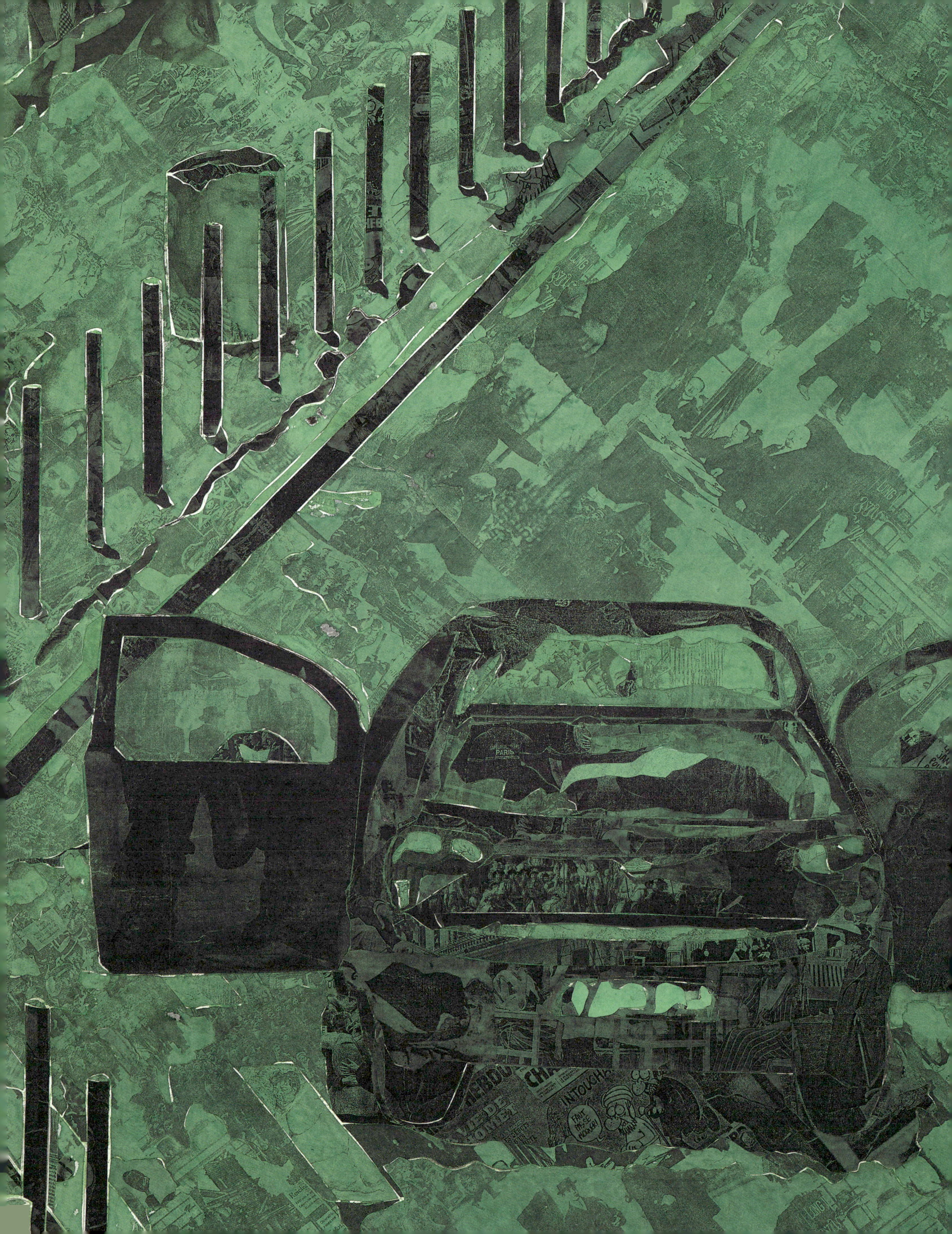

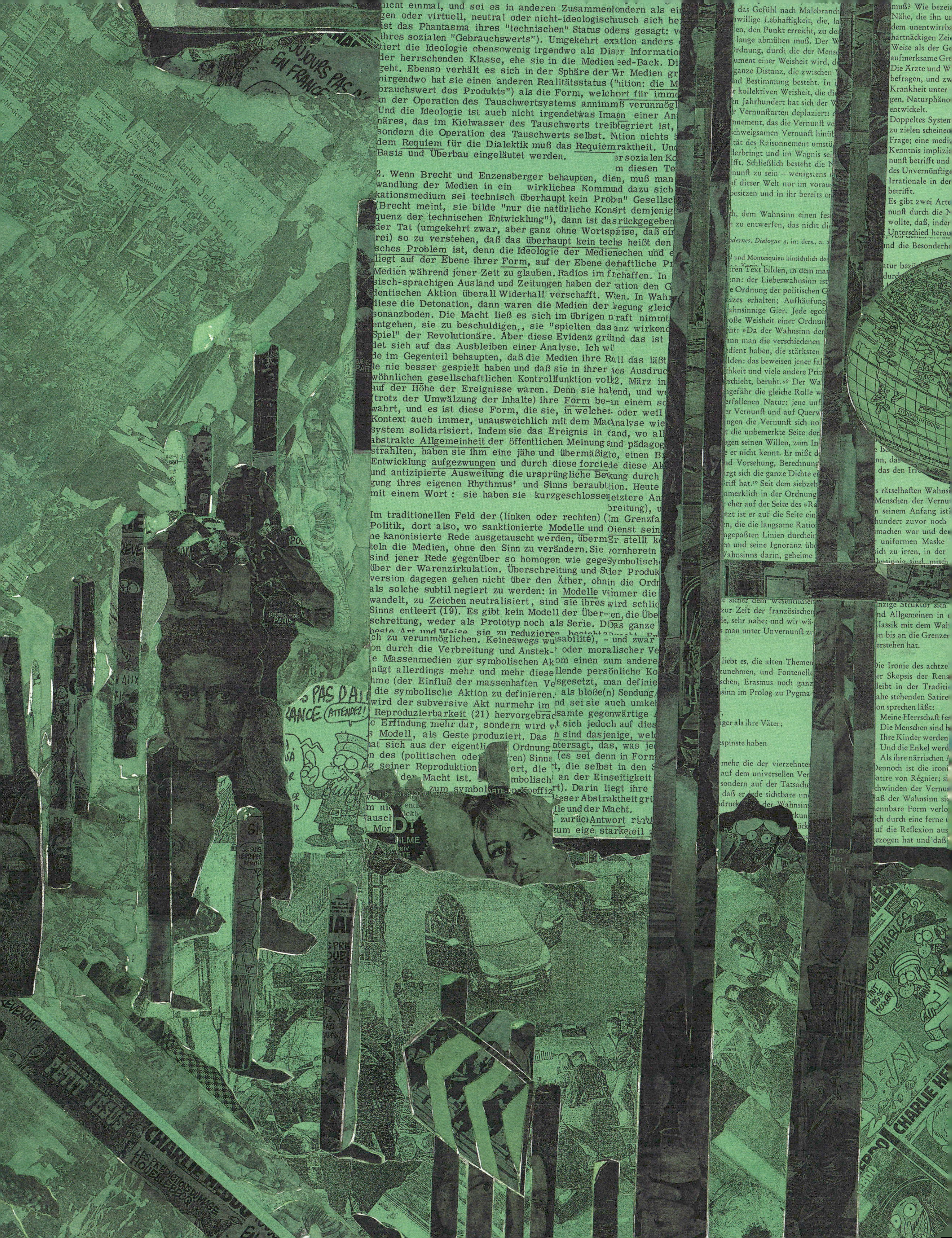

TOUJOURS PAS DANS EN FRANCE
CHARLIE HEBDO
PETIT JESUS

40 *Er wollte nur zur Arbeit gehen,* 2008
He just wanted to go to work
Collage, Fotokopie, Aquarell und Bleistift auf Papier / Collage, photocopy, watercolor, and pencil on paper, 4-teilig, je / 4 parts, each 36 × 46 cm

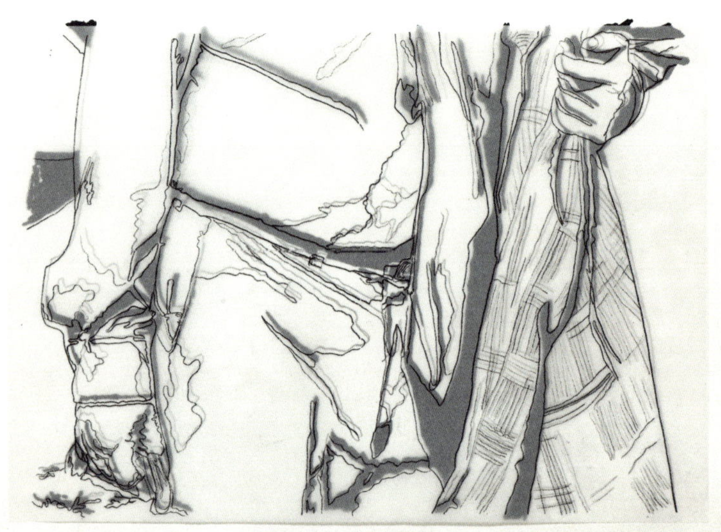

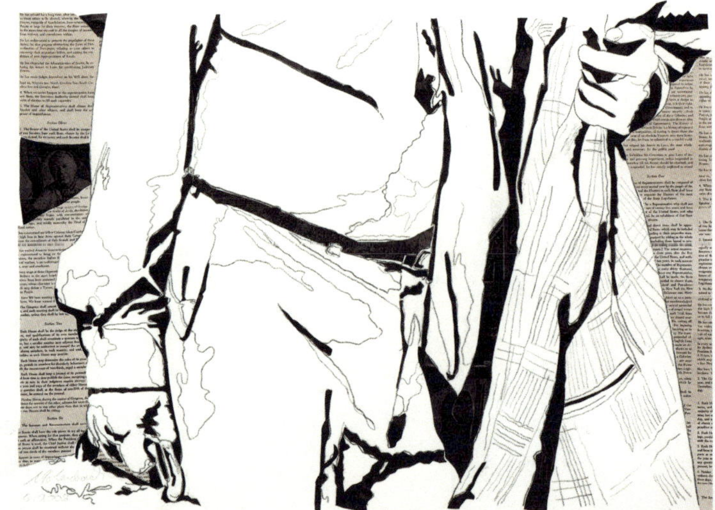

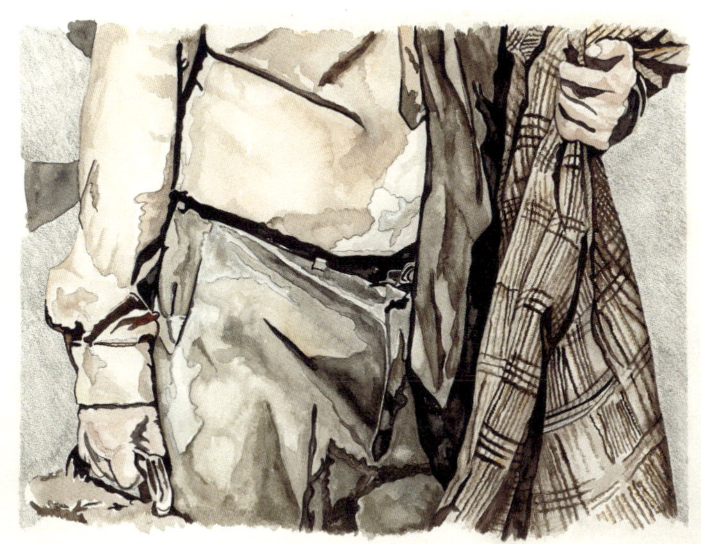

nicht anders zugetragen habe, samt den Bildern, mit deren Hilfe die Ge-

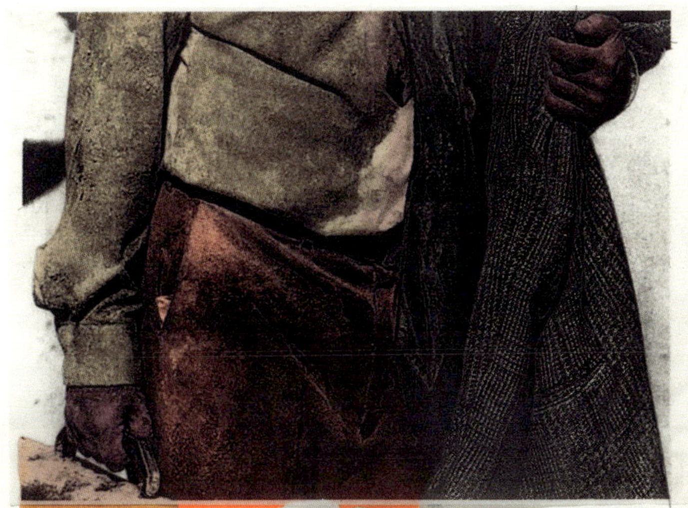

schichte in unseren Köpfen befestigt wird."

35 *Es war an einem Donnerstag*, 2002
It was on a Thursday
Einkanalvideo, Farbe, Ton / Single-channel
video, color, sound, 10' 00"

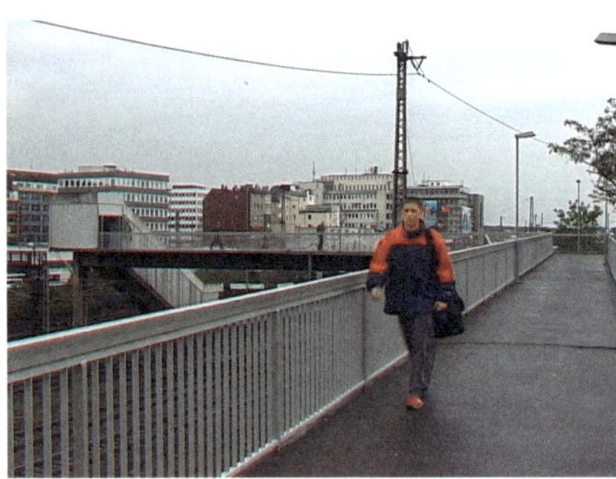

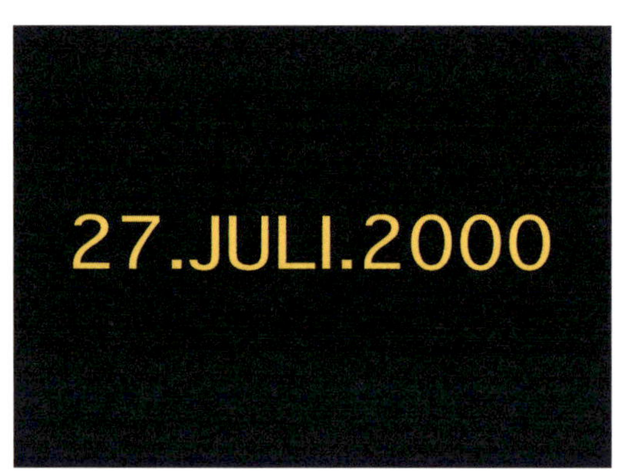

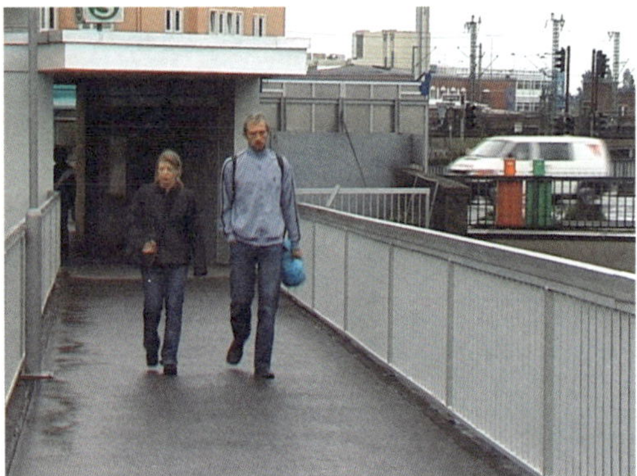

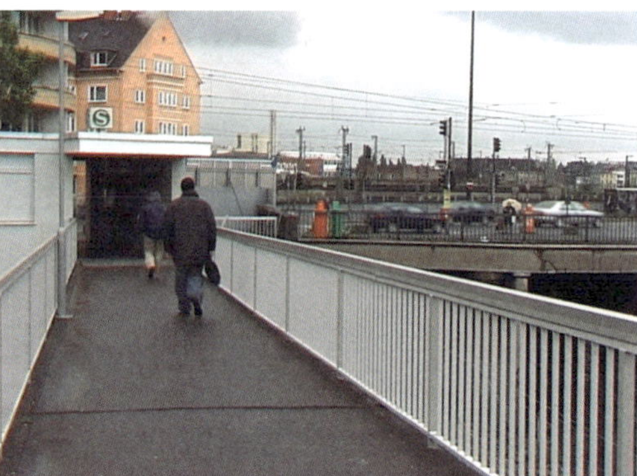

34 *Düsseldorf 27. Juni 2000*, 2001
Düsseldorf, June 27, 2000
2 Collagen, Fotokopien, Bleistift und Tinte auf Papier / 2 collages, photocopies, pencil, and ink on paper, 50,2 × 60,2 cm und / and 60,2 × 50,2 cm

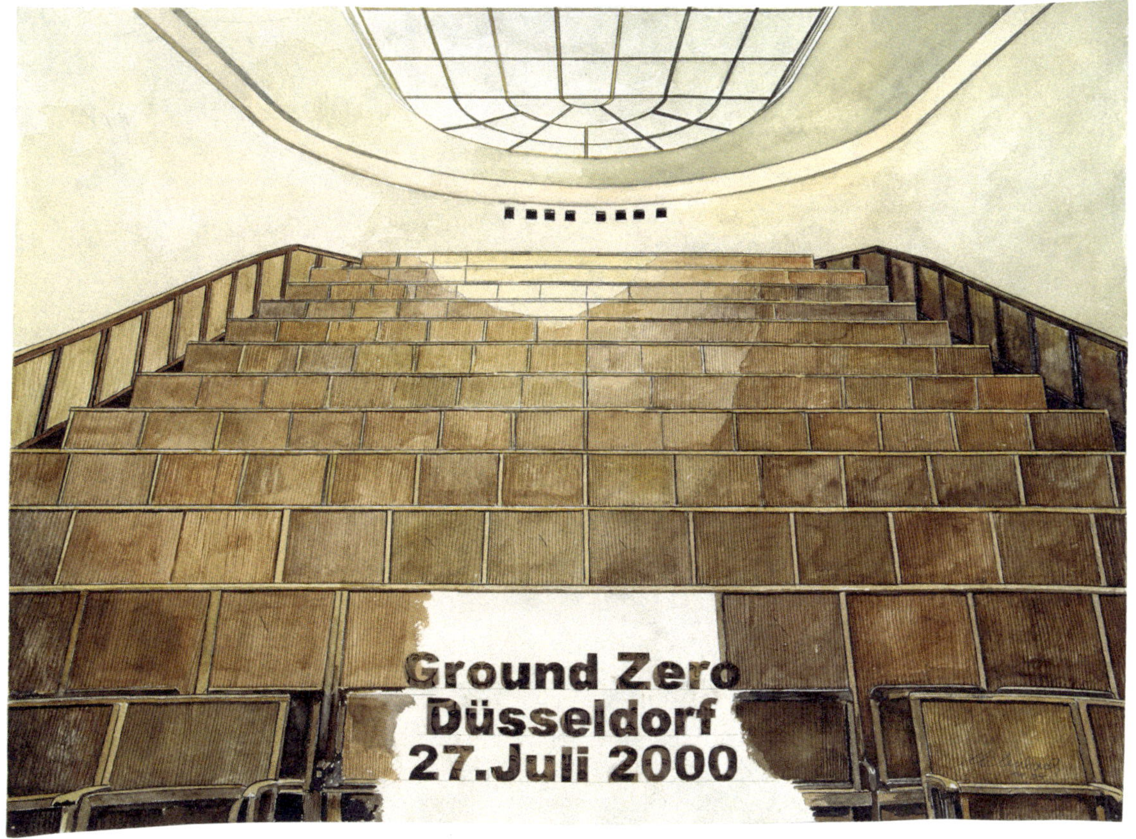

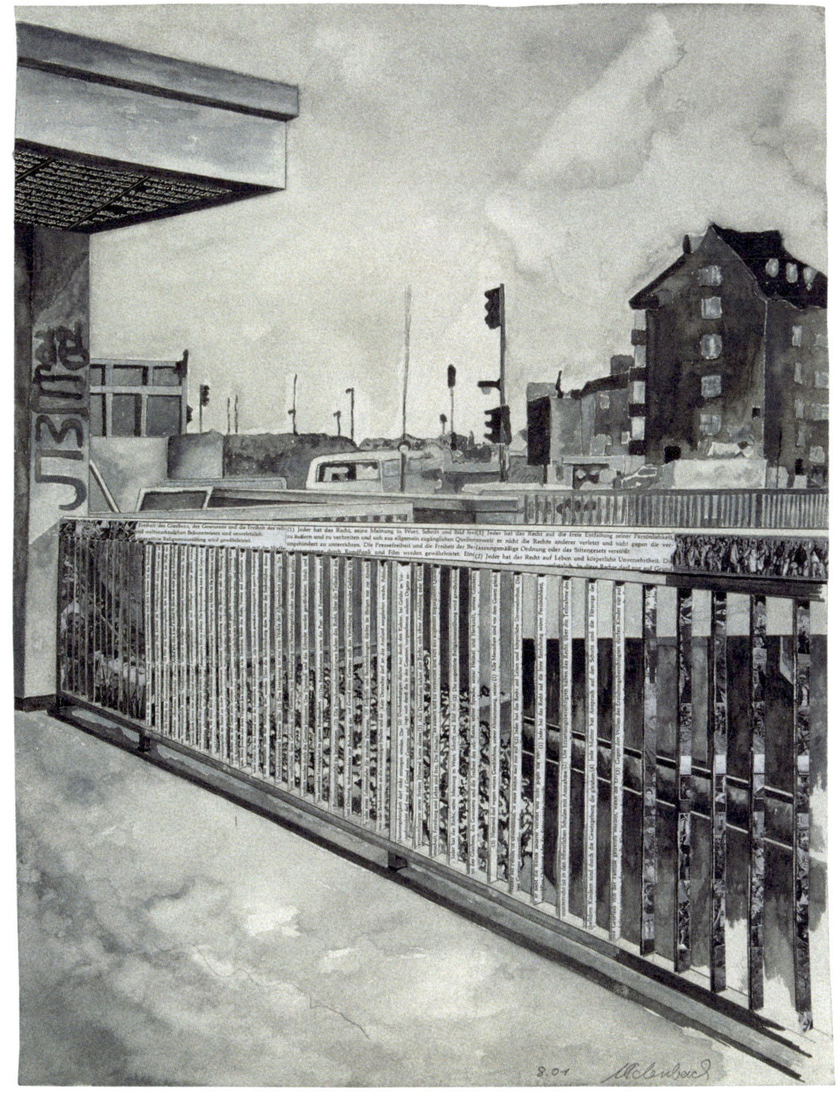

DER SOUNDSTROM IM KLANGRAUM. ÜBER DIE MUSIK IN MARCEL ODENBACHS FILMEN

Hans Nieswandt

Gleich flüssigem Blei morpht, schiebt und wälzt sich der Soundstrom der Tonspur entlang der ihrerseits bleischweren Bilder, Zeichen und Themen in Marcel Odenbachs Filmen. Analog zu den historischen, hauntologischen Echos düsterer, deutscher Erinnerungen, die durch seine Filme hallen, bewegen sich die Dub Echos der Filmmusik durch den Klangraum, sie fluten ihn regelrecht. Die Bewegung des Soundstroms mag zeitlupenhaft sein, ja sogar spiralförmig; und doch ist sie stoisch und stets auch zielgerichtet. Die Bewegung geht bergauf, sie schwillt an, bis sie schließlich jäh eine Klippe erreicht und von dort in Kaskaden hinabstürzt. Dann wechselt der Soundstrom die Richtung, doch er bewegt sich weiter, so unaufhaltsam wie unvermeidlich. Doch was hat er für eine Beschaffenheit? Was macht ihn aus? Woraus besteht er? Mit anderen Worten: Was ist das für eine Musik in Marcel Odenbachs Filmen?

Verschiedene Genres und Subgenres könnten zu ihrer Beschreibung bemüht werden: Ambient, Drone, Dub, Soundscape, Electronic Listening Music, späte Musique concrète usw. Keines davon trifft es wirklich, keines erklärt sie ausschließlich, sie ist aus vielen Aspekten dieser und anderer Elemente zusammengesetzt, mal als Spur, mal als Plethora, aber was all diese Klassifizierungen verbindet und was im Kontext mit Odenbachs Filmen und Themen vielleicht zunächst befremdlich anmuten mag, ist der Umstand, dass sie alle letztlich dem weiten Feld der Popmusik zuzurechnen sind, auch wenn man das manchmal kaum glauben möchte. So weit wirkt ihre Ästhetik entfernt von dem, was sich der kleine Moritz gemeinhin unter Popmusik vorstellt. Das ändert aber nichts an der Tatsache, dass sie essenziell von Pop und nur von Pop hergeleitet werden kann, zum Beispiel von Techno ohne Beat oder von Drone ohne Gitarren, von Ambient ohne Wellness, von Dub ohne Reggae, letztlich sogar von Blues ohne Schema. Aber sie kann auch aus der Geschichte von Richard Ojijo hergeleitet werden, jenem Menschen und legendären Charakter, der in den letzten zwanzig Jahren für die Musik in Odenbachs Filmen verantwortlich zeichnet. Sozialisiert und inspiriert in und von der Kölner Clubkultur der zweiten Hälfte der 1990er-Jahre, arbeitet Ojijo als Toningenieur für eine Vielzahl bedeutender Künstler zwischen Hip-Hop, Techno, Pop und Reggae. Seine Tools und Techniken, mit denen er Odenbachs Filme orchestriert, stammen also aus demselben Werkzeugkasten, den er auch für weit unmittelbarer als Pop erkennbare Musik benutzt. Für Odenbach setzt er seine digitalen Feilen, Hobel und Meißel nur anders an, bewegt er sich in einem freieren, unkonventionelleren Feld der Gestaltung von Klang, entlang der ihm vorliegenden Bilder.

Eine wichtige Basis dafür, dass diese Zusammenarbeit und die Kommunikation darüber funktioniert, ist aber auch der Umstand, dass auch Odenbach die Möglichkeiten und die Ausmaße von Pop bis in seine entlegensten Randgebiete kennt und dazu in hohem Maße affin ist. Und zwar schon lange. Marcel Odenbach wurde ungefähr in dem Moment geboren, als die Popkultur, wie wir sie kennen, gerade so richtig begann: 1953. Frühere Jahrgänge können sich noch an eine Zeit vor Pop erinnern, Odenbachs Biografie aber wurde schon von Anfang an von Pop begleitet. Und Pop ist ja, wie wir spätestens seit Diedrich Diederichsens Buch *Über Pop-Musik* wissen, weitaus mehr als eine Form von Musik, ja man kann ihm folgend sogar sagen, dass Musik nur ein Aspekt von Pop ist, wenn auch ein ziemlich wichtiger. Pop ist, darin dem Medium Film verwandt, vor allem eine zusammengesetzte Sache.

Als Marcel Odenbach Teenager wurde, also in den späten 1960er-Jahren, stand die sogenannte heroische Phase von Pop in ihrer besten Blüte und begleitete die Entwicklung neuer Gesellschaftsentwürfe, neuer Moden, neuer Geschlechterverhältnisse, neuer und älterer Befreiungsbewegungen aufs Engste, trieb sie mit voran. Das Ganze analog zu den technologischen Entwicklungen, die ihrerseits die Entwicklung von Pop mit hoher Dynamik beförderten, etwa von der bis Mitte der 1960er-Jahre verbreiteten 7-Zoll-Single als vorherrschendem Popmedium hin zu den großen, teils progressiven, bedeutungsschweren Alben. Von Mono zu Stereo, von Zweispur zu Mehrspur, von gekachelten Hallräumen zu digitalen Effekten, von der Echtzeit-Performance zur kontrollierten Klangsynthese. Odenbach war stets ein aufmerksamer und enthusiastischer Begleiter all dieser Entwicklungen, vor allem auch ihrer immer neuen, experimentellen Möglichkeiten diesseits und jenseits ihrer Massenkompatibilität.

Nur folgerichtig, dass sich Marcel Odenbach auch als der Künstler, als der er Mitte der 1970er-Jahre zu arbeiten begann, einer neuen Technologie, einem neuen Medium zuwandte, für die Vokabular und Ästhetik noch nicht in Konventionen festgeschrieben oder gar erstarrt waren, sondern in einer parallelen Bewegung zur technischen Entwicklung ausprobiert und erfunden wurden: das Medium Video. Noch bevor sich dieses Medium in Form von Musikvideos im Fernsehen durchsetzte, hatte es schon als vergleichsweise niedrigschwellige Technik Anwendung im Kunstkontext gefunden und dort auch umgehend die Kopplung mit Musik etabliert. Der starke DIY-Charakter korrespondierte mit dem entsprechenden (Punk-)Ethos der späten 1970er-Jahre, die Körnung der Bilder transportierte die technische Modernität einer Ära, in der die Zukunft ihre optimistischen Versprechen zunehmend verlor und die jüngere deutsche Vergangenheit sich in geisterhafter Gestalt mit Macht und insistierend ins Bewusstsein schob – individuell im Fall Odenbachs, kollektiv durch sein künstlerisches Werk.

Vor zwanzig Jahren, als Richard Ojijo und Marcel Odenbach begannen, zusammenzuarbeiten, konnte niemand ahnen, was für eine langlebige und enge Verbindung daraus entstehen würde. Insbesondere Ojijo stand zu diesem Zeitpunkt ganz am Anfang seiner Laufbahn als Toningenieur und Produzent und hatte sich als solcher nicht notwendigerweise auf Soundtracks für Kunstvideos spezialisiert. Odenbach wiederum, damals schon ein arrivierter Pionier deutscher Videokunst, war dem jungen Talent zunächst in ganz anderen Kontexten begegnet und lernte ihn zunächst als Mensch, dann als Assistenten und schließlich als Musiker kennen. Aus dieser Situation heraus lud er ihn ein, für die Arbeit *Innere Sicherheit* (2002) einen ersten Soundtrack anzufertigen. Aus einer persönlichen Bekanntschaft wuchs so eine künstlerische Zusammenarbeit, die sich ab sofort von Projekt zu Projekt weiterentwickelte und verfestigte, manchmal mit Jahren Abstand dazwischen. In der Ausstellung sind *In stillen Teichen lauern Krokodile* (2002/2004), *Beweis zu nichts* (2016), *Tropenkoller* (2017), *3 Legged Race* (2018) und *Wer Leidet der Schneidet* (2019) von Ojijo „vertont“ worden.

Von Anfang an gab Odenbach Ojijo einen immensen Ermessens- und Gestaltungsspielraum, sodass man eigentlich nicht wirklich von Auftragsarbeiten sprechen kann, von Funktionsmusik; sondern doch wohl eher von Einladungen zur Interpretation, von einer Übersetzung der Odenbach-Bilder in Ojijo-Töne. Die Vorgehensweise besteht dabei in einer Art Anfütterung von Richard Ojijo mit Bild- und Ton-Material, das Odenbach ihm zur Verfügung stellt; Rohstoffe quasi, zum Teil direkt aus dem Originalton des Videos, zum Teil aus vorgefundenem Material, *Eislermaterial* zum Beispiel in *Beweis zu nichts*, das Ojijo dann in einem aufwendigen Prozess weiterverarbeitet – einschmilzt, amalgamiert, flüssig macht und schließlich – fast könnte man von Skulpturalität sprechen – in eine Form gießt, die aber liquide bleibt. Der Schrecken und die Schwere, die die Bilder in sich tragen, überträgt sich in diesem Prozess auf diese zusammengesetzte Sache, diese – im Wortsinne – Kompositionen. Denn das sind diese Soundströme am Ende dann doch, nicht nur bloße Soundschleifen oder stehende Flächen, eben kein Ambient, Drone oder Dub, sondern eine Multilegierung dieser und vieler anderer Elemente, massiv und doch biegsam, fließend und doch skulptural.

THE SOUND STREAM IN THE ACOUSTIC SPACE: ON THE MUSIC IN THE FILMS OF MARCEL ODENBACH

Hans Nieswandt

Like liquid lead, the sound stream of the soundtrack morphs, shifts, and rolls along the images, signs, and themes in Marcel Odenbach's films, themselves heavy with lead. Analogous to the historical, hauntological echoes of grim, German memories that resound through his films, the dub echoes of the film music move through the acoustic space, literally flooding it. The movement of the sound stream may be slow-motion, even spiraling; and yet it is stoic and always purposeful as well. The movement goes uphill; it swells until it abruptly reaches a cliff, and from there it crashes down in cascades. Then the sound stream changes direction, but it continues to move, as unstoppable as it is inevitable. But what is its nature? What is special about it? What is it made of? In other words: What *is* this music in Marcel Odenbach's films?

Various genres and subgenres could be invoked to describe it: ambient, drone, dub, soundscape, electronic listening music, late musique concrète, etc. None of these really hits the mark, none explains it exclusively. It is composed of many aspects of these and other elements, sometimes as a trace, sometimes as plethora—but what connects all these classifications, and what may at first seem strange in the context of Odenbach's films and themes, is the fact that they all ultimately belong to the broad field of pop music, even if one sometimes hardly wants to believe it. Their aesthetics seem so far removed from what some simple soul generally imagines pop music to be. But that does not change the fact that it can be essentially derived from pop and only from pop, such as from techno without a beat or from drone without guitars, from ambient without wellness, from dub without reggae, ultimately even from blues without schema. But it can also be derived from the story of Richard Ojijo, the man and legendary character responsible for the music in Odenbach's films over the last twenty years. Socialized and inspired in and by the Cologne club culture in the second half of the 1990s, Ojijo has worked as a sound engineer for a variety of important artists between hip-hop, techno, pop, and reggae. The tools and techniques he uses to orchestrate Odenbach's films thus come from the same toolbox he uses for music far more immediately recognizable as pop. For Odenbach's work he simply uses his digital files, planes, and chisels differently, moving into a freer, more unconventional field of shaping sound, along the images at hand.

An important basis for the functioning of this cooperation and the communication about it is, however, the fact that Odenbach also knows the possibilities and dimensions of pop right into its remotest peripheries and has a high affinity for it. And this for quite some time. Odenbach was born at about the moment when pop culture as we know it really began: in 1953. Earlier generations can still remember a time before pop, but Odenbach's biography was accompanied by pop from the very beginning. And pop, as we have known at least since Diedrich Diederichsen's 2014 book *Über Pop-Musik* (On pop music), is much more than a form of music; indeed, following Diederichsen, one can even say that music is only one aspect of pop, albeit a rather important one. Pop, related in this to the medium of film, is above all a composite thing.

When Marcel Odenbach became a teenager in the late 1960s, the so-called heroic phase of pop was at its best, closely accompanying and driving the development of new social concepts, new fashions, and new gender relations, as well as new and older liberation movements. The whole thing was analogous to the technological developments that in turn promoted the development of pop with strong dynamics, from the seven-inch single, for example, as the predominant pop medium until the mid 1960s to the large, partly progressive albums fraught with meaning. From mono to stereo, from two-track to multi-track, from tiled reverberation chambers to digital effects, from real-time performance to controlled sound synthesis. Odenbach has always been an attentive and enthusiastic companion of all these developments, especially of their ever-new experimental possibilities on this side of and beyond their mass compatibility.

It was only logical that Marcel Odenbach—also as he began working in his capacity as an artist in the mid 1970s—would turn to a new technology, a new medium, for which a vocabulary and an aesthetics were not yet formalized or even bogged down in conventions, but tried out and invented in a movement parallel to technical development: the medium of video. Even before this medium became established in the form of music videos on television, it had already found application in the context of art as a comparatively low-threshold technology, where it also immediately established a coupling with music. The strong DIY character corresponded with the corresponding (punk) ethos of the late 1970s; the graininess of the images transported the technical modernity of an era in which the future increasingly lost its optimistic promises and the recent German past pushed itself into consciousness in a ghostly form with power and insistence—individually in the case of Odenbach, collectively through his artistic work.

Twenty years ago, when Richard Ojijo and Marcel Odenbach began working together, no one could have guessed what a long-lasting and close relationship would develop out of the collaboration. Ojijo, in particular, was at that time at the very beginning of his career as a sound engineer and producer, and as such had not necessarily specialized in soundtracks for art videos. Odenbach, by contrast, then already an established pioneer of German video art, had initially encountered the young talent in completely different contexts and got to know him first as a person, then as an assistant, and finally as a musician. Out of this situation, Odenbach invited Ojijo to create a first soundtrack for the work *Innere Sicherheit* (*Internal Security*, 2002). A personal acquaintance thus grew into an artistic collaboration that from then on developed and solidified from project to project, occasionally with years in between. In the exhibition, *In stillen Teichen lauern Krokodile* (*In Still Ponds Crocodiles Lurk*, 2002–04), *Beweis zu nichts* (*Proof of Nothing*, 2016), *Tropenkoller* (*Tropical Frenzy*, 2017), *3 Legged Race* (2018), and *Wer Leidet der Schneidet* (*He Who Suffers, Cuts*, 2019) have been "set to music" by Ojijo.

From the beginning, Odenbach gave Ojijo immense discretionary scope and creative freedom, so that one cannot really speak of commissioned works, of functional music, but rather of invitations to interpretation, of a translation of the Odenbach images into Ojijo sounds. The procedure consists of a kind of feeding Richard Ojijo with image and sound material that Odenbach makes available to him; raw materials, so to speak, partly directly from the original sound of the video, partly from found material. *Eislermaterial*, for example, in *Beweis zu nichts*, underwent complex processing by Ojijo—melted down, amalgamated, liquified, and finally—one could almost speak of a sculptural state—poured into a form that, however, remains liquid. In this process, the inherent horror and heaviness of the images is transferred to this composite thing, these—in the literal sense—compositions. Because that is what these sound streams are in the end, not just mere sound loops or standing surfaces, no ambient, drone, or dub, but a multi-alloy of these and many other elements, massive and yet flexible, flowing and yet sculptural.

45 *Tupac*, 2015
Collage, Fotokopien, Bleistift und Tinte auf Papier / Collage, photocopies, pencil, and ink on paper, 250 × 150 cm

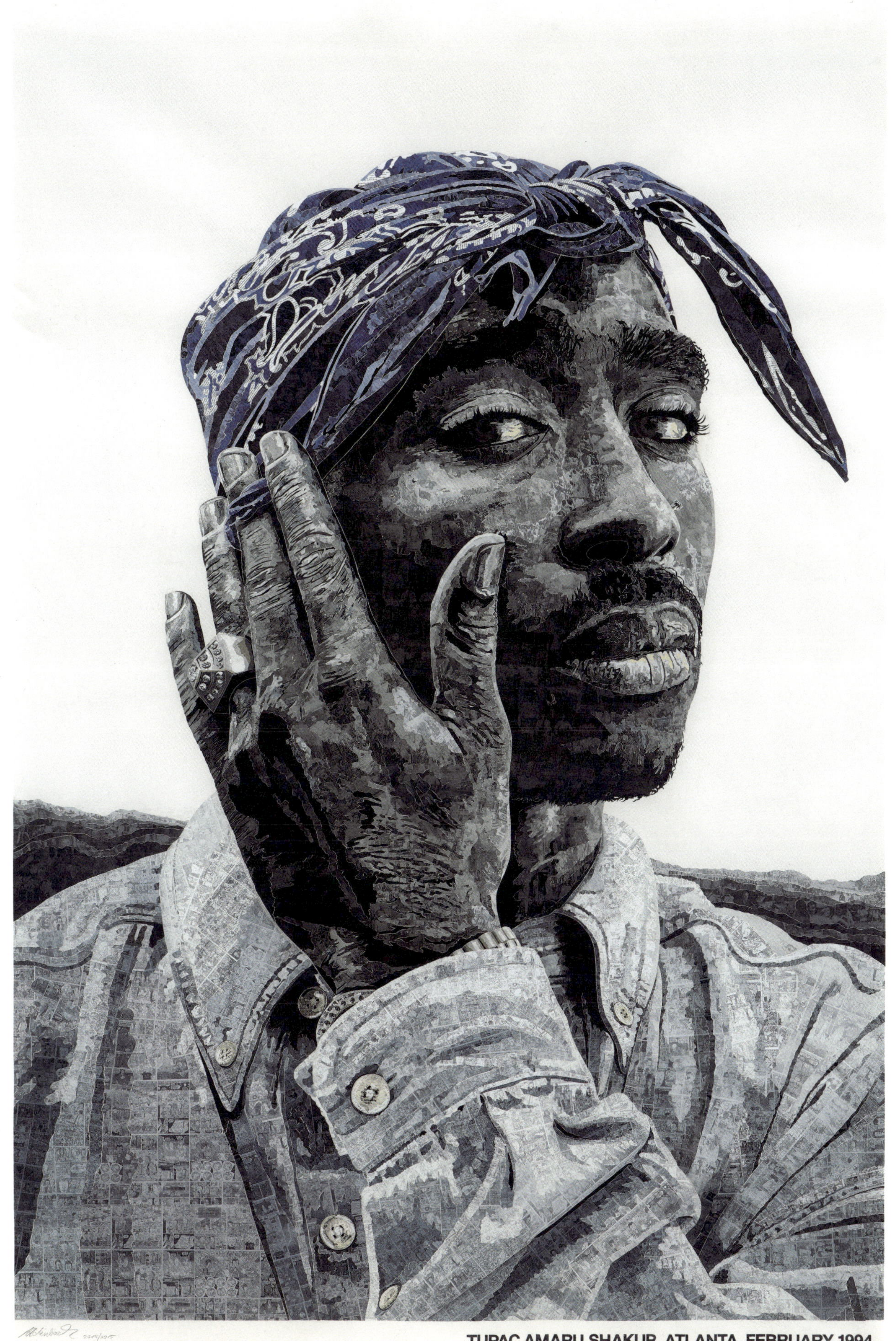

TUPAC AMARU SHAKUR, ATLANTA, FEBRUARY 1994
AFTER DANA LIXENBERG

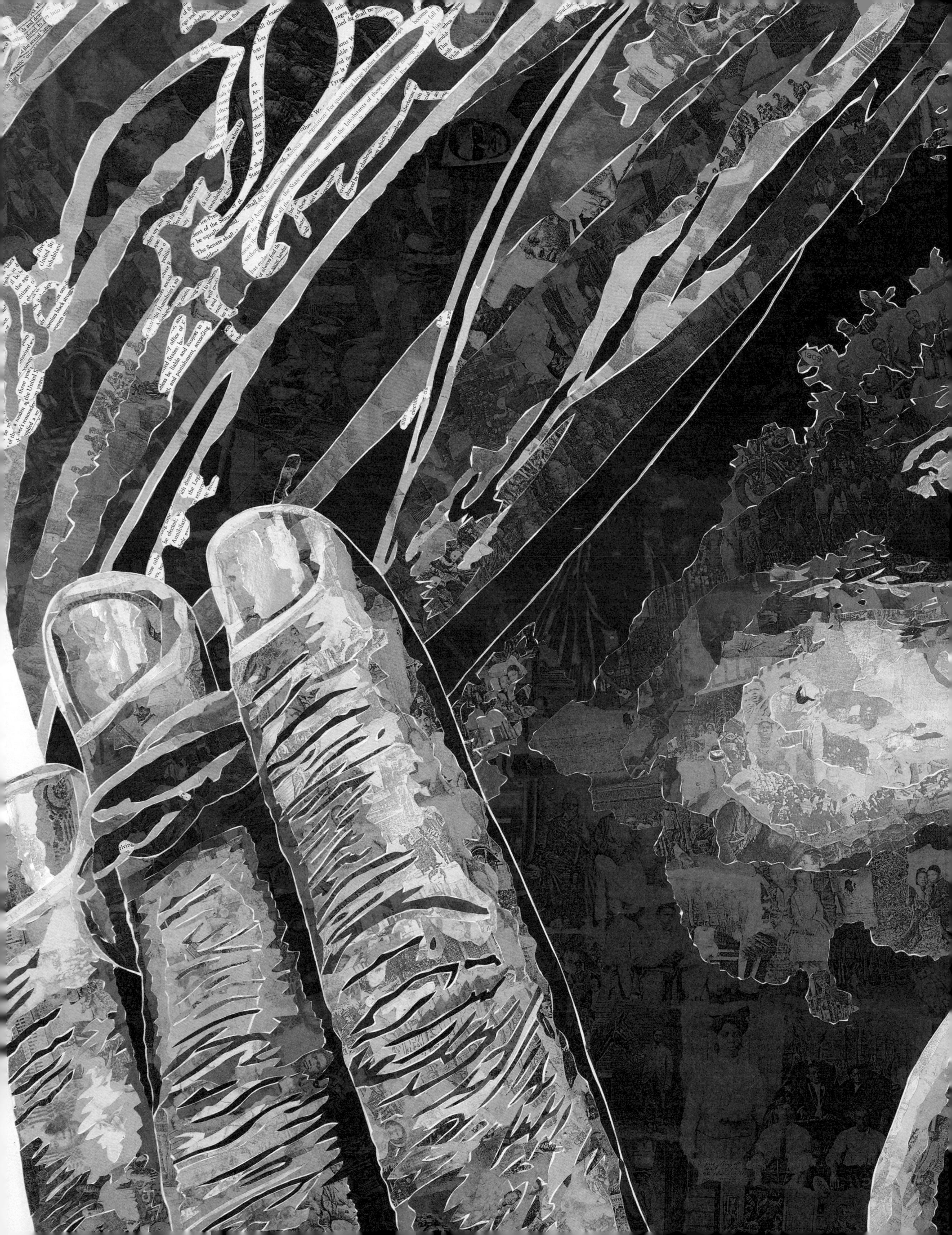

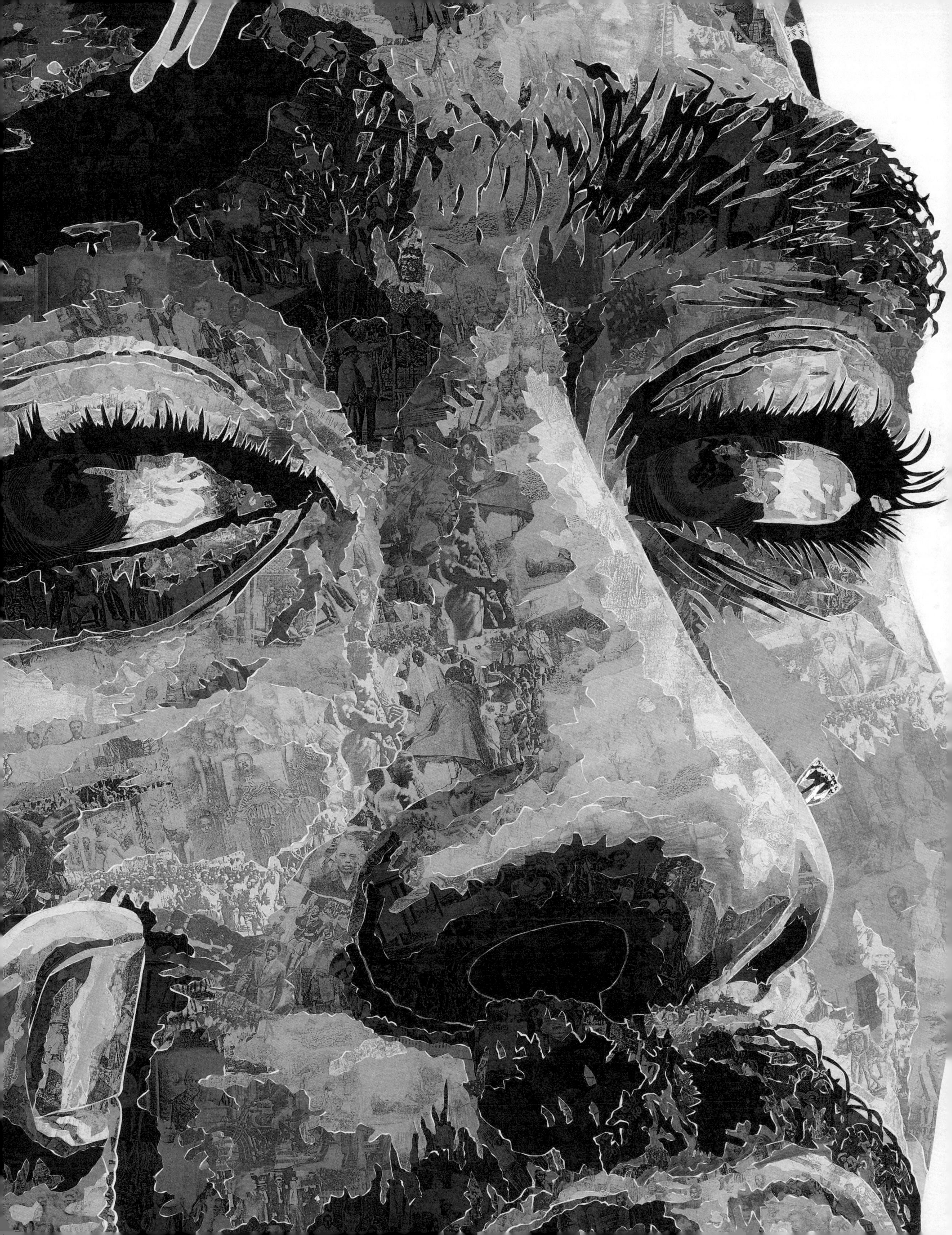

52 *3 Legged Race*, 2018
HD-Einkanalvideo, Farbe, Ton /
HD single-channel video, color,
sound, 24' 50"

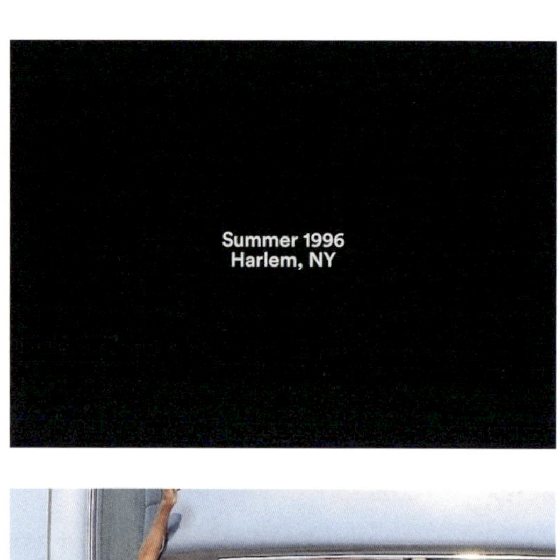

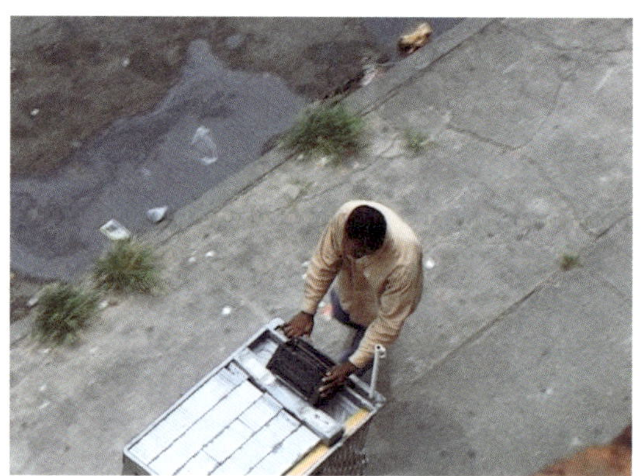

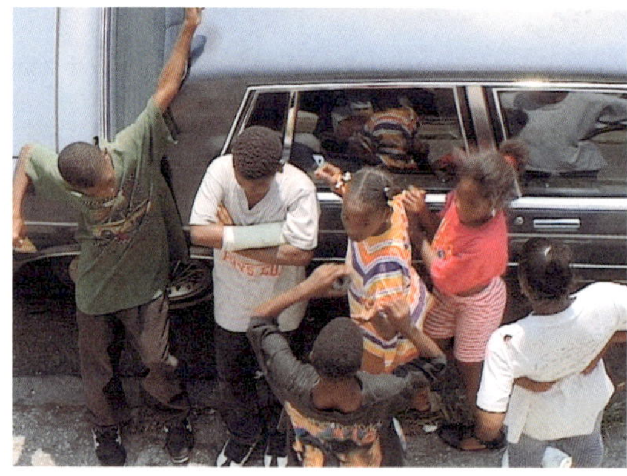

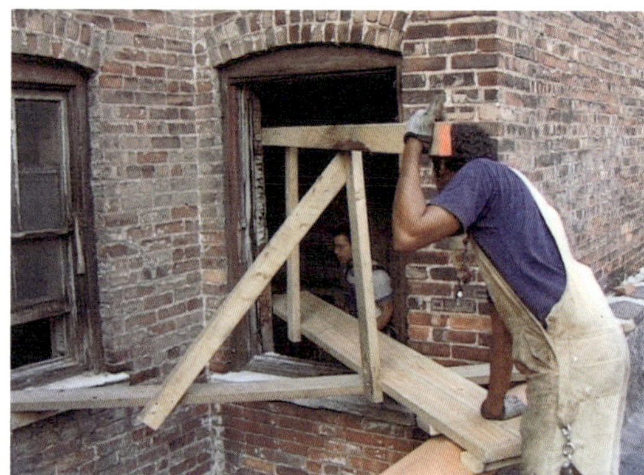

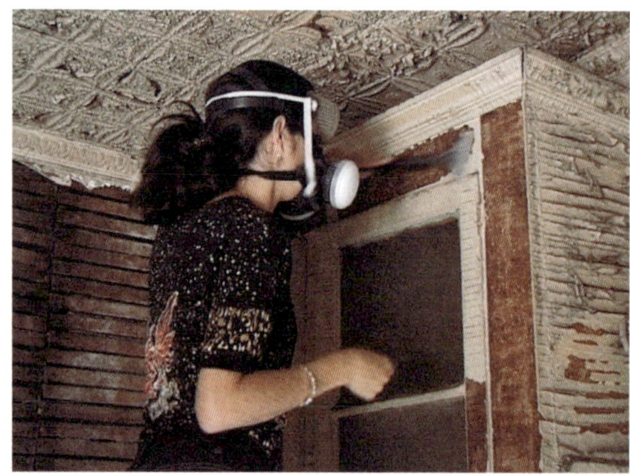

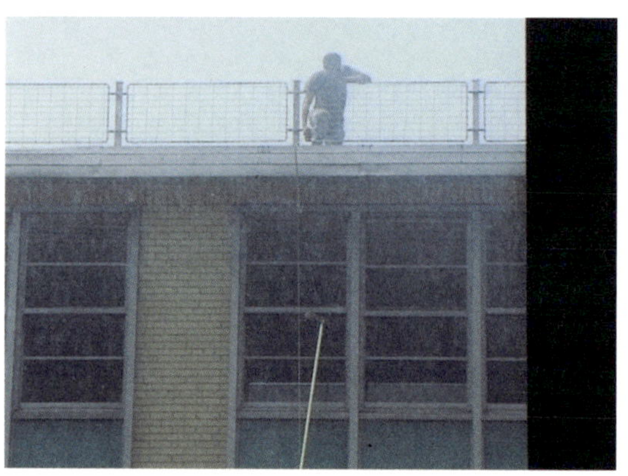

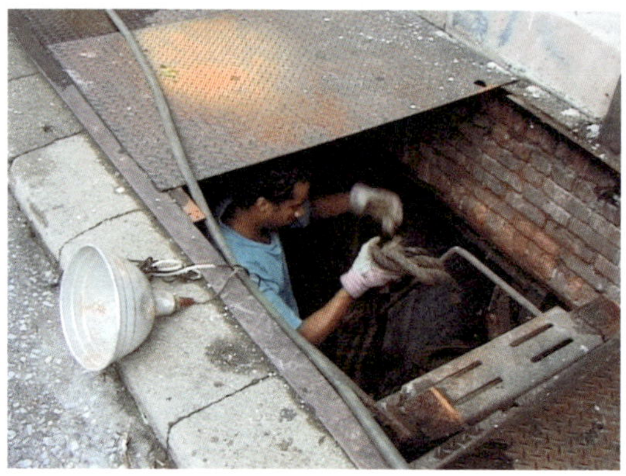

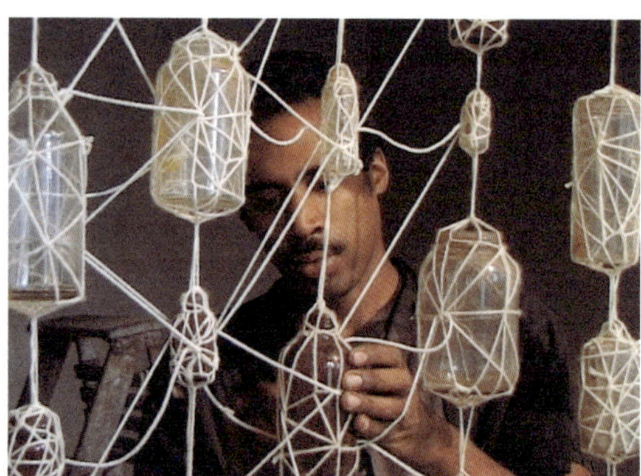

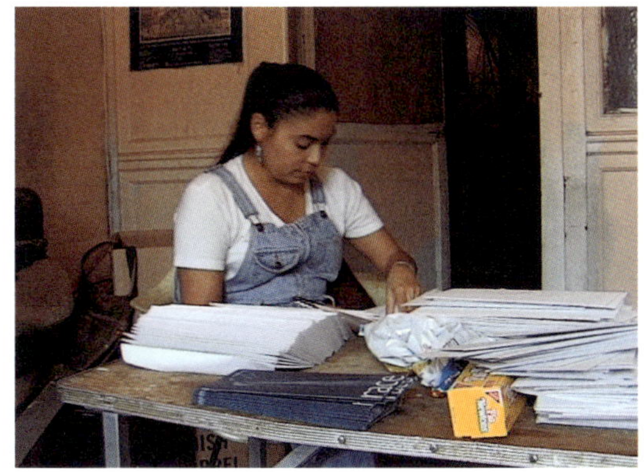
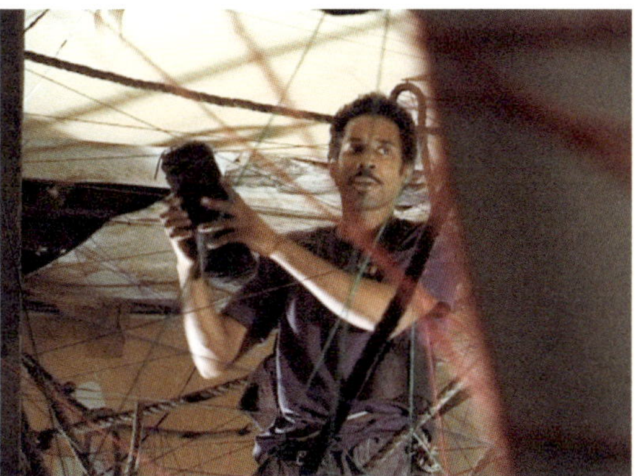
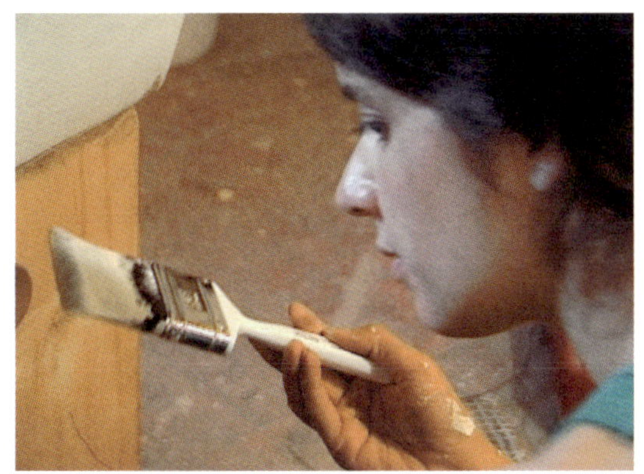
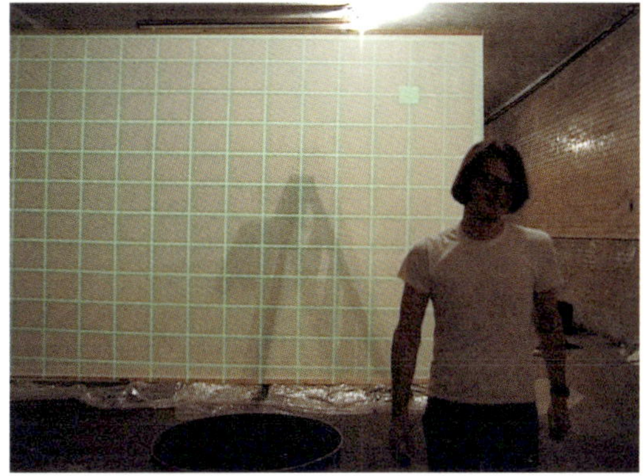
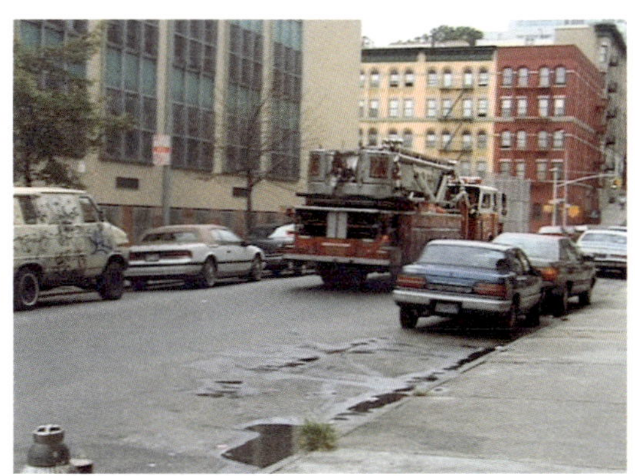
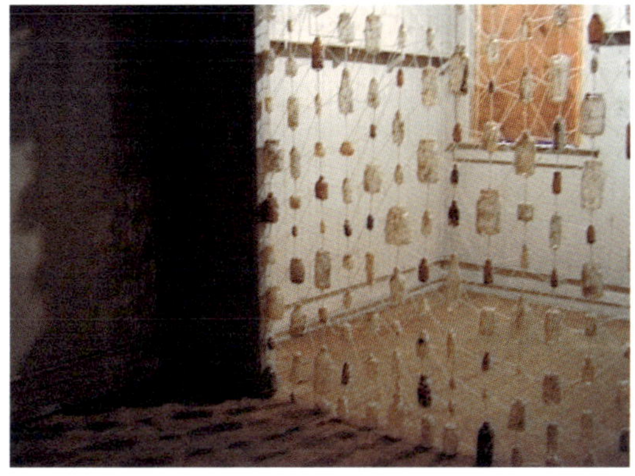
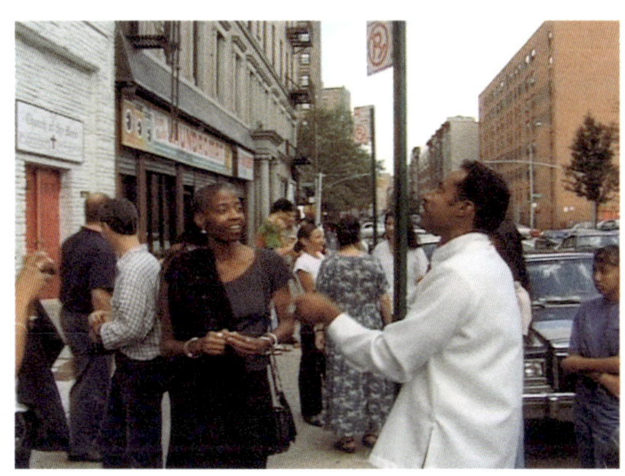
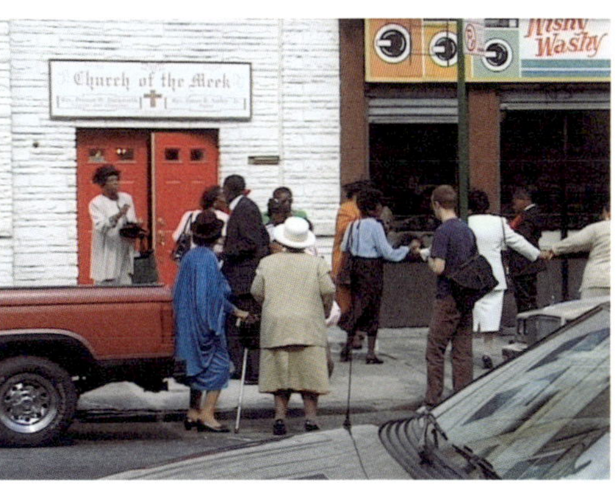
Church of the Meek
Washy

18 *Ablenkung mein Stichwort oder ein Zeitverlust im Denken,* 1981
Avocation is my catchword or a delay in thinking
(Konzeptzeichnung für eine Videoinstallation) /
(Concept drawing for a video installation),
Blatt 1 und 3 je / sheets 1 and 3 each: 25 × 62 cm,
Blatt 2 / sheet 2: 43,8 × 62 cm

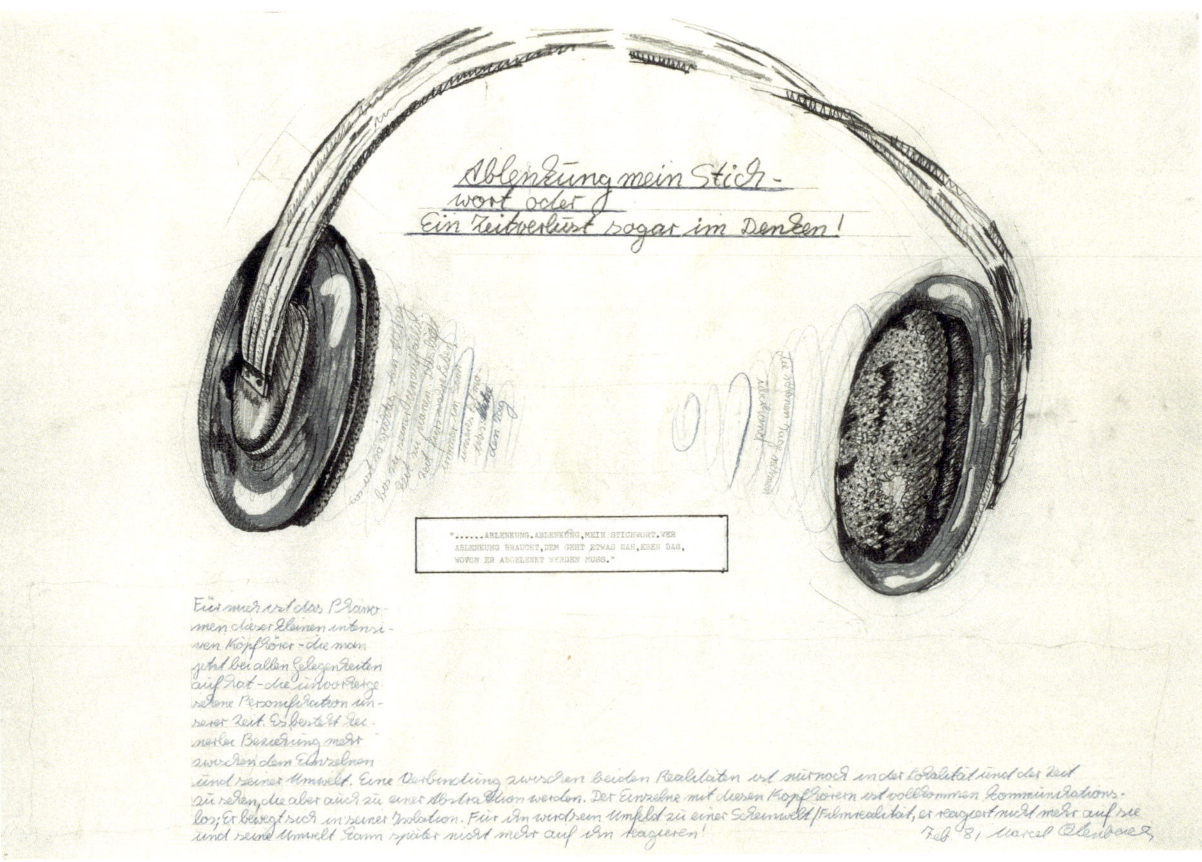

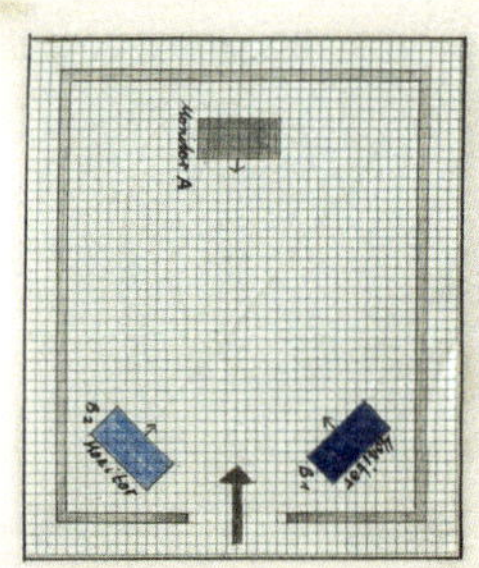

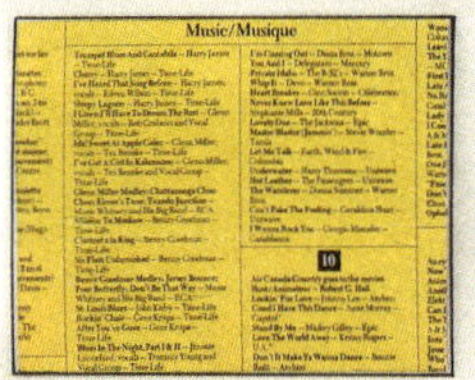

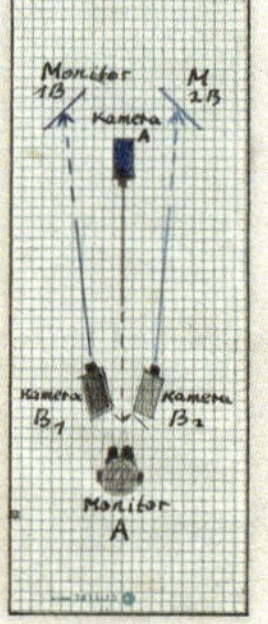

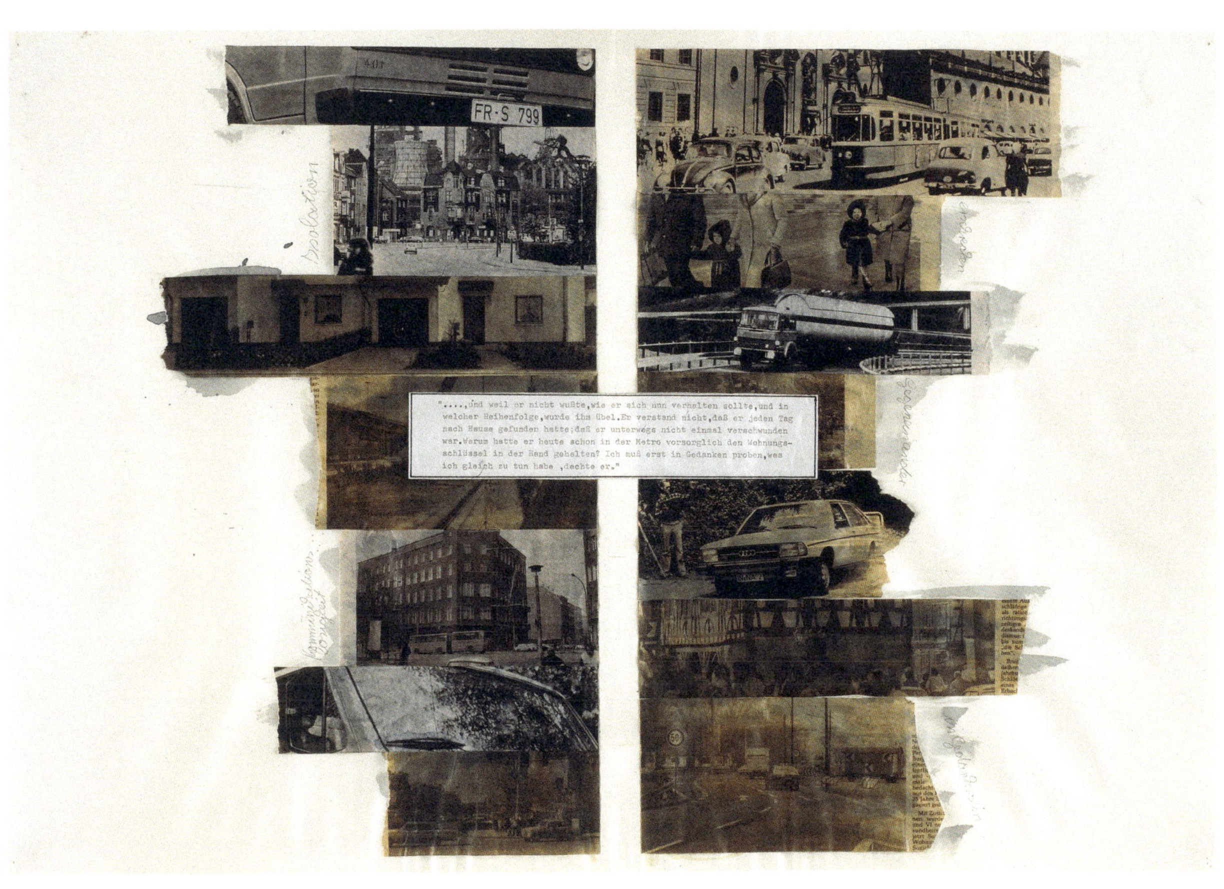
FR·S 799
"....,und weil er nicht wußte,wie er sich nun verhalten sollte,und in
welcher Reihenfolge,wurde ihm übel.Er verstand nicht,daß er jeden Tag
nach Hause gefunden hatte;daß er unterwegs nicht einmal verschwunden
war.Warum hatte er heute schon in der Metro vorsorglich den Wohnungs-
schlüssel in der Hand gehalten? Ich muß erst in Gedanken proben,was
ich gleich zu tun habe ,dachte er."

51 *Film ab,* 2018
The Film Is Rolling
Collage, Farbkopien, Bleistift und Tinte auf Papier / Collage, photocopies, pencil, and ink on paper, 2-teilig, je / 2 parts, each 262 × 88 cm

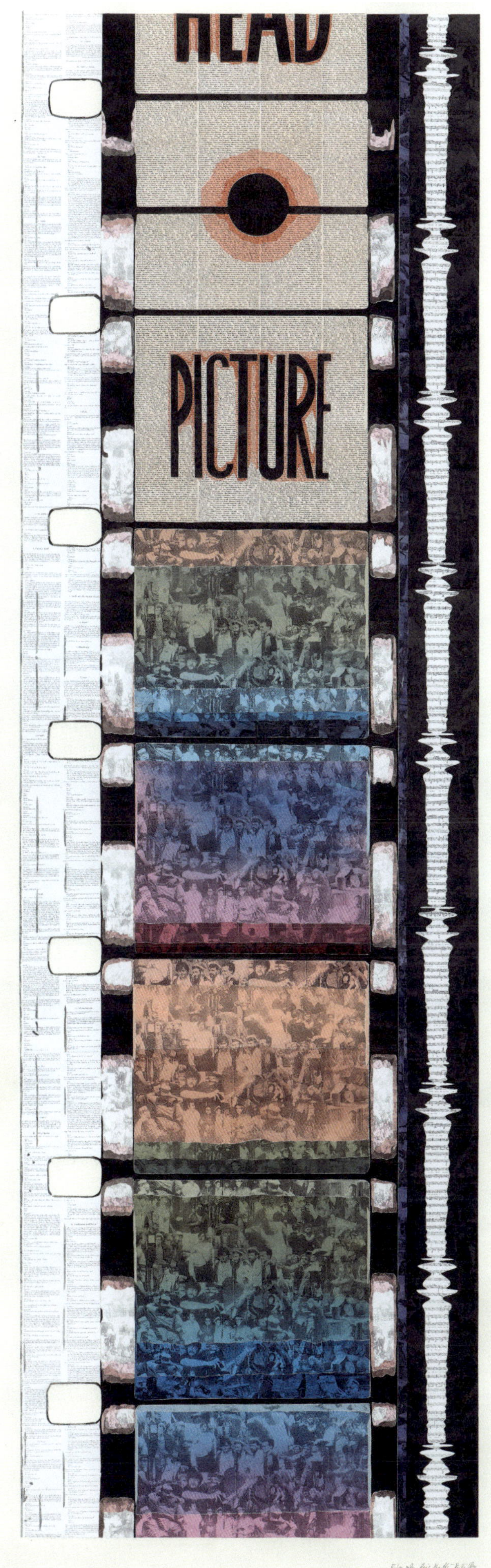
HEAD
PICTURE

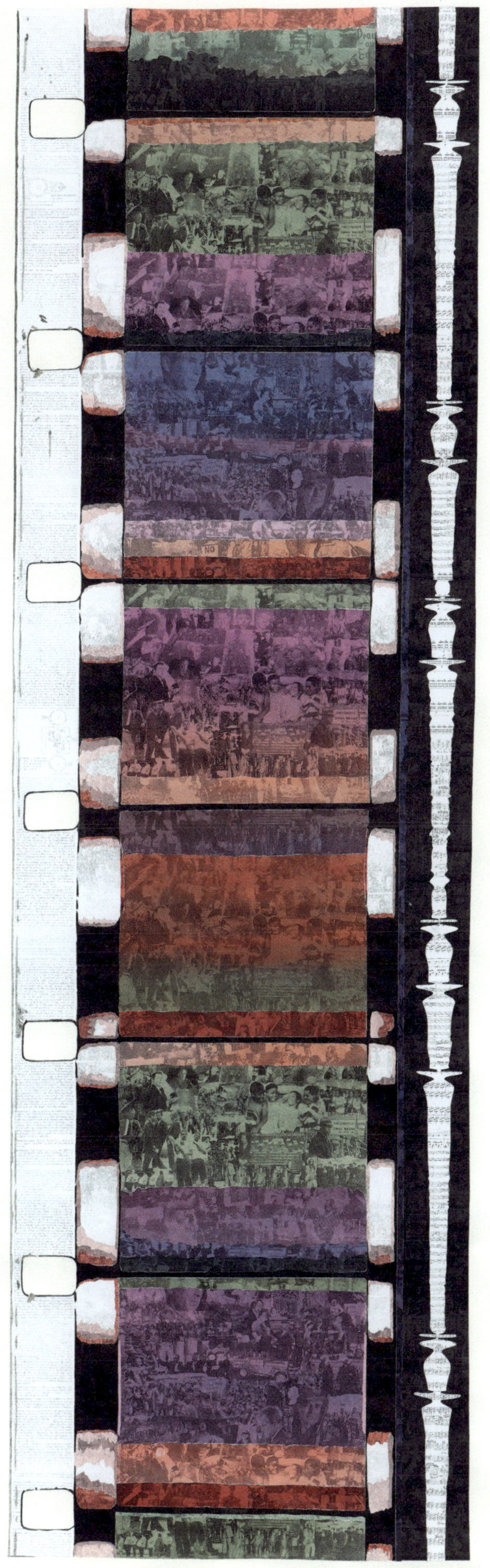

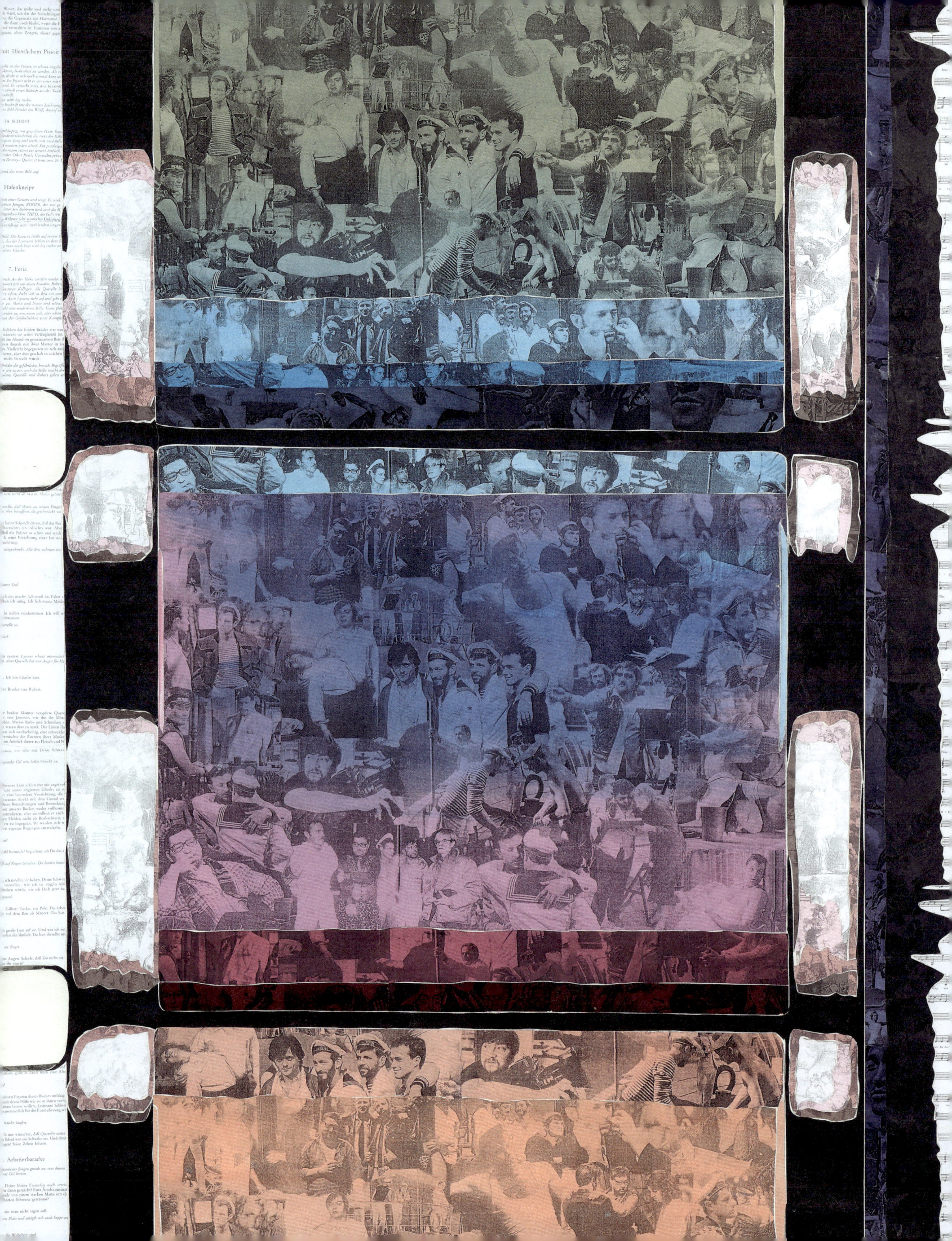

mit öffentlichem Pissoir

5A. SCHRIFT

Hafenkneipe

7. Feria

Arbeiterbaracke

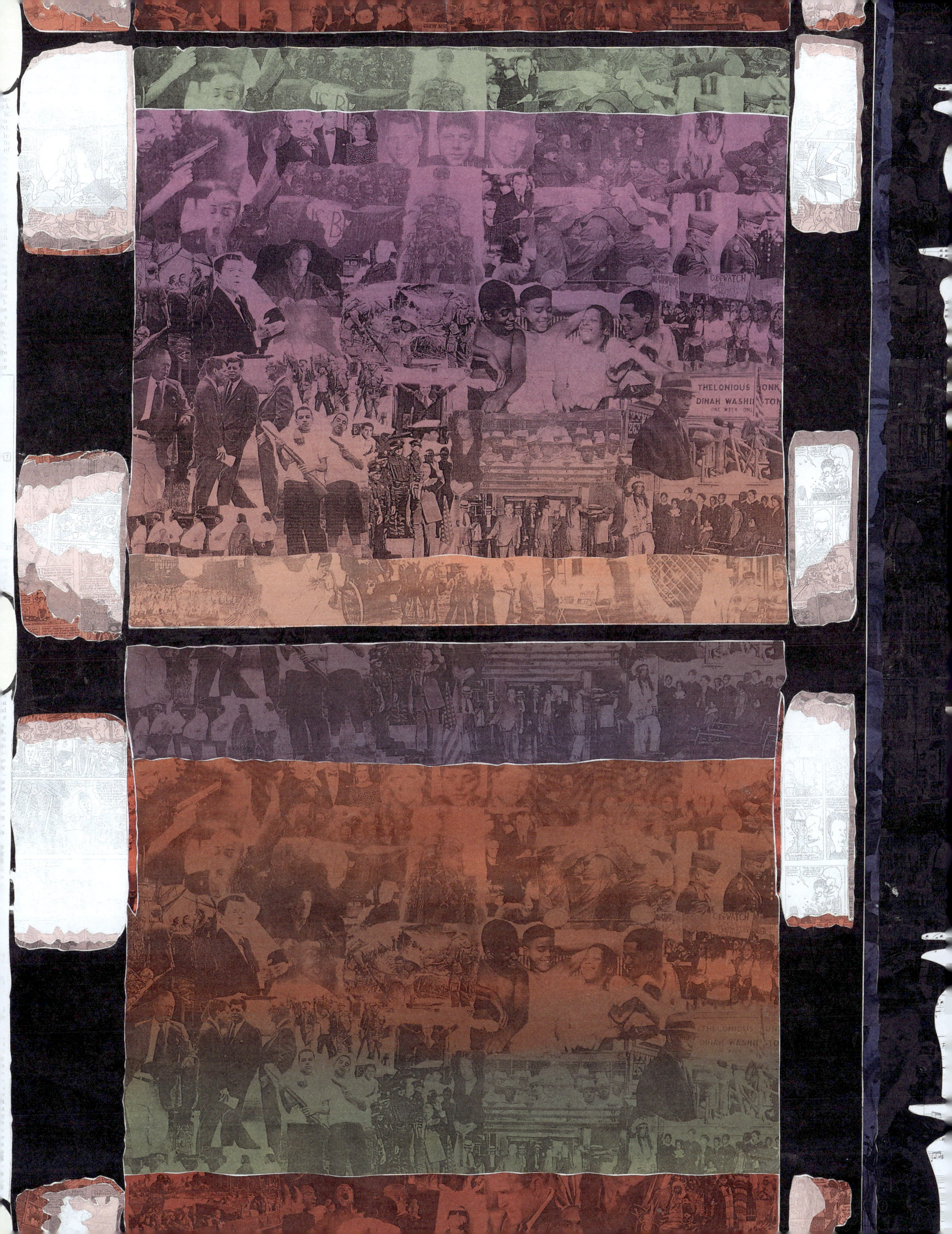
COPWATCH
THELONIOUS
DINAH WASHI

DAS FERNSEHEN ALS ARCHIV

Marcel Wälde

Ein Streifen Licht, der sich von der umgebenden Dunkelheit scheidet: Diese einfache Geste begrenzt in Marcel Odenbachs Videoarbeit *Die Distanz zwischen mir und meinen Verlusten* (1983) eine Bilderflut, die nicht ganz durch den Spalt zu dringen vermag. Sie ist emblematisch für das vielschichtige Verhältnis von Visualität und Geschichte, das Odenbach seit den 1970er-Jahren in Papiercollagen, Videos und Filmprojektionen entwickelt hat. Bilder haben bei Odenbach eine janusköpfige Wirkmacht: Als Dokumente können sie zur Erinnerung an ein Ereignis beitragen, aber auch verleiten und täuschen. Regelmäßig treten in den Arbeiten daher Leerstellen und Abstraktionen auf, die das Prinzip bildlicher Repräsentation hinterfragen und ihre Grenzen ausloten. Der Spalt, der für *Die Distanz zwischen mir und meinen Verlusten* so kennzeichnend ist, wurde in diesem Sinne mit der Malerei Barnett Newmans in Verbindung gebracht.[1] Anders als Newmans Leinwände streifenförmiger Kompositionen ist das Bild Odenbachs nie ein ganz abgeschlossenes Feld, das sich wie manche Werke der Moderne aus dem Vermögen einer Form, Erinnerung zu beinhalten, zurückzieht. Vielmehr haben auch die Phasen seiner Videos, in denen die Bilder opak werden, einen latenten, in der Zeit verschobenen Gehalt. Das so veränderte Bild artikuliert sich in den Sehgewohnheiten des Fernsehmediums und entspricht der Wiederaufnahme einer Erkundung des Historischen, die nunmehr durch ein subjektives Prisma im Video gesehen wird.

Die Arbeit von 1983, die mit dem ersten Marler Videokunst-Preis ausgezeichnet wurde, nimmt eine wichtige Stellung im Werk des Künstlers ein. Sie ist Bindeglied zwischen den frühen, experimentell ausgerichteten Videos der Studienzeit, die sich aus Seminaren zur Semiotik entwickelten, und der Kritik am Massenmedium Fernsehen, die die Arbeiten der 1980er-Jahre motiviert hat. Nach einer Afrikareise entstanden, handelt es sich ferner um das erste Video, in dem Odenbach afrikanische Musik verwendet.[2] In der Videocollage tritt diese Musik mit dem Erlkönig-Lied von Franz Schubert in ein faszinierendes und gleichermaßen verstörendes *Crossover.* Mit der Erkundung von Geschichte, die über Eurozentrismen hinausreicht, leitet die Arbeit einen weiteren Themenkomplex ein, der den Künstler nachhaltig beschäftigt. Auf visueller Ebene setzt sie sich aus einer rasanten Abfolge von Bildern zusammen, die sich wie in einem Fernsehprogramm ablösen. Die dadurch freigesetzte Assoziationskraft hat ihr Gegengewicht in der Komposition, die Bild und Ton passgenau zusammenfügt. Auch die Bildinhalte verweisen wiederholt auf Filmarchive, Bücher und andere Medien, in denen Wissen enzyklopädisch gespeichert werden kann. In der ersten Bildsequenz des Videos wird ein mit Artefakten aus der Kolonialgeschichte illustriertes Buch durchgeblättert und das Bild bleibt dann auf einem Gemälde stehen, auf dem ein südamerikanischer Ureinwohner abgebildet ist. Wenig später wird eine Dokumentaraufnahme von uniformierten Männern eingeblendet, die vermutlich in einer europäischen Kolonie gefilmt wurde. Diese Sammlungen bleiben jedoch im Vergleich zum Video stets andersartig und letztendlich unzugänglich, da dieses ihr Material zweifach beschneidet: Im Passepartout des Streifens bleibt nur ein Fragment des ursprünglichen Bildfelds erhalten, während die filmische Montage die Szenen auf zeitlicher Achse zerlegt. Pars pro toto werden die Filmsequenzen zu Bildzeichen, die aus ihrem einstigen Zusammenhang gelöst wurden, um als Versatzstücke auf eine dem Video äußerliche Totalität zu verweisen.[3]

Die Gesamtheit des Videos, aus solchen Zeichen bestehend, verkörpert das Konzept der Intertextualität, das auch in der Semiotik angewendet wird: Anstatt eine Erzählung als geschlossene Form zu begreifen, öffnet sie sich als Netzwerk von Querverweisen zu anderen Texten und ihren Bedeutungsbereichen. Odenbachs Schnitt löst Filmsequenzen aus ihren einstigen Geschichten heraus, um sie als Zeichen zu präparieren, die neue Zusammenhänge eingehen können. Diese Unterbrechung der linearen Ordnung von Erzählungen hat eine entscheidende Wirkung – nicht, weil damit die Geschichte als Folge von Ereignissen in ihrer Realität hinterfragt, sondern Geschichte als narrative Konstruktion eines bestimmten, durch die Kultur festgelegten Blickwinkels offengelegt wird. Die Überwindung der Linearität beginnt mit der musikalischen Begleitung des Videos, die ebenfalls Bedeutungsträger ist. Das Lied Schuberts, ein Signum des europäischen Bürgertums des 19. Jahrhunderts und seines durch den Historismus geordneten Weltbilds, wird durch einen Totengesang der Burundi unterbrochen. Die Überlagerung ist ein destruktiver und produktiver Vorgang zugleich: Während die intendierte Wirkung beider Kompositionen aufgehoben wird, erzeugt die Interferenz der Musikstücke eine klangräumliche und semantische Erweiterung. Anstelle einer auf linearem Fortschritt beruhenden Zivilisationsgeschichte wird der koloniale Kontext durch die Zeichen geebnet und neu sortiert. Die räumliche Verflechtung und Gleichzeitigkeit mit Afrika, die die Geschichtsschreibung der Modernität Europas als das Andere verdrängte, wird durch die rhythmisierte Oberfläche der Videocollage hervorgekehrt. Auch fragmentarische Bilder, die als geografisch entfernte Spuren des Kolonialismus zu lesen sind und an isolierten Stellen erscheinen, werden auf einer der Zeit des Videos gegenläufigen Achse der Bedeutungen verbunden.[4] Es ist dieselbe Synchronie der Zeichen, die einst Claude Lévi-Strauss nutzte, um sich von der kolonialen Wissensordnung in der Ethnologie zu distanzieren und eine vergleichende Theorie der Kultursysteme zu formulieren.[5]

Somit tritt im Video Odenbachs die Struktur des Fernsehens in ihrem totalen Effekt, als durch das Medium geformte Botschaft, in den Vordergrund.[6] Das Video greift das Fernsehen als das Modell eines Archivs auf, das Geschichte nicht wie ein Buch ordnet, sondern eine Zirkulation von Bedeutungen ermöglicht. Der Höhepunkt des Fernsehens als Massenmedium in den 1980er-Jahren ging einher mit dem Gedankengut des *Posthistoire*: eines kulturellen Zustands, in dem historisches Bewusstsein aufgrund der Medialisierung des Zugangs zur Welt und der Träger geschichtlicher Erinnerung verflacht wurde. Somit ist es naheliegend, in *Die Distanz zwischen mir und meinen Verlusten* eine Zeitdiagnose des späten 20. Jahrhunderts zu sehen.[7] Es ist jedoch nicht primär der medienbedingte Verlust an Geschichtlichkeit, den Odenbach in seiner Praxis an der Gattung Video interessiert. Gerade im Vergleich zu anderen Vertretern der Videokunst engagiert er sich ausdrücklich für Prozesse, die zur Konstruktion von Geschichte führen, wie die umfangreiche Dokumentforschung zeigt, die vielen seiner Projekte vorausgeht.[8] Seine Arbeiten sind bestimmt durch eine fortlaufende Oszillation zwischen der Autobiografie und der Historie, dem Auffinden von Vergangenheit in den Topografien der Gegenwart: ob in der Landschaft Ruandas

1 Slavko Kacunko, Marcel Odenbach. Konzept, Performance, Video, Installation 1975–1998, Diss. Heinrich-Heine-Universität Düsseldorf 1998, Mainz/München 1999, S. 492.

2 Gespräch mit Marcel Odenbach, 05.05.2021.

3 Kacunko 1999 (wie Anm. 1), S. 240.

4 Vgl. Roman Jakobson, Linguistik und Poetik (1960), in: Jens Ihwe (Hg.), Literaturwissenschaft und Linguistik. Ergebnisse und Perspektiven, Frankfurt am Main 1971, S. 142–178, hier S. 153.

5 Claude Lévi-Strauss, Strukturale Anthropologie I [1958], übers. von Hans Naumann, Frankfurt am Main 1997.

6 Marshall McLuhan, Understanding Media: The Extensions of Man, New York u. a. 1964, S. 13.

7 Wolfgang Ernst beschreibt das als „künstlerische Gedächtnisarbeit“, bei der die Form des Archivs durch die Technizität des tragenden Mediums mitbestimmt wird. Siehe Wolfgang Ernst: Archive im Übergang, in: interarchive. Archivarische Praktiken und Handlungsräume im zeitgenössischen Kunstfeld, hg. von Beatrice von Bismarck, Köln 2002, S. 137–146, hier S. 138.

8 Kacunko 1999 (wie Anm. 1), S. 506.

oder in der Architektur von Denkmälern. Wie thematisiert Odenbach, fernab von historischer Verflachung, mit seinen Bildern jedoch ein derartiges Reservoir an Zeitlichkeit? Im Video von 1983 bietet erneut der Spalt, der das Sichtfeld eingrenzt und die subjektive Betrachterposition markiert, den entscheidenden Hinweis: Er hebt hervor, auf welche Weise die Einordnung des Gesehenen gleichsam einen psychologisierenden Vorgang darstellt. Die serielle Folge an Einstellungen isoliert nicht nur die Bilder als Zeichen, sondern stellt auch infrage, wie Bilder überhaupt zu Bedeutungen kommen: Die Distanz zwischen dem Bild als Oberfläche und der Bedeutung als ihm korrespondierender Text bedingt den Verlust an Offensichtlichkeit über das Gesehene, der sich im Laufe des Videos einstellt.

Diese Veränderung gleicht einer allmählichen Abwendung der Zeichen von ihrem Referenten, die ansonsten durch eine Konvention, einen Code, zusammengehalten werden. Die Binnenstruktur des Fernsehprogramms, das der schnell getaktete Wechsel der Bildstreifen imitiert, fügt die Zeichen in offene Verweisketten ein, die ihre Verankerung in einem Bezugsgegenstand außerhalb des Videotextes immer weiter verschieben.[9] Dieser Vorgang reduziert ihre Transparenz hin zu einem objektiven Grund oder ihren Bezug zum ursprünglichen Film. Somit behaupten sich in der Einordnung des Gesehenen diejenigen Eigenschaften der Bilder, die sich in horizontaler Serie fortsetzen und von einer Einstellung zur nächsten übertragen werden. In zahlreichen *Frames* wiederholt sich die Geste einer rollenden Bewegung. Sie wird getragen von der kreiselnden Ratsche eines Mönchs, einer Metallspirale, einer weißen Scheibe und einem mit Klingen besetzten Rädchen. Eine weitere Achse der Verwandtschaft bildet die Gruppe der länglichen Projektile: Raketengeschosse, ein Messer, die Flamme eines Bunsenbrenners und ein Porno-Ausschnitt. Wie die kreiselnden Bewegungen teilen sie kein inhaltliches Wesensmerkmal, aber eine durch die Serie auf sie übertragene phallische Signifikanz, die sich vom offensichtlichen Bezug zur Konnotation in der Bildserie abschattet.[10] Exemplarisch zeigt sich dieses Prinzip der Übertragung bei gleichzeitiger Verschiebung an einem allmählich wechselnden Stapel aus Spielkarten, wobei durch die Kombinationen fortan jeweils eine neue Karikatur sichtbar wird.[11] Die dennoch gegebene Unmöglichkeit, die Serien einem einzigen Objekt zuzuordnen, ist derweil Indiz dafür, dass diese Assoziationen erst in der Wahrnehmung der Betrachterinnen und Betrachter geschaffen werden müssen. Das „Fernsehen" des Videos ist somit nicht nur Archiv, sondern Modell eines Bewusstseins, das dessen Inhalte in einem Vorgang der Erinnerung abruft.

Welcher Impuls treibt bei gleichzeitiger Verfremdung der Bilder von dem Bezeichneten diesen Transport von Gesten und Bewegungen im Bildfeld voran? Berücksichtigt man die Thematiken des Videos und wie diese sich

9 Solche Zeichenrekursionen unbestimmter Länge bezeichnete der Semiotiker Charles Sanders Peirce als unendliche Semiose. Siehe Ugo Volli, Semiotik, übers. von Uwe Petersen, Tübingen/Basel 2002, S. 30.

10 Lorenz Engell hat anhand von Ludwig Wittgensteins Konzept der Familienähnlichkeit die serielle Ästhetik des Fernsehmediums als eine derartige horizontale Forttragung von Deutungsschemata, die durch die einzelnen Programme als Instanzen hindurchwandern, charakterisiert. Siehe Lorenz Engell, Die Kunst des Fernsehens. Ludwig Wittgensteins „Familienähnlichkeit" und die Medienästhetik der Fernsehserie, in: Kunst/Fernsehen, hg. von Klaus Krüger, Christian Hammes, Matthias Weiß, Paderborn 2016, S. 19–39.

11 Raymond Bellour hat diese Sequenz als *mise en abyme* identifiziert, die die Logik der Gesamtkomposition der Arbeit widerspiegelt. Siehe Raymond Bellour, The form my gaze goes through, in: Take it or Leave it. Marcel Odenbach: Anthology of Texts and Videos, hg. von Slavko Kacunko, Yvonne Spielmann, Berlin 2013, S. 185–199, hier S. 191.

in das Œuvre Odenbachs insgesamt einfügen, lässt sich in dieser Weitergabe eine tiefere Sinnschicht herauslesen: Das kulturelle Gedächtnis, mit dem der Künstler sich auseinandersetzt, ist nicht identisch mit dem, was durch Dokumente als Geschichte objektiv gemacht werden kann. Als Vorstufe zur niedergeschriebenen Geschichte befindet es sich in einem Zwischenraum der Erfahrungen von Zeitzeuginnen und Zeitzeugen und wird belebt durch den aktiven und gleichzeitig verzerrenden gedanklichen Prozess des Erinnerns, weshalb diesem Konzept unweigerlich eine psychologische Komponente zukommt. Solch eine Psychohistorie ist also eine Geschichte, in der sich psychische Muster – ihrer Natur nach wiederkehrend – zwischen den Generationen und in den individuellen Subjekten reproduzieren. Darin wird Persönliches und Gesellschaftliches vermengt: In *Die Distanz zwischen mir und meinen Verlusten* verweist bereits der Titel auf einen autobiografischen Aspekt, während die Filmaufnahmen zu einem großen Anteil dokumentarisches Material sind. Das männliche Geschlecht wird sowohl durch sexuelles Begehren konnotierende Bilder als auch durch Aufnahmen von Waffen und Gegenständen, die zu Gewalt verleiten können, repräsentiert. Katastrophale Ereignisse der Geschichte, wie Krieg und koloniale Unterdrückung, werden als Auswirkung von Mustern im Politischen betrachtet, die sich auf der Ebene der Individuen als traumatische Kindheitserfahrungen und Repressionen niedergeschlagen haben. Eingerahmt werden diese fließenden Übergänge zwischen dem Individuellen und dem Gesellschaftlichen durch das Lied des Erlkönigs, das zu Beginn und am Ende der Arbeit ungestört zu hören ist. Sein Text, eine romantische Ballade von Goethe, präsentiert ein ambivalentes Geschehen: Ein Junge wird von seinem Vater durch die nächtliche Finsternis im Wald reitend getragen, wo er den Erlkönig zu erkennen glaubt, der ihn zu verführen versucht und ihn schließlich gewalttätig bedroht. Das Gedicht kann als Verarbeitung eines kindlichen Traumas, das als psychologischer Komplex zwischen den Generationen weitergegeben wird, gedeutet werden. Folglich lässt sich die Übertragung von Schemata innerhalb des Videos als Widerspiegelung eines breiter angelegten, in der Geschichte sich auswirkenden Prozesses verstehen.

Es sind diese Skalensprünge als Teil der Psychohistorie zwischen der Subjektebene und der allgemeinen Geschichte, mit denen Odenbach in seinen Videoarbeiten dem kollektiven Gedächtnis eine Form gibt. Die Wanderung der gestischen Bewegungen durch eine Reihe von Bildern ist dabei ein Hinweis auf etwas, das sich einer statischen Gestalt entzieht – ein in der Vergangenheit abgelagertes, durch die Erinnerung reaktiviertes Ereignis. Jörg Heiser hat diese Widerstandsfähigkeit des Traumas gegen die Repräsentation in den Werken Odenbachs mithilfe von Sigmund Freuds Begriff der Nachträglichkeit analysiert.[12] Hiermit ist das spätere Ausleben einer Erinnerung gemeint, die durch ihre Verdrängung korrumpiert wurde. Das Auseinanderscheren von äußerlichen Bewegungen und einem unsichtbaren psychologischen Gehalt, das Heiser auch für die Beziehung der Werke zu ihren Titeln festgestellt hat, lässt sich auf die veränderte Konfiguration des Bildes bei Odenbach übertragen.[13] In der freudianischen „Phänomenologie des Symptoms" könnte demnach einer der Schlüssel zur Interpretation dieser verschobenen Bildlichkeit liegen, sofern man, wie Georges Didi-Huberman im Rekurs auf den Kunsthistoriker Aby Warburg argumentiert hat, aus ihr eine implizite Theorie des Bildes herleiten könnte.[14]

12 Jörg Heiser, The Erl-King Constellation. Marcel Odenbach and Artistic Grappling with it: Holocaust, Trauma and Subjectification, in: ebd., S. 231–254, hier S. 232.
13 Ebd., S. 231.
14 Georges Didi-Huberman hat in seiner Monografie zu Aby Warburg eine strukturelle Analogie von Warburgs Bildkonzept der Pathosformel und dem Symptom Freuds rekonstruiert. Siehe Georges Didi-Hubermann, Das Nachleben der Bilder. Kunstgeschichte und Phantomzeit nach Aby Warburg, übers. von Michael Bischoff, Frankfurt am Main 2010.

Charakteristisch für das Symptombild ist seine Einheit von Form und Bewegung, bei gleichzeitiger Entfremdung des Zeichenkörpers von seiner latent gewordenen Inhaltsseite. Für den Status der Bildlichkeit im Video Odenbachs ist es entscheidend, dass die fortgetragenen, symptomatischen Gesten diese virtuell angelegte psychohistorische Zeit – die Nachträglichkeit bei Freud, das Nachleben bei Warburg – durch das Bewegtbild als eine erfahrbare Zeit umsetzen.[15] Eine Tendenz hin zu diesem Modus des Bildes lässt sich in einem Ausschnitt aus *Die Distanz zwischen mir und meinen Verlusten* beobachten, in dem Zeichen und Referent sich am weitesten voneinander entfernen: Unmittelbar nach dem Vorbeifahren eines Papierschiffes und der Einblendung eines Sonnenuntergangs erscheint ein unscharfes, weil sich drehendes Objekt, das einer Papierscheibe mit einem Stiel ähnelt. In der Profilansicht bildet sich eine Welle ab. Sie konstituiert sich erst im Video und ist nicht von ihrer Bewegungsenergie zu trennen – eine dynamische Einheit, die durch Odenbachs Bild sequenziell eingefangen wurde. Der Gegenstand wird durch den Bildstreifen abgeschnitten und der Kontext ausgespart. Auf diese Weise verfremdet sich das Abbild von seinem Bezeichneten und wird momenthaft als reine Bewegungsform wahrgenommen. Nach der hier verfolgten Betrachtungsweise erscheint das Erlkönig-Lied mit dieser Form als Symptom, so wie Freud es als degeneriertes Zeichen verstanden hat: Anstelle einer direkten Korrespondenz von Ausdruck und Inhalt konkretisiert sich das Symptom erst nachträglich, verändert seine Form und überschreitet damit „die Grenzen seines semiotischen Feldes".[16] Diese fortlaufende Verschiebung ist aber die eigentliche Bedingung seiner Existenz: Durch sein Agieren aufgrund der Triebkraft der Verdrängung entsteht wiederholt eine Reaktion, die sich mit der Zeit weiterentwickelt, und zugleich gegen ihre Richtung, auf ihren Ursprung in der Vergangenheit zeigt.[17]

Das Auseinanderfallen von eingeübten wie auch manipulierten Form- und Inhaltsbeziehungen legt im Video Odenbachs für einen vergänglichen Moment eine Autonomie des Bildes frei, indem das wiedererkennende Sehen weitestgehend verunmöglicht wird. Dennoch existiert dieses entfremdete Bild nicht auf einer rein optischen und isolierten Ebene wie die moderne ungegenständliche Malerei. Als Leerstelle innerhalb einer weiter ausgreifenden Komposition ist es an Prozesse des Erinnerns und an eine Zeitstruktur gebunden, für die das Fernsehen als Archiv medial aufbereiteter Bildwelten modellhaft ist. Dieses Archiv begreift *Die Distanz zwischen mir und meinen Verlusten* jedoch nicht als passive Infrastruktur; die Arbeit konstruiert eine aktive Subjektivität, innerhalb der die Montage von Dokumenten zum Potenzial einer Geschichte „von unten" im Auge der Betrachtenden wird.[18] Die Videocollage Odenbachs, die auf das Herausarbeiten produktiver Widersprüche angelegt ist, lässt aus angeeignetem Material neue Bedeutungen entstehen. Aus der Konfiguration des Zwischenraums ihrer Bilder geht jedoch keine einheitliche Erzählung hervor. Damit stellt die Arbeit die geschlossenen Geschichtsauffassungen der Vergangenheit infrage und öffnet sich den Aushandlungen und Diskussionen der gegenwärtigen Erinnerungskultur.

15 Ebd., S. 367.
16 Ebd., S. 335.
17 Ebd., S. 335.
18 Zur Diskrepanz von Archiv und Erinnerung hat Wolfgang Ernst eine interessante Anmerkung gemacht: „Das Gedächtnis [ist] kein Archiv, das die Ereignisse sortiert und in einer Art Registratur aufbewahrt. Es ist vielmehr – ganz im Sinne von Sigmund Freuds Einsichten in die Psyche – eine dauernd sich verändernde Interpretation von Realität." Ernst 2002 (wie Anm. 7), S. 139.

21 *Die Distanz zwischen mir und meinen Verlusten*, 1983
The Distance between Me and My Losses
Einkanalvideo, Farbe, Ton / Single-channel video, color, sound, 10' 15"

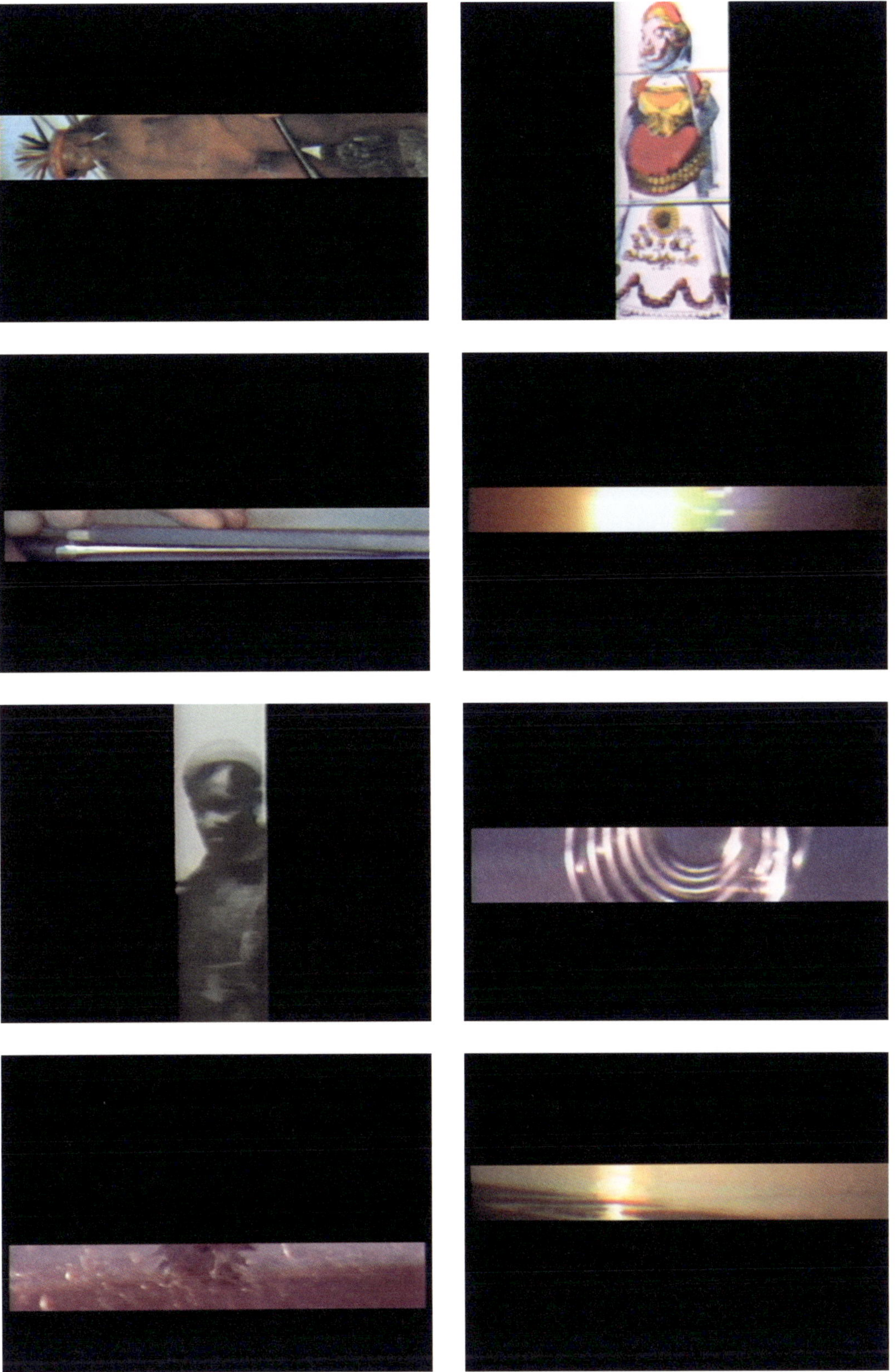

TELEVISION AS ARCHIVE

Marcel Wälde

A strip of light that separates itself from the surrounding darkness: in Marcel Odenbach's video work *Die Distanz zwischen mir und meinen Verlusten* (*The Distance between Me and My Losses*, 1983), this simple gesture contains a flood of images that cannot quite pass through the gap. It is emblematic of the multilayered relationship between visuality and history that Odenbach has developed since the 1970s in paper collages, videos, and film projections. In his work, images have a Janus-faced efficacy: as documents, they can contribute to the memory of an event, but they can also misguide and deceive. Voids and abstractions thus regularly appear in the works, questioning the principle of pictorial representation and exploring its limits. The strip that is so characteristic of *Die Distanz zwischen mir und meinen Verlusten* has been associated in this sense with the paintings of Barnett Newman.[1] Unlike Newman's canvases with their striated compositions, Odenbach's image is never an entirely self-contained field, withdrawing, as various modernist works, from the capacity of a form to contain memory. Rather, even the phases of his videos in which the images become opaque have a latent content that is shifted in time. The image thus altered is articulated in the viewing conventions of the television medium and corresponds to a resumed exploration of the historical, now seen through a subjective prism in the video.

The 1983 work, which was awarded the first Marl Video Art Prize, occupies an important position in the artist's oeuvre. It represents a link between the early, experimentally oriented videos of Odenbach's student days, which developed out of seminars on semiotics, and the critique of television as a mass medium that motivated his practice in the 1980s. Created after a trip to Africa, it is also the first video in which Odenbach used African music.[2] In the video collage, this music enters into a fascinating and equally disturbing crossover with the "Erlkönig" lied by Franz Schubert. By exploring history that transcends Eurocentrism, the work introduces another thematic complex that the artist has been engaged with for quite some time. On a visual level, it is composed of a rapid succession of images that supersede each other as if in a television program. The associative power thus released is counterbalanced by the composition, which precisely blends image and sound. The image content repeatedly refers to film archives, books, and other media in which knowledge can be stored encyclopedically. In the first image sequence of the video, a book illustrated with artifacts from colonial history is flipped through, with the image then stopping on a painting depicting a South American native. Shortly thereafter, a documentary image of uniformed men fades in, presumably shot in a European colony. These collections, however, always remain distinct and ultimately inaccessible compared to the video, which trims their material twice: in the passe-partout of the strip, only a fragment of the original image remains, while the filmic montage dissects the scenes on a temporal axis. *Pars pro toto*, the film sequences become pictorial signs that have been detached from their former context and as such, they refer as fragments to a totality external to the video.[3]

The video as a whole, comprised of such signs, embodies the concept of intertextuality, which is also applicable to semiotics: rather than conceiving of narrative as a closed form, it opens up as a network of cross-references to other texts and their domains of meaning. Odenbach's editing detaches film sequences from their former stories, crafting them into signs that can enter new connections. This disruption of the linear order of diegesis has a decisive effect—not because it questions history as a sequence of events in its reality, but because it reveals history as the narrative construction of a particular point of view established by culture. The overcoming of linear form begins with the musical accompaniment of the video, which is also a carrier of meaning. Schubert's lied, a signifier of the nineteenth-century European bourgeoisie and its historicist worldview, is interrupted by a Burundi funeral dirge. The superimposition is both destructive and productive at the same time: while the intended effect of both compositions is neutralized, the interference of the musical pieces creates a tonal and semantic expansion. Instead of a history of civilization based on linear progress, the colonial context is leveled and reassembled by the signs. The spatial entanglement and simultaneity with Africa, which the historiography of Europe's modernity displaced as its Other, is expressed by the rhythmical surface of the video collage. Even fragmentary images that are to be read as geographically distant traces of colonialism, appearing in isolated places, are connected on an axis of meanings that runs counter to the time of the video.[4] It is the same synchrony of signs that Claude Lévi-Strauss once used to formulate a comparative theory of cultural systems, distancing himself from the colonial order of knowledge in the field of anthropology.[5]

In Odenbach's video, the structure of television thus comes to the fore in its total effect, as a message shaped by the medium.[6] The video obtains from television the model of an archive that, rather than arranging history in the manner of a book, allows for a circulation of meanings. The period of television as the leading mass medium in the 1980s was accompanied by the ideas of *posthistoire*: a cultural condition in which historical consciousness had become flattened due to the mediatization of interactions with the world and its carriers of historical memory. One may thus be inclined to see in *Die Distanz zwischen mir und meinen Verlusten* a diagnosis of the era of the late twentieth century.[7] This media-invoked loss of historicity is not, however, the primary interest of Odenbach's particular practice of video. Especially in comparison with other representatives of video art, he is explicitly committed to processes that lead to the construction of history, as demonstrated by the extensive documentary research that precedes many of his projects.[8] His works are defined by an ongoing interchange between autobiography and history, the excavation of the past within the topographies of the present: whether in the landscape of Rwanda or in the architecture of monuments. Yet, far from flattening history, how does Odenbach thematize such a reservoir of temporality with his images? In the video from 1983, the gap that delimits the field of vision and marks the subjective position of the viewer again provides a decisive hint: it emphasizes that the

1 Slavko Kacunko, *Marcel Odenbach: Konzept, Performance, Video, Installation 1975–1998*, PhD diss. Heinrich Heine University, Düsseldorf, 1998 (Mainz and Munich, 1999), p. 492.

2 Marcel Odenbach, in conversation with the author, May 5, 2021.

3 Kacunko 1999 (see note 1), p. 240.

4 Cf. Roman Jakobson, "Linguistik und Poetik" [1960], in *Literaturwissenschaft und Linguistik: Ergebnisse und Perspektiven*, ed. Jens Ihwe (Frankfurt am Main, 1971), pp. 142–78, here p. 153.

5 Claude Lévi-Strauss, *Structural Anthropology* [1958], trans. Claire Jacobson and Brooke Grundfest Schoepf (New York, 1963).

6 Marshall McLuhan, *Understanding Media: The Extensions of Man* (New York et al., 1964), p. 13.

7 Wolfgang Ernst describes this as "artistic memory work" in which the form of the archive is co-determined by the technical nature of the supporting medium. See Wolfgang Ernst, "Archive im Übergang," in *interarchive: Archivarische Praktiken und Handlungsräume im zeitgenössischen Kunstfeld*, ed. Beatrice von Bismarck (Cologne, 2002), pp. 137–46, here p. 138.

8 Kacunko 1999 (see note 1), p. 506.

reception of the visual is a psychologically inflected process. The serial sequence of shots not only isolates the images as signs; it also questions how images come to have meanings at all. The distance between the image as surface and the meaning as text corresponding to it determines the loss of obviousness about what is seen, which becomes pronounced in the course of the video.

This change is akin to a gradual turning away of the signs from their referent, otherwise held together by a code or convention. The internal structure of the television program, imitated by the rapidly paced change of the filmstrips, inserts the signs into open chains of reference that increasingly defer their anchoring in an object outside the videotext.[9] This process reduces their transparency to an objective ground or their connection to their source film. Thus, the characteristics of the images that continue in horizontal series and are transmitted from one shot to the next increasingly determine one's apperception of what is seen. In numerous frames, the gesture of a rolling movement is repeated, carried by the gyrating ratchet of a monk, a metal spiral, a white disk, and a wheel studded with blades. Another axis of relations is formed by the group of elongated projectiles: ballistic missiles, a knife, the flame of a Bunsen burner, and a porn clip. Like the rotational movements, they do not share any intrinsic properties but rather a phallic signification transferred to them through the series, which shades away from the obvious reference to connotation in the sequence of images.[10] This principle of transfer with simultaneous displacement is exemplified by a gradually changing stack of playing cards, whereby the combinations henceforth each reveal a new caricature.[11] The nonetheless given impossibility of assigning the series to a single overt theme indicates that these associations must first be created in the viewer's perception. The "television" of the video is thus not only an archive, but also a model of a consciousness that retrieves its contents in a process of memory.

What impulse sustains this transport of gestures and movements in the pictorial field while at the same time distorting the images of the signified? In considering the themes of the video and their place in Odenbach's body of work, one might infer a deeper layer of meaning within this transfer: the cultural memory that the artist is engaged with is not identical to that which can be made objective via documents as history. As a precursor to its written form, it occupies an intermediate space of contemporary witnesses' experiences and is animated by the active and simultaneously distorting mental process of remembering, which is why this concept inevitably has a psychological component. Such a psychohistory is thus a history in which psychological patterns, recurrent by their definition, are reproduced across generations and in individual subjects. In this way, the personal and the social are commingled. With *Die Distanz zwischen mir und meinen Verlusten*, the title already includes an autobiographical aspect, while the film footage consists to a large extent of documentary material. The male gender is represented both by images connoting sexual desire and by recordings of weapons and objects that may incite violent conflict. Catastrophic events in history, such as war and colonial oppression, are seen as consequences of patterns in the political realm that manifest at the individual level as traumatic childhood experiences and repression. Framing these fluid transitions between the individual and the social is the "Erlkönig" lied, heard uninterrupted at the beginning and the end of the work. Its text, a ballad by Johann Wolfgang von Goethe in the Romantic style, presents an ambivalent event: a boy is carried by his horse-riding father through the nocturnal darkness of the forest. Here, the Erlkönig (Erl King) appears to him, and attempts to lure him, only to subsequently threaten him. The poem can be interpreted as the pondering upon a childhood trauma that is passed on between generations as a psychological complex. Consequently, the transmission of schemas within the video can be understood as a reflection of a broader process played out in history.

9 The semiotician Charles Sanders Peirce called such sign recursions of indeterminate length "infinite semiosis." See Ugo Volli, *Semiotik*, trans. Uwe Petersen (Tübingen and Basel, 2002), p. 30.

10 Drawing on Ludwig Wittgenstein's concept of family resemblance, Lorenz Engell characterized the serial aesthetics of the television medium as such a horizontal perpetuation of interpretive schemes that migrate through the individual programs as instances. See Lorenz Engell, "Die Kunst des Fernsehens: Ludwig Wittgensteins 'Familienähnlichkeit' und die Medienästhetik der Fernsehserie," in *Kunst/Fernsehen*, ed. Klaus Krüger, Christian Hammes, and Matthias Weiß (Paderborn, 2016), pp. 19–39.

11 Raymond Bellour has identified this sequence as a *mise en abyme* that reflects the logic of the overall composition of the work. See Raymond Bellour, "The form my gaze goes through," in *Take It or Leave It: Marcel Odenbach: Anthology of Texts and Videos*, ed. Slavko Kacunko and Yvonne Spielmann (Berlin, 2013), pp. 185–99, here p. 191.

It is these leaps of scale as part of a psychohistory, between the subject level and history in general, by which collective memory obtains a form in Odenbach's video works. Here, the wandering of gestural movements through a series of images is an indication of something that eludes being depicted with a static contour—an event deposited in the past and reactivated by memory. Jörg Heiser has analyzed this resistance of trauma to representation in Odenbach's works with the help of Sigmund Freud's concept of *Nachträglichkeit* (deferred action), which characterizes the subsequent response to a memory that has been corrupted by its repression.[12] The widening of the gap between externally visible movements and an implicit psychological content, which Heiser has also noted for the relationship of the works to their titles, can be applied to reading Odenbach's altered configuration of the visual field.[13] The Freudian "phenomenology of the symptom" could thus be key to interpreting this shifted pictoriality, insofar as one could derive an implicit theory of the image from it—as Georges Didi-Huberman has argued in reference to the art historian Aby Warburg.[14]

Characteristic of the image as symptom is its unity of form and movement, with the simultaneous distortion of the sign body from its content side, which has become latent. For the status of pictoriality in Odenbach's video, it is crucial that the transport of symptomatic gestures by the moving image translate this virtual connection of psychohistorical time—Freud's *Nachträglichkeit*, Warburg's *Nachleben* (afterlife/survival)—into a manifest, experienceable time.[15] A tendency toward this pictorial mode can be observed in a section from *Die Distanz zwischen mir und meinen Verlusten*, during which sign and referent move furthest apart from each other: immediately after the passing of a paper boat and the fade-in of a sunset, a blurred rotating object appears, resembling a paper disc with a handle. Delineating a wave in its profile view, it is only constructed by the video image and cannot be separated from its kinetic energy—a coalesced entity captured in sequence. The object is cut off by the filmstrip, and the context is omitted. In this way, the image becomes defamiliarized and is momentarily perceived as a pure movement-form. According to the perspective developed here, the "Erlkönig" lied and this form create the ensemble of a symptom, just as Freud understood it as a degenerated sign. Instead of presenting a direct correspondence of expression and content, the symptom only substantiates itself belatedly, changing its form and thus transgressing "the limits of its own semiotic field."[16] This ongoing shift, however, is the very condition of its existence: through the symptom's action resulting out of the driving force of repression, a reaction repeatedly emerges that evolves over time while simultaneously pointing against its direction, toward its origin in the past.[17]

In Odenbach's video, the decomposition of both rehearsed and manipulated relationships of form and content expose an autonomy of the image for a transitory moment by largely precluding the possibility of iconic recognition. Yet this distorted image does not exist on a purely optical and isolated plane like modern nonrepresentational painting. As a blank space within a more expansive composition, it is tied to processes of recollection and to a temporal structure for which television as an archive of medially processed images serves as a model. *Die Distanz zwischen mir und meinen Verlusten* does not, however, reflect on this archive as passive infrastructure; the work constructs an active subjectivity within which the montage of documents becomes the potential of a history "from below" in the eye of the viewer.[18] Odenbach's video collage, which was designed to draw out productive contradictions, allows new meanings to emerge from appropriated material. Even so, no unified narrative arises from the configuration of the intermediate space of its images. In this way, the work questions past confined views of history and opens itself to the negotiations and discourse of the contemporary culture of remembrance.

12 Jörg Heiser, "The Erl-King Constellation: Marcel Odenbach and Artistic Grappling with it: Holocaust, Trauma and Subjectification," ibid., pp. 231–254, here p. 232.
13 Ibid., p. 231.
14 In his monograph on Aby Warburg, Didi-Huberman reconstructs a structural analogy between Warburg's pictorial concept of the pathos formula and Freud's symptom. See Georges Didi-Hubermann, *The Surviving Image: Phantoms of Time and Time of Phantoms: Aby Warburg's History of Art*, trans. Harvey L. Mendelsohn (University Park, 2016).
15 Ibid., p. 214.
16 Ibid., p. 196.
17 Ibid., p. 197.
18 Wolfgang Ernst made an interesting comment on the discrepancy between archive and memory: "Memory is not an archive that sorts events and stores them in a kind of registry. Rather, it is—in the spirit of Sigmund Freud's insights into the psyche—a constantly changing interpretation of reality." Ernst 2002 (see note 7), p. 139.

22 *Vorurteile oder die Not macht erfinderisch*, 1983/84
Prejudices or Necessity Is the Mother of Invention
Einkanalvideo, Farbe und SW, Ton / Single-channel video, color and black-and-white, sound, 8' 26"

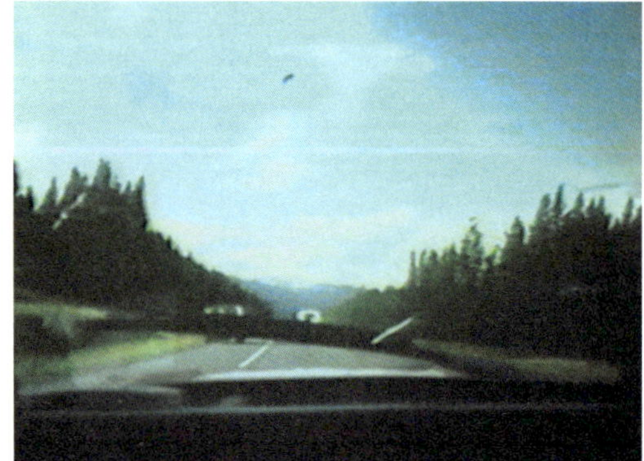

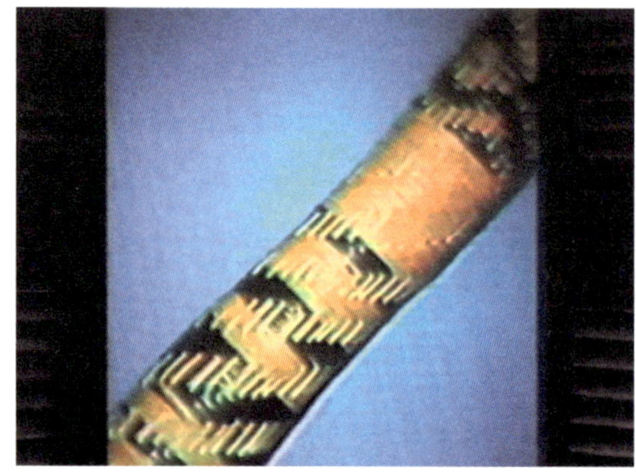

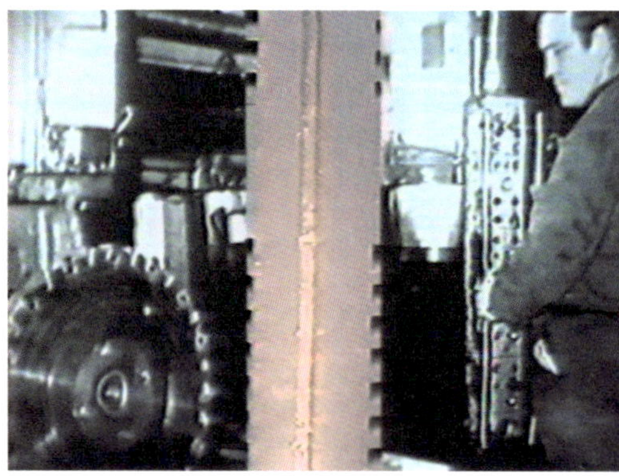

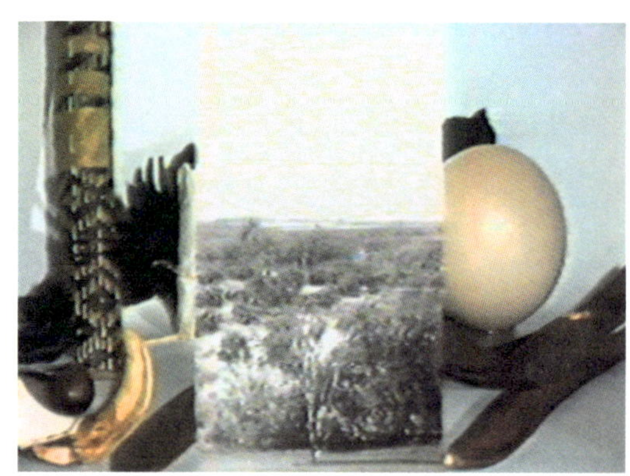

24 *Dans la vision périphérique du témoin / Dem Augenzeugen im Blickwinkel stehen*, 1986
In the Peripheral Vision of the Witness
Einkanalvideo, Farbe, Ton / Single-channel video, color, sound, 13' 00"

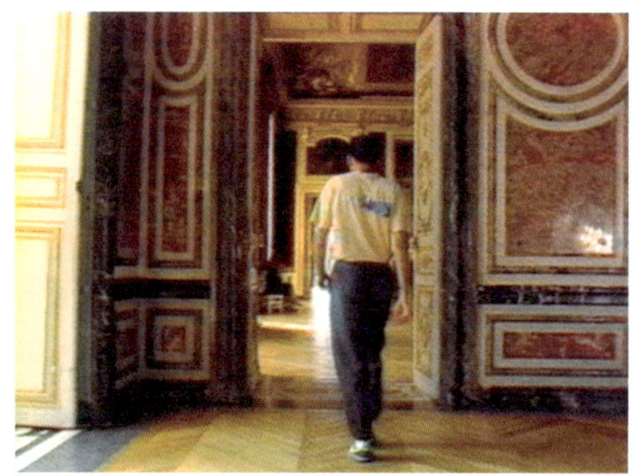

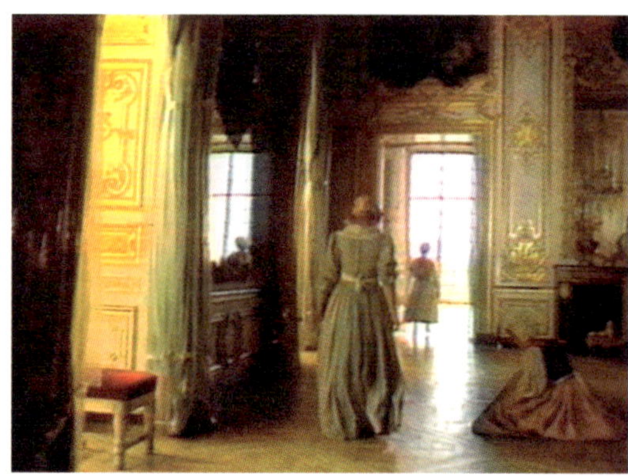

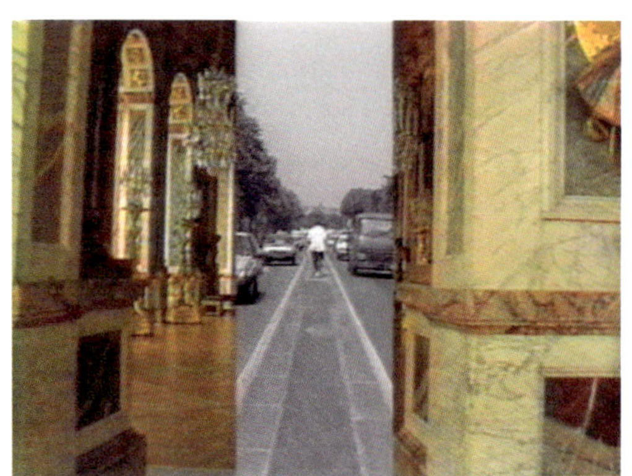

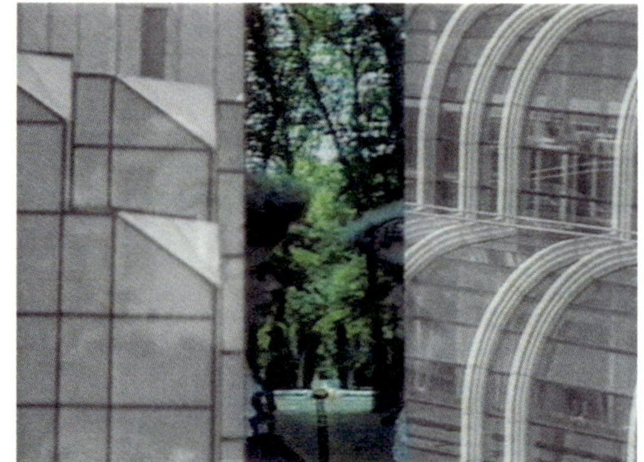

25 *Srecan Susret / Die glückliche Begegnung,* 1987
The Happy Encounter
Einkanalvideo, Farbe, Ton / Single-channel video, color, sound, 7' 18"

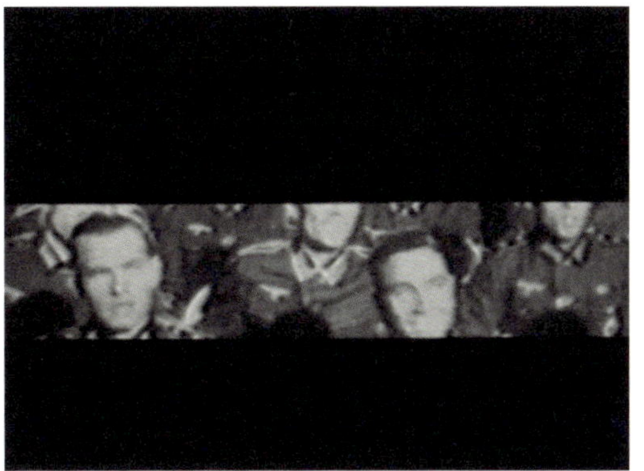
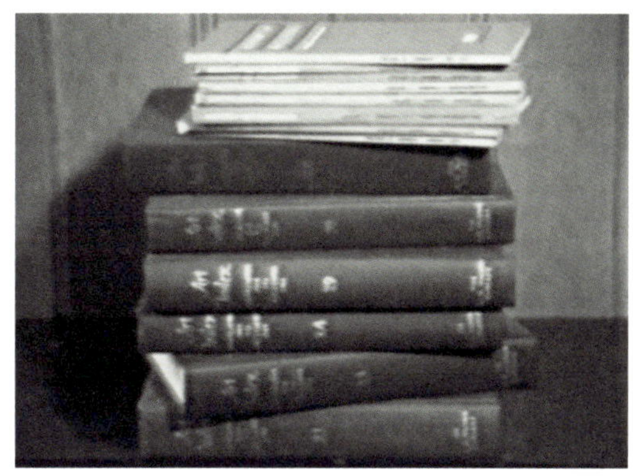
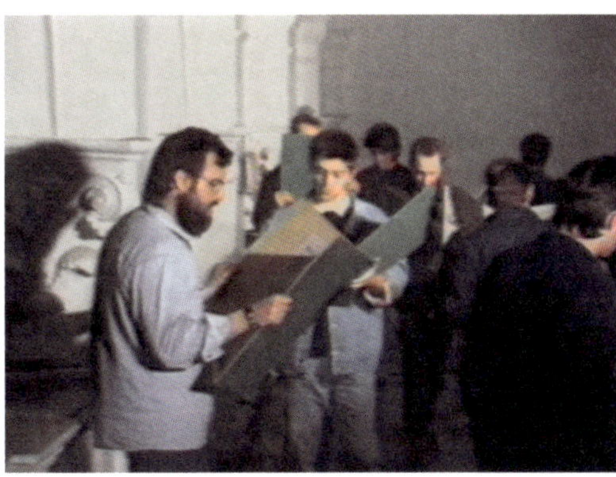
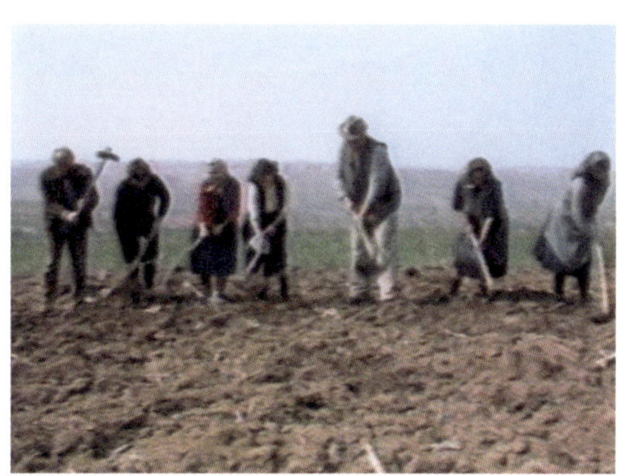

26 *Estar de pie es no caerse / Stehen ist Nichtumfallen,* 1989
Standing Is Not Falling
Einkanalvideo, Farbe, Ton / Single-channel video, color, sound, 4' 58"

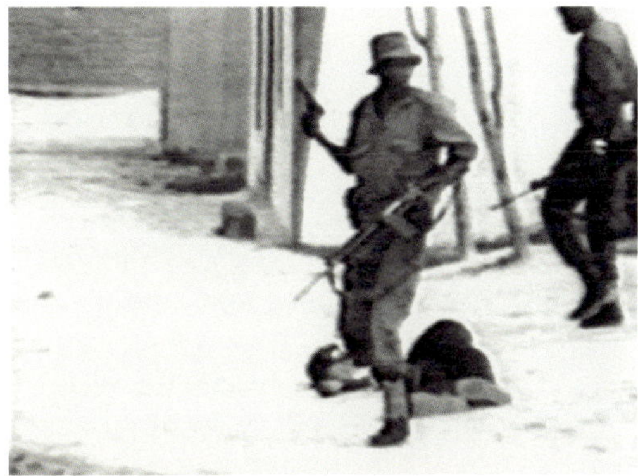
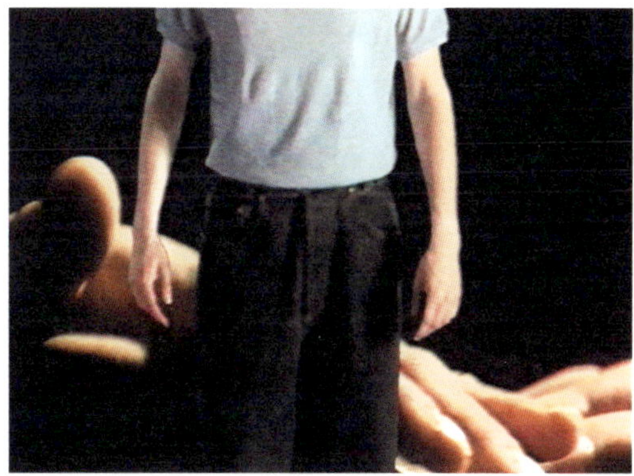
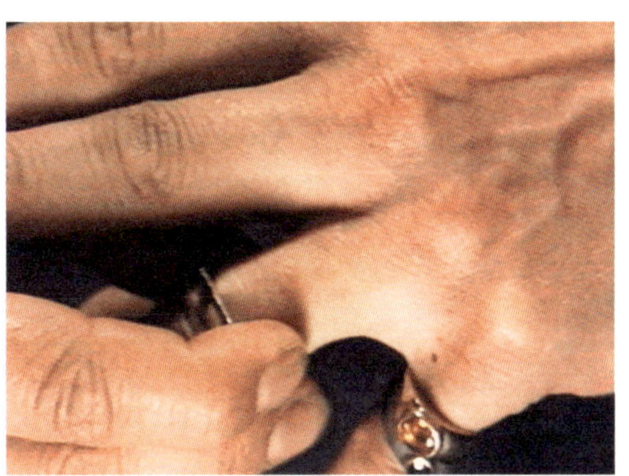
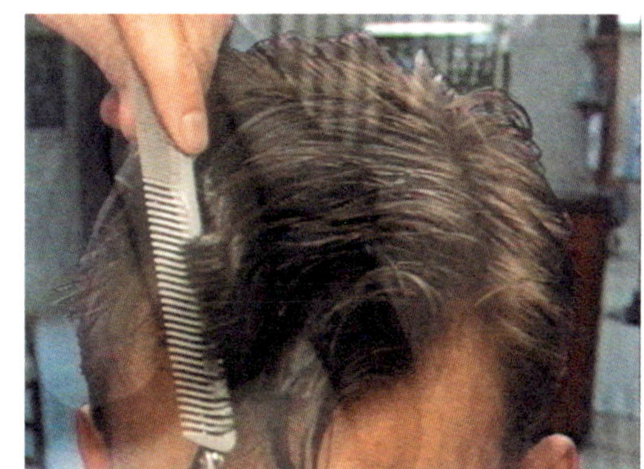

TÄUSCHENDE ERINNERUNGEN

Doris Krystof

Anfang des Jahres 1986 wurde Marcel Odenbach zu einem dreimonatigen Aufenthalt nach Boston eingeladen, um im Rahmen des CAT Fund (Contemporary Art Television Fund) einen Fernsehbeitrag zu erarbeiten. Das vom Goethe-Institut Boston geförderte Projekt stellte seine erste Zusammenarbeit mit dem Fernsehen dar. Das Videoband *As if memories could deceive me / Als ob Erinnerungen mich täuschen könnten* (1984/1986), das im US-Fernsehen und später (am 5. Mai 1987) auch im Rahmen der Reihe *Das kleine Fernsehspiel* des ZDF ausgestrahlt wurde, zeichnet sich durch die für Odenbach typische Form der Bildmontage sowie einen signifikanten Einsatz von Musikzitaten aus. Aus gefilmtem und gefundenem Bildmaterial entwickelte Odenbach eine filmische Collage, bei der das im Mittelteil des Bandes wiederkehrende Motiv eines schlafenden Jungen suggeriert, dass es sich bei den kunstvoll ineinandergeschobenen Szenen um imaginierte Bilder, um – wie es der Titel nahelegt – Erinnerungen in der Art eines Traums handelt. Ausgehend von dem Videoband *As if memories could deceive me* entstand im Frühjahr 1986 eine mit demselben Titel bezeichnete Videoinstallation für eine Ausstellung im Institute for Contemporary Art (ICA) Boston. In Anlehnung an die Installation *Dreihändiges Klavierkonzert für entsetzlich verstimmte Instrumente* (1984), mit der Odenbach an der legendären Videoausstellung *Het lumineuze beeld* im Amsterdamer Stedelijk Museum beteiligt war, besteht auch die Installation *As if memories could deceive me* aus drei im Raum auf Sockeln postierten Monitoren, auf denen Film- und Musikmaterial des für das Fernsehen produzierten Bandes in einer leicht veränderten Anordnung präsentiert wurden.

Das Video *As if memories could deceive me* setzt mit Filmaufnahmen des Beginns einer Orchesterprobe des Symphony Orchestra/The New England Conservatory ein. Das allmähliche Eintreffen und Platznehmen der Musikerinnen und Musiker, das Auspacken und Stimmen der Instrumente lässt Odenbach mit einer Steadycam-Kamera drehen, die den Raum in einer ruhigen, weit ausholenden Kreisfahrt erfasst. Die Dreiteilung der Bildfläche in vertikale Felder bietet unterschiedliche Perspektiven und Details der konzentriert-kreativen Arbeitssituation, dazu ist der O-Ton der sich vermischenden Instrumente beim Einstimmen zu hören. Es schließen sich Aufnahmen desselben Orchesters an, das unter dem Dirigenten Piero Bellugi die Ouvertüre zu Robert Schumanns Oper *Manfred* aufführt. Das selten gespielte Werk, das auf ein Gedicht des romantischen Dichters Lord Byron zurückgeht, handelt von der todbringenden inneren Zerrissenheit des jugendlichen Helden. Damit ist ein erster Hinweis auf das in *As if memories could deceive me* behandelte Thema Identität gesetzt. Die Eingangsszenen des Videobandes etablieren eine dichte Atmosphäre kultivierter Gediegenheit. Das Bild eines amerikanischen Symphonieorchesters, das sich mit einem deutschen Musikstück aus dem 19. Jahrhundert befasst, nivelliert nationale Differenzen und überführt diese in das übergeordnete Terrain musikalischer Klassik als Inbegriff bürgerlicher Hochkultur westlicher Prägung

Im zweiten Teil des Videobandes rückt Odenbach das Bild eines Konzertflügels mit einmontierten Filmzitaten in den Mittelpunkt. Auf der horizontalen Fläche über oder unter der frontalen Ansicht der Klaviatur sind im raschen Wechsel Filmbilder unterschiedlichster Provenienz zu sehen. Musik von Johann Sebastian Bach begleitet Aufnahmen von süddeutscher Barockarchitektur oder gotischen Madonnen, Szenen aus deutschen historischen Spielfilmen oder Filmmaterial aus der NS-Zeit sind mit afrikanischen Rhythmen unterlegt. Der schwarze Steinway-Flügel wird nicht nur als Projektionsfläche genutzt. Nahaufnahmen von klavierspielenden Händen, vor allem aber das Bild eines Jungen, dessen Kopf ermüdet auf die Tasten gesunken ist, kennzeichnen das Klavier als Instrument pädagogischen Drills und bürgerlicher Erziehung. Indem die eindrückliche Pose des auf der Klaviatur schlafenden Jungen in einer darauffolgenden Szene von Odenbach selbst eingenommen wird, stellt sich der Eindruck der Kontinuität von Kindheitserfahrungen her, die noch das Selbstverständnis des Erwachsenen beherrschen. Die auf das Musikinstrument neben und über dem Kopf des jeweiligen Schläfers projizierten Bilder scheinen im Gedächtnis eingegraben und als Vorstellungen und Emotionen im Vorgang des Erinnerns abrufbar zu sein.

Der Schlussteil des Videos führt in die Räume eines noblen Geschäfts für Herrenbekleidung. In Teakholz-Regalen stapeln sich Oberhemden und Pullover, an Kleiderständern präsentieren sich Anzüge und Jackets, auf Tischen liegen sorgfältig nach Farben arrangierte Krawatten aus. Ruhig schweift die Kamera über das Sortiment des Herrenausstatters und evoziert damit noch einmal die eingangs beschworene Stimmung saturierter Bürgerlichkeit. Bei aller Gediegenheit weist das Warenangebot von der Stange auf den konfektionierten Massengeschmack der Mode hin, in dem sich männliche Identität allenfalls durch die Wahl der Krawattenfarbe individuell zu artikulieren vermag. Odenbachs Blick auf Mode und Kleidung ist der eines Semiotikers, der die Erscheinungswelt auf ihre lesbaren Zeichen hin befragt. Mode, ein hoch strukturiertes System aus Codes, regelt Individuationsprozesse, Kommunikation und soziales Handeln im Hinblick auf die Außenwirkung des Individuums. Gedächtnis und Erinnerung hingegen betreffen die innere Verfasstheit des Einzelnen, wobei Bildern und Musik die wichtige Rolle der Vermittlung zufällt.

Die Verwendung von historischem Archivmaterial, die Einbeziehung der eigenen Person, die Verschränkung von persönlicher und nationaler Identität kennzeichnen Odenbachs künstlerischen Ansatz als stark vom Interesse an Politik und Zeitgeschichte geprägt. Die Untersuchung über Funktion und Wirkung von öffentlichen und privaten Bildern ist in Odenbachs Werk seit dem Videoband *Sich selbst bei Laune halten oder die Spielverderber* (1977), zu beobachten, in dem der Künstler die eigene Person mit den einschlägigen Pressebildern aus dem sogenannten Deutschen Herbst konfrontiert. In *As if memories could deceive me* erfährt diese Praxis insofern eine Zuspitzung, als der Gastkünstler Odenbach das Fremde und das Eigene als konstitutive Faktoren in seine Reflexion über die Problematik deutscher Identität einbezieht. Aufgefordert, in Boston eine Videoarbeit für einen amerikanischen Fernsehsender herzustellen, richtete sich der Blick auf die Verfügbarkeit von entsprechendem Archivmaterial vor Ort und damit auf das offiziell mit der Verbreitung deutscher Kultur beauftragte Goethe-Institut. Dabei machte Odenbach eine eklatante Erfahrung: Über die Zeit des Nationalsozialismus gab es dort keinerlei Filmmaterial. Erst Archive zur jüdischen Geschichte in Boston sowie aus Köln mitgebrachtes Filmmaterial stellen entsprechende Filmpassagen aus der NS-Zeit zur Verfügung, die Odenbach in sein Video einmontiert. Die vom Goethe-Institut bereitgestellten Konserven mit Bildern der deutschen Gotik oder des Barocks vermögen in ihrer Klischiertheit nicht über die Erinnerungen an andere mediale Bilder zur deutschen Geschichte hinwegzutäuschen. Die mit der Technik des Schneidens und Montierens bearbeiteten Bilder entsprechen dem Vorgang des Erinnerns. Durch die Auflösung linearer Erzählweisen und die Infragestellung logischer Kausalität zeigt sich die bei Odenbach dargestellte Welt disparat, heterogen und fragmentiert. Odenbachs „mediale Historienbilder" (Lydia Haustein) erschließen assoziative Imaginationsräume und erheben das Erinnern, Ahnen und Zweifeln zur Erkenntnisform.

*Bei diesem Beitrag handelt es sich um die überarbeitete und gekürzte Fassung des Beitrags von Doris Krystof, Marcel Odenbach. As If Memories Could Deceive Me, in: 40 Jahre Videokunst.de – Teil 1. Digitales Erbe: Videokunst in Deutschland von 1963 bis heute, hg. von Wulf Herzogenrath, Rudolf Frieling (Ausst.-Kat. K21 Kunstsammlung Nordrhein-Westfalen, Düsseldorf / ZKM | Zentrum für Kunst und Medien, Karlsruhe / Kunsthalle Bremen / Museum der bildenden Künste, Leipzig / Städtische Galerie im Lenbachhaus, München), Ostfildern 2006, S. 228–233.

DECEPTIVE MEMORIES

Doris Krystof

In early 1986, Marcel Odenbach was invited to spend three months in Boston to work on a television film as part of The Contemporary Art Television (CAT) Fund. This project, sponsored by the Goethe-Institut Boston, was his first collaboration with television. The videotape *As if memories could deceive me / Als ob Erinnerungen mich täuschen könnten* (1985–86), which was broadcast on US television and later (on May 5, 1987) also in Germany as part of the ZDF series *Das kleine Fernsehspiel*, is characterized by Odenbach's typical form of image montage, as well as by a significant use of musical quotations. From filmed and found footage, Odenbach developed a filmic collage in which the motif of a sleeping boy recurring in the middle section of the tape suggests that the artfully interlaced scenes are imagined images, memories—as the title suggests—in the manner of a dream. Based on the videotape *As if memories could deceive me*, a video installation with the same title was created in the spring of 1986 for an exhibition at the Institute of

Contemporary Art (ICA) in Boston. In the style of the installation *Dreihändiges Klavierkonzert für entsetzlich verstimmte Instrumente* (*Three-Handed Piano Concert for Horribly Out of Tune Instruments*, 1984), with which Odenbach participated in the legendary video exhibition *Het lumineuze beeld / The Luminous Image* at the Stedelijk Museum in Amsterdam, the installation *As if memories could deceive me* also consists of three monitors placed on pedestals, on which film and music material from the tape produced for television was presented in a slightly different arrangement.

The video *As if memories could deceive me* begins with footage of the beginning of a rehearsal by the symphony orchestra of the New England Conservatory. Odenbach filmed the gradual arrival and seating of the musicians, the unpacking and tuning of the instruments with a Steadicam camera, capturing the space in a quiet, sweeping circle. The division of the screen into three vertical fields offers different perspectives and details of the concentrated, creative working situation; added to this is the original sound mix of the various instruments as they are being tuned. This is followed by recordings of the same orchestra performing the overture to Robert Schumann's opera *Manfred*, conducted by Piero Bellugi. The rarely performed work, based on a poem by the Romantic poet Lord Byron, tells the tale of the fatal inner conflict of the youthful hero. This is a first hint at the theme of identity addressed in *As if memories could deceive me*. The opening scenes of the video establish a dense atmosphere of refinement. The image of an American symphony orchestra playing a piece of nineteenth-century German music levels out national differences and transfers them to the overarching terrain of musical classicism as the epitome of Western-style bourgeois high culture.

In the second part of the videotape, Odenbach focuses on the image of a concert grand piano with inserted film quotations. On the horizontal surface above or below the frontal view of the keyboard, film images from the most diverse sources can be seen in rapid alternation. Music by Johann Sebastian Bach accompanies shots of southern German Baroque architecture and Gothic Madonnas, while scenes from German historical feature films and Nazi-era footage are underlaid with African rhythms. The black Steinway grand piano is used not only as a projection surface. Close-ups of hands playing the piano, but above all the image of a boy whose head has sunk wearily onto the keys, characterize the piano as an instrument of pedagogical exercise and bourgeois education. When the impressive pose of the boy asleep on the keyboard is taken by Odenbach himself in a subsequent scene, it creates the impression of continuity of childhood experiences that still dominate the self-image of the adult. The images projected onto the musical instrument next to and above the head of the respective sleeper seem to be engraved in memory and retrievable as ideas and emotions in the process of remembering.

The final part of the video leads into the rooms of a high-end menswear store. Shirts and sweaters are stacked on teak shelves, suits and jackets are displayed on clothing racks, and ties are carefully arranged by color on tables. The camera calmly sweeps over the assortment of the haberdasher, once again evoking the mood of saturated bourgeoisie conjured up at the beginning. For all its refinement, the range of off-the-rack goods points to the readymade mass taste of fashion, in which male identity can only be individually articulated through the choice of tie color. Odenbach's view of fashion and clothing is that of a semiotician who questions the world of appearance for its readable signs. Fashion, a highly structured system of codes, regulates individuation processes, communication, and social behavior with regard to the external image of the individual. In contrast, memory and remembering concern the individual's inner constitution, with images and music playing the important role of mediation.

The use of historical archival material, the inclusion of the artist's own person, and the interleaving of personal and national identity characterize Odenbach's artistic approach, which is strongly influenced by an interest in politics and contemporary history. The investigation of the function and effect of public and private images has been prominent in Odenbach's work since the video *Sich selbst bei Laune halten oder die Spielverderber* (*Staying in a Good Mood, or the Spoilsports*, 1977), in which the artist confronts his own person with relevant press images from the so-called German Autumn. With *As if memories could deceive me*, this practice comes to a head insofar as the guest artist Odenbach includes the foreign and the familiar as constitutive factors in his reflection on the issue of German identity. Asked to produce a video work for an American television station in Boston, he turned his attention to the local availability of appropriate archival material and thus to the Goethe-Institut, which is officially charged with disseminating German culture. In the process, Odenbach made a striking experience: there was no film material at all about the National Socialist era. Only archives of Jewish history in Boston, as well as film material brought back from Cologne provided corresponding film footage from the Nazi era, which he mounted into his video. The images of the German Gothic and Baroque periods provided by the Goethe-Institut cannot, in their clichéd nature, disguise the memories of other media images of German history. The images processed with the technique of cutting and mounting correspond to the process of remembering. By dissolving linear narrative modes and questioning logical causality, the world depicted in Odenbach's work appears disparate, heterogeneous, and fragmented. His "media-based history paintings" (Lydia Haustein) open up associative imaginative spaces and elevate remembering, foreboding, and doubting to a form of cognition.

* This essay is a revised and abridged version of: Doris Krystof, "Marcel Odenbach: *As if Memories Could Deceive Me*," in *40yearsvideoart.de — Part 1: Digital Heritage: Video art in Germany from 1963 to the present*, ed. Wulf Herzogenrath and Rudolf Frieling, exh. cat. K21 Kunstsammlung Nordrhein-Westfalen, Düsseldorf; ZKM | Center for Art and Media Karlsruhe; Kunsthalle Bremen; Museum der bildenden Künste, Leipzig; Städtische Galerie im Lenbachhaus, Munich (Ostfildern, 2006), pp. 228–33.

23 *As if memories could deceive me / Als ob Erinnerungen mich täuschen könnten*, 1984/1986
Einkanalvideo, Farbe und SW, Ton / Single-channel video, color and black-and-white, sound, 17' 35"

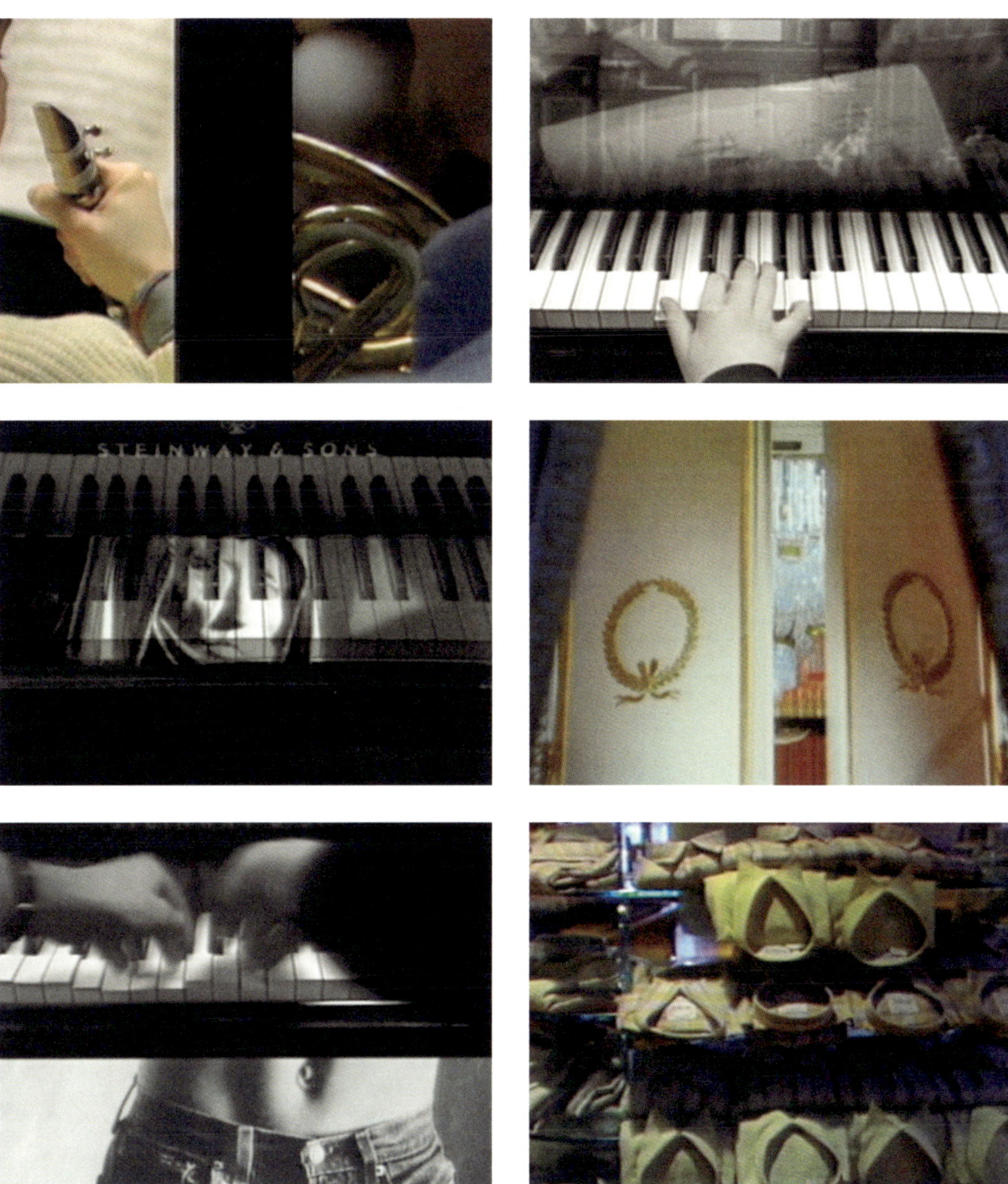

14 *Abwarten und Tee trinken oder die Stadt der anscheinenden Künstler*, 1978
Sit back and have some tea, or the city of artists
Einkanalvideo, SW, Ton / Single-channel video, black-and-white, 17' 26"

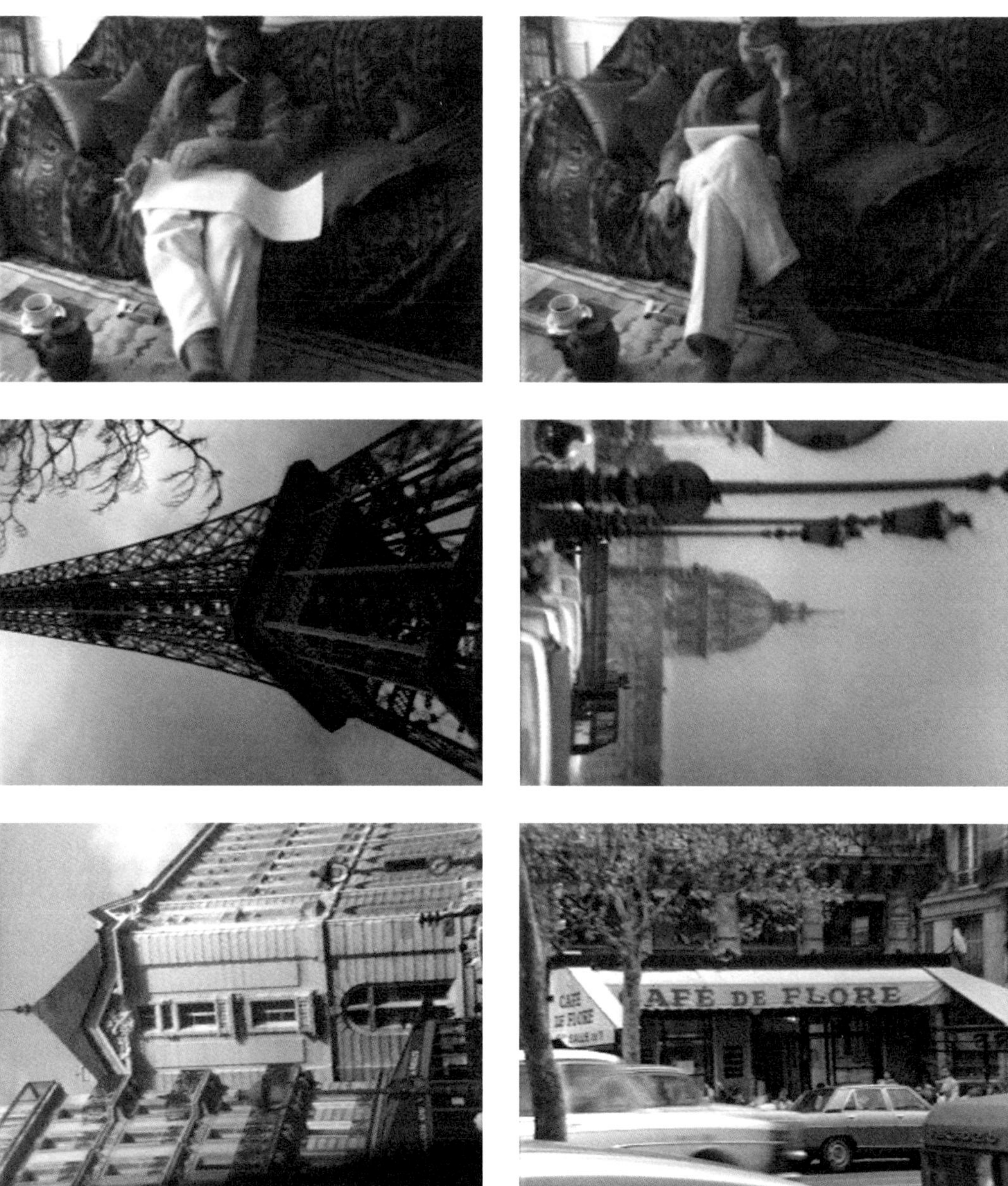

19 *Das Versteck der frühen Verbote*, 1981/82
The cache of early prohibitions
Einkanalvideo, SW, Ton / Single-channel
video, black-and-white, sound, 19' 53"

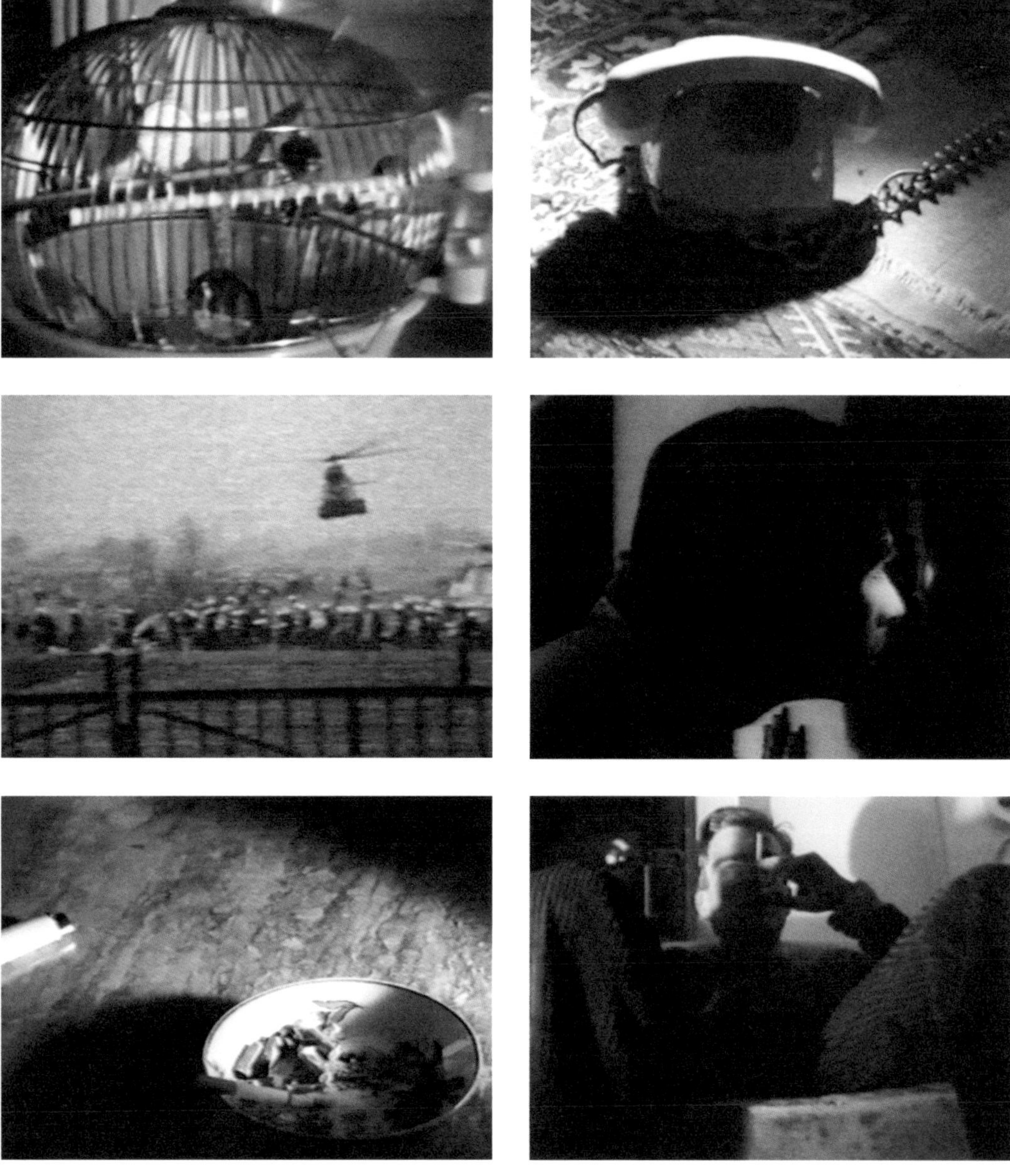

27 *Am gleichen Strang ziehen*, 1990
Working together for the same cause
Collage, Fotokopien, Acryl, Bleistift und Dispersion auf Papier / Collage, photocopies, acrylic, pencil, and dispersion on paper, 3-teilig / 3 parts, 210 x 350 cm (Gesamtgröße / overall size)

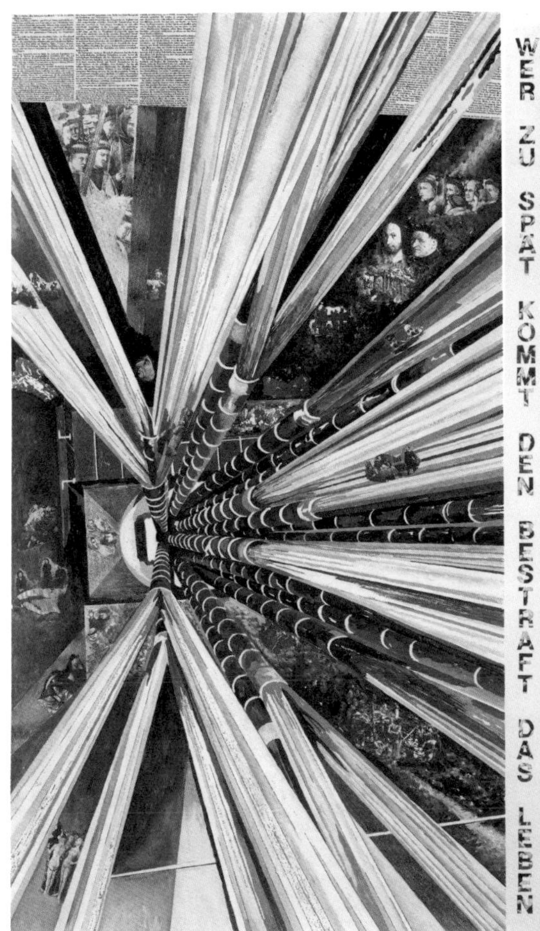
WER ZU SPÄT KOMMT DEN BESTRAFT DAS LEBEN

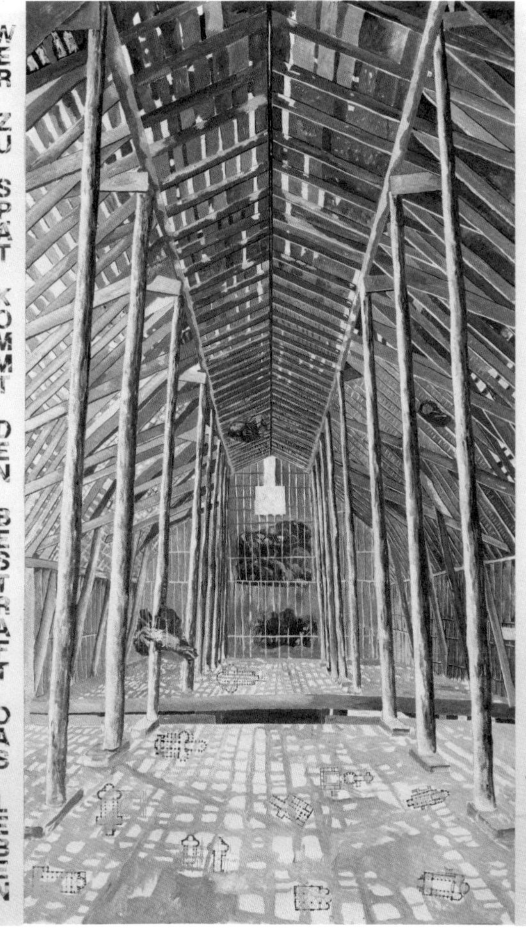
ALS KÖNNTE DIE FREIHEIT ZUR HÖLLE WERDEN

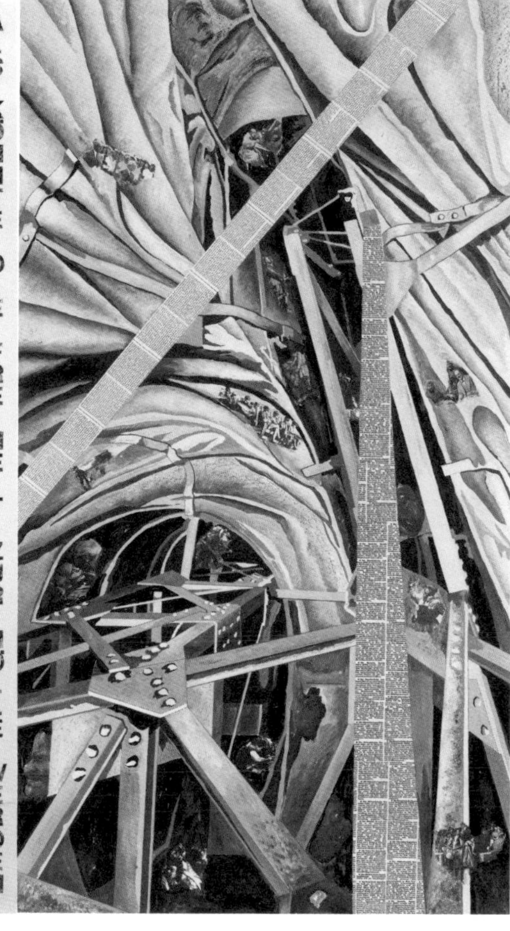

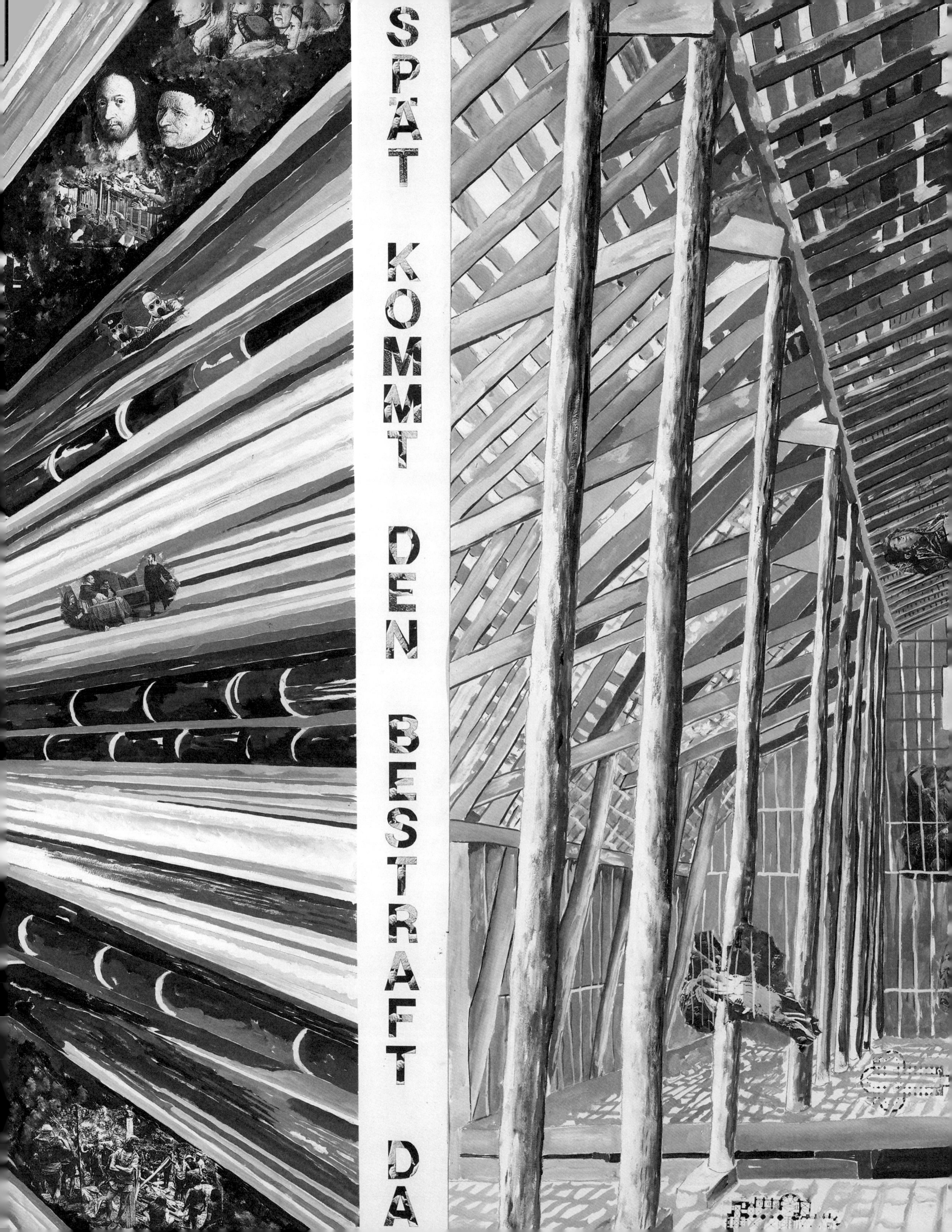

SPÄT KOMMT DEN BESTRAFT DA

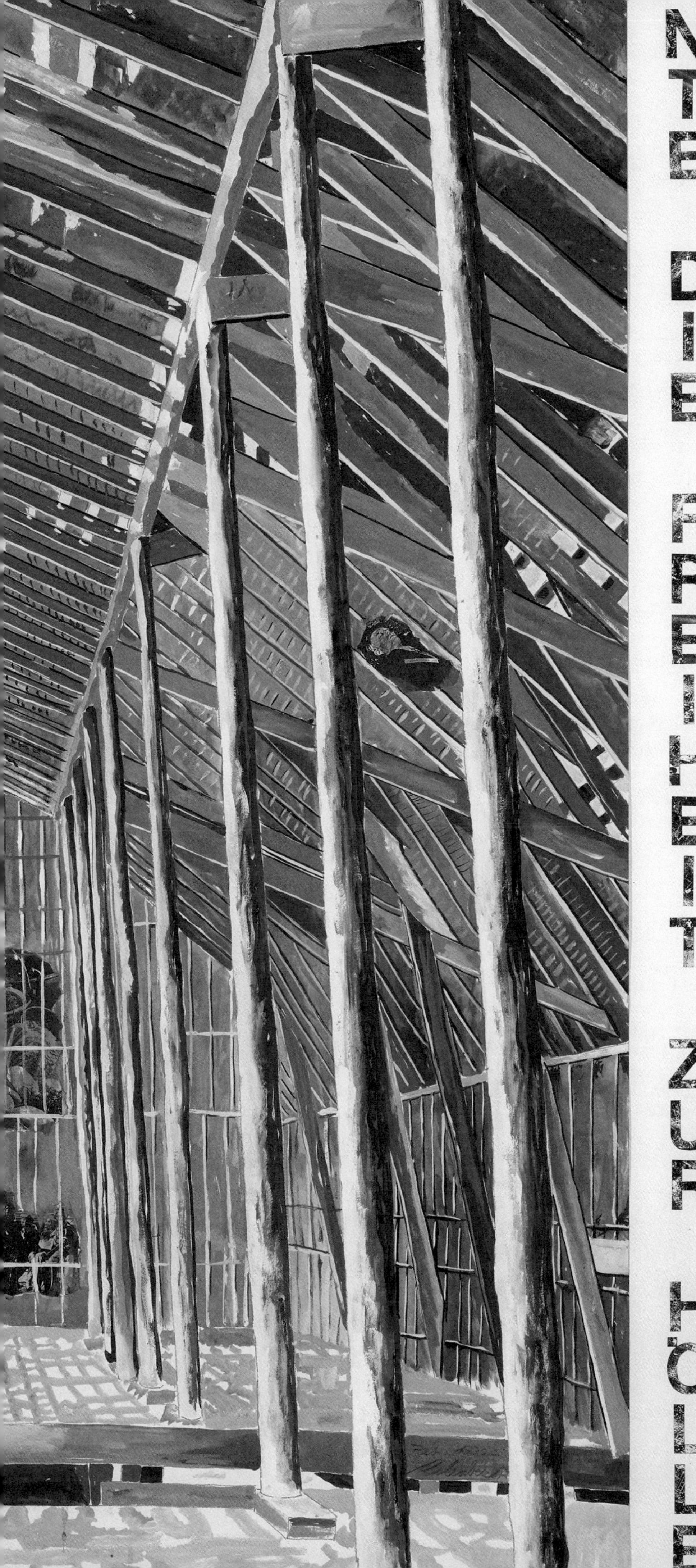
NTE DIE FREIHEIT ZUR HÖLLE

„DAS ENDE EINER ILLUSION …“ – MARCEL ODENBACHS FRÜHWERK

Barbara Engelbach

Zu den ersten Zeichnungen von Marcel Odenbach gehört die dreiteilige Serie von 1975 *Dinge die zu mir gehören*. Mit den Gegenständen Ohrring, Wappenring und schottischer Wollschal verknüpft der Künstler das Persönliche mit dem Gesellschaftlichen: das Geschlechtliche, die soziale Herkunft und die Sehnsucht danach, sich aus „der Schlinge (gesellschaftlicher Normen) zu retten“. Die Zeichnungen stellen keine expressiven Selbstspiegelungen dar, sie erscheinen als Ergebnis kritischer Selbstbefragung. Ihr analytisch-distanzierter und in der Setzung zugleich selbstbewusster Gestus vermittelt sich formal: Die Darstellungen der Objekte sind mittig auf der oberen Blatthälfte platziert, darunter ist mit Bleistift die Auswahl begründet, unten rechts sind Datierung und Signatur des damals 22-jährigen Künstlers zu finden. Ihre Form verweist auch auf etwas Zerbrechliches: Auf den Bleistiftzeichnungen ist jeweils nur ein Detail mit Farbe hervorgehoben; die Objekte sind auf dem Blatt isoliert und klein abgebildet; es sind vermeintlich nebensächliche Alltagsgegenstände, die zu Stellvertretern einer Person werden.

Noch im gleichen Jahr konnte Odenbach die Zeichnungen in der Kunstzeitschrift *Kunststoff* veröffentlichen, die Jürgen Klauke und Rudolf Bonvie zwischen 1975 und 1977 im Selbstverlag herausgegeben haben, – ein Hinweis darauf, dass er sich bereits in der rheinländischen Kunstszene bewegte, bevor er künstlerisch zu arbeiten anfing. Tatsächlich begann er Ende der 1960er-Jahre Ausstellungen wie zum Beispiel *Prospect 71* in der Kunsthalle Düsseldorf 1971 und *Projekt '74* in der Kunsthalle Köln 1974 zu besuchen. Er verfolgte das Ausstellungsprogramm der Galerie art intermedia von Helmut Rywelski und erlebte, wie Wolf Vostell 1969 für seine Arbeit im öffentlichen Raum *Ruhender Verkehr* einen Opel einbetonierte. Über seinen Aushilfsjob in der Galerie Rolf Ricke im Galerienhaus in der Lindenstraße ab 1973 lernte er durch das Galerienprogramm nicht nur die konzeptuelle amerikanische Kunst der 1970er-Jahre kennen, sondern auch Michael Buthe und die rheinländische Kunstszene.[1] Das Rheinland war bereits seit den 1950er-Jahren Zentrum des aktuellen Kunstgeschehens in Westdeutschland. Die neuen Kunsttendenzen, die sich in den 1960er-Jahren mit dem Umbruch der Künste ankündigten, erlebten in den 1970er-Jahren Anzeichen ihrer Etablierung. Das traditionelle Kunstverständnis, das Original, Originalität und die Hierarchie der Gattungen voraussetzte, wurde durch die konzeptuelle, performative Kunst ebenso infrage gestellt wie durch das neue Medium Video. Die erwähnten Ausstellungen *Prospect 71* und *Projekt '74* setzten in dieser Hinsicht neue Maßstäbe, weil sie ausdrücklich den neuen Kunstformen gewidmet waren.[2] Zugleich unterstützten und begleiteten Galerien die Entwicklung, zu denen auch die Galerie Projection von Ursula Wevers in der Galerie Ricke ab 1975 gehörte. Wevers führte mit ihrem Programm die gemeinsam mit Gerry Schum betriebene Fernsehgalerie (1968/69) und Videogalerie (1970–1973) unter neuen Vorzeichen fort. Ab 1974 war auch die im Jahr zuvor gegründete Galerie Ingrid Oppenheim der Galerie Ricke im Galeriehaus Lindenstraße benachbart. Sie bot mit ihrem Videoequipment Künstlerinnen und Künstlern, zu denen ab 1977 auch Odenbach gehörte, eine Produktionsstätte und nannte sich deswegen konsequenterweise auch Studio Oppenheim. Anregungen und Vorbilder fand Odenbach für seine frühen konzeptuellen Arbeiten, die er „Pläne“ nennt, Performances und Installationen im rheinländischen Kunstgeschehen also zur Genüge. Sein Studium an der RWTH Aachen in Architektur, Kunstgeschichte und Semiotik 1974 bis 1979 eröffnete ihm einen zusätzlichen theoretischen und methodischen Hintergrund. Bei dieser Fülle an Möglichkeiten setzte Odenbach in seinen frühen Arbeiten eigene Akzente, die für sein späteres Werk prägend wurden.

Schon die Titel seiner frühen Arbeiten verweisen auf die persönliche Suchbewegung des Künstlers. Dies gilt zum Beispiel für die Performance *Ich glaube, ich bin mir selbst verloren gegangen!* von 1976, für die Odenbach im gleichen Jahr auch eine Konzeptzeichnung fertigte. Mit verbundenen Augen tastet er sich taumelnd durch den Raum, um an einem Tisch ein Porträt von sich zu zeichnen. Der kinästhetische wird dem visuellen als kontrollierenden, fremdbestimmenden Sinn gegenübergestellt. Auf einer vergleichbaren Konfrontation basiert die Aktion *Schon seit Jahren nur auf einem Bein stehen – und dann aber seinen eigenen Weg gehen* aus dem gleichen Jahr. Der unsichere Stand auf einem Bein ist mit vier auf seinen Körper gerichteten Diaprojektionen konfrontiert, die für ihn im positiven wie negativen Sinn prägende Persönlichkeiten zeigen. Nacheinander richtet Odenbach während der Aktion die Projektionen von sich weg auf die Wände. Nimmt Odenbach in beiden Aktionen die Metapher für mangelndes Selbstbewusstsein, „auf wackeligen Beinen stehen", buchstäblich, so geht es in der Arbeit *Ich glaube, ich bin mir selbst verloren gegangen!* von 1976 um die Konfrontation von Selbst- und Fremdbild. In der 1978 realisierten Performance positionierte sich Odenbach mit einer schwarzen Maske vor der Galerie Magers in Bonn, in der seine Ausstellung mit Selbstporträts und klischeehaften Darstellungen seiner Person lief. Maskiert und auf diese Weise nicht über sein Gesicht identifizierbar wurde er Zeuge, wie das Publikum die Versuche seiner zeichnerischen Selbstannäherung ebenso wie seine Erfahrungen von Entfremdung durch die Erwartung anderer rezipierte. Das Paradox von Odenbachs ausgestellter Unsichtbarkeit macht deutlich, dass dem gesellschaftlichen Zwang nicht zu entgehen ist. Dies ist eine existenzielle und – wie es im Titel heißt – „vernichtende" Erfahrung.[3] Eine Umkehrung unter gleichen Vorzeichen erfährt die Konstellation in der nicht realisierten Arbeit *Non-Stop-Gedanken von M.O.* von 1976. Nun sind es persönliche Gedanken, die wie ein Bewusstseinsstrom ungefiltert und kurzgeschlossen mit einer Wanderschriftapparatur der Öffentlichkeit preisgegeben werden. Anders als Jenny Holzers *Truisms*, die sie zwischen 1977 und 1979 in der Öffentlichkeit plakatiert und später über LED-Werbetafeln im öffentlichen Raum vermittelt, handelt es sich bei Odenbach nicht um Sinnsprüche, deren Autorität in der anonymen Autorschaft begründet liegt. Vielmehr erinnert der Gedankenstrom an öffentliche Geständnisse, wie sie frühe Videoarbeiten von Vito Acconci kennzeichnen. Acconci nutzte die damals gesellschaftlich sanktionierte Trennung von Privatem und Öffentlichem, um aus seinen Geständnissen, die er in *Air time* von 1973 via Closed-Circuit-Installation in den öffentlichen Galerieraum vermittelte, die Spannung des Verbotenen abzuleiten und damit der Aktion einen subversiven Anstrich zu geben.[4] Hingegen erscheint Odenbachs in den öffentlichen Raum transferierter Gedankenfluss höchst vermittelt. Die Schreibschrift ist aus einzelnen Lichtpunkten zusammengesetzt und erhält eine abstrakte Qualität, weil sie Wort für Wort entziffert werden muss.

Video wurde von Künstlerinnen und Künstlern in den 1970er-Jahren sehr häufig in Aktionen eingebunden und als elektronischer Spiegel, Beichtstuhl oder Kontrollinstanz einer Testsituation eingesetzt. Es ist bemerkenswert, dass Odenbach das Medium nicht in diesem Sinne nutzte. Vielmehr war für ihn die Rezeptionssituation vor dem Monitor mit dem Dispositiv Fernsehen verknüpft.[5] Ein Beispiel ist seine 1978 realisierte *VIDEO-PERFORMANCE-INSTALLATION* von 1976/77 (vgl. Kat. Nr. 08 und 09). Odenbach zeichnete sich beim Fernsehschauen auf. In der darauffolgenden Aktion zeigte er sich beim Betrachten des Videos und nahm auch diese Situation auf, die er dann in der Installation auf einem zweiten Monitor ausstrahlte. Die Arbeit basiert also auf drei Handlungsschritten, die sukzessive den absorbierenden und

1 Zu den Angaben vgl. das Interview mit Marcel Odenbach, http://www.audioarchivkunst.de [gehört am 20.05.2021], sowie Odenbachs E-Mail an die Autorin vom 19.05.2021.

2 Barbara Engelbach, Die Künste im Umbruch: Fotografie und Medienkunst, in: Der Westen leuchtet, hg. von Stephan Berg, Stefan Gronert (Ausst.-Kat. Kunstmuseum Bonn), Bielefeld/Leipzig 2010, S. 102–111.

3 Vgl. Eve Kosofsky Sedgwick, Epistemologie des Verstecks, in: Andreas Kraß (Hg.), Queer denken: gegen die Ordnung der Sexualität (Queer Studies), Frankfurt am Main 2003, S. 113–143.

4 Barbara Engelbach, Zwischen Body Art und Videokunst. Körper und Video in der Aktionskunst um 1970, München 2000, S. 104.

5 Knut Hickethier, Dispositiv Fernsehen. Skizze eines Modells, in: montage/av – Zeitschrift für Theorie und Geschichte audiovisueller Kommunikation, Jg. 4, Nr. 1, 1995, S. 61–83.

passiven Konsum des Fernsehprogramms erst kenntlich machen und dann unterbrechen. Einer tautologischen Bumerangsituation[6] entgeht Odenbach durch das zeitlich versetzte und dreifach gestaffelte Vorgehen, mit dem ein aufklärerischer Impetus verbunden ist. Entsprechend betont er 1978: „Intention dieser Arbeit ist es, im Publikum Bedenken gegen die derzeitigen Entscheidungsmechanismen in der Programmgestaltung zu wecken."[7] 1976 hatte Odenbach zusammen mit Ulrike Rosenbach und Klaus vom Bruch das Videostudio ATV (Alternativ Television) gegründet, aus dem 1980 in gleicher Besetzung die Videorebellen hervorgingen. Die Idee, ein eigenes Fernsehprogramm zu produzieren und wenn nicht in Kooperation mit dem öffentlich-rechtlichen Fernsehen dann über illegale Sender zumindest in die Nachbarschaft zu übertragen, lag der Kollaboration der drei Kunstschaffenden zugrunde. Vorbild waren die USA und Kanada, wo das sogenannte Public Access Television um 1970 Kooperationen unter anderem mit Künstlerinnen und Künstlern bereits möglich gemacht hatte. Das in Westdeutschland 1984 gestartete Privatfernsehen blieb bekanntlich ohne Folgen für die Einwegkommunikation des Massenmediums. In der Konzeptzeichnung zur Arbeit zitiert Odenbach den Soziologen Alphons Silbermann, der sich als Professor für Kunstsoziologie und Massenkommunikation an der Universität zu Köln bereits 1968 mit diesem Problem in seiner Studie *Vorteile und Nachteile des kommerziellen Fernsehens* befasst hatte. Der Ansatz seiner Theorie der Massenkommunikation ist nicht, die Massenmedien zu verdammen, vielmehr das Bewusstsein für ihren Einfluss und ihre Gefahr herzustellen, die in der Hervorbringung „eine[r] bisher noch nie dagewesene[n] Totalität der Abbildung" liegt, die den Unterschied zwischen Bild und Wirklichkeit aufhebt.[8]

Video war für Odenbach wie für Rosenbach und vom Bruch gleichermaßen ein ausdrücklich politisches Medium. Seine Aktion, vor dem Fridericianum der documenta 6 1977 in Kassel seine Zeichnungen abzustempeln und zu verteilen, sollte als Bekenntnis zum neuen Medium verstanden werden. Der Umgang mit diesem Medium wurde allerdings durch den sogenannten Deutschen Herbst im gleichen Jahr auf besondere Weise auf den Prüfstand gestellt.[9] Die mit der Videokamera aufgezeichneten Bilder des von der Roten Armee Fraktion (RAF) entführten Hanns Martin Schleyer – die gleiche Art Kamera, wie sie auch Odenbach nutzte – liefen über die Fernsehkanäle und waren allgegenwärtig. Die Videoüberwachungsanlage wurde zugleich zum Symbol des Überwachungsstaates.[10] Im September 1977 realisierte Odenbach unter dem Eindruck der Entführung das Video *Sich selbst bei Laune halten oder die Spielverderber*. Abwechselnd filmte er in Zeitungen reproduzierte Fotografien mit Video ab, die Schleyer und den Mordanschlag auf Siegfried Buback zeigen, und konfrontierte sie mit Geduldsspielen, die er in Nahaufnahme vor der Kamera ausführte. Dazu ist das enervierende Geräusch eines Metronoms zu hören, das den spannungsvollen Kontrast der Motive noch erhöht. Sich in Geduld zu üben, ist eine Assoziation, die in der Gegenüberstellung zum Tragen kommt. Die andere ist die Vorstellung, dass Terror und Staatsmacht in einem (strategischen) Spiel verwoben sind. Im Plan zu seiner nicht realisierten Videoinstallation *Die 1000 Augen des Doktor Marbuse oder Vertrauen ist gut, Kontrolle ist besser* von 1978/79 greift Odenbach diese Konstellation erneut auf. Er zeigt das Videostandbild des Entführten[11] auf einem Monitor, dem ein zweiter gegenübersteht. Nach Odenbachs Konzept soll dieser Überwachungsbilder aus öffentlichen Räumen wie zum Beispiel dem Museum übertragen. Diesem Monitor ist das Zitat aus einer Werbung für Überwachungskameras zugeordnet, dem ersten ein weiteres von Herbert Marcuse zur Technik

6 Rosalind Krauss, Video: The Aesthetics of Narcissism, in: Gregory Battcock (Hg.), New Artists Video. A Critical Anthology, New York 1978, S. 43–64.

7 Marcel Odenbach, Der Konsum meiner eigenen Kritik, in: Marcel Odenbach. Videoarbeiten (Ausst.-Kat. Museum Folkwang Essen), Essen 1981, S. 71.

8 Alphons Silbermann, Udo Michael Krüger, Soziologie der Massenkommunikation, Stuttgart u. a. 1973, S. 9. Odenbachs Arbeit *Grenzen trennen die Möglichkeiten, Situationen, Probleme – lassen Verschiedenes entstehen!* vom April/Mai 1977 und unter dem Titel *Die Grenze* 1978 als Videoinstallation realisiert, setzt an dem gleichen Punkt an wie die beschriebene Arbeit und geht in eine ähnliche Richtung wie *Die Unwahrheit der Vernunft oder habe versucht die Problemstellung zu verschlafen* vom Herbst 1978.

9 Im April 1977 hatte die Rote Armee Fraktion (RAF) in Karlsruhe den Generalbundesanwalt Siegfried Buback sowie seinen Fahrer Wolfgang Göbel und den Leiter der Fahrbereitschaft Georg Wurster ermordet. Im Juli folgte der Mord am Vorstandssprecher der Dresdner Bank AG Jürgen Ponto in Frankfurt. Im September entführte sie den Arbeitgeberpräsident Hanns Martin Schleyer und hielt

als Herrschaftsinstrument. Wie Odenbach in seiner Konzeptzeichnung erläutert, nahm auch die RAF Video als Machtmittel in Anspruch, weswegen der Staat das Videogerät unter Generalverdacht stellte. Ein Rückzug des Künstlers in das Setting eines Bohemiens jenseits der Tagespolitik, wie es das in Paris entstandene Video *Abwarten und Tee trinken oder die Stadt der anscheinenden Künstler* von 1978 – Letzteres eine Variante der oben beschriebenen Geduldsübung – verspricht, bleibt Illusion, denn plötzlich taucht zwischen den Aufnahmen aus der Wohnung und aus dem öffentlichen Raum, die Repräsentationsbauten zeigen, das Graffiti eines Davidsterns neben einem Hakenkreuz auf. Es verweist auf die antisemitische Opfer-Täter-Umkehr, die auch der RAF-Terrorismus praktizierte.[12] Entsprechend finden sich im direkten Anschluss RAF-Graffitis. Danach ist eine erotische Einstellung zu sehen, in der der Künstler seinen nackten Hintern filmt und dabei das Wort „machen" auf Französisch dekliniert. Diese Einstellungen erscheinen in dem Video, das seine Dauer durch die Ereignislosigkeit spürbar macht, als parapraktische Unterbrechungen. Der Filmhistoriker Thomas Elsaesser schlägt vor, die Filme des Neuen Deutschen Films, die sich mit der postnazistischen Gesellschaft befassten und deren Omnibusfilm *Deutschland im Herbst* 1978 direkt auf den RAF-Terrorismus reagierte, unter dieser Perspektive der Fehlleistung zu betrachten. Er spricht von einer „Poetik der Parapraxe, auch zu verstehen als blockierte und gebrochene Handlungsfähigkeit, eine Art von negativem Aktivismus, unter bestimmten innerpsychischen Konditionen sowohl tragisch als auch komisch am Körper erfahrbar."[13] Dass Odenbach an einer solchen Affekt mobilisierenden Wirkung seiner Videos interessiert war, zeigt auch seine Auseinandersetzung mit Hitchcocks Filmtechnik des Suspense, die der Künstler in *Das Versteck der frühen Verbote* von 1981/82 erprobt. Motive, die mit Spannung konnotiert sind wie Telefon, Schatten, heimliche Beobachtung und Geräusche, zum Beispiel hallende Schritte und spannungsvolle Musik oder Schreie, sind in monotone Einstellungen geschnitten. Diese zeigen, wie sich wiederholt eine Fahrstuhltür öffnet und schließt, den rauchenden Künstler und einen Vogelkäfig. Die Szenen stehen ohne narrative Logik nebeneinander. Hitchcocks Suspense als Erwartung eines Ereignisses, das nicht eintrifft, wird in Odenbachs Video nicht nur aufgerufen. Es wird auch zu einer übergreifenden gesellschaftlichen Metapher. Das vermitteln die kurzen Einsprengsel von dokumentarischen Materialien, die Demonstrationen gegen die Startbahn West in Frankfurt 1980/81 und den Putschversuch in Spanien 1981 zeigen. Sie deuten darauf hin, dass das erwartete und doch ausgebliebene Ereignis ein gesellschaftlicher Umbruch ist. Der rätselhafte Titel – ein Zitat aus Botho Strauß' Roman *Paare Passanten* von 1981 – verweist mit den tabuisierten, weil versteckten Verboten auf gesellschaftliche Moralvorstellungen und damit einhergehende Schuldgefühle hin. Auf merkwürdige Weise greift das Ende des Videos das Thema des Verstecks und der Schuld auf. Zu hören ist die letzte Szene aus Hitchcocks *Psycho*, in der der Protagonist Norman Bates mit der Stimme seiner Mutter sagt: „Ich werde hier reglos sitzen, um zu zeigen, dass ich unschuldig bin." Und in seiner eigenen Stimme beteuert: „… nicht einmal einer Fliege kann sie etwas zuleide tun."

1980 ist für Odenbach die RAF Geschichte. In der Konzeptzeichnung zu seiner Installation *Das Ende einer Illusion oder 700 Intellektuelle beten einen Öltank an* ordnet er sie der Vergangenheit zu, der einer der beiden Installationsräume gewidmet ist. Sie wird über eine Dokumentation vermittelt, die über einen gegen die Wand gedrehten Monitor ausgestrahlt wird. Der zweite Raum, der sich auf die „Jetzt-Zeit" bezieht, stellt die „alternative Szene"[14] als ihre Nachfolgerin vor, die durch eine schlafende Katze in einer Videoaufnahme symbolisiert wird. In der Vergangenheit findet Odenbach Vorbilder wie Francisco José de Goya y Lucientes, Wolfgang Amadeus Mozart, Johann Wolfgang von Goethe, Friedrich Hölderlin, die die wahrhaft umfassenden gesellschaftspolitischen Umbrüche ihrer Zeit künstlerisch verarbeiteten. Dagegen erscheint

ihn sechs Wochen fest, um elf inhaftierte RAF-Mitglieder freizupressen. Um den Druck zu erhöhen, entführte die mit der RAF kollaborierende Terrororganisation Volksfront zur Befreiung Palästinas (PFLP) die Lufthansa-Maschine „Landshut" am 13. Oktober. Nach Befreiung der 86 Geiseln wurde Schleyer ermordet. Die RAF-Terroristen Andreas Baader, Gudrun Ensslin und Jan-Carl Raspe begingen Selbstmord.

10 E-Mail von Marcel Odenbach an die Autorin, 19.05.2021.

11 „… es ist immer wieder dieselbe Aufnahme, die von Hans-Martin [sic!] Schleyer während seiner Gefangenen-Zeit von den Terroristen mit Video – als Beweis seines noch-Lebens aufgenommen wurde und anschließend im Fernsehen zu sehen war." Zitiert nach der Konzeptzeichnung von Marcel Odenbach *Die 1000 Augen des Doktor Marbuse oder Vertrauen ist gut, Kontrolle ist besser* (1978/79).

12 Jeffrey Herf, Unerklärte Kriege gegen Israel. Die DDR und die westdeutsche radikale Linke, 1967–1989, Bonn 2020, S. 367–369.

13 Thomas Elsaesser, Terror und Trauma. Zur Gewalt des Vergangenen in der BRD, Berlin 2006, S. 42.

14 Die Grünen wurden 1980 als Sammelpartei der neuen sozialen Bewegungen gegründet.

ihm die Kulturindustrie der Gegenwart alles Kulturelle zu überformen: Kultur sei von Werbung dominiert, als bloßes Konsumprodukt werde sie über ihre Zweckmäßigkeit definiert. Über die vereinfachende, von Jean Baudrillard inspirierte kulturpessimistische Sicht hinausgehend,[15] legt er in seiner Konzeptionszeichnung auch das komplexe Verhältnis zwischen Persönlichem und Gesellschaftshistorischem dar. Geschichte entspreche einer sich drehenden Trommel, „in der jedes Faktum ständig eine neue Wertigkeit einnimmt". Auch seine persönlichen Veränderungen lassen ihn die Geschichte immer neu rezipieren. Sein Anspruch ist es, „die Vergangenheit durch das Jetzt wahrzunehmen", um sich „den vorgegebenen Normen zu widersetzen". Anders als das Zitat es nahelegt, entstehen ab 1980 Videos und Videoinstallationen, in denen es gerade nicht darum geht, Bildwelten zu entwickeln, die einfache Gegenentwürfe zu gesellschaftlichen Zwängen sind. Ein frühes Beispiel dafür ist das Video *Die Distanz zwischen mir und meinen Verlusten* von 1983. Odenbach ging von Franz Schuberts Vertonung des Gedichts *Erlkönig* von Goethe aus, das die verzweifelte Geschichte eines kranken Kindes in den Armen seines Vaters auf dem Weg durch die Nacht erzählt. Es ist ein Wettlauf mit dem Tod, der durch den dämonischen Erlkönig versinnbildlicht wird. In diese suggestive Geschichte verwebt Odenbach Motive und Themen, die von kolonialen Bildern und burundischer Musik über den Serienmörder Peter Kürten aus den 1920er-Jahren bis zu homosozialen und homosexuellen Motiven reichen. Sie stoßen eine Vielzahl von widersprüchlichen Assoziationen an, die in dem zwischen Verführung und Gewalttätigkeit angesiedelten Tenor des Gedichtes angelegt sind und deren Dechiffrierung die gewaltvollen gesellschaftlichen Abwehrmechanismen in Form von homophoben oder antisemitischen Abspaltungen kenntlich machen.[16] Odenbach beginnt hier mit der „heimtückischen Ambivalenz des Bildes"[17] und deren Montage zu arbeiten, die machtvolle Affekte mobilisiert, ohne Antworten auf die aufgeworfenen gesellschaftspolitischen Fragen zu geben, „und [sie] somit unlösbar [zu] lassen".[18]

Bereits in seinen frühen Zeichnungen, Aktionen und Installationen setzte Odenbach also Akzente gegen die konzeptuelle und performative (Video-)Kunst der 1970er-Jahre. Er führte das Autobiografische ein und verwies zugleich auf das Persönliche und Individuelle als gesellschaftshistorisch Hervorgebrachtes. Gegen die „Ästhetik der Verwaltung"[19] der konzeptuellen Kunst nutzte er in seinen „Plänen" Zeichnungen, in den Massenmedien vorgefundene Bilder sowie Erläuterungen in Schreibschrift mit einer eigenen kalligrafischen Qualität. Und schließlich bezog sich seine Rückführung von Video auf das Massenmedium Fernsehen nicht nur auf dessen Dispositiv, sondern ausdrücklich auch auf dessen Bildwelten und Alltagsmythen. Darauf weisen auch seine intensive Beschäftigung mit Klischees in der Werbung sowie seine bevorzugte Verwendung von Sprichwörtern und Redewendungen hin, in denen gesellschaftliche Übereinkünfte und unausgesprochene Wertungen transportiert werden. Leer in der Form und überladen an Sinn[20] verselbstständigen sich nach Roland Barthes solche Begriffe und Bilder zu Mythen des Alltags. In ihnen wird Geschichte naturalisiert. Allerdings ist die Aufgabe der Entschleierung „doppeldeutig, behindert durch ihren moralischen Ursprung".[21] Doch kann sie nach Barthes auf zweierlei Weise erfolgen: „ein für die Geschichte vollkommen durchlässiges Reales setzen und ideologisieren, oder, umgekehrt, ein letztlich undurchdringliches, nicht reduzierbares Reales setzen, und in diesem Fall zu poetisieren".[22] Wie seine Videos ab 1980 deutlich machen, hat sich Odenbach für die Poesie entschieden.

15 Odenbach zitiert zum Beispiel aus Jean Baudrillard, Der Beaubourg-Effekt. Implosion und Dissuasion, in: ders., Kool Killer oder der Aufstand der Zeichen, Berlin 1978, S. 59–82, hier S. 66.

16 Vgl. auch die umfassende Analyse von Jörg Heiser, The Erl-King Constellation. Marcel Odenbach and artistic grappling with it: Holocaust, trauma, and subjectification, in: Take it or Leave it. Marcel Odenbach. Anthology of Texts and Videos, hg. von Slavko Kacunko, Yvonne Spielmann, Berlin 2013, S. 231–254.

17 Kobena Mercer, Knowing Me, Knowing You: Videokunst als Medium der Hybridisierung, in: Marcel Odenbach. Blenden, hg. von Vanessa Joan Müller, Nicolaus Schafhausen (Ausst.-Kat. Frankfurter Kunstverein), New York 2002, S. 123.

18 Ebd., S. 121.

19 Benjamin Buchloh, Von der Ästhetik der Verwaltung zur institutionellen Kritik, in: Um 1968. Konkrete Utopien und Gesellschaft (Ausst.-Kat. Städtische Kunsthalle Düsseldorf), Köln 1990, S. 86–99, hier S. 89.

20 Roland Barthes, Mythen des Alltags, Frankfurt am Main 1964, S. 105.

21 Ebd., S. 148.

22 Ebd., S. 151.

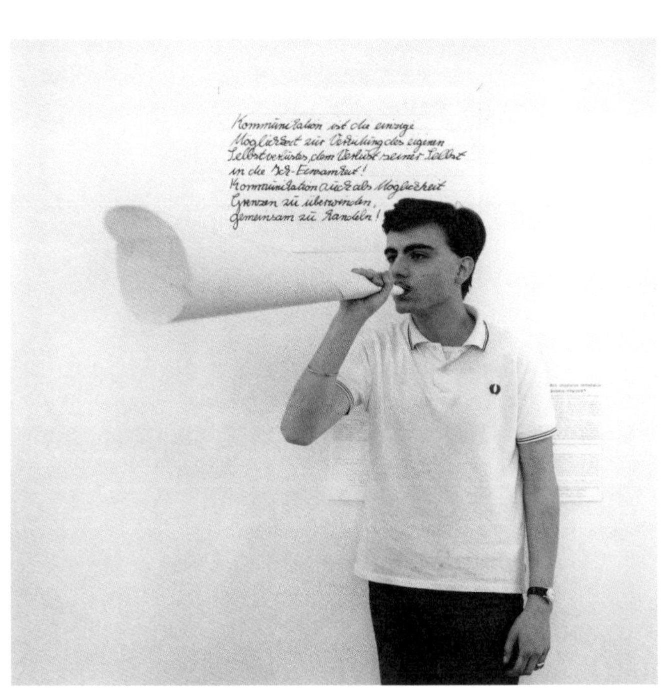

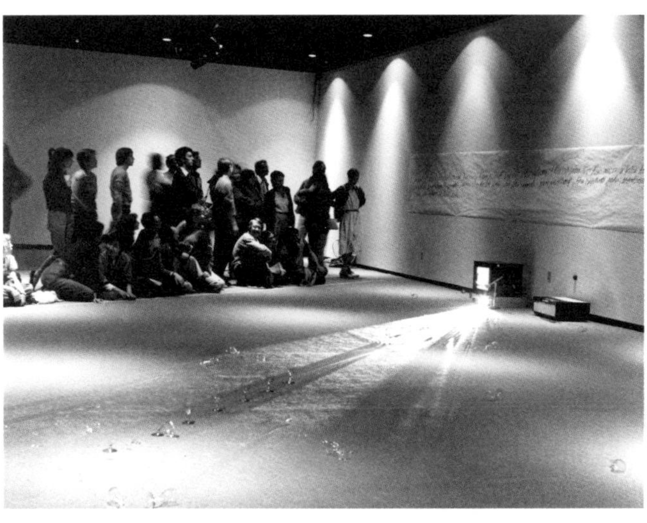

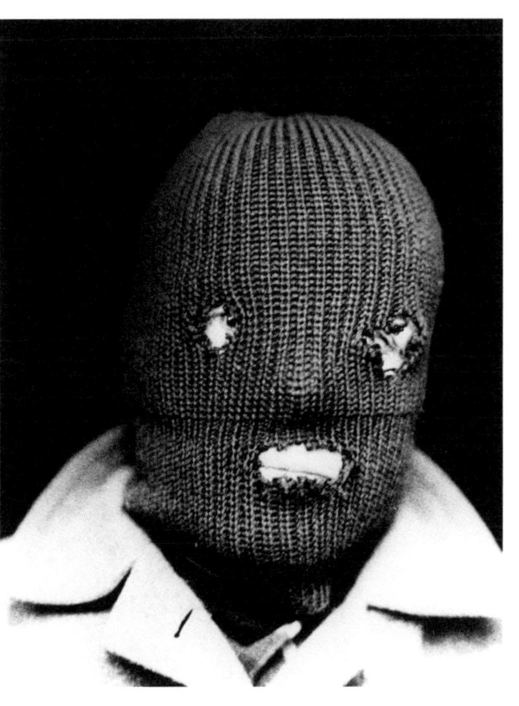

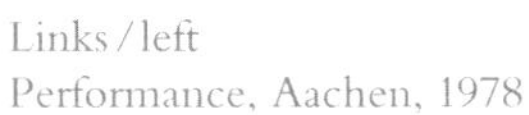

Links / left
Performance, Aachen, 1978

Rechts oben / Upper right
Einfach so wie jeden Tag oder sich selbst bei Laune halten (Just like every day or staying in a good mood), Videoperformance / video performance, Stichting De Appel, Amsterdam, 1978

Rechts unten / Bottom right
Ich glaube, ich bin mir selbst verloren gegangen, denn Ihre Klischees hätten mich beinahe vernichtet. (I think I have become lost to myself, because their clichés almost destroyed me.), Performance, Dia-Installation / performance, slide installation, 1976, Galerie Ph. Magers, Bonn 1978

"THE END OF AN ILLUSION . . .": MARCEL ODENBACH'S EARLY WORK

Barbara Engelbach

Among the first drawings by Marcel Odenbach is the three-part series *Dinge die zu mir gehören* (*Things that belong to me*, 1975). With the objects depicted—an earring, a signet ring, and woolen tartan scarf—the artist links the personal with the social: gender, social background, and the longing to "free oneself from the noose (of social norms)." The drawings do not represent expressive self-reflections, but rather appear as the result of critical self-questioning. Their analytically distanced and at the same time self-confident gesture is conveyed formally: the depictions of the objects are placed in the center of the upper half of the paper; below them the selection is justified in pencil, and the date and signature of the then twenty-two-year-old artist can be found in the lower right. Their form also refers to something fragile: in each of the pencil drawings, only one detail is highlighted with color; the objects are isolated and small; they are ostensibly incidental everyday objects that become surrogates of an individual.

That same year, Odenbach was able to publish the drawings in *Kunststoff*, an art magazine self-published by Jürgen Klauke and Rudolf Bonvie between 1975 and 1977—an indication that he was already active in the Rhenish art scene before he started working as an artist. In fact, he had already begun attending exhibitions in the late 1960s, including *Prospect 71* at the Kunsthalle Düsseldorf and *Projekt '74* at the Kunsthalle and the Kölnischer Kunstverein in Cologne. He followed the exhibition program of Helmut Rywelski's gallery art intermedia and witnessed Wolf Vostell embedding an Opel Kapitän in concrete for his public artwork *Ruhender Verkehr* (*Stationary Traffic*) in 1969. Through his job as an assistant at the Galerie Rolf Ricke in the Galeriehaus Lindenstrasse from 1973 on, he became acquainted with not only the conceptual American art of the 1970s, but also Michael Buthe and the Rhenish art scene.[1] The Rhineland had already been the center of the contemporary art scene in West Germany since the 1950s. By the 1970s, the new art tendencies that emerged with the radical change in art in the 1960s already began showing signs of becoming established. The traditional understanding of art, which presupposed the original, originality, and the hierarchy of genres, was called into question by conceptual, performative art as much as by the new medium of video. The aforementioned exhibitions *Prospect 71* and *Projekt '74* set new standards in this respect due to the fact that they were expressly dedicated to the new art forms.[2] This development was also supported and accompanied by commercial galleries, including Ursula Wevers's Galerie Projektion in the Galerie Ricke from 1975 onward. With her program, Wevers continued what she had already begun at the Fernsehgalerie (1968–69) and the Videogalerie (1970–73), both of which she had run together with Gerry Schum. From 1974 on, the gallery founded the year before by Ingrid Oppenheim was located next door to the Galerie Ricke in the Galeriehaus Lindenstrasse. With its video equipment, it offered artists—including Odenbach from 1977 onward—a production site and consequently called itself Studio Oppenheim. In the Rhenish art scene, Odenbach found plenty of inspiration and models for his early conceptual works, which he calls *Pläne* (*Plans*), as well as performances and installations. His studies in architecture, art history, and semiotics at the RWTH Aachen University from 1974 to 1979 opened up an additional theoretical and methodological background for him. With this wealth of possibilities, Odenbach set his own accents in his early works, which became formative for his later work.

The titles of his early works already refer to the artist's personal search. This is true, for example, of the performance *Ich glaube, ich bin mir selbst verloren gegangen!* (*I think I have become lost to myself!*, 1976), for which Odenbach also produced a concept drawing that same year. Blindfolded, he gropes and staggers through a room to draw a portrait of himself at a table. The kinesthetic is contrasted with the visual as a controlling, alienating sense. The action *Schon seit Jahren nur auf einem Bein stehen – und dann aber seinen eigenen Weg gehen* (*Only one leg to stand on for years—but still going his own way!*) from the same year is based on a comparable contrast. The unsteady standing on one leg is confronted with four slide projections directed at his body, which depict people who were formative for him in both a positive and a negative sense. During the action, Odenbach successively directs the projections away from himself and onto the walls of the space. Whereas in both actions he takes the metaphor for a lack of self-confidence literally—"standing on shaky legs"—the work *Ich glaube, ich bin mir selbst verloren gegangen!* is about the confrontation between self-image and external image. In a performance realized in 1978, Odenbach positioned himself with a black mask in front of the Galerie Magers in Bonn, where his exhibition of self-portraits and clichéd depictions of himself was on view. Masked and in this way not identifiable by his face, he witnessed how the audience received his attempts at graphic self-approximation as well as his experiences of alienation via the expectation of others. The paradox of Odenbach's exhibited invisibility makes it clear that there is no escaping social pressure. This is an existential and—as the title states—"devastating" experience.[3] The constellation is reversed under the same omen in the unrealized work *Non-Stop-Gedanken von M.O.* (*Non-stop thoughts of M.O.*, 1976). Here, it is his personal thoughts that are revealed to the public like a stream of consciousness, unfiltered and short-circuited with a moving text display. In contrast to Jenny Holzer's *Truisms*, which she posted in public spaces between 1977 and 1979 and later communicated via LED displays, Odenbach's thoughts are not aphorisms whose authority is rooted in anonymous authorship. Rather, the stream of thought is reminiscent of public confessions that characterize early video works by Vito Acconci. For *Air Time* (1973), Acconci used the then socially sanctioned separation of the private and the public to derive the tension of the forbidden from his confessions, which he conveyed to the public gallery space in a closed-circuit installation, thus giving the action a subversive veneer.[4] In contrast, Odenbach's flow of thoughts transported into the public space appears highly mediated. The cursive writing is composed of individual points of light and takes on an abstract quality because it must be deciphered word by word.

In the 1970s, artists very often incorporated video into actions as an electronic mirror, a confessional, or a controlling instance of a test situation. It is interesting to note that Odenbach did not use the medium in this sense. Rather, for him, the reception situation in front of the monitor was linked to the *dispositif*, or apparatus, of television.[5] One example is his *VIDEO-PERFORMANCE-INSTALLATION* from 1976–77 (see cat. nos. 08 and 09), realized in 1978. Odenbach recorded himself watching television. In the subsequent action, he presented himself watching the video and also recorded this situation, which he then broadcast on a second monitor in the installation. The work is thus based on three steps of an action that successively make the absorbing and passive consumption of the television

1 For more on the details noted here, see the interview with Marcel Odenbach in *Audioarchiv Kunst: Stimmen zu den Anfängen der zeitgenössischen Kunst im Rheinland*, ed. Sabine Oelze and Marion Ritter, n.d., http://audioarchivkunst.de/zeitzeugen/marcelodenbach (accessed July 16, 2021). Additional information was provided by the artist in an e-mail message to the author, May 19, 2021.

2 Barbara Engelbach, "The Arts in Upheaval: Photography and Media Art," in *Der Westen leuchtet / The Luminous West*, ed. Stephan Berg and Stefan Gronert, exh. cat. Kunstmuseum Bonn (Bielefeld and Leipzig, 2010), pp. 103–11.

3 Cf. Eve Kosofsky Sedgwick, *Epistemology of the Closet* (Berkeley, 1990).

4 Barbara Engelbach, *Zwischen Body Art und Videokunst: Körper und Video in der Aktionskunst um 1970* (Munich, 2000), p. 104.

5 Knut Hickethier, "Dispositiv Fernsehen: Skizze eines Modells," *montage/av: Zeitschrift für Theorie und Geschichte audiovisueller Kommunikation* 4, no. 1 (1995), pp. 61–83.

program recognizable and then interrupt it. Odenbach avoided a tautological boomerang situation[6] through the temporally shifted and threefold staggered procedure, with which an enlightening impetus was connected. In 1978, he thus emphasized accordingly: "The intention of this work is to arouse misgivings in the audience about the current decision-making mechanisms in programming."[7] In 1976, Odenbach had founded the video studio ATV (Alternativ Television) together with Ulrike Rosenbach and Klaus vom Bruch, out of which the Videorebellen (video rebels) emerged in 1980 with the same constellation. The idea of producing their own television program and, if not in cooperation with public television, then at least broadcasting it to the neighborhood via illegal stations, was the basis for the collaboration of the three artists. The model was the United States and Canada, where so-called public access television had already made cooperation projects with artists and other individuals possible around 1970. Private television, which was launched in West Germany in 1984, had no consequences for the one-way communication of the mass medium. In the concept drawing for the work, Odenbach quotes the sociologist Alphons Silbermann, who, as professor of the sociology of art and mass communication at the University of Cologne, had already dealt with this problem in 1968 in his study *Vorteile und Nachteile des kommerziellen Fernsehens* (*Advantages and disadvantages of commercial television*). The basis of his theory of mass communication is not to condemn the mass media, but rather to establish an awareness of their influence and their danger, which lies in the production of "a hitherto unprecedented totality of representation" that blurs the distinction between image and reality.[8]

For Odenbach, as for Rosenbach and vom Bruch, video was an explicitly political medium. His action of stamping and distributing his drawings in front of the Fridericianum at *documenta 6* in Kassel in 1977 was to be understood as a commitment to the new medium. The handling of this medium was, however, put to the test in a special way by the so-called German Autumn that same year.[9] The images of Hanns Martin Schleyer, who had been kidnapped by the Red Army Faction (RAF), were recorded with a video camera—the same kind of camera that Odenbach used—and televised on all channels, thus becoming omnipresent. The video surveillance system also became a symbol of the surveillance state.[10] In September 1977, under the impression of the kidnapping, Odenbach made the video *Sich selbst bei Laune halten oder die Spielverderber* (*Staying in a Good Mood, or the Spoilsports*). He combined filmed photographs reproduced in newspapers with video footage showing Schleyer and the assassination attempt on Siegfried Buback, and juxtaposed these with games of patience, which he played in close-up in front of the camera. This is accompanied by the enervating sound of a metronome, which heightens the tension-filled contrast of the motifs. Practicing patience is one association that comes into play in the juxtaposition. The other is the idea that terror and state power are interwoven in a (strategic) game. In the *Plan* to his unrealized video installation *Die 1000 Augen des Doktor Marbuse oder Vertrauen ist gut, Kontrolle ist besser* (*The 1000 eyes of Doctor Marbuse or trust is good, control is better*), from 1978–79, Odenbach once again takes up this constellation. He presents a video still of the kidnapped manager[11] on a monitor with a second monitor opposite it. According to Odenbach's concept, the second monitor was intended to transmit surveillance images from public spaces such as museums. This monitor is assigned the quotation from an advertisement for surveillance cameras, the first one with another quotation by Herbert Marcuse on technology as an

6 Rosalind Krauss, "Video: The Aesthetics of Narcissism," in *New Artists Video: A Critical Anthology*, ed. Gregory Battcock (New York, 1978), pp. 43–64.

7 Marcel Odenbach, "Der Konsum meiner eigenen Kritik," in *Marcel Odenbach: Videoarbeiten*, exh. cat. Museum Folkwang (Essen, 1981), p. 71 [translated].

8 Alphons Silbermann and Udo Michael Krüger, *Soziologie der Massenkommunikation* (Stuttgart et al., 1973), p. 9 [translated]. Odenbach's work *Grenzen trennen die Möglichkeiten, Situationen, Probleme—lassen Verschiedenes entstehen!* (*Borders separate the possibilities, situations, problems—and allow diversity to emerge!*), conceived in April–May 1977 and realized in 1978 as a video installation under the title *Die Grenze* (*The Border*), takes the same starting point as the work described and goes in a similar direction as *Die Unwahrheit der Vernunft oder habe versucht die Problemstellung zu verschlafen* (*The falsity of reason or I tried to oversleep the problem*) from the fall of 1978.

9 In April 1977, the Red Army Faction (RAF) murdered Federal Attorney General Siegfried Buback in Karlsruhe, as well as his driver, Wolfgang Göbel, and the head of the motor pool, Georg Wurster. This was followed in July by the murder of Jürgen Ponto, spokesman of the board of the Dresdner Bank AG, in Frankfurt am Main. In September,

instrument of domination. As Odenbach explains in his conceptual drawing, the RAF also used video as a means of power, which is why the state placed video equipment under general suspicion. The artist's retreat into the setting of a bohemia beyond the politics of the day, as promised by the video *Abwarten und Tee trinken oder die Stadt der anscheinenden Künstler* (*Sit back and have some tea, or the city of artists*, 1978)—the former a variant of the exercise in patience described above—remains an illusion, because suddenly the graffiti of a Star of David next to a swastika appears between the shots of the apartment and the public space with prestigious buildings. It refers to the anti-Semitic victim-perpetrator inversion that RAF terrorism also practiced.[12] Accordingly, RAF graffiti can be found in the next scene. This is followed by an erotic shot in which the artist films his naked buttocks while conjugating the verb "to make" in French. These shots appear as "parapractical" interruptions in the video, which makes its duration palpable through its uneventfulness. The film historian Thomas Elsaesser suggests that the films of the New German Cinema, which dealt with post-Nazi society and whose omnibus film *Deutschland im Herbst* (*Germany in Autumn*, 1978) reacted directly to RAF terrorism, should be viewed from this perspective of failure. He speaks of a "poetics of parapraxes, also to be understood as a blocked and broken capacity for action, a kind of negative activism, under certain inner-psychic conditions both tragically and comically experienceable in the body."[13] The fact that Odenbach was interested in such an affect-mobilizing impact of his videos is also evident in his exploration of Hitchcock's cinematic technique of suspense, which the artist tried out in *Das Versteck der frühen Verbote* (*The cache of early prohibitions*, 1981–82). Motifs connoting suspense such as the telephone, shadows, and surreptitious surveillance, and sounds such as echoing footsteps and suspenseful music or screams are cut into monotonous shots. These show an elevator door repeatedly opening and closing, the artist smoking, and a birdcage. The scenes stand side by side without narrative logic. Hitchcock's suspense as the expectation of an event that does not occur is not only invoked in Odenbach's video—it also becomes an overarching social metaphor. This is conveyed by the brief sprinklings of documentary material showing demonstrations against the Runway 18 West in Frankfurt am Main in 1980–81 and the attempted coup in Spain in 1981. They suggest that the event that was expected and yet failed to materialize is a social upheaval. The enigmatic title, a quotation from Botho Strauss's novel *Paare, Passanten* (*Couples, Passersby*, 1981), refers with the tabooed—because hidden—prohibitions to social moral concepts and the accompanying feelings of guilt. The end of the video picks up the theme of hiding and guilt in a peculiar way. The final scene from Hitchcock's film *Psycho* can be heard, in which the protagonist Norman Bates says in his mother's voice: "I'll sit here motionless to show that I'm innocent." And in his own voice affirms: "She couldn't hurt a fly."

In 1980, the RAF is history for Odenbach. In the conceptual drawing for his installation *Das Ende einer Illusion oder 700 Intellektuelle beten einen Öltank an* (*The end of an illusion, or 700 intellectuals pray to an oil tank*), he assigns it to the past, to which one of the two rooms of the installation is dedicated. It is mediated by a documentary broadcast from a monitor turned against the wall. The second room, referring to the "now," presents the "alternative

they kidnapped Hanns Martin Schleyer, president of the Confederation of German Employers' Associations, holding him for six weeks in an effort to free eleven imprisoned RAF members. To increase the pressure, the terrorist organization Popular Front for the Liberation of Palestine (PFLP), which collaborated with the RAF, hijacked the Lufthansa plane "Landshut" on October 13. After the eighty-six hostages were freed, Schleyer was murdered. RAF terrorists Andreas Baader, Gudrun Ensslin, and Jan-Carl Raspe committed suicide.

10 Marcel Odenbach, e-mail message to the author, May 19, 2021.

11 "It is time and again the same video footage, which was made by the terrorists of Hans-Martin [*sic*] Schleyer during his time as a prisoner—as proof of his still being alive—and subsequently shown on television." Quoted from the concept drawing by Marcel Odenbach *Die 1000 Augen des Doktor Marbuse oder Vertrauen ist gut, Kontrolle ist besser* (1978–79).

12 Jeffrey Herf, *Undeclared Wars with Israel: East Germany and the West German Far Left, 1967–1989* (Cambridge, UK, 2016).

13 Thomas Elsaesser, *Terror und Trauma: Zur Gewalt des Vergangenen in der BRD* (Berlin, 2006), p. 42 [translated].

scene"[14] as its successor, symbolized by a sleeping cat in a video shot. Odenbach finds role models in the past, such as Francisco José de Goya y Lucientes, Wolfgang Amadeus Mozart, Johann Wolfgang von Goethe, and Friedrich Hölderlin, who artistically processed the truly comprehensive sociopolitical upheavals of their respective time. By contrast, the cultural industry of the present seems to him to be over-shaping everything cultural: for Odenbach, it is dominated by advertising; as a mere consumer product, it is defined by its expediency. Going beyond the simplistic, culturally pessimistic view inspired by Jean Baudrillard,[15] his conceptual sketch also lays out the complex relationship between the personal and the sociohistorical. For Odenbach, history corresponds to a revolving drum "in which each fact constantly assumes a new value." His personal changes also allow him to receive history ever anew. His aspiration is to "perceive the past through the now" in order to "resist the given norms." Contrary to what the quote suggests, from 1980 onward he created videos and video installations that are precisely not about developing visual worlds that are simple counter-designs to social constraints. An early example of this is the video *Die Distanz zwischen mir und meinen Verlusten* (*The Distance between Me and My Losses*, 1983), in which Odenbach took as his point of departure Franz Schubert's setting to music of Goethe's poem "Erlkönig," which tells the desperate story of a sick child in his father's arms as he rides through the night. It is a race against death, personified by the demonic Erlkönig (Erl King). Into this evocative story, Odenbach weaves motifs and themes ranging from colonial imagery, Burundian music, and the 1920s serial killer Peter Kürten to homosocial and homosexual motifs. They trigger a multitude of contradictory associations inherent in the poem's tenor, which is situated between seduction and violence, and whose decipherment reveals the violent social defense mechanisms in the form of homophobic or anti-Semitic secessions.[16] Here, Odenbach begins to work with the "insidious ambivalence of the image"[17] and its montage, which mobilizes powerful affects without providing answers to the sociopolitical questions raised, which are kept, "in this sense, unsolvable."[18]

Already in his early drawings, actions, and installations, Odenbach thus set accents against the conceptual and performative (video) art of the 1970s. He introduced the autobiographical aspect and at the same time referred to the personal and the individual as something socially and historically produced. For his *Pläne*, he used drawings, images found in the mass media, and explanations in cursive writing with its own calligraphic quality against the "aesthetics of administration"[19] of Conceptual Art. And finally, his tracing of video back to the mass medium of television referred not only to its *dispositif*, but also explicitly to its visual worlds and everyday myths. This is likewise indicated by his intensive preoccupation with clichés in advertising, as well as by his preferred use of proverbs and idioms in which social conventions and unspoken valuations are transported. According to Roland Barthes, such terms and images—empty in form and overloaded with meaning[20]—become myths of everyday life. In them, history is naturalized. The task of unveiling is, however, "ambiguous, hampered by its ethical origin."[21] Yet, according to Barthes, it can be done in two ways: "either to posit a reality which is entirely permeable to history, and ideologize; or, conversely, to posit a reality which is ultimately impenetrable, irreducible, and, in this case, poetize."[22] As his videos from 1980 onward make clear, Odenbach opted for poetry.

14 The Greens were founded in 1980 as a rallying party for the new social movements.
15 Odenbach quotes, for example, from Jean Baudrillard, "The Beaubourg-Effect: Implosion and Deterrence," trans. Rosalind Krauss and Annette Michelson, *October* 20 (Spring 1982), pp. 3–13.
16 Cf. also the comprehensive analysis by Jörg Heiser, "The Erl-King Constellation: Marcel Odenbach and artistic grappling with it: Holocaust, trauma, and subjectification," in *Take It or Leave It: Marcel Odenbach: Anthology of Texts and Videos*, ed. Slavko Kacunko and Yvonne Spielmann (Berlin, 2013), pp. 231–54.
17 Kobena Mercer, "Knowing Me, Knowing You: Video Art as a Practice of Hybridization," in *Marcel Odenbach: Blenden / Blinds*, ed. Vanessa Joan Müller and Nicolaus Schafhausen, exh. cat. Frankfurter Kunstverein, Frankfurt am Main; Kunstraum Innsbruck (New York, 2002), p. 140.
18 Ibid., p. 138.
19 Benjamin Buchloh, "Conceptual Art 1962–1969: From the Aesthetics of Administration to the Critique of Institutions," *October* 55 (Winter 1990), pp. 105–43.
20 Roland Barthes, *Mythologies* [1957], trans. Annette Lavers (New York, 1972), p. 112.
21 Ibid., p. 157.
22 Ibid., p. 159.

02 *Dinge die zu mir gehören*, Juni / June 1975
Things that belong to me
Bleistift und Farbstift auf Papier / Pencil and
colored pencil on paper, je / each 29,7 × 21 cm

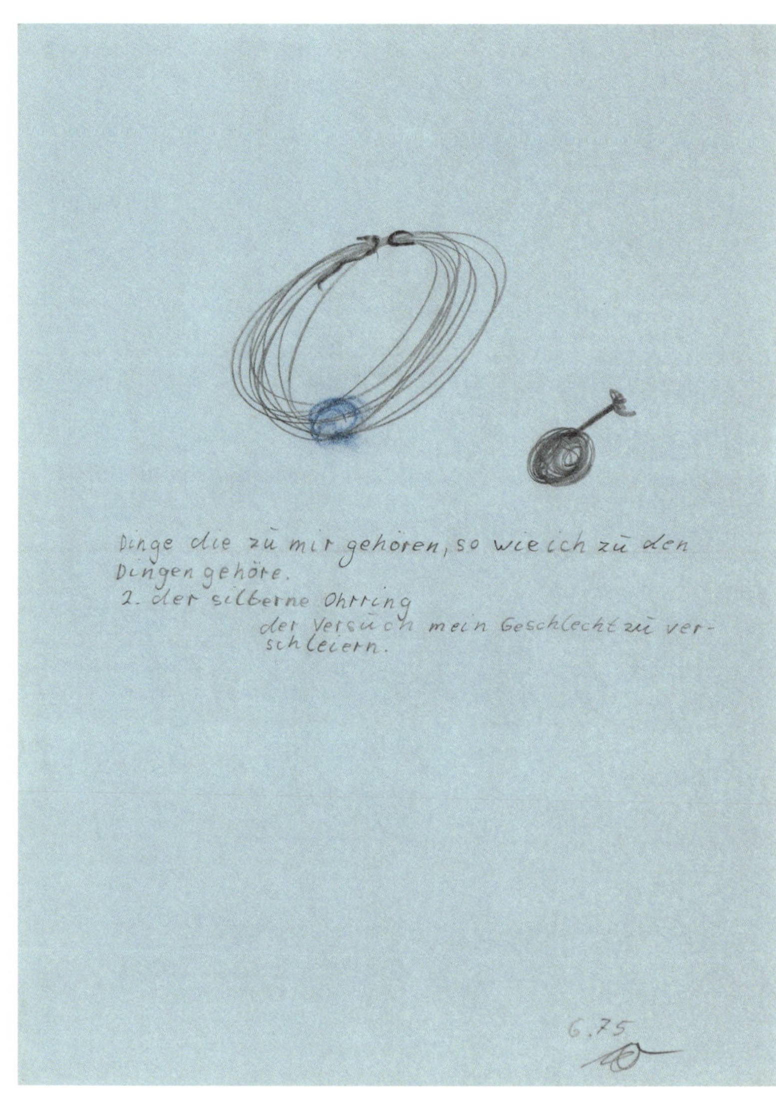

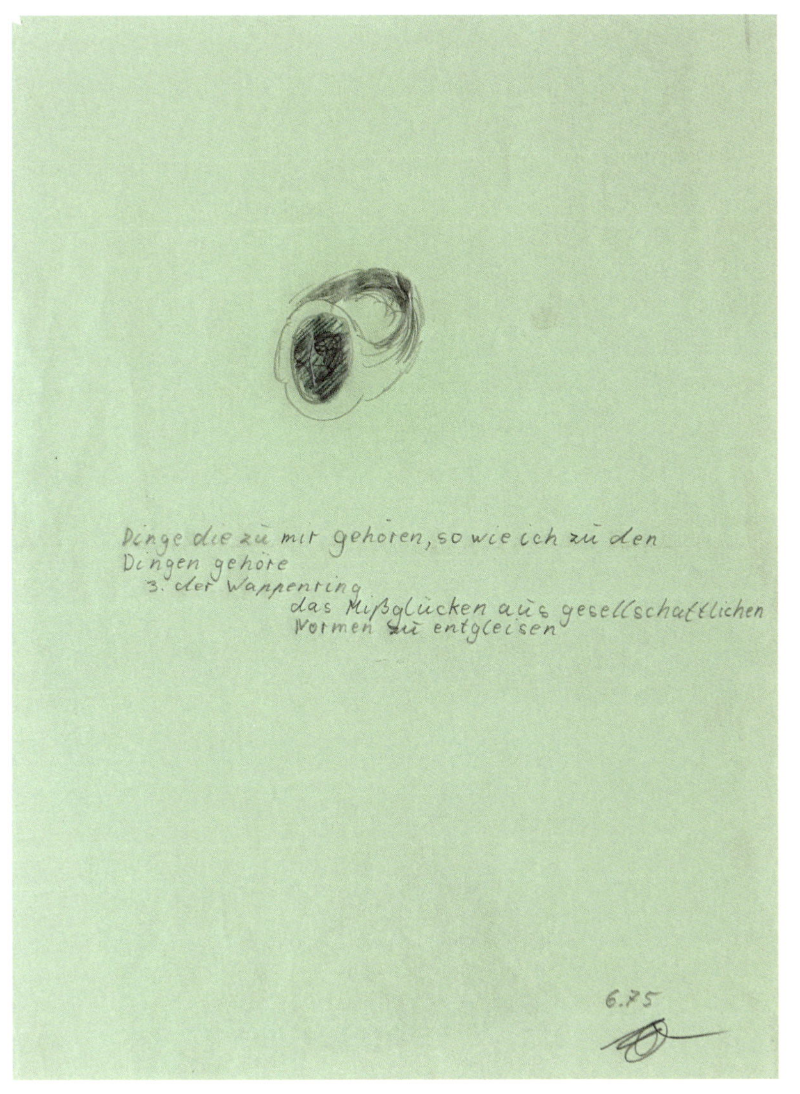
Dinge die zu mir gehören, so wie ich zu den
Dingen gehöre
3. der Wappenring
das Mißglücken aus gesellschaftlichen
Normen zu entgleisen
6.75

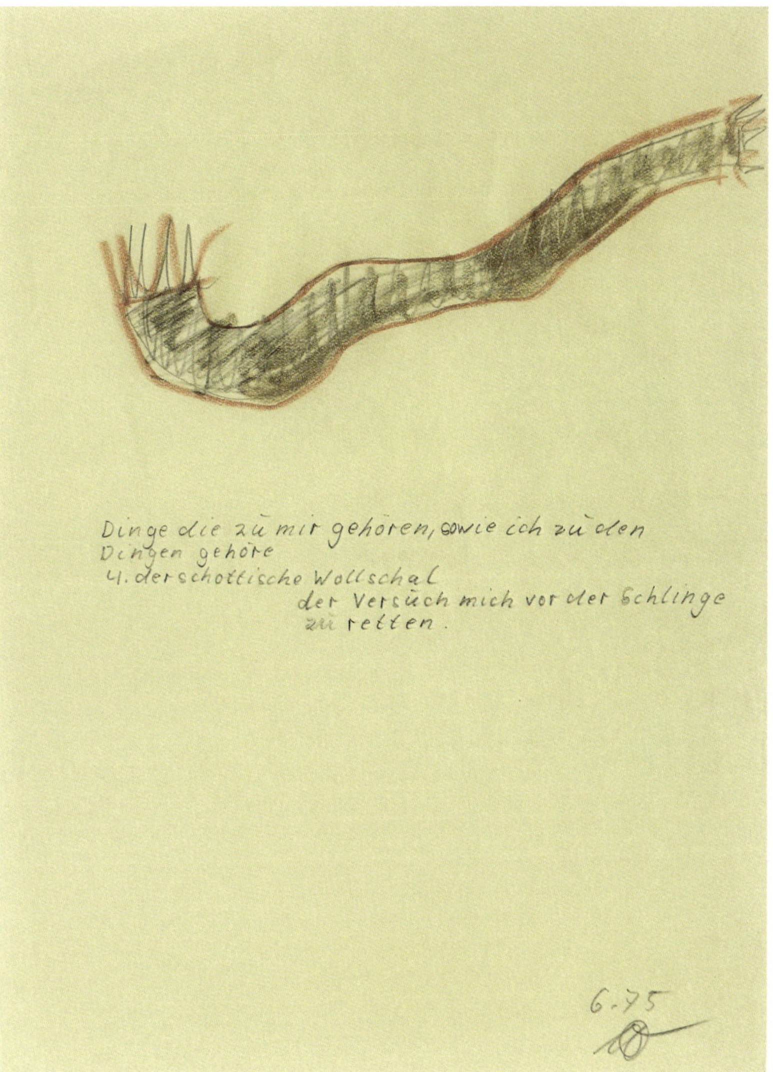
Dinge die zu mir gehören, sowie ich zu den
Dingen gehöre
4. der schottische Wollschal
der Versuch mich vor der Schlinge
zu retten.
6.75

10 *aber trotzdem, ich empfinde meine Erziehung als folgenschwerste Strafe meines Lebens*, Januar / January 1977
but nonetheless I view my upbringing as the most devastating punishment of my life
(Konzeptzeichnung für eine Performance) / (Concept drawing for a performance),
5-teilig, je / 5 parts, each 29,7 × 21 cm

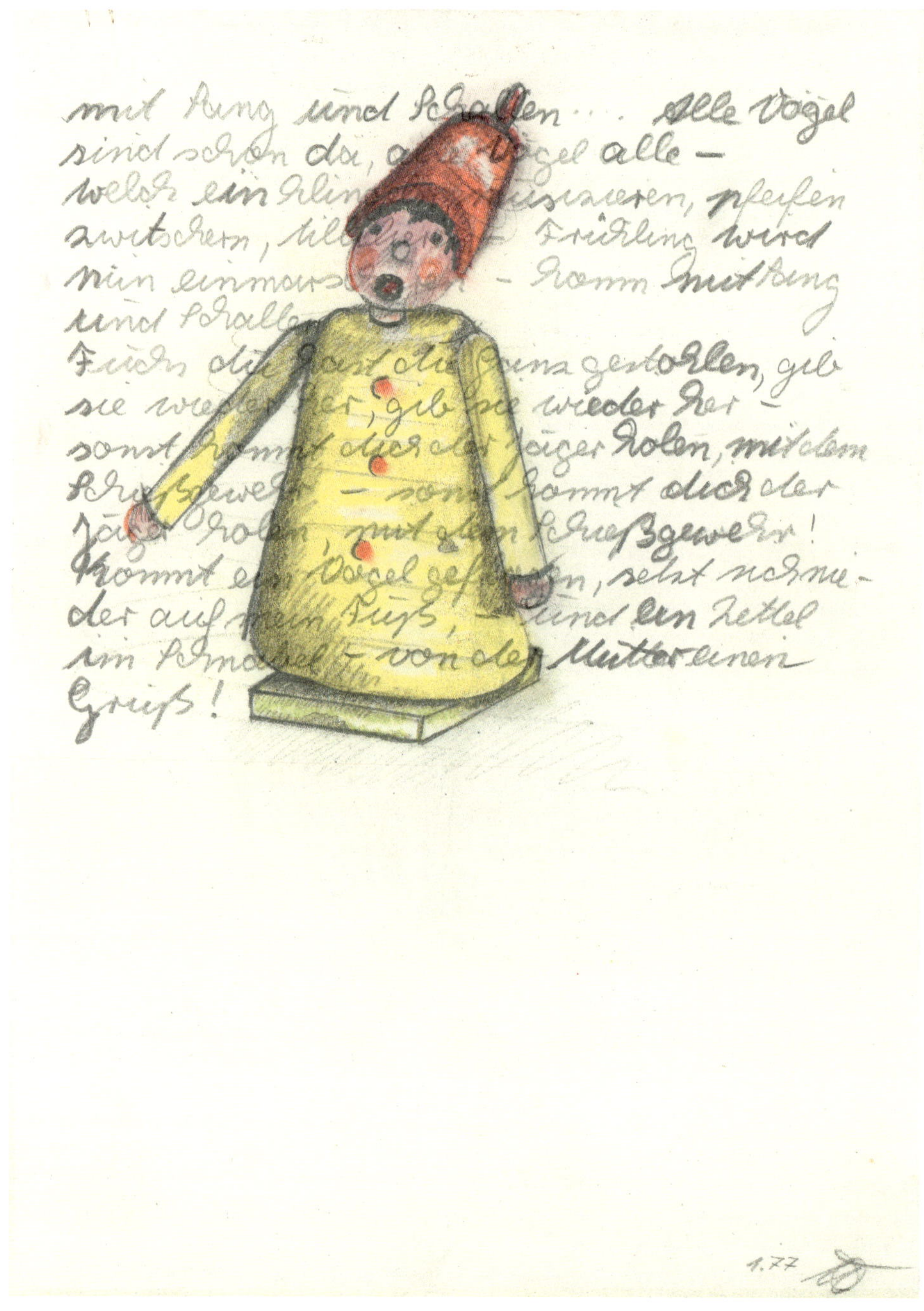

2.

aber trotzdem, ich empfinde meine Erziehung als folgenschwerste Strafe meines Lebens! aber trotzdem, ich empfinde meine Erziehung als folgenschwerste Strafe meines Lebens! aber trotzdem, ich empfinde meine Erziehung als folgenschwerste Strafe meines Lebens! aber trotzdem, ich empfinde meine Erziehung als folgenschwerste Strafe meines Lebens!

1.77

04 *Ich glaube, ich bin mir selbst verloren gegangen!*,
März / March 1976
I think I have become lost to myself!
(Konzeptzeichnung für die gleichnamige Videoperformance, realisiert) / (Concept drawing for the eponymous video performance, realized), 42 × 56 cm

06 *Handlung oder Performance zur Entstehung des Antikommunikationszentrums Raumchaos*,
April 1976
Action or performance for the emergence of the anti-communication center Raumchaos
Zeichnung / Drawing, 42 × 56 cm

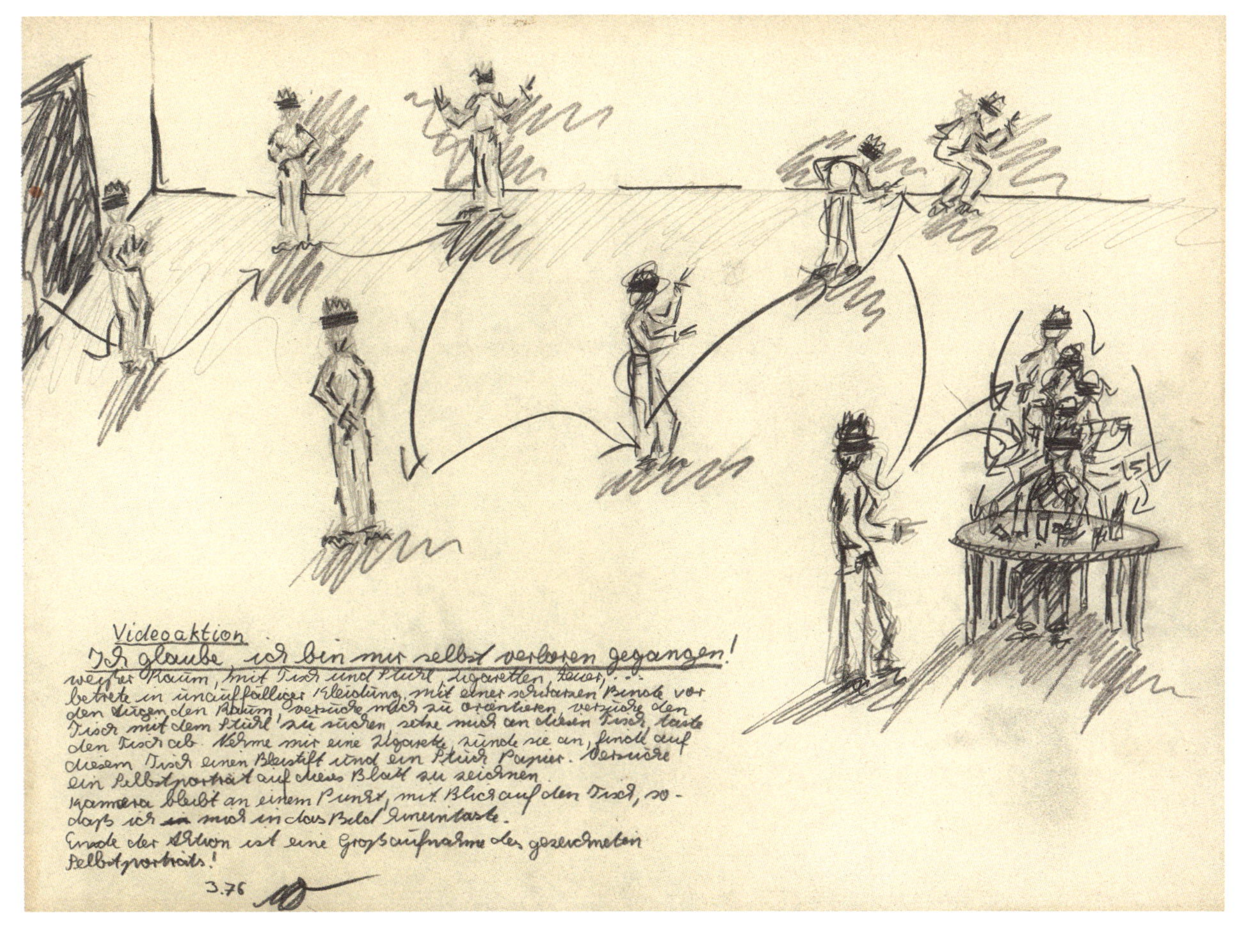
Videoaktion
Ich glaube, ich bin mir selbst verloren gegangen!
weißer Raum, mit Tisch und Stuhl, Zigaretten, Feuer, . . .
betrete in unauffälliger Kleidung, mit einer schwarzen Binde vor
den Augen den Raum, versuche mich zu orientieren, versuche den
Tisch mit dem Stuhl zu suchen, setze mich an diesen Tisch, taste
den Tisch ab. Nehme mir eine Zigarette, zünde sie an, finde auf
diesem Tisch einen Bleistift und ein Stück Papier. Versuche
ein Selbstporträt auf dieses Blatt zu zeichnen
Kamera bleibt an einem Punkt, mit Blick auf den Tisch, sodaß ich mich in das Bild hineintaste.
Ende der Aktion ist eine Großaufnahme des gezeichneten
Selbstporträts!
3.76

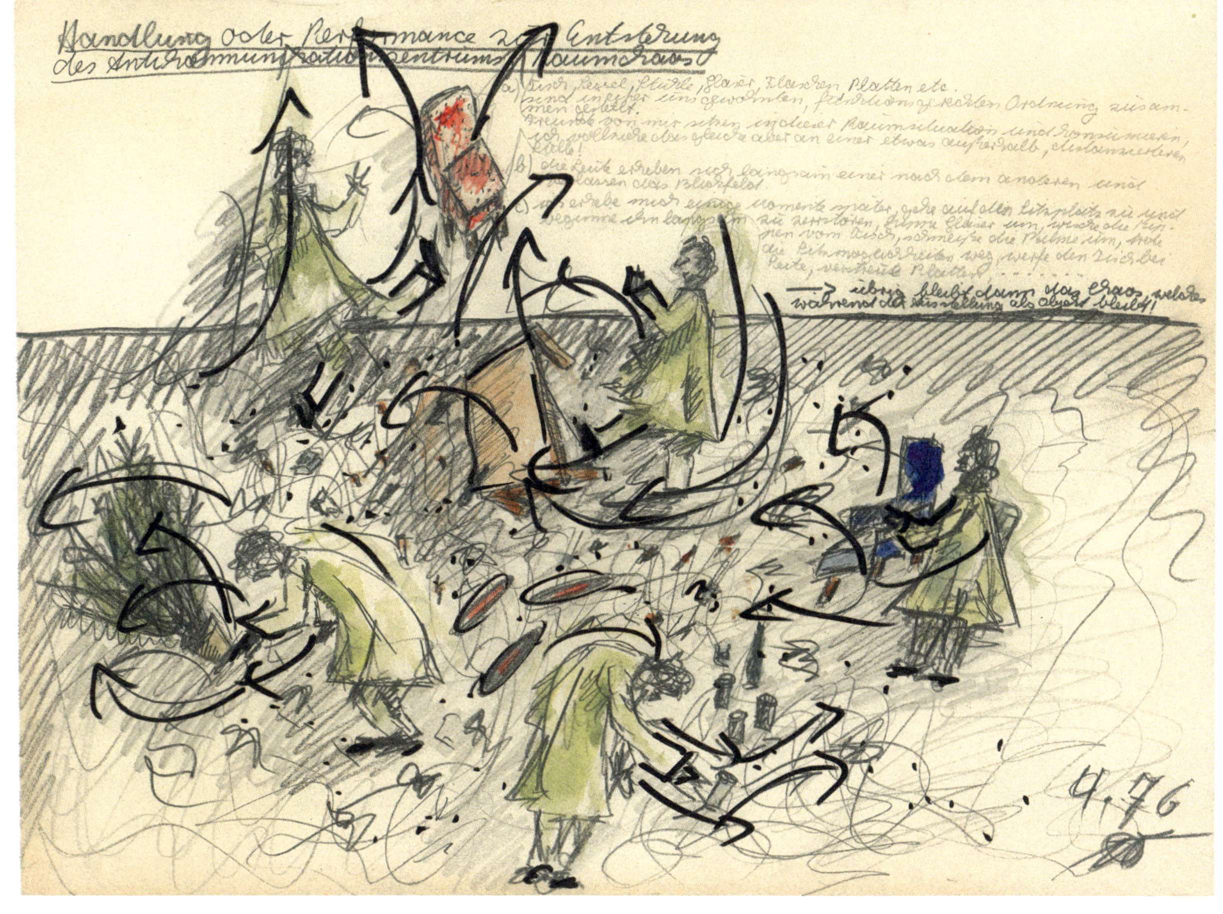
a) Tisch, Sessel, Stühle, Gläser, Flaschen, Platten etc.
b) die Leute erheben sich langsam einer nach dem anderen und verlassen das Bildfeld
→ übrig bleibt dann das Chaos, welches während der Ausstellung als Objekt bleibt!
4.76

11 *Der Rhythmus meiner Nervosität! – sich selbst das antun, was man anderen antut –*, Mai / May 1977
The rhythm of my nervousness!—doing to yourself what you do to others—
(Konzeptzeichnung für eine Videoinstallation, nicht realisiert) / (Concept drawing for a video installation, not realized), 47,1 × 40,9 cm

der Rytmus meiner Nervosität!

– sich selbst das antun, was man anderen antut –

Ein neutraler Raum, der in seiner räumlichen Gegebenheit aufgegriffen wird, aber durch vier große Leinwände auf eine innere Raumgröße von 3×4 Metern reduziert wird. Auf diese Leinwände werden jeweils vier verschiedene Filme abgespielt. Auf Leinwand (1) werden Kriegsreden, Phrasen von Politikern, Literaten etc und Gesetze projeziert.

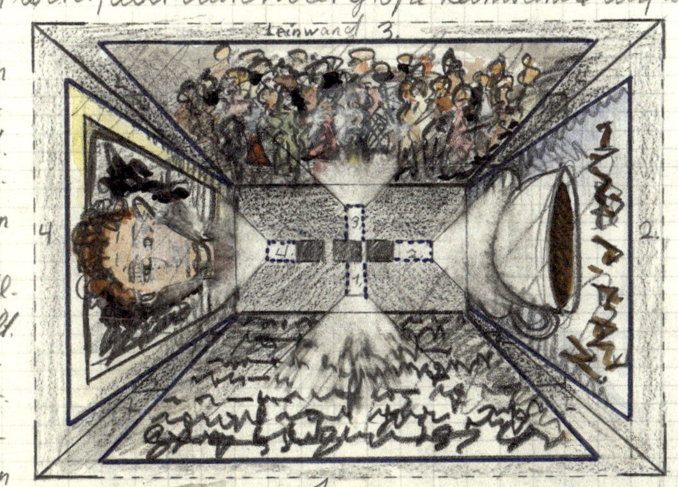

Auf Leinwand (2) läuft ununterbrochen Reklame ab, auf Leinwand (3) eine Menschenmenge die kreischend, mal schweigend, oft fragend, meistens anklagend (die Lügner, die Nichtsnutz, mach jenes, Leistung, etc) auf den Zuschauer zu läuft. Von Projektor 4 wird ein großer Kopf auf die Leinwand geworfen, der nur Fragen stellt – kurz und bündig (wie heißen sie, geboren, wohnhaft – antworten sie – warum versagen sie – antworten sie – etc). Er symbolisiert die Administration, gegenüber 3 – die die Masse vergegenwärtigt.

Die Leinwände, sowie der Ton, sind in einem regelmäßigem Rytmus ausgeschaltet, sodaß der Raum dunkel ist, die Projektoren werden dann jeweils nacheinander in kurzen Zeitabständen eingeschaltet. (Diese zeitliche Verschiebung, wie das Totale Dunkel soll die Wirkung verstärken. — In dem Raum stehen wenige Stühle, sodaß der Zuschauer isoliert, fast nur den visuellen und akustischen Eindrücken überlassen wird. Die Bilder – Fragen sollen ihn überwältigen, deshalb die Enge der Zelle um die Leinwände monumentaler, eingeengter wirken zu lassen, sie sollen ihn erdrücken, verfolgen, sollen über ihm zusammenbrechen, – er müßte aus der Zelle herausrennen, es nicht mehr ertragen können.

Die Zelle symbolisiert unser Leben, die Leinwände überspitzt dargestellt – unsere Umwelt, die Einflüsse, Forderungen, Pflichten, etc – mit denen wir konfrontiert werden. Sinn der Projektionen ist es unteranderem, sich selbst gleichzeitig auch mit einer der Personen auf der Leinwand zu identifizieren, denn man ist nicht nur Opfer der Umwelt-Einflüsse sondern auch Träger dieser Umwelt, jeder trägt eine Verantwortung für das, was geschieht, man muß nicht nur Antwort stehen, sondern man ist selbst Fragender – mehr oder weniger Laufender innerhalb der auf einen zulaufenden Menge. Man wirkt auf andere nämlich nicht so, wie man glaubt, daß man wirkt und handelt.

Man soll eben in der Zelle sich selbst das antun, was man anderen antut!

5.77

M Odenbach

07 *Schon seit Jahren nur auf einem Bein stehen – und dann aber seinen eigenen Weg gehen*, 1976
Only one leg to stand on for years—but still going his own way!
(Konzeptzeichnung für eine Performance, nicht realisiert) / (Concept drawing for a performance, not realized), Blatt 1 / sheet 1: 29,7 × 21 cm, Blatt 2 / sheet 2: 21 × 29,7 cm

Schon seit Jahren nur auf einem Bein stehen – und dann aber seinen eigenen Weg gehen!

Ein beliebiger Raum, indem ich versuche so lange wie möglich in einer bestimmten Position zu verharren. Die Stellung die ich dabei einnehme sieht so aus, daß ich in der Mitte einer gegebenen quadratischen Fläche auf einem Bein stehe.

1. 2. 3. 4.

In den vier Begrenzungsecken stehen jeweils Diaprojektoren, die mich anstrahlen. In den Diaprojektoren sind Abbildungen von Leuten, die mich beeinflußt haben, die für meine Entwicklung wichtig waren, wie mich auch wiederum gehemmt haben. Ich stehe somit inmitten dieser Figuren, von allen vier Seiten wird eine Person auf mir abgebildet, sie sind somit ein Teil von mir!

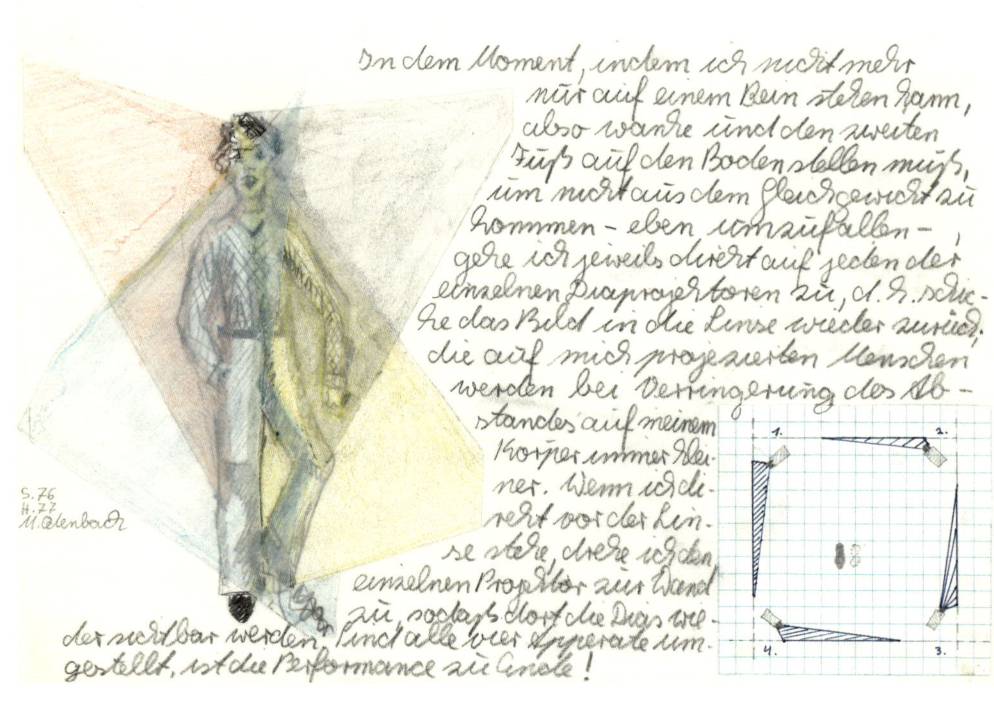
In dem Moment, indem ich nicht mehr nur auf einem Bein stehen kann, also wanke und den zweiten Fuß auf den Boden stellen muß, um nicht aus dem Gleichgewicht zu kommen – eben umzufallen –, gehe ich jeweils direkt auf jeden der einzelnen Diaprojektoren zu, d. h. schicke das Bild in die Linse wieder zurück. Die auf mich projezierten Menschen werden bei Verringerung des Abstandes auf meinem Körper immer kleiner. Wenn ich direkt vor der Linse stehe, drehe ich den einzelnen Projektor zur Wand zu, sodaß dort die Dias wieder sichtbar werden. Sind alle vier Apparate umgestellt, ist die Performance zu Ende!

08 *und das Fernsehen …*, 1976/77
and television . . .
(Konzeptzeichnung für die Videoperformance *Der Konsum meiner eigenen Kritik*, realisiert) / (Concept drawing for the video performance *Consumption of my own criticism*, realized), 47,8 × 32 cm

VIDEO – PERFORMANCE – INSTALLATION

Erläuterung der drei Phasen:

1. Video:

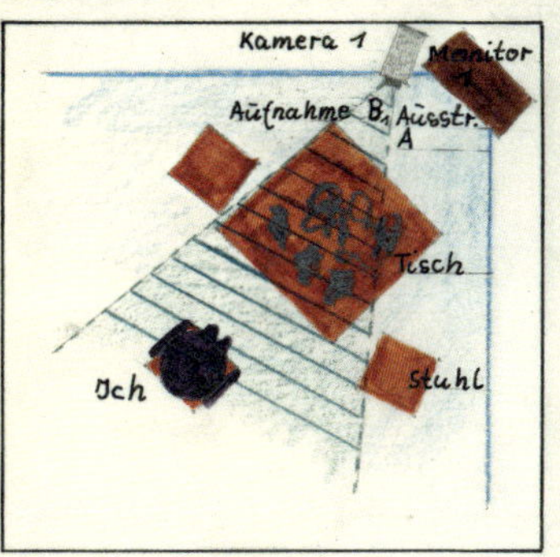

2. Performance:

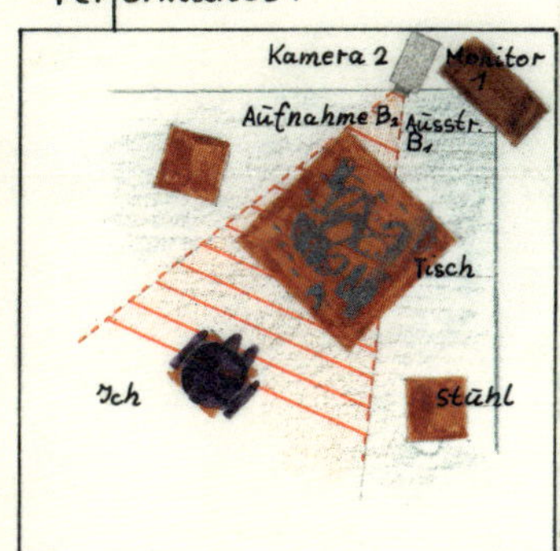

3. Installation:

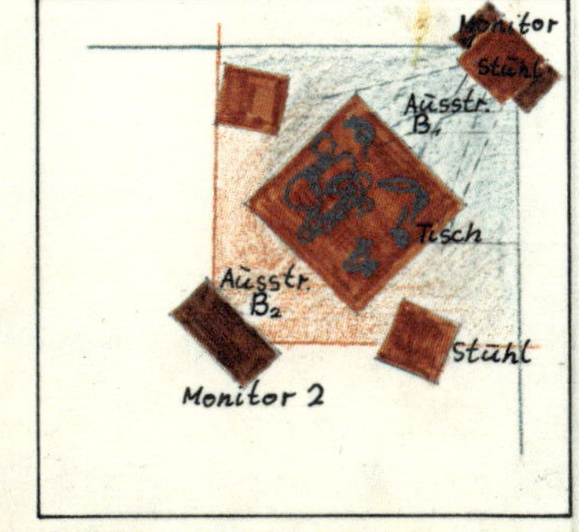

Die Grundstruktur des Environments bleibt bei allen drei Phasen gleich. In einer beliebigen Ecke steht ein Monitor, davor ein Tisch mit mehreren Stühlen. Auf diesem Tisch befinden sich allerlei Konsumgüter, die beim Fernsehsehen vorwiegend konsumiert werden: z.B. Salzstangen, Nüsse, Zigaretten, Bier, Zeitschriften, etc. Bei der Herstellung des Videos sitze ich an diesem Tisch und schaue mir ein beliebiges Fernsehprogramm an (Ausstrahlung A). Während ich fernsehe, werde ich – vom Standort des Fernsehgerätes – von der Kamera 1 aufgenommen (Aufnahme B₁) Die Handlung, die ich dabei ausführe, ist sehr passiv und willkürlich: ich rauche, rutsche auf dem Stuhl hin und her, knabbere, schaue in die Fernsehzeitschrift, schalte das Programm um, etc.

Der Handlungsspielraum der öffentlichen Performance ist der gleiche wie bei der ersten Videobandaufnahme ( ). Nur läuft im Monitor 1 nicht mehr ein Fernsehprogramm, sondern die Aufnahme der Kamera 1, eben die Ausstrahlung B₁. Während dieser Performance nimmt mich wieder in der gleichen Stellung wie bei der Videobandaufnahme eine Kamera 2 auf (Aufnahme B₂).

Die Performance endet damit, daß ich am Schluß der Ausstrahlung (B₁) den Stuhl auf dem ich saß, umgekehrt auf den Monitor 1 stelle, so daß die Lehne über dem Monitorbild hängt. Mein Fernsehbild ist dann zwischen den Bildern meiner Aktion eingeschlossen.

Die Installation ist so, wie ich nach der Performance das Environment verlassen habe. Auf dem Platz, wo ich vorher saß, steht Monitor 2 mit der Aufnahme B₂

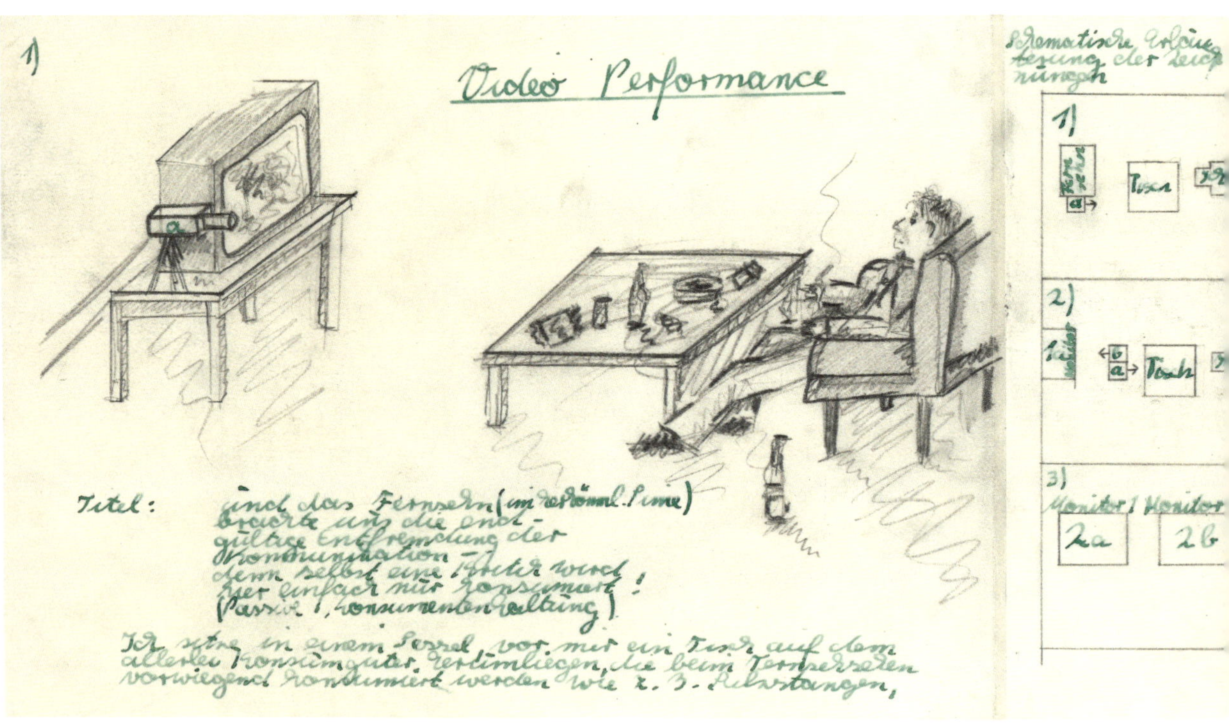

09 *und das Fernsehen (im herkomml. Sinne) brachte uns die endgültige Entfremdung der Kommunikation – denn selbst eine Kritik wird hier einfach konsumiert! (Passive Konsumentenhaltung)*, 1976/77
and television (in the trad. sense) brought us the ultimate estrangement of communication—for here, even criticism is merely consumed! (Passive consumer behavior)
(Konzeptzeichnung für eine Videoperformance, realisiert) / (Concept drawing for a video performance, realized), 21 × 87,9 cm

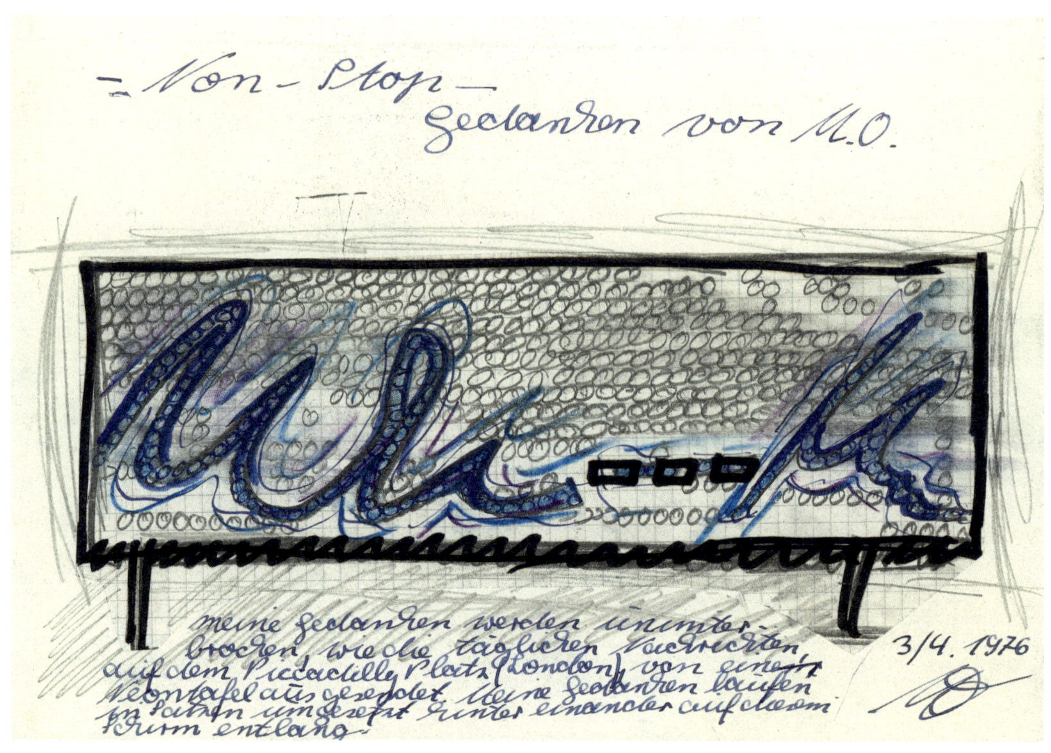

05 *Non-Stop-Gedanken von M.O.*, März/April / March–April 1976
Non-stop thoughts of M.O.
(Konzeptzeichnung für eine Videoinstallation, nicht realisiert) / (Concept drawing for a video installation, not realized), 21 × 29,7 cm

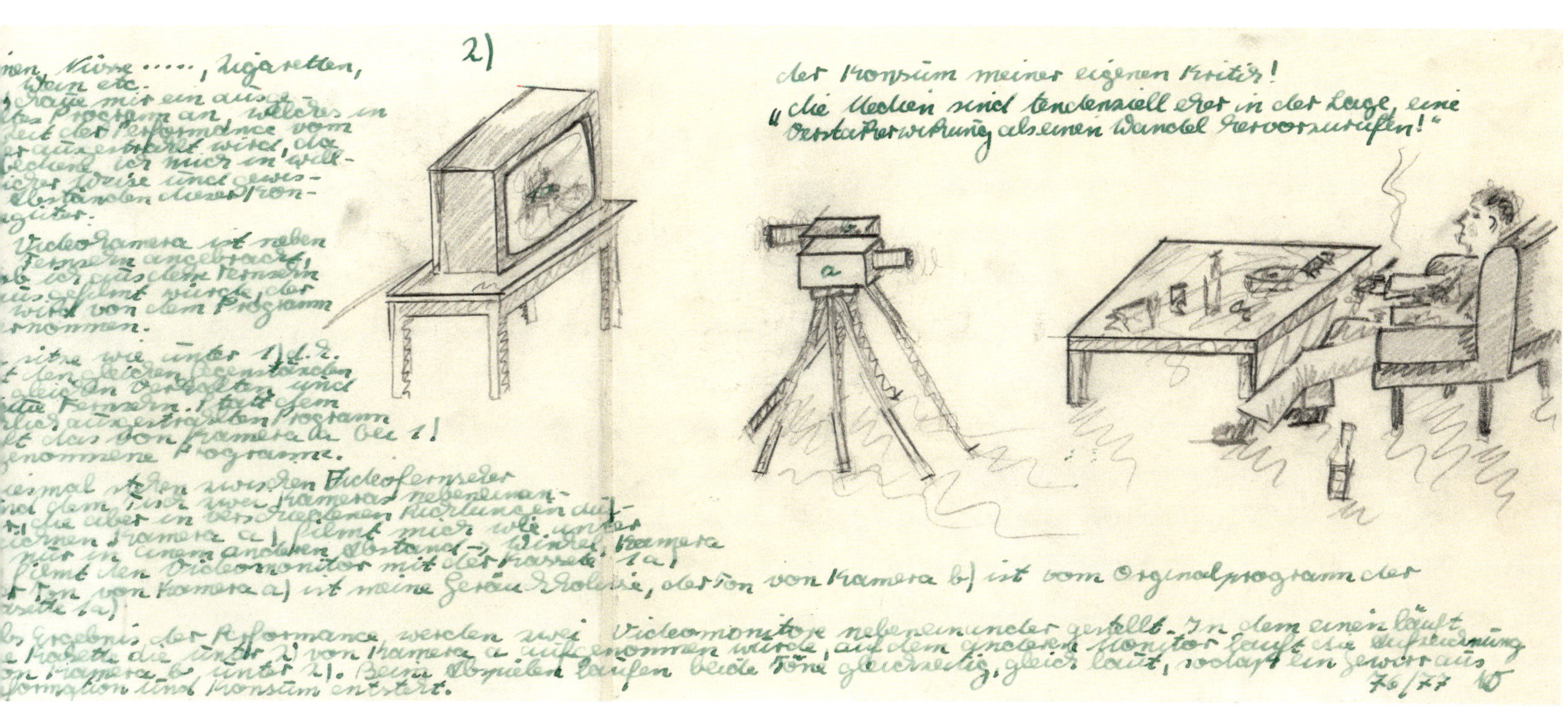
2)
der Konsum meiner eigenen Kritik!
„die Medien sind tendenziell erst in der Lage, eine Verstärkerwirkung als einen Wandel hervorzurufen!"
76/77

17 *Das Ende einer Illusion oder 700 Intellektuelle beten einen Öltank an*, 1980
The end of an illusion, or 700 intellectuals pray to an oil tank
(Konzeptzeichnung für die gleichnamige Videoinstallation, realisiert) / (Concept drawing for the eponymous video installation, realized), Blatt 1 / sheet 1: 45 × 62,7 cm, Blatt 2–7 / sheets 2–7: 44 × 62,5 cm

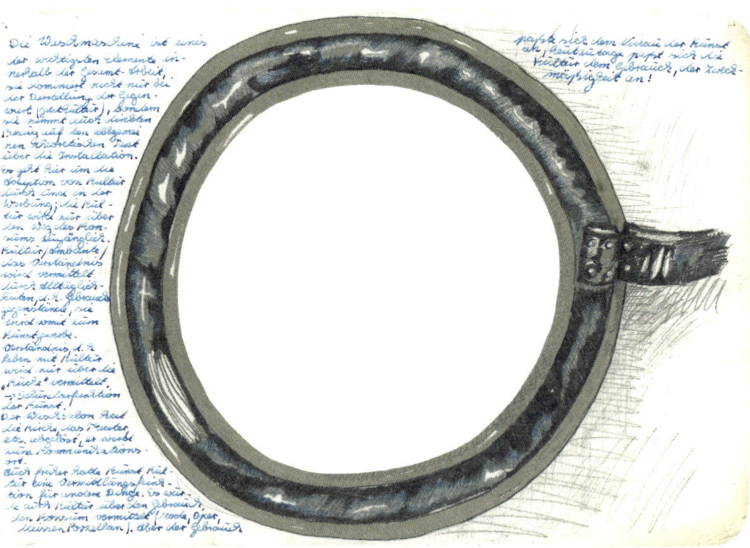

700 INTELLEKTU

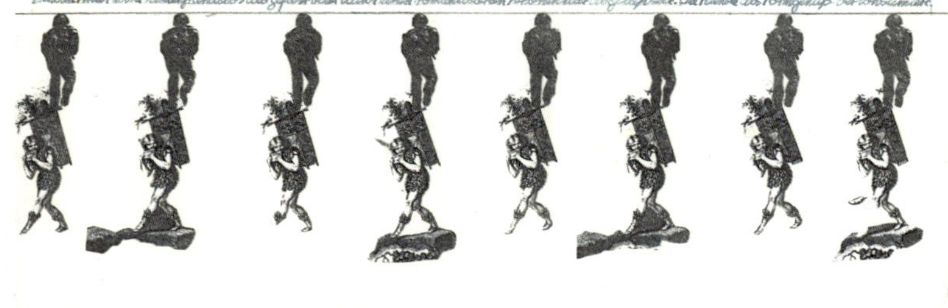

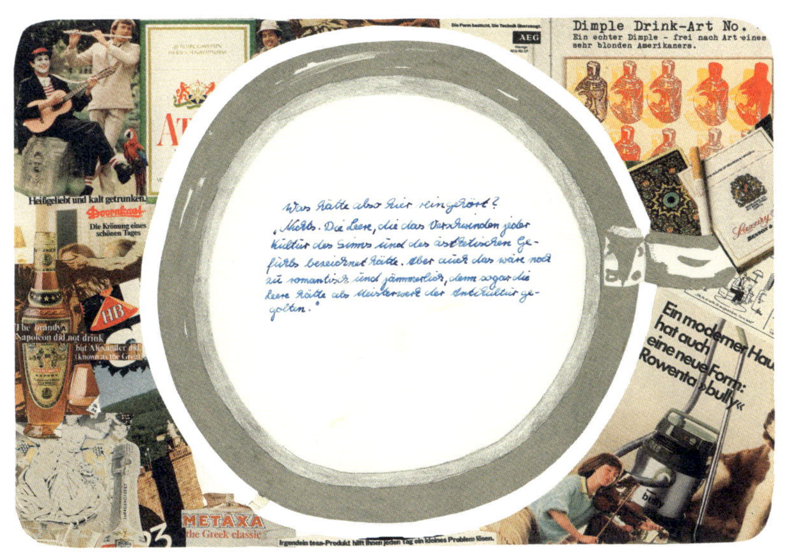

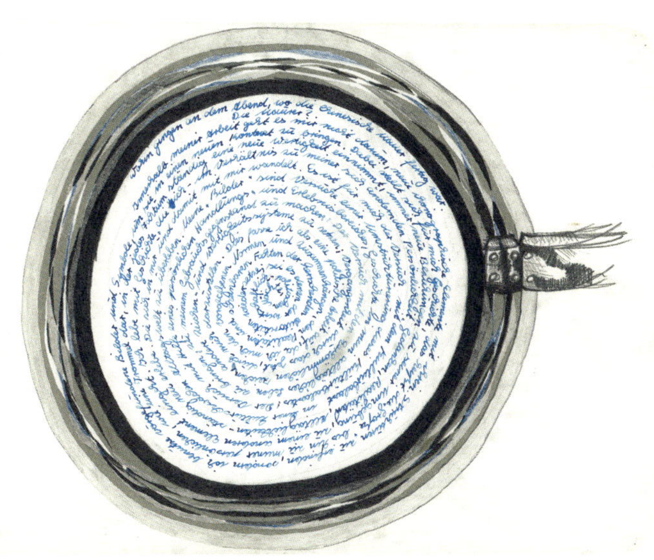

ELLE BETEN EINEN ÖLTANK AN

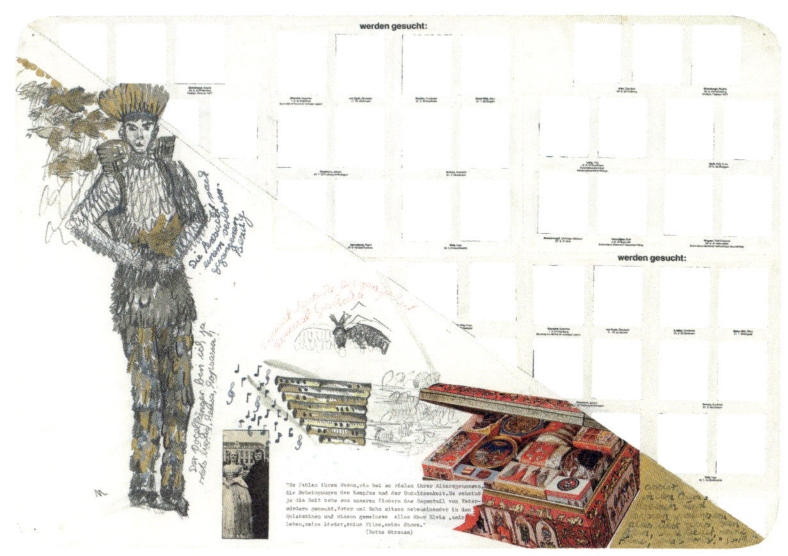

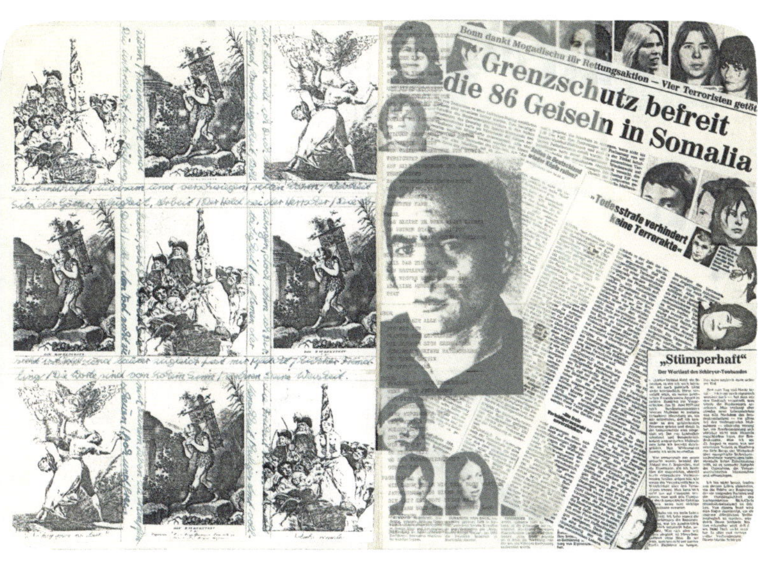

16 *Ein Zusammenhang ist da, nicht erklärbar, doch zu erzählen!*, 1980
There is a link, it is not explicable, but it may be told!
(Konzeptzeichnung für die gleichnamige Video-installation, realisiert) / (Concept drawing for the eponymous video installation, realized),
44 × 62,5 cm

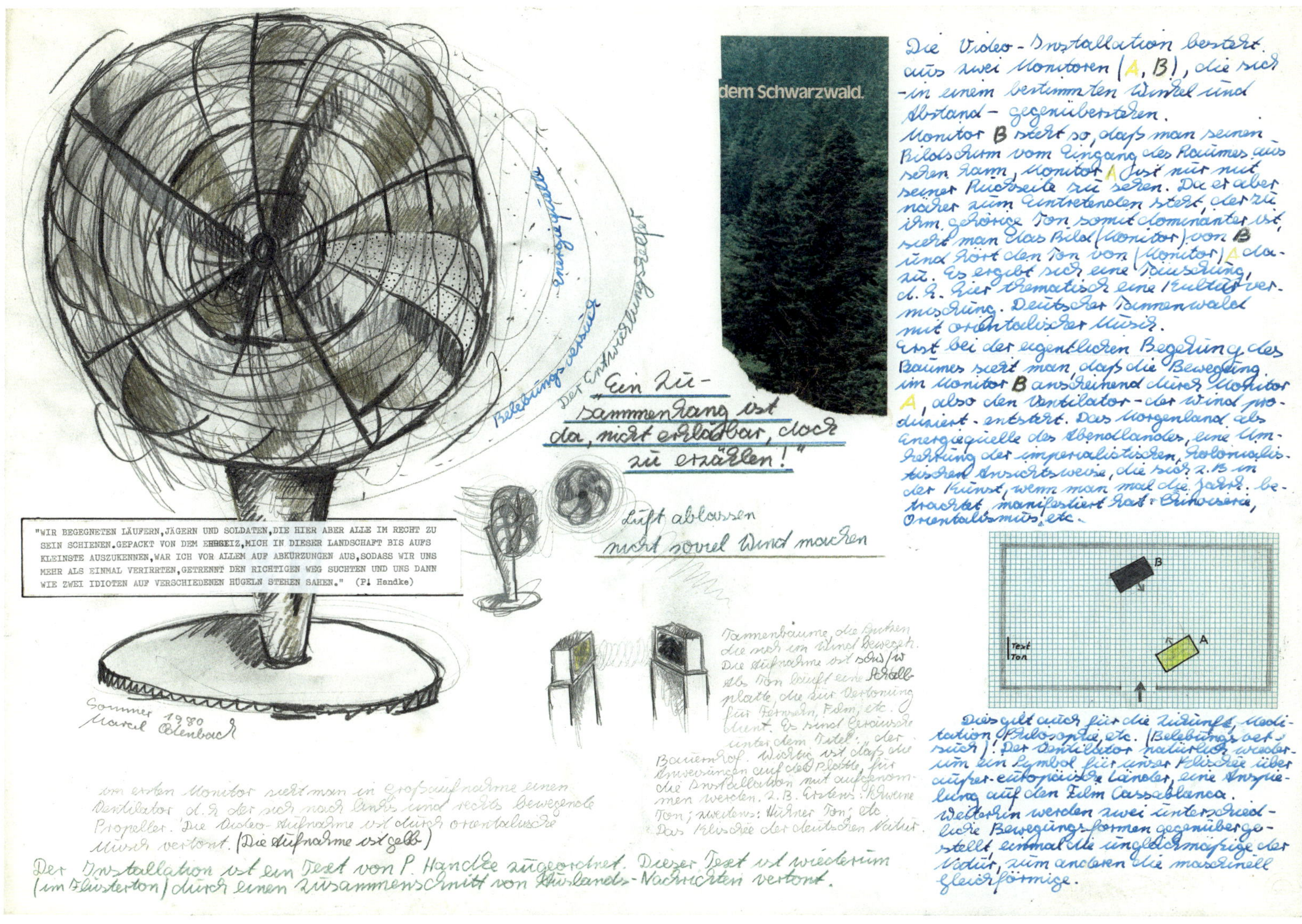
dem Schwarzwald.
Die Video-Installation besteht aus zwei Monitoren (A, B), die sich in einem bestimmten Winkel und Abstand gegenüberstehen.
Monitor B steht so, daß man seinen Bildschirm vom Eingang des Raumes aus sehen kann, Monitor A ist nur mit seiner Rückseite zu sehen. Da er aber näher zum Eintretenden steht, der zu ihm gehörige Ton somit dominanter ist, sieht man das Bild (Monitor) von B und hört den Ton von (Monitor) A dazu. Es ergibt sich eine Täuschung, d.h. hier thematisch eine Kulturvermischung. Deutscher Tannenwald mit orientalischer Musik.
Erst bei der eigentlichen Begehung des Raumes sieht man, daß die Bewegung im Monitor B anscheinend durch Monitor A, also den Ventilator – der Wind produziert – entsteht. Das Morgenland als Energiequelle des Abendlandes, eine Umkehrung der imperialistischen, kolonialistischen Ansichtsweise, die sich z.B. in der Kunst, wenn man mal die Jahrh. betrachtet, manifestiert hat
Ein Zusammenhang ist da, nicht erklärbar, doch zu erzählen!"
Luft ablassen
nicht soviel Wind machen
"WIR BEGEGNETEN LÄUFERN, JÄGERN UND SOLDATEN, DIE HIER ABER ALLE IM RECHT ZU SEIN SCHIENEN. GEPACKT VON DEM EHRGEIZ, MICH IN DIESER LANDSCHAFT BIS AUFS KLEINSTE AUSZUKENNEN, WAR ICH VOR ALLEN AUF ABKÜRZUNGEN AUS, SODASS WIR UNS MEHR ALS EINMAL VERIRRTEN, GETRENNT DEN RICHTIGEN WEG SUCHTEN UND UNS DANN WIE ZWEI IDIOTEN AUF VERSCHIEDENEN HÜGELN STEHEN SAHEN." (P. Handke)
B
A
Test
Ton
Sommer 1980
Marcel Odenbach
Tannenbäume, die Buchen, die sich im Wind bewegen. Die Aufnahme ist schw/w. Als Ton läuft eine Schallplatte, die zur Vertonung für Fernsehen, Film, etc. dient. Es sind Geräusche unter dem Titel: „Der Bauernhof". Wichtig ist, daß die Geräusche auf der Platte für die Installation mit aufgenommen werden. z.B. Erstens: Schweine Ton; zweitens: Hühner Ton; etc. Das Klischee der deutschen Natur.
Dies gilt auch für die Zukunft, Meditation, Philosophie, etc. Der Ventilator natürlich wieder um ein Symbol für unser Klischee über außer-europäische Länder, eine Anspielung auf den Film Cassablanca.
Weiterhin werden zwei unterschiedliche Bewegungsformen gegenübergestellt, einmal die ungleichmäßige der Natur, zum anderen die maschinell gleichförmige.
Im ersten Monitor sieht man in Großaufnahme einen Ventilator d.h. der sich nach links und rechts bewegende Propeller. Die Video-Aufnahme ist durch orientalische Musik vertont. (Die Aufnahme ist gelb)
Der Installation ist ein Text von P. Handke zugeordnet. Dieser Text ist wiederum (im Flüsterton) durch einen Zusammenschnitt von Auslands-Nachrichten vertont.

15 *Die 1000 Augen des Doktor Marbuse oder Vertrauen ist gut, Kontrolle ist besser*, 1978/79
The 1000 eyes of Doctor Marbuse or trust is good, control is better
(Konzeptzeichnung für eine Videoinstallation, nicht realisiert) / (Concept drawing for a video installation, not realized), Blatt 1–3 / sheets 1–3: 40,4 × 29,7 cm, Blatt 4 und 5 / sheets 4 and 5: 21 × 29,7 cm

„Die 1000 Augen des Doktor Marbuse
oder
Vertrauen ist gut, Kontrolle ist besser"

Es handelt sich hierbei um eine Videoinstallation, die einen gesonderten Raum erfordert.

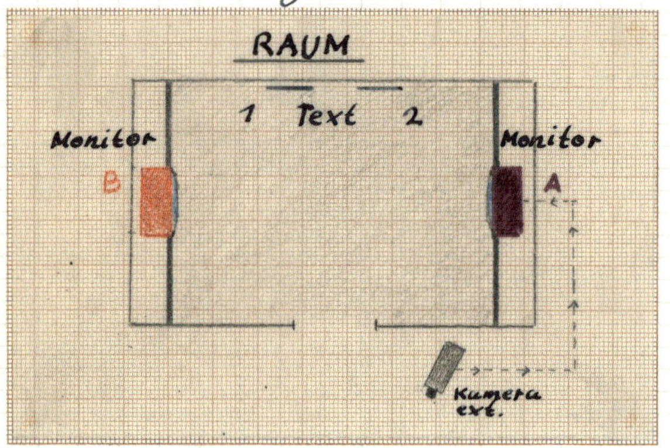

In die beiden Seitenwände sind jeweils ein Monitor A und B eingebaut, sodaß nur die Mattscheibe sichtbar bleibt.
An der Längswand hängen zwei Texte, deren Inhalt gleichzeitig auch über Lautsprecher ertönen.

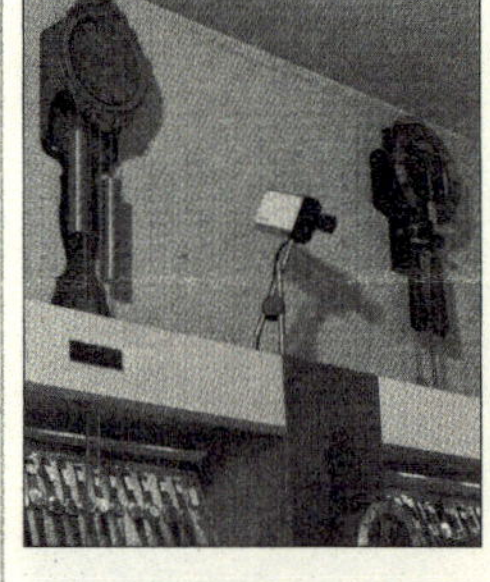

Der Monitor A zeigt ein bewegtes Bild, welches von einer außerhalb angebrachten Kamera direkt übertragen wird.
Es handelt sich um eine Fernseh-überwachungsanlage (Kamera), wie man sie aus Supermärkten, Schmuckläden, aus dem Straßenverkehr oder als Arbeitsüberwachung her kennt. Diese Kamera soll für diese Installation an einem Ort (des Museums, etc) angebracht werden, der eine scheinbare, verstärkte Überwachung erfordert, wie Eintrittskasse oder Katalogverkauf (Überwachung der Kataloge, daß sie keiner mitnimmt oder daß keiner ohne Bezahlung das Museum betritt, vielleicht besser in dem Raum, indem die wertvollsten Stücke hängen, sodaß sie keiner beschädigt.)

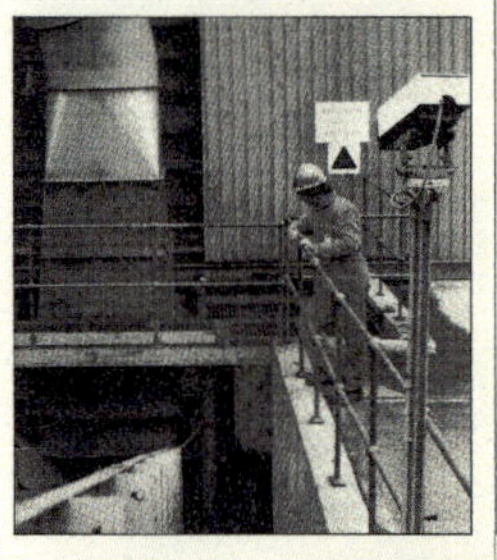

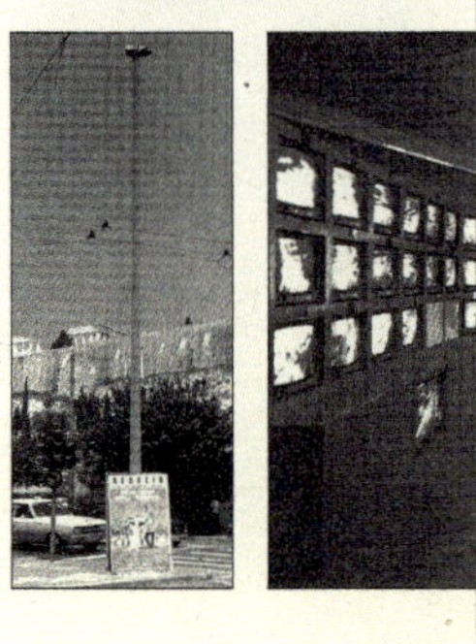

Der Monitor B zeigt ein statisches Bild, es ist immer wieder die selbe Aufnahme, die von Hans-Martin Schleyer während seiner Gefangenen-Zeit von den Terroristen mit Video – als Beweis seines-noch-Lebens – aufgenommen wurde und anschließend im Fernsehen zu sehen war.

Den beiden Monitoren ist jeweils ein Zitat zugeordnet, welches zum einen optisch an der Längswand, sowie akustisch über Lautsprecher – durch ihre ständige Wiederholung – übermittelt wird.

Zu dem Monitor A, also der Überwachungsanlage, gehört ein Zitat aus einem Video-Katalog einer Firma, mit dem folgenden Wortlaut:

T. 1

" Und so lange der Mensch nicht um Ecken und durch Wände sehen kann, muß er technische Hilfsmittel einsetzen, um Leben und Sachwerte optimal zu schützen."
(Video Katalog)

Dem Monitor B – der Videoaufnahme von H.M. Schleyer – ist ein Zitat von H. Marcuse zugeordnet.

T. 2

" Die Technik ist in ein mächtiges Instrument ultramoderner Herrschaft verwandelt worden – um so mächtiger, je mehr es seine Leistungsfähigkeit beweist, den Beherrschten und der Politik der Herrschaft zu dienen."
(H.Marcuse)

Die beiden Texte problematisieren und beziehen sich aber jeweils auch auf den anderen Monitor.

Die Installation ist eine Reflexion über das Medium Video.

Zum einen vielmehr eine Reflexion, die den speziellen Gebrauch dieses Mediums in unserer Gesellschaft thematisiert, sowie darüber hinaus den Stellenwert der Technik heutzutage anspricht.

Die Technik vom Menschen entwickelt und von ihm verständlicherweise als Hilfsmittel eingesetzt; aber die von uns getätigte Handhabung steht nicht „nur“ im Dienste der Freiheit und sogenannten Menschlichkeit, sondern die Technik ist zu einem Machtfaktor erhoben worden, sie ist Vehikel der Herrschenden, im Dienste eines scheinbar demokratischen Deckmantels.

Die Technik steht kurz vor der Verselbstständigung!

Durch diesen Mißbrauch ist sie unmenschlich geworden, sie wird brutal, indem sie die totale, perfekte Kontrolle stützt und nicht der Aufklärung dient. Der Privatbereich – mit einer freien Entscheidung – wird dadurch aufgehoben, der Mensch handelt und reagiert unter dem Druck der Kontrolle, er wird entmündigt. (Dieses Problem spricht eben auch in einigen Zügen der Film von F. Lang: „Die 1000 Augen des Dr. Mabuse“ an)

Die [illegible]-Technik macht Sie zum Augenzeugen.

Auch der wachsamste Beobachter hat nur zwei Augen, kann nicht überall gleichzeitig sein und nicht alles sehen. Denn selbst in übersichtlichen Räumen und Außenbereichen kann es Ecken und Winkel geben, die für ihn nicht einsehbar sind.
Und solange der Mensch nicht um Ecken und durch Wände sehen kann, muß er technische Hilfsmittel einsetzen, um Leben und Sachwerte optimal zu schützen.
Philips Fernseh-Überwachungsanlagen bringen das Mehr an Sicherheit, das für uns alle notwendig ist. In vielen Fällen lebensnotwendig.

Bei dieser oben angeführten Handhabung des Mediums handelt es sich nicht nur um einen Mißbrauch gegenüber dem Menschen, sondern auch um einen Mißbrauch gegenüber der Technik selbst. Dies gilt im Besonderen für das Medium Video (Fernsehen). So wird es von den Herrschenden bewußt als Einweg-Kommunikation benützt und damit werden die vollen Möglichkeiten, die in diesem Medium stecken nicht ausgeschöpft. (Diesen Punkt sprach auch Brecht schon in seiner Rundfunk-Theorie an)

Guido Fanti: „Die Reform von Rundfunk und Fern-

heren, eine neue Informationspolitik, muss die Teilnahme des ganzen Volkes zum Inhalt haben und darf nicht nur eine formell-demokratische Konstruktion sein."
Aber auf diese Einseitigkeit, bekamen die Herrschenden eine Antwort, indem sich die RAF in diese Einweg-Kommunikation einschaltete, es entstand eine scheinbare Antwort. Das schrecklichste Beispiel dieser Reaktion war die gesendete Videoaufnahme in der Tagesschau, von dem kaputt gemachten H.M. Schleyer, welches sich – wohl oder übel – die Bürger ansehen „mussten"! So wurden durch die RAF die Leute ohne Erbarmen der Technik ausgeliefert, die selbst diese Technik ohne Erbarmen anwenden. Es ist der gleiche Mißbrauch gegenüber dem Medium und die gleiche Brutalität gegenüber dem Menschen. Auf diese Antwort wendet sich wieder der Staat, indem er die Technik gegen subversive

Elemente einsetzt und die freie Handhabung der Bürger mit dem Medium Video (Professionell) erschwert und kontrolliert, damit die Einweg-Kommunikation verhärtet, weitere Entzug des Vertrauens. (Auch wenn zunehmend mehr Videorecorder auf dem Markt sind, so sollte man sich darüber klar sein, daß es keine Profi-Anlagen sind, Sony hat z.B. bei 3/4 Zoll Bändchen scheinbar ständig Lieferungsschwierigkeiten, und das schnelle Rekonstruieren von Wackernagel, war auch aufgrund des Kaufes einer Videoanlage möglich!)

litischer Entscheidungen. Hier offenbart sich ein universeller Machtanspruch des WDR auf alle elektronischen Kommunikationsformen, der im Interesse der Kölner Bürger nicht hingenommen werden darf.

ren Besorgnis. Das „Kölner Kommunalfernsehen" ist, wie uns scheint, nicht für die lokale Information konzipiert, sondern als Agitationsforum für Interessengruppen. Im

1978/79 Marcel Odenbach

12 *sich selbst bei Laune halten*, September 1977
Staying in a Good Mood
Collage, 46 × 62,4 cm

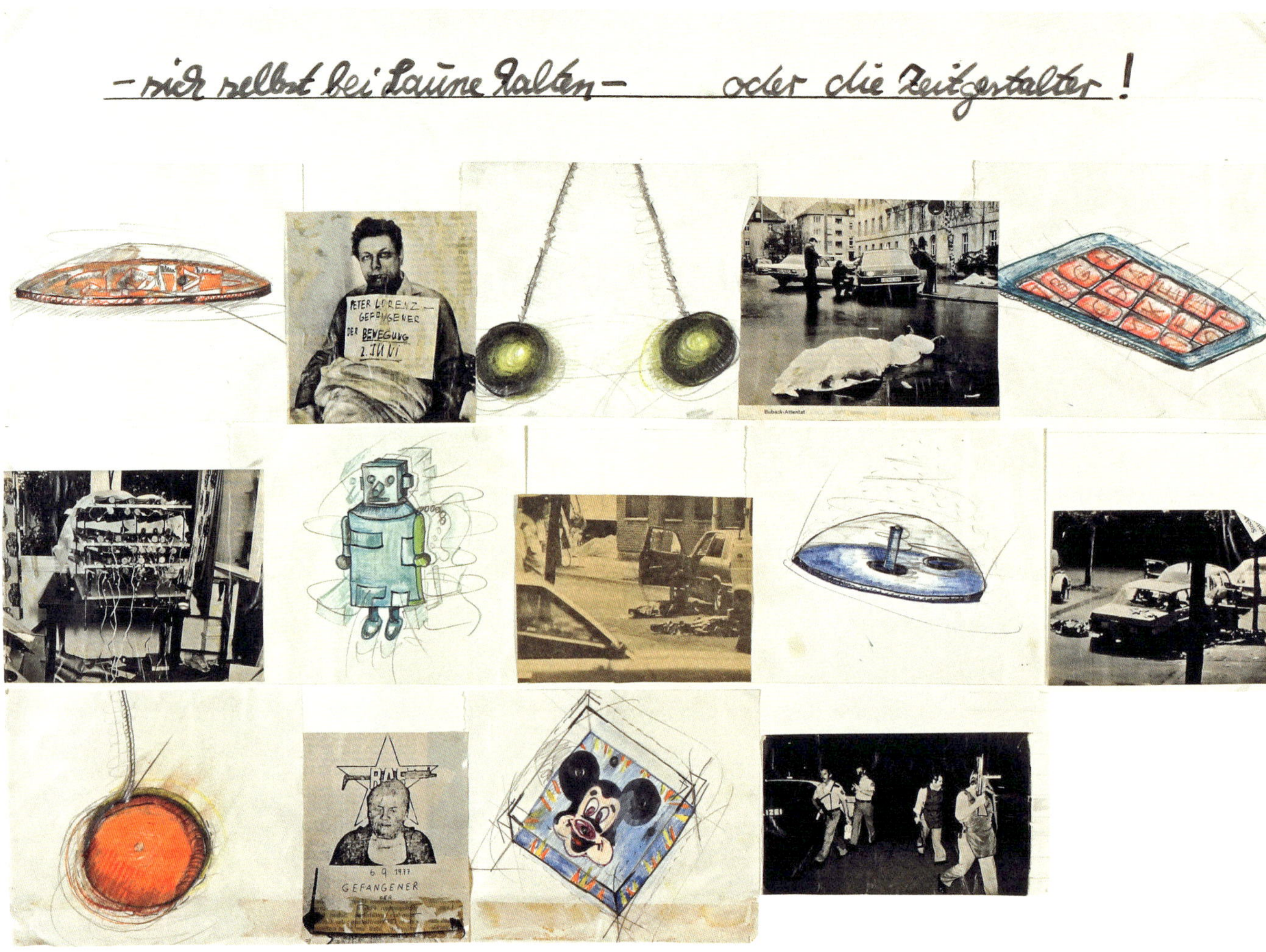

13 *Sich selbst bei Laune halten oder die Spielverderber,* 1977
Staying in a Good Mood, or the Spoilsports
Einkanalvideo, Farbe, Ton / Single-channel video, color, sound, 13' 00"

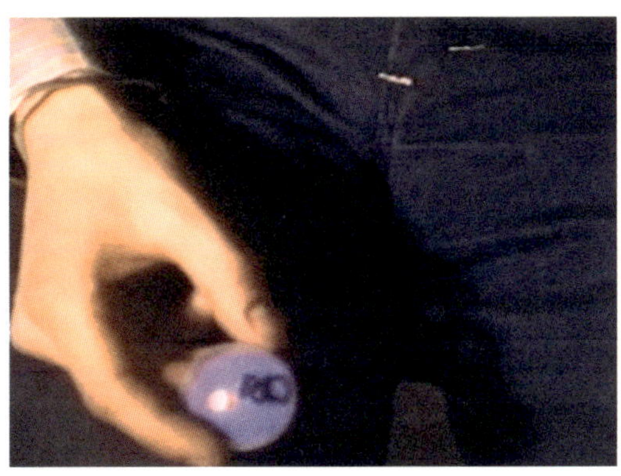
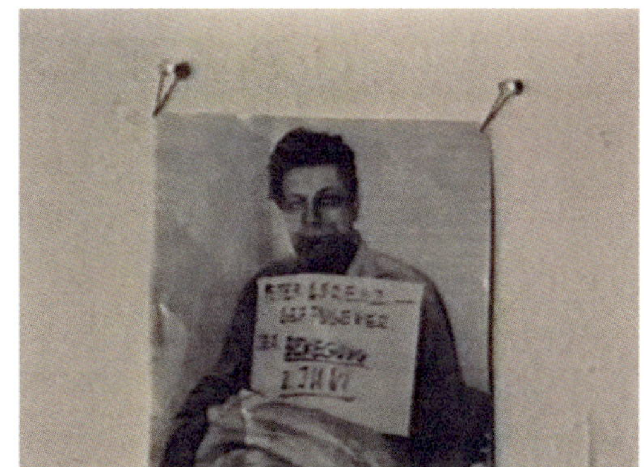
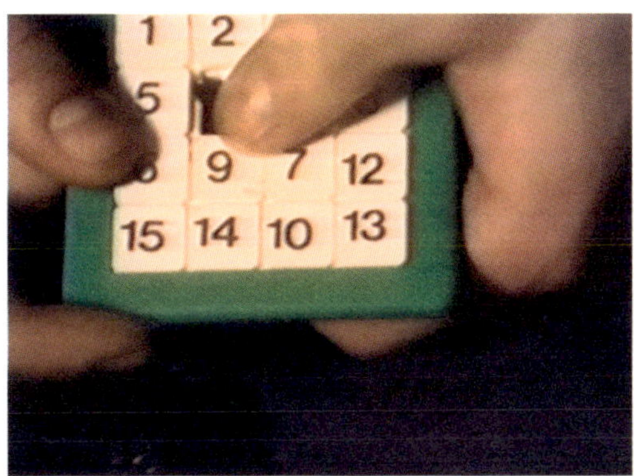
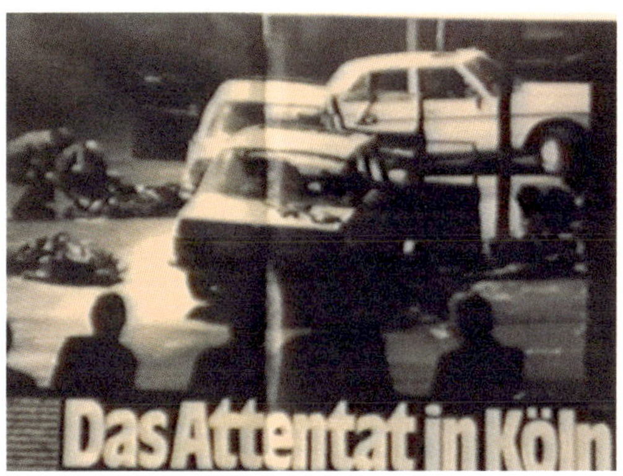

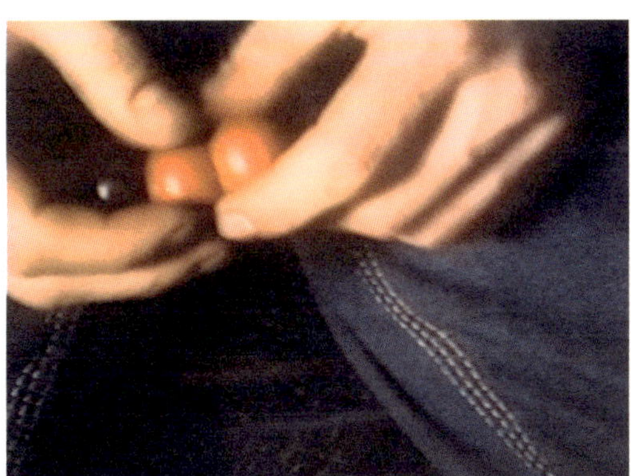
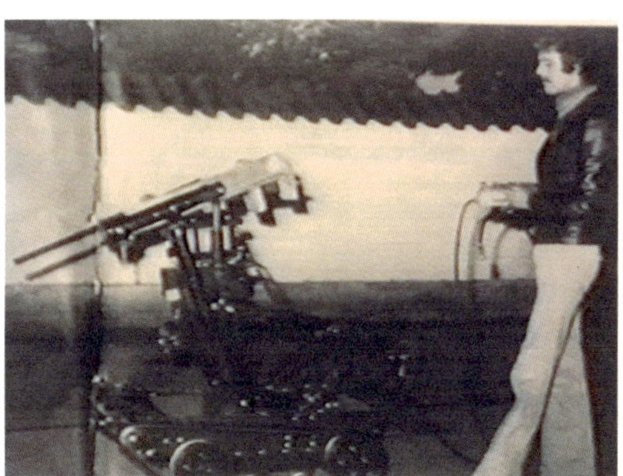

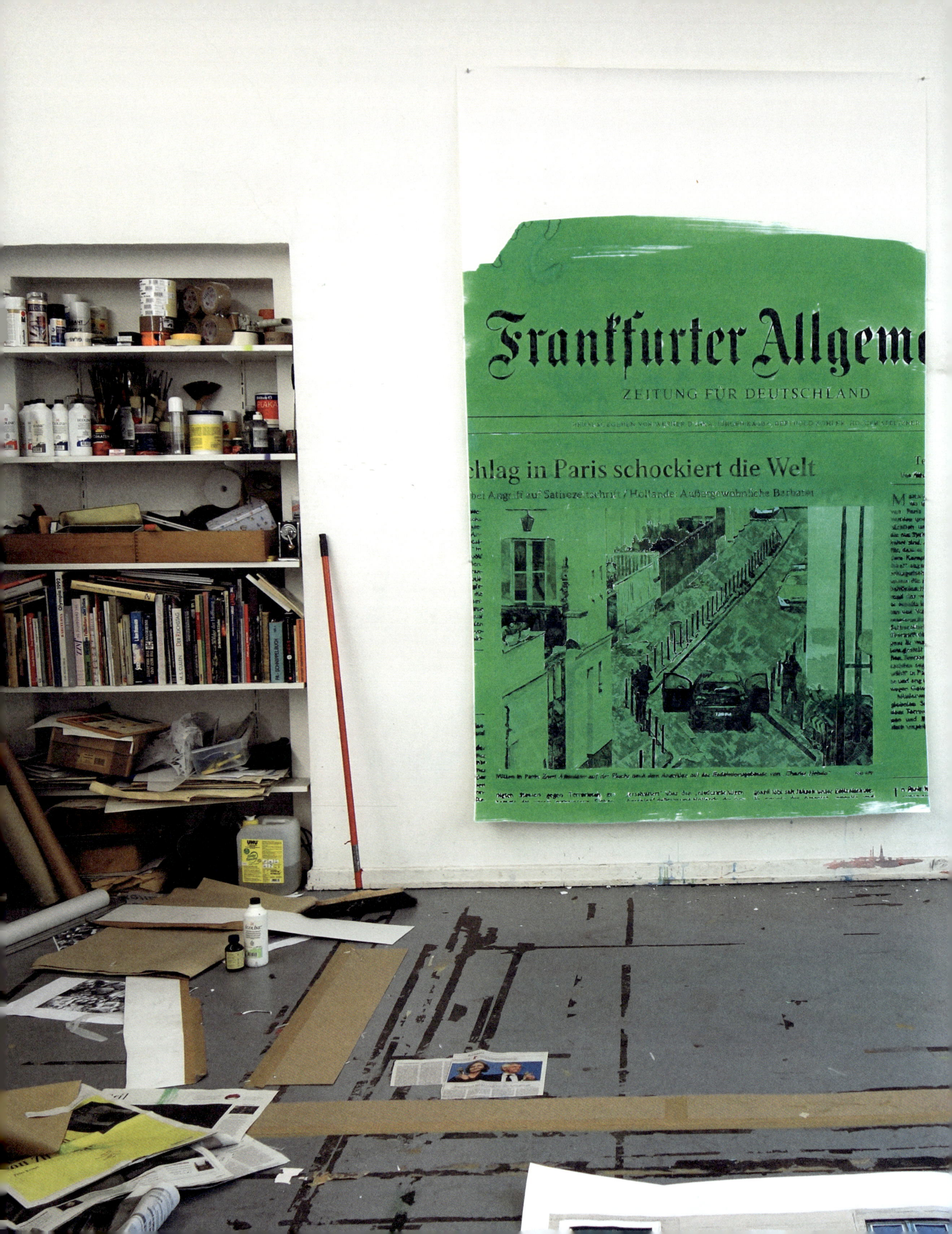
Frankfurter Allgeme
ZEITUNG FÜR DEUTSCHLAND
chlag in Paris schockiert die Welt

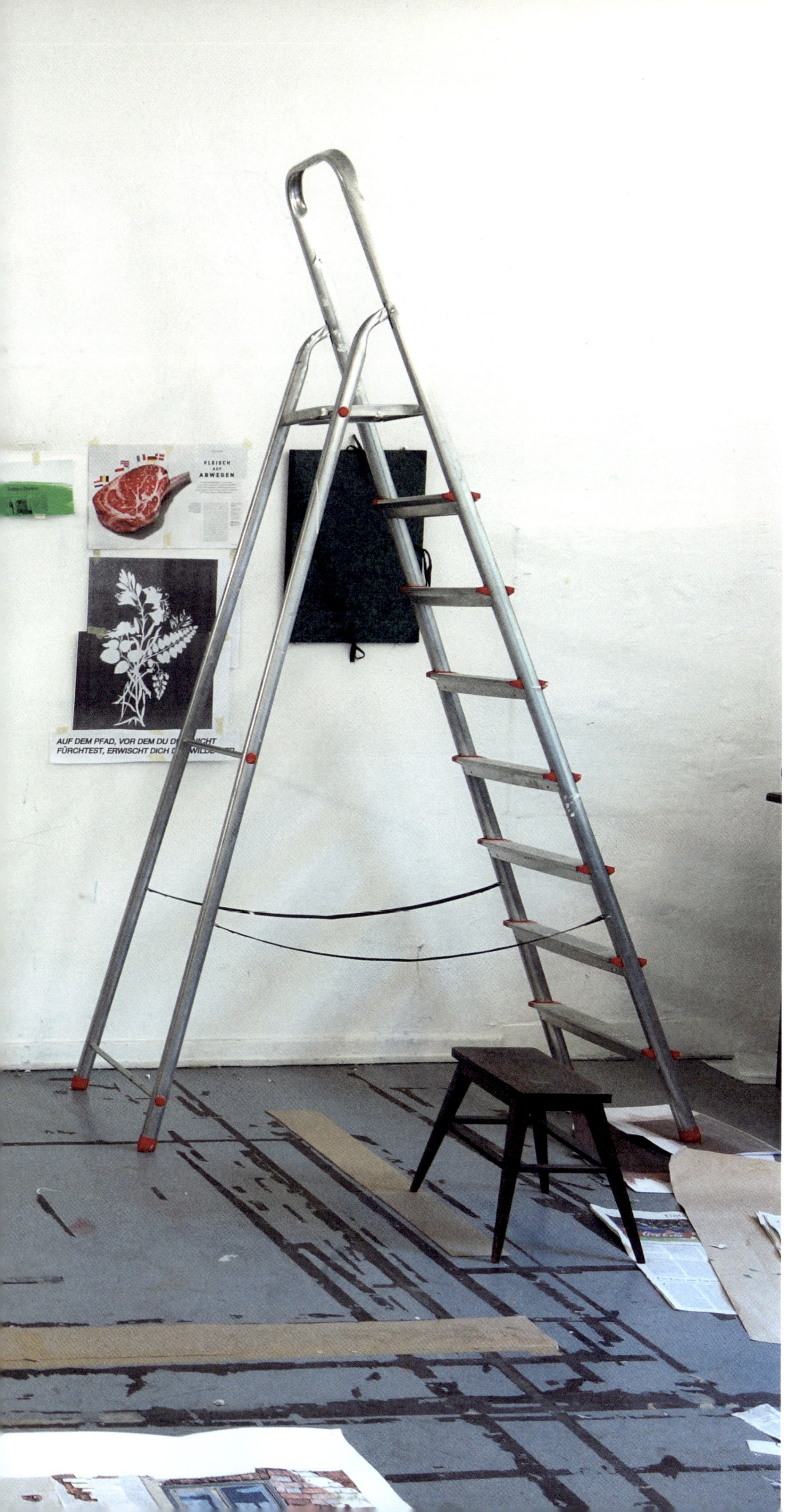
FLEISCH
AUF
ABWEGEN
AUF DEM PFAD, VOR DEM DU
FÜRCHTEST, ERWISCHT DICH

CHRONOLOGISCHE LISTE DER AUSGESTELLTEN WERKE / CHRONOLOGICAL LIST OF THE EXHIBITED WORKS

Werke ohne Besitzangabe sind im Besitz des Künstlers. / Unless noted otherwise, all works are property of the artist.

WV-Nr. = Marcel Odenbach. Werkverzeichnis der Papierarbeiten / *Catalogue Raisonné of the Works on Paper*, hg. von / ed. Stephan Berg, Bielefeld 2014.

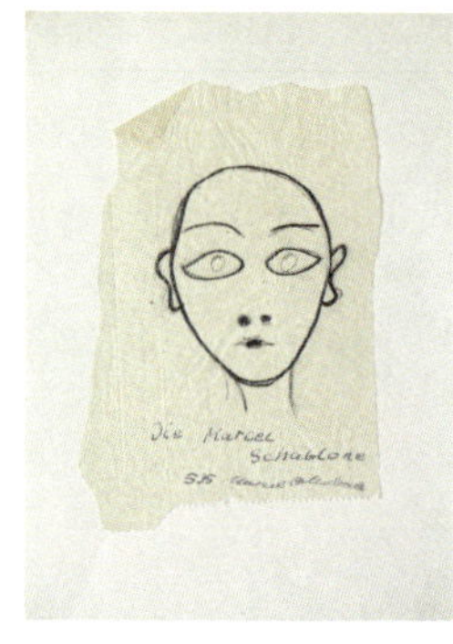

01 *Die Marcel Schablone*, Mai / May 1975
The Marcel Template
Handschrift und Zeichnung in Bleistift und Tinte auf Transparentpapier, aufgezogen auf Karton / Handwriting and drawing in pencil and ink on tracing paper, mounted on cardboard
29,7 × 21,2 cm
WV-Nr. 75/1
Abb. S. / fig. p. 232

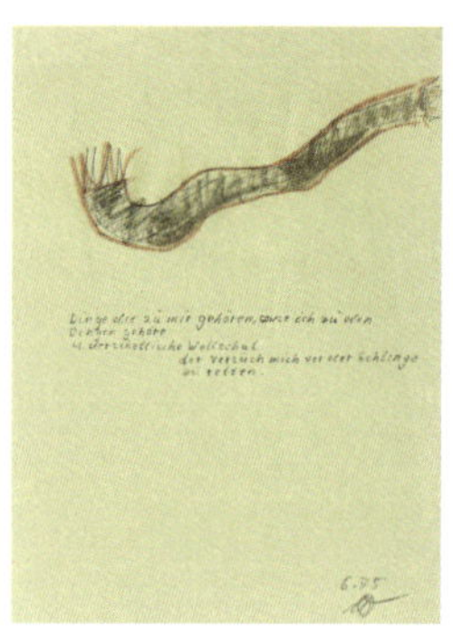

02 *Dinge die zu mir gehören*, Juni / June 1975
Things that belong to me
Handschrift und Zeichnung in Bleistift und Farbstift auf Papier / Handwriting and drawing in pencil and colored pencil on paper
3-teilig (Der Ohrring, Der Wappenring, Der Wollschal) / 3 parts (The Earing, The Signet Ring, The Wool Scarf), je / each 29,7 × 21 cm
WV-Nr. 75/3, 1–4
Abb. S. / fig. pp. 200–201

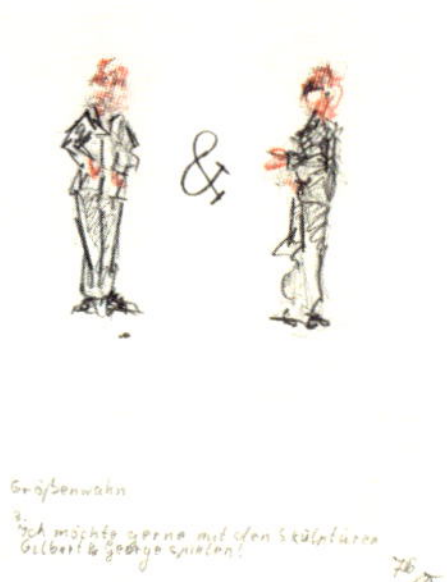

03 *Größenwahn*, 1975/76
Delusions of grandeur
Handschrift und Zeichnung in Bleistift und Farbstift auf Papier / Handwriting and drawing in pencil and colored pencil on paper
3-teilig, je / 3 parts, each 22,7 × 17,5 cm
WV-Nr. 75/38, 1–3
Abb. S. / fig. pp. 12–13

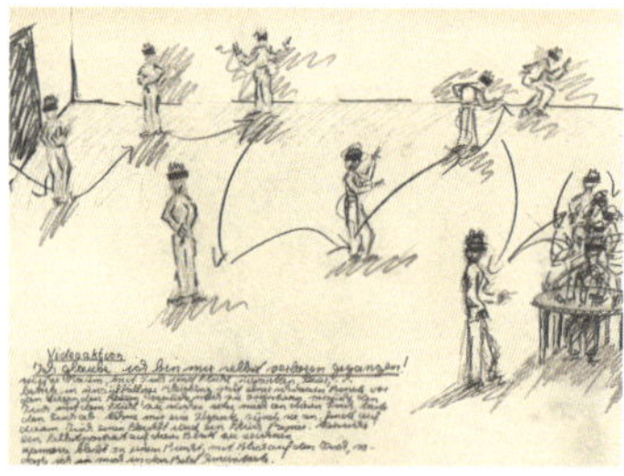

04 *Ich glaube, ich bin mir selbst verloren gegangen!*, März / March 1976
I think I have become lost to myself!
(Konzeptzeichnung für die gleichnamige Videoperformance, realisiert) / (Concept drawing for the eponymous video performance, realized)
Handschrift und Zeichnung in Grafit auf Papier / Handwriting and drawing in graphite on paper
42 × 56 cm
WV-Nr. 76/6
Abb. S. / fig. p. 205

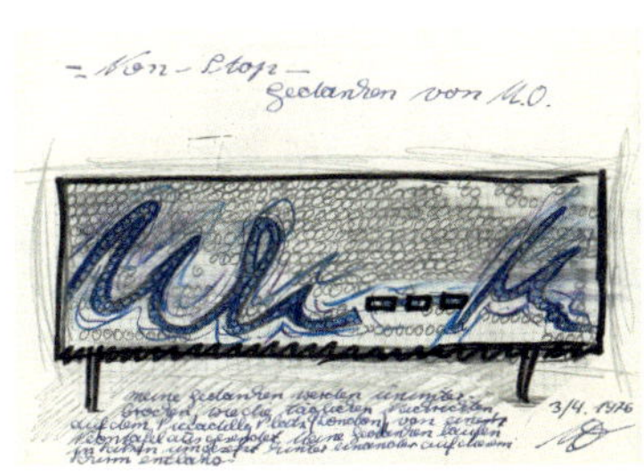

05 *Non-Stop-Gedanken von M.O.*, März/April / March–April 1976
Non-stop thoughts of M.O.
(Konzeptzeichnung für eine Videoinstallation, nicht realisiert) / (Concept drawing for a video installation, not realized)
Collage, eingeklebte Zeichnung, Handschrift und Zeichnung in Bleistift, Farbstift, Filzstift und Tinte auf Papier / Collage, pasted drawing, handwriting and drawing in pencil, colored pencil, felt-tip pen, and ink on paper
21 × 29,7 cm
WV-Nr. 76/8
Abb. S. / fig. p. 210

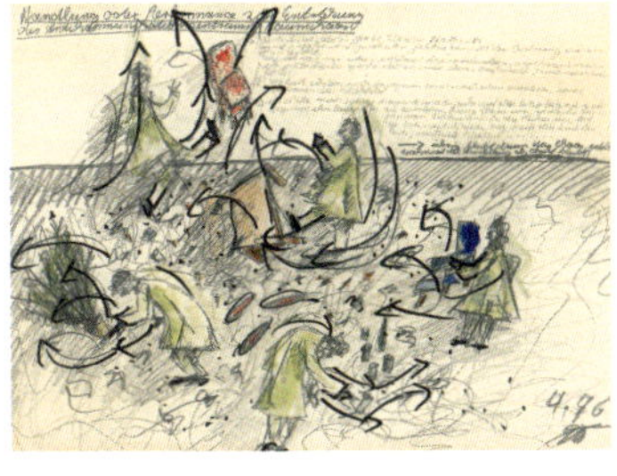

06 *Handlung oder Performance zur Entstehung des Antikommunikationszentrums Raumchaos*, April 1976
Action or performance for the emergence of the anti-communication center Raumchaos
Handschrift und Zeichnung in Aquarell, Bleistift und Filzstift auf Papier / Handwriting and drawing in watercolor, pencil, and felt pen on paper
42 × 56 cm
WV-Nr. 76/14
Abb. S. / fig. p. 205

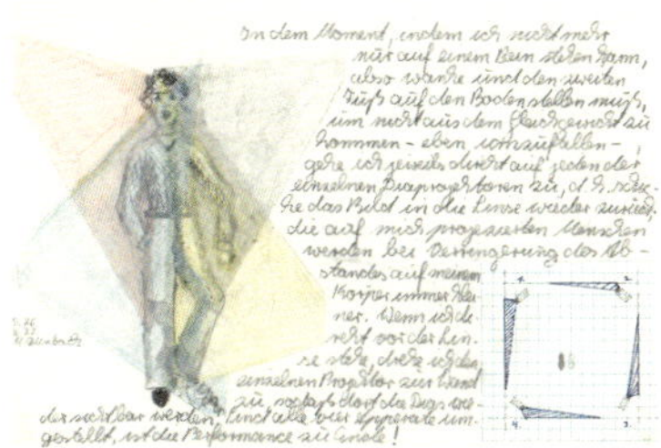

07 *Schon seit Jahren nur auf einem Bein stehen – und dann aber seinen eigenen Weg gehen*, 1976
Only one leg to stand on for years—but still going his own way!
(Konzeptzeichnung für eine Performance, nicht realisiert) / (Concept drawing for a performance, not realized)
Collage, eingeklebte Zeichnungen, Handschrift und Zeichnung in Farbstift, Grafit und Kugelschreiber auf Papier / Collage, pasted drawings, handwriting and drawing in colored pencil, graphite, and ballpoint pen on paper
Blatt 1 / Sheet 1: 29,7 × 21 cm, Blatt 2 / sheet 2: 21 × 29,7 cm
WV-Nr. 76/44, 1–2
Abb. S. / fig. p. 208

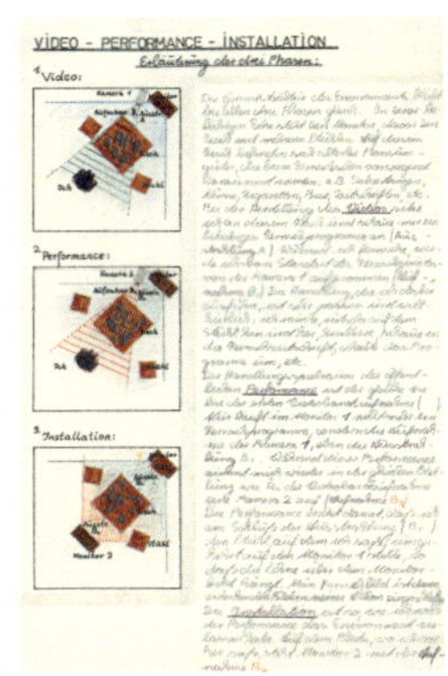

08 *und das Fernsehen …*, 1976/77
and television . . .
(Konzeptzeichnung für die Videoperformance *Der Konsum meiner eigenen Kritik*, realisiert) / (Concept drawing for the video performance *Consumption of my own criticsm*, realized)
Collage, eingeklebte Zeichnungen, Handschrift und Zeichnung in Bleistift, Farbstift und Filzstift auf Papier / Collage, pasted drawings, handwriting and drawing in pencil, colored pencil, and felt-tip pen on paper
47,8 × 32 cm
WV-Nr. 76/48
Abb. S. / fig. p. 209

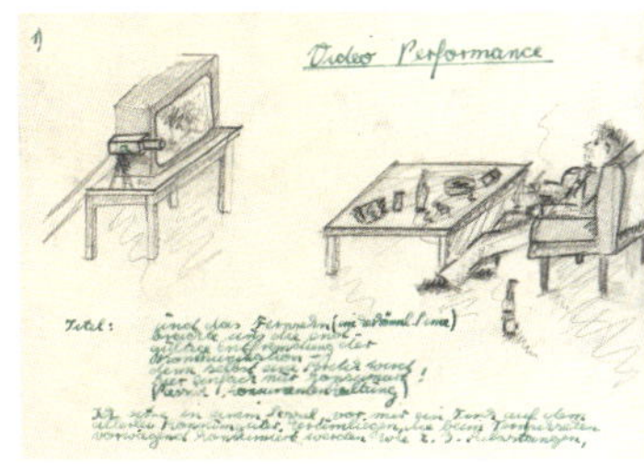

09 *und das Fernsehen (im herkomml. Sinne) brachte uns die endgültige Entfremdung der Kommunikation – denn selbst eine Kritik wird hier einfach konsumiert! (Passive Konsumentenhaltung)*, 1976/77
and television (in the trad. sense) brought us the ultimate estrangement of communication—for here, even criticism is merely consumed! (Passive consumer behavior)
(Konzeptzeichnung für eine Videoperformance, realisiert) / (Concept drawing for a video performance, realized).
3 Blätter mit durchsichtigem Klebeband montiert, Handschrift und Zeichnung in Grafit und Tinte auf Papier / 3 sheets mounted with transparent tape, handwriting and drawing in graphite and ink on paper
21 × 87,9 cm
WV-Nr. 76/49
Abb. S. / fig. pp. 210–211

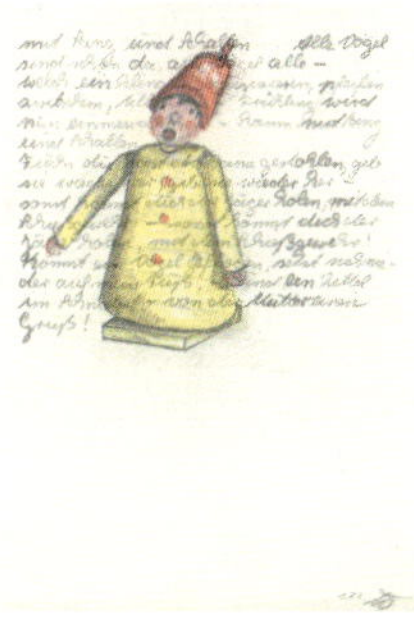

10 *aber trotzdem, ich empfinde meine Erziehung als folgenschwerste Strafe meines Lebens*, Januar / January 1977
but nonetheless I view my upbringing as the most devastating punishment of my life
(Konzeptzeichnung für eine Performance; realisiert unter dem Titel *ich hatte es immer viel zu gut in meiner Kindheit, aber trotzdem empfinde ich meine Erziehung als folgenschwerste Strafe meines Lebens*) / (Concept drawing for a performance; realized under the title *I always had it far too good in my childhood, but nonetheless I view my upbringing as the most devastating punishment of my life*)
Handschrift und Zeichnung in Farbstift

und Grafit auf Papier / Handwriting and drawing in colored pencil and graphite on paper
5 Blätter, je / 5 sheets, each 29,7 × 21 cm (übereinandergelegt / stacked)
WV-Nr. 77/3, 1–5
Abb. S. / fig. pp. 202–203

11 *Der Rhythmus meiner Nervosität! – sich selbst das antun, was man anderen antut –,* Mai / May 1977
The rhythm of my nervousness!—doing to yourself what you do to others—
(Konzeptzeichnung für eine Video-installation, nicht realisiert) / (Concept drawing for a video installation, not realized)
3 Blätter mit durchsichtigem Klebe-band montiert, Handschrift und Zeichnung in Aquarell, Bleistift und Filzstift auf Papier / 3 sheets mounted with transparent tape, handwriting, and drawing in watercolor, pencil, and felt-tip pen on paper
47,1 × 40,9 cm (Gesamtgröße / overall size)
WV-Nr. 77/18
Abb. S. / fig. p. 207

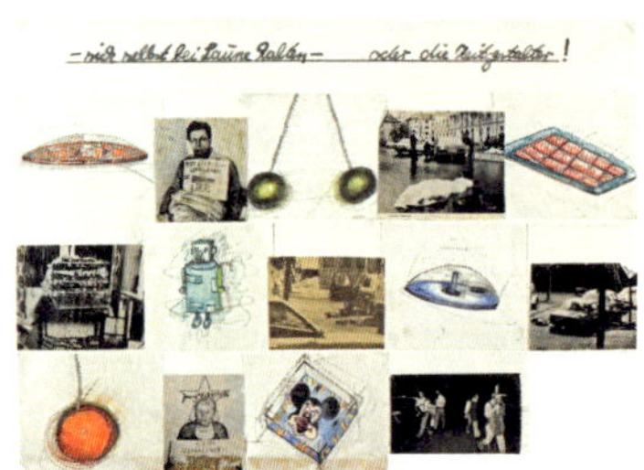

12 *sich selbst bei Laune halten,* September 1977
Staying in a Good Mood
Collage, eingeklebte Ausschnitte aus Zeitschriften, Handschrift und Zeichnung in Bleistift, Farbstift, Filzstift, Tinte und Tintenschreiber auf Papier / Collage, pasted clippings from magazines, handwriting, and drawing in pencil, colored pencil, felt-tip pen, ink, and ink pen on paper
Blatt 1 / Sheet 1: 46 × 62,4 cm, Blatt 2 / sheet 2: 43,9 × 62,4 cm, Blatt 3 / sheet 3: 43,7 × 38,5 cm
WV-Nr. 77/28, 1–3
Kunstmuseum Bonn, Schenkung / Donation Ingrid Oppenheim 1989
Abb. S. / fig. p. 220

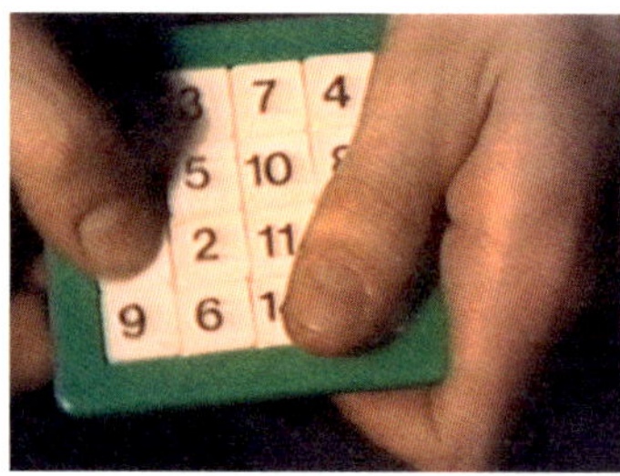

13 *Sich selbst bei Laune halten oder die Spielverderber,* 1977
Staying in a Good Mood, or the Spoilsports
Einkanalvideo, Farbe, Ton / Single-channel video, color, sound, 13' 00"
Abb. S. / fig. p. 221

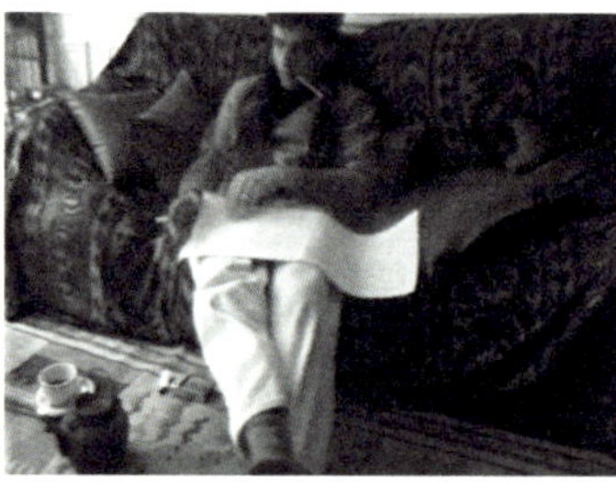

14 *Abwarten und Tee trinken oder die Stadt der anscheinenden Künstler,* 1978
Sit back and have some tea, or the city of artists
Einkanalvideo, SW, Ton / Single-channel video, black-and-white, 17' 26"
Abb. S. / fig. p. 182

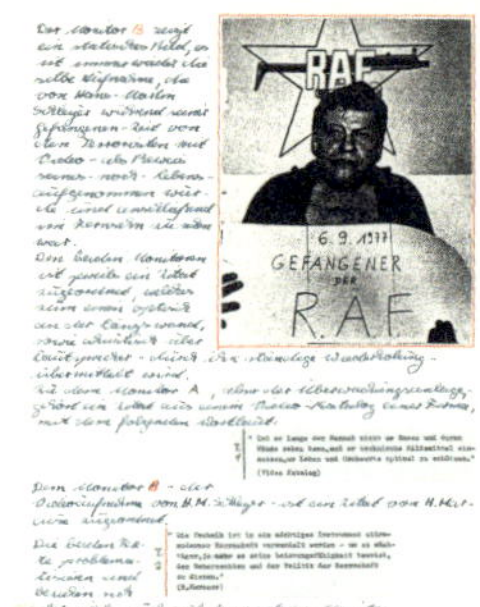

15 *Die 1000 Augen des Doktor Marbuse oder Vertrauen ist gut, Kontrolle ist besser,* 1978/79
The 1000 eyes of Doctor Marbuse or trust is good, control is better
(Konzeptzeichnung für eine Video-installation, nicht realisiert) / (Concept drawing for a video installation, not realized)
Blatt 1–3: 2 Blätter, mit durchsichtigem Klebeband montiert; Collage, ein-geklebte Zeichnungen und Ausschnitte aus Zweitschriften, Handschrift und Zeichnung in Filzstift, Grafit und Tintenschreiber auf kariertem Papier / Sheets 1–3: 2 sheets, mounted with transparent tape; collage, pasted drawings and cuttings from duplicates, handwriting and drawing in felt pen, graphite, and ink pen on grid paper
Blatt 1–3 / Sheets 1–3: 40,4 × 29,7 cm, Blatt 4 und 5 / sheets 4 and 5: 21 × 29,7 cm
WV-Nr. 78/15, 1–5
Abb. S. / fig. pp. 216–219

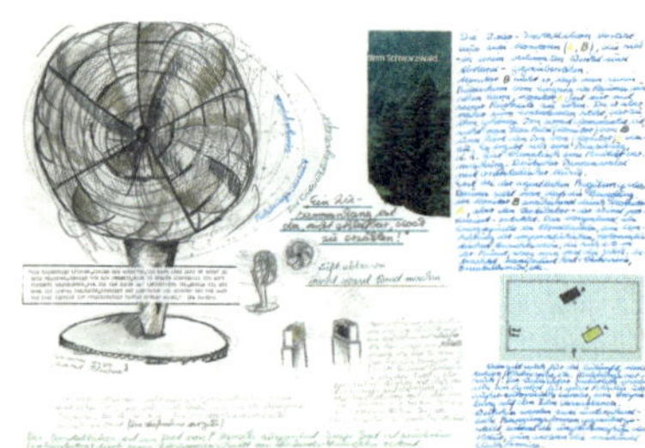

16 *Ein Zusammenhang ist da, nicht erklärbar, doch zu erzählen!,* 1980
There is a link, it is not explicable, but it may be told!
(Konzeptzeichnung für die gleich-namige Videoinstallation, realisiert) / (Concept drawing for the eponymous video installation, realized)
Collage, eingeklebter Schreib-maschinentext und Zeitungsausschnitt, Handschrift und Zeichnung in Blei-stift, Grafit, Farbstift und Tinte auf Papier / Collage, pasted typewriter text and newspaper clipping, handwriting

and drawing in pencil, graphite, colored pencil, and ink on paper
44 × 62,5 cm
WV-Nr. 80/15
Abb. S. / fig. p. 215

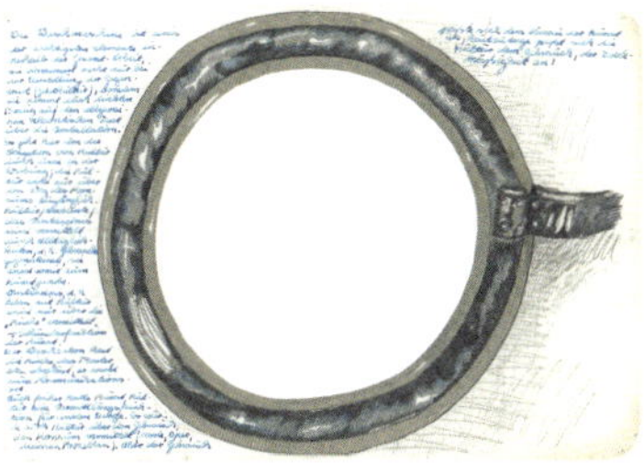

17 *Das Ende einer Illusion oder 700 Intellektuelle beten einen Öltank an,* 1980
The end of an illusion, or 700 intellectuals pray to an oil tank
(Konzeptzeichnung für die gleichnamige Videoinstallation, realisiert) / (Concept drawing for the eponymous video installation, realized)
Collage, Fotokopien, eingeklebte Zeitungsausschnitte, Handschrift und Zeichnung in Bleistift, Grafit, Goldfarbe, Farbstift und Tinte auf Papier / Collage, photocopies, pasted newspaper clippings, handwriting and drawing in pencil, graphite, gold paint, colored pencil, and ink on paper
Blatt 1 / Sheet 1: 45 × 62,7 cm,
Blatt 2–7 / sheets 2–7: 44 × 62,5 cm
WV-Nr. 80/13, 1–7
Abb. S. / fig. pp. 212–213

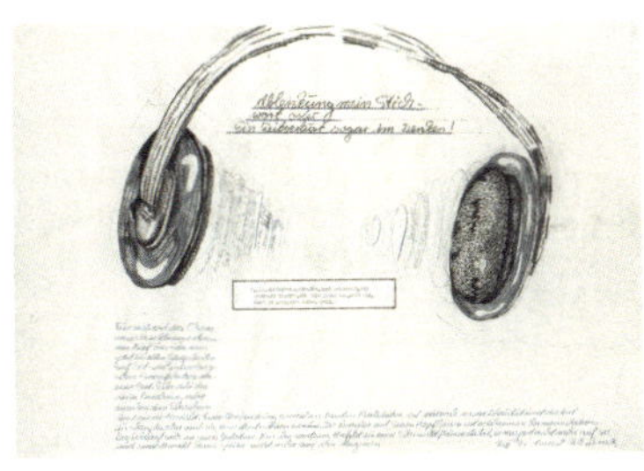

18 *Ablenkung mein Stichwort oder ein Zeitverlust im Denken,* 1981
Avocation is my catchword or a delay in thinking
(Konzeptzeichnung für eine Videoinstallation) / (Concept drawing for a video installation)
Collage, eingeklebte Schreibmaschinentexte und Zeitungsausschnitte, Handschrift und Zeichnung in Bleistift, Farbstift, Goldfarbe, Tinte und Tusche auf Papier / Collage, pasted typewriter texts and newspaper clippings, handwriting and drawing in pencil, colored pencil, gold paint, ink, and Indian ink on paper
Blatt 1 und 3, je / Sheet 1 and 3, each 25 × 62 cm, Blatt 2 / sheet 2: 43,8 × 62 cm
WV-Nr. 81/13, 1–3
Abb. S. / fig. pp. 158–159

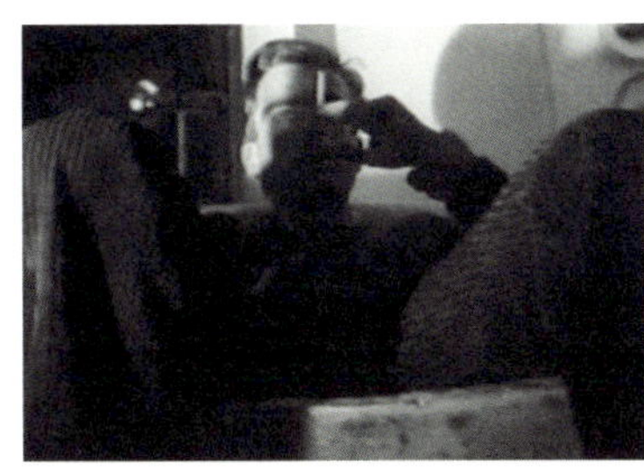

19 *Das Versteck der frühen Verbote,* 1981/82
The cache of early prohibitions
Einkanalvideo, SW, Ton / Single-channel video, black-and-white, sound, 19' 53"
Abb. S. / fig. p. 183

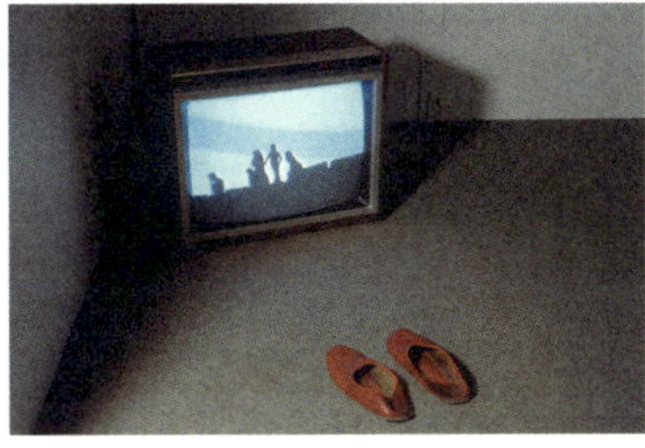

20 *Das Schweigen deutscher Räume erschreckt mich,* 1982
The silence of German rooms frightens me
Zweikanal-Videoinstallation, zwei Monitore, zwei Paar Schuhe, Farbe, Ton / Two-channel video installation, two monitors, two pairs of shoes, color, sound, 38' 48" and 20' 00"
Abb. S. / fig. pp. 130–131

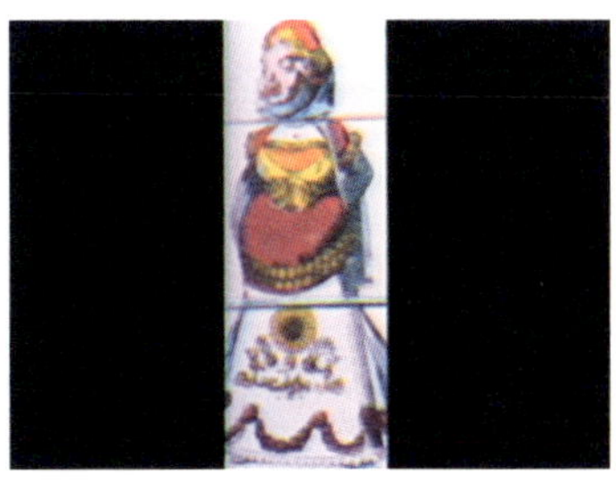

21 *Die Distanz zwischen mir und meinen Verlusten,* 1983
The Distance between Me and My Losses
Einkanalvideo, Farbe, Ton / Single-channel video, color, sound, 10' 15"
Abb. S. / fig. p. 169

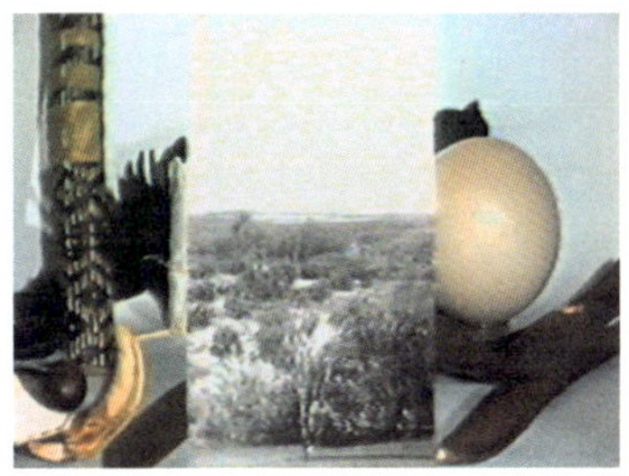

22 *Vorurteile oder die Not macht erfinderisch,* 1983/84
Prejudices or Necessity Is the Mother of Invention
Einkanalvideo, Farbe und SW, Ton / Single-channel video, color and black-and-white, sound, 8' 26"
Abb. S. / fig. p. 174

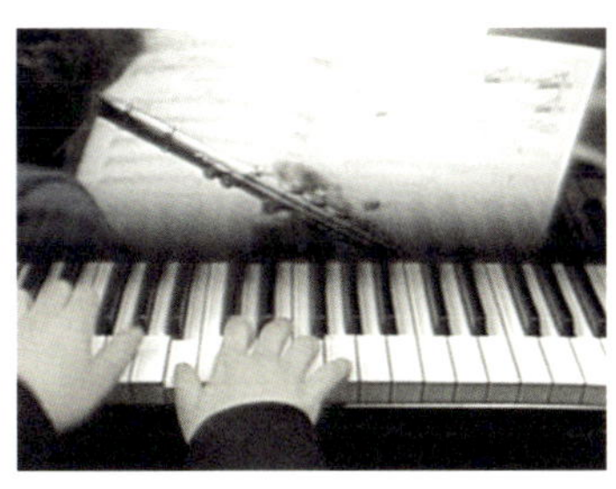

23 *As if memories could deceive me / Als ob Erinnerungen mich täuschen könnten,* 1984/1986
Einkanalvideo, Farbe und SW, Ton / Single-channel video, color and black-and-white, sound, 17' 35"
Abb. S. / fig. p. 181

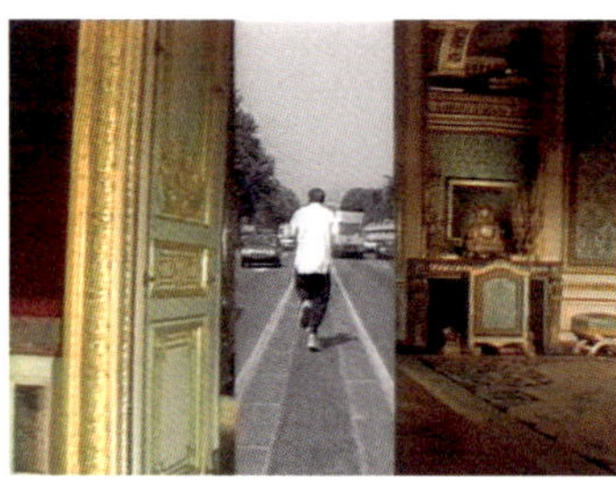

24 *Dans la vision périphérique du témoin / Dem Augenzeugen im Blickwinkel stehen*, 1986
In the Peripheral Vision of the Witness
Einkanalvideo, Farbe, Ton / Single-channel video, color, sound, 13' 00"
Abb. S. / fig. p. 174

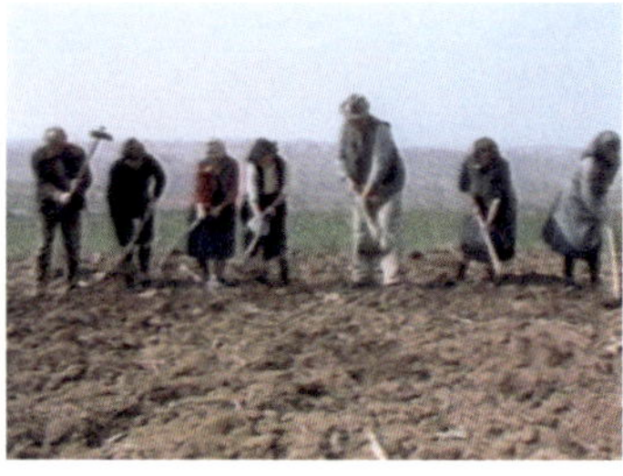

25 *Srecan Susret / Die glückliche Begegnung*, 1987
The Happy Encounter
Einkanalvideo, Farbe, Ton / Single-channel video, color, sound, 7' 18"
Abb. S. / fig. p. 175

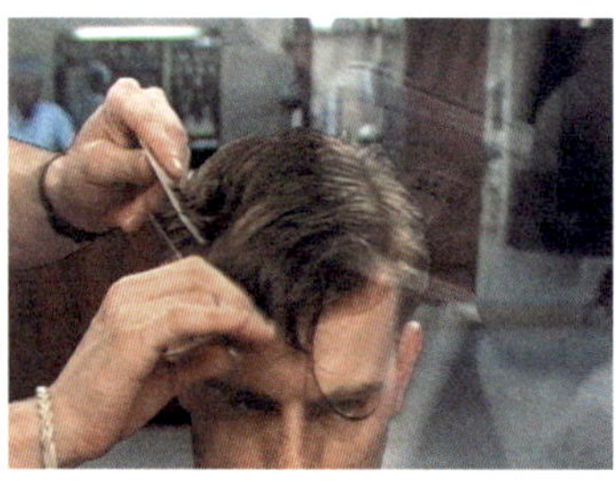

26 *Estar de pie es no caerse / Stehen ist Nichtumfallen*, 1989
Standing Is Not Falling
Einkanalvideo, Farbe, Ton / Single-channel video, color, sound, 4' 58"
Abb. S. / fig. p. 175

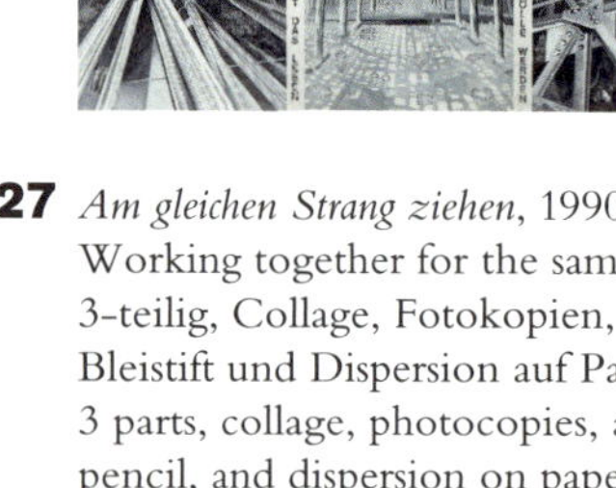

27 *Am gleichen Strang ziehen*, 1990
Working together for the same cause
3-teilig, Collage, Fotokopien, Acryl, Bleistift und Dispersion auf Papier / 3 parts, collage, photocopies, acrylic, pencil, and dispersion on paper
210 × 350 cm (Gesamtgröße / overall size)
WV-Nr. 90/18, 1–3
Abb. S. / fig. p. 185

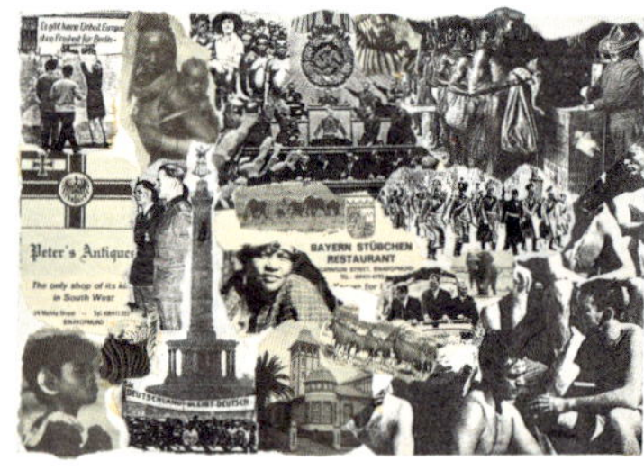

28 *Ohne Titel (Namibia)*, 1990
Untitled (Namibia)
Collage (erste Version der späteren Schnittvorlagen / first version of the later templates)
21 × 29,5 cm
Abb. S. / fig. p. 33

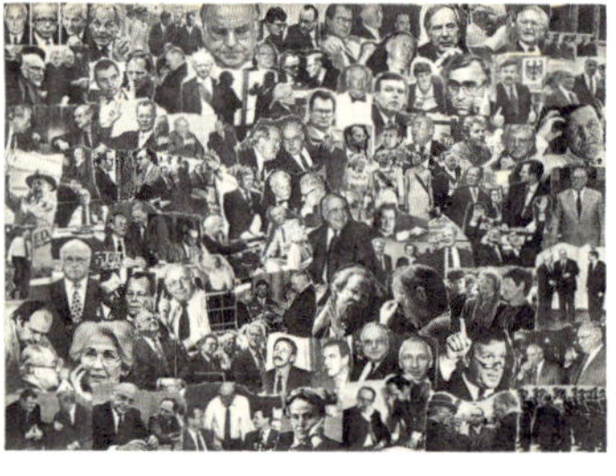

29 *Ohne Titel (Politikerköpfe)*, 1991
Untitled (heads of politicians)
Collage
42 × 56 cm
Abb. S. / fig. p. 35

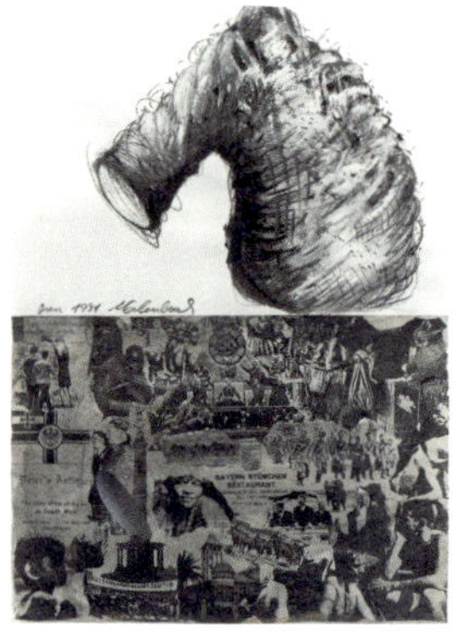

30 *Ohne Titel (Webervogelnester)*, 1991
Untitled (Weaver bird nests)
Bleistift, Kohle und Dispersion auf Papier sowie Collage, Fotokopie, Grafit auf Papier / Pencil, charcoal, and dispersion on paper as well as collage, photocopy, and graphite on paper
5 Blätter, je / 5 sheets, each 41,5 × 29 cm
WV-Nr. 91/1, 1–5
Abb. S. / fig. p. 73 (Blatt 5 / sheet 5)

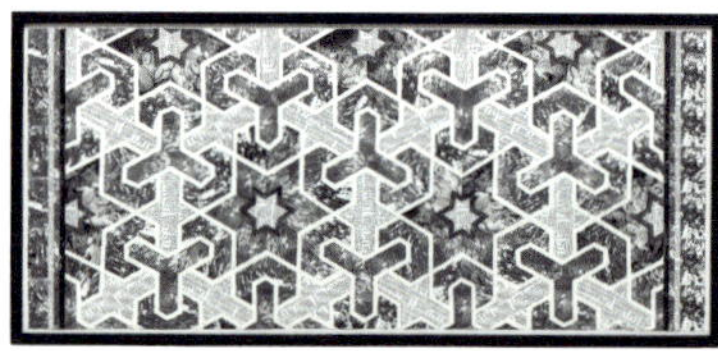

31 *Fränkischer Schreibschrank 1745 / Wellblech Namibia / Seh Sultan Husain Madrasa, Iran 1694–1722*, 1991
Franconian secretary 1745 / Corrugated iron Namibia / Seh Sultan Husain Madrasa, Iran 1694–1722
Collage, Fotokopie, Bleistift und Kaseinfarbe auf Papier / Collage, photocopy, pencil, and casein paint on paper
3-teilig, je / 3 parts, each 110 × 245 cm
WV-Nr. 91/13, 1–3
Galerie Gisela Capitain, Köln / Cologne
Abb. S. / fig. p. 133

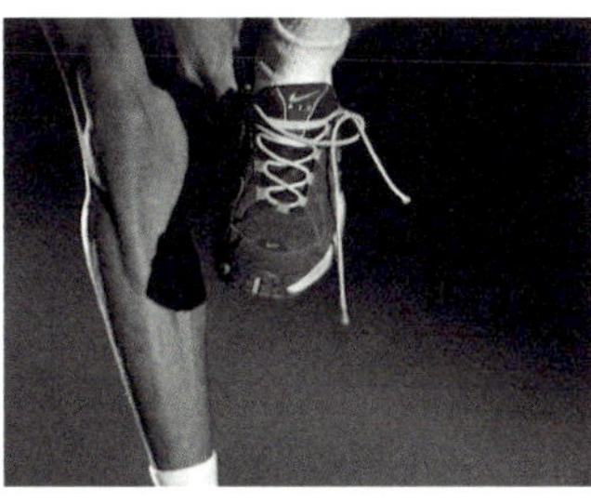

32 *Ach, wie gut, daß niemand weiß,* 1997/1999
Hal glad am I that no one knew
Vierkanal-Videoinstallation, Farbe und SW, Ton, je 08' 11", vier Screens mit beidseitigen Projektionen / Four-channel video installation, color and black-and-white, sound, each 08' 11", four screens with projections on both sides
Abb. S. / fig. pp. 29–31

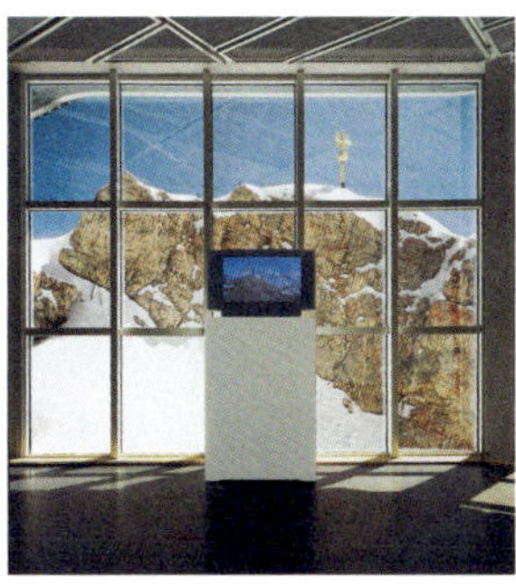

33 *Das große Fenster, Einblick eines Ausblicks,* 2001
The big window—insight, looking out
Einkanalvideo, Farbe und SW, Ton / Single-channel video, color and black-and-white, sound, 12' 20"
Abb. S. / fig. pp. 113–115

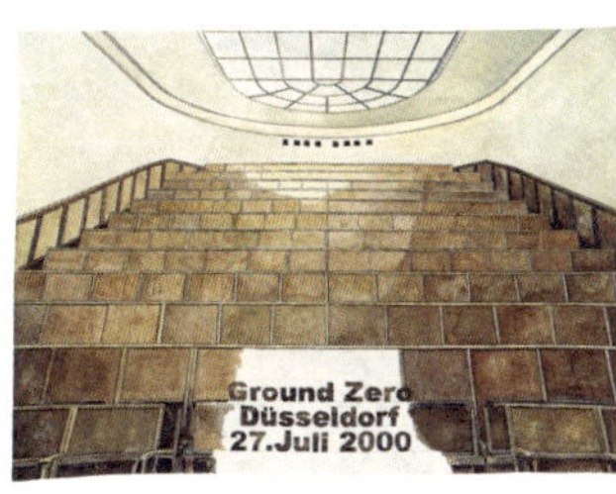

34 *Düsseldorf 27. Juni 2000,* 2001
Düsseldorf, June 27, 2000
2 Collagen, Fotokopien, Bleistift und Tinte auf Papier / 2 collages, photocopies, pencil, and ink on paper
50,2 × 60,2 cm und / and 60,2 × 50,2 cm
WV-Nr. 01/2, 1–2
Abb. S. / fig. p. 147

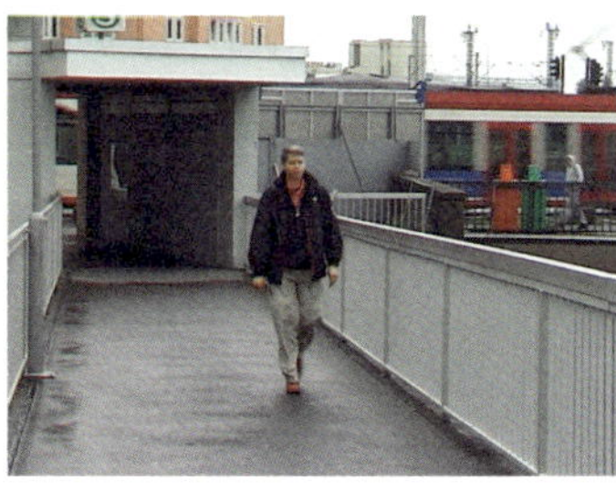

35 *Es war an einem Donnerstag,* 2002
It was on a Thursday
Einkanalvideo, Farbe, Ton / Single-channel video, color, sound, 10' 00"
Abb. S. / fig. p. 146

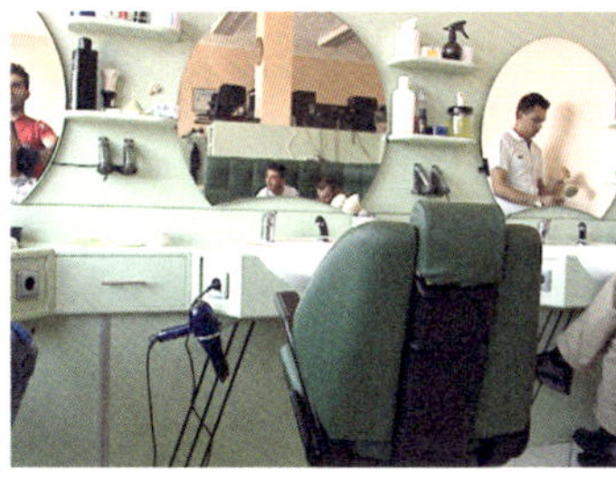

36 *Männergeschichten 1,* 2003
Male Stories 1
Zweikanal-Videoinstallation, Farbe, Ton / Two-channel video installation, color, sound, 10' 12"
Abb. S. / fig. pp. 136–137

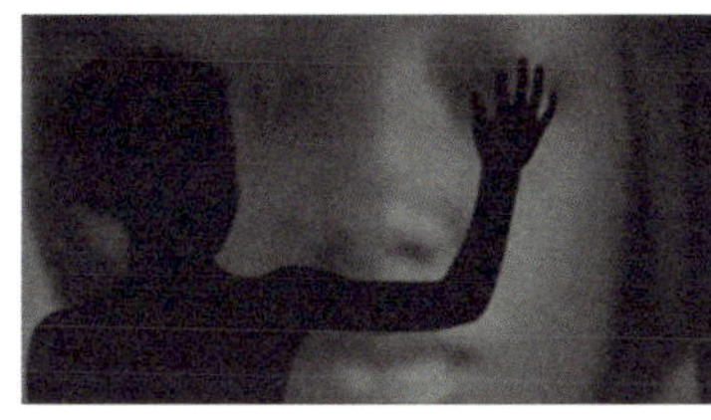

37 *In stillen Teichen lauern Krokodile,* 2002/2004
In Still Waters Crocodiles Lurk
Zweikanal-Videoinstallation, Farbe, Ton / Two-channel video installation, color, sound, 31' 15"
Abb. S. / fig. pp. 79–83

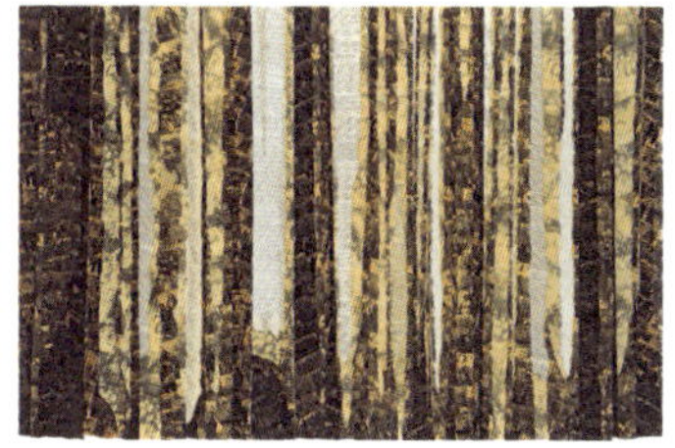

38 *zugezogen,* 2004
drawn closed
Collage, Fotokopien und Tinte auf Papier / Collage, photocopies and ink on paper
150 × 231 cm
WV-Nr. 04/2
Bundesrepublik Deutschland – Sammlung zeitgenössischer Kunst / Federal Republic of Germany – Collection of Contemporary Art
Abb. S. / fig. p. 117

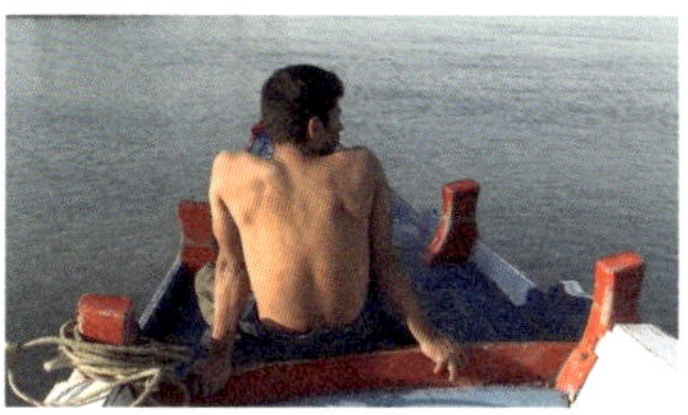

39 *Disturbed Places—Five Variations on India,* 2007
Verstörte Orte – Fünf Variationen über Indien
Einkanal-Videoinstallation, Farbe, Ton / Single-channel video installation, color, sound, 34' 00"
Abb. S. / fig. pp. 121–125

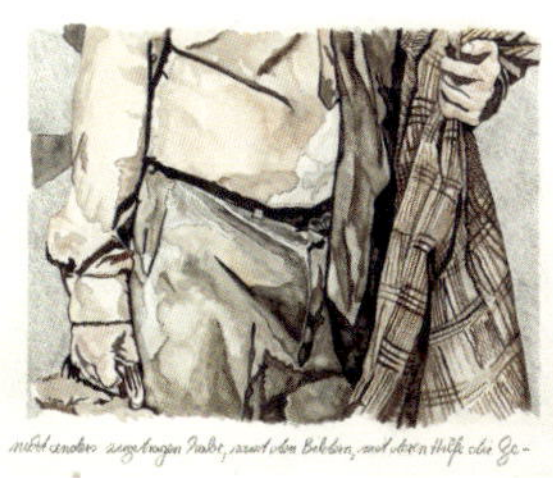

40 *Er wollte nur zur Arbeit gehen,* 2008
He just wanted to go to work
4 Collagen, Fotokopien, Handschrift und Zeichnung in Aquarell und Bleistift auf Papier / 4 collages, photocopies, handwriting, and drawing in watercolor and pencil on paper
Je / Each 36 × 46 cm
WV-Nr. 08/5, 1–4
Galerie Gisela Capitain, Köln / Cologne
Abb. S. / fig. pp. 144–145

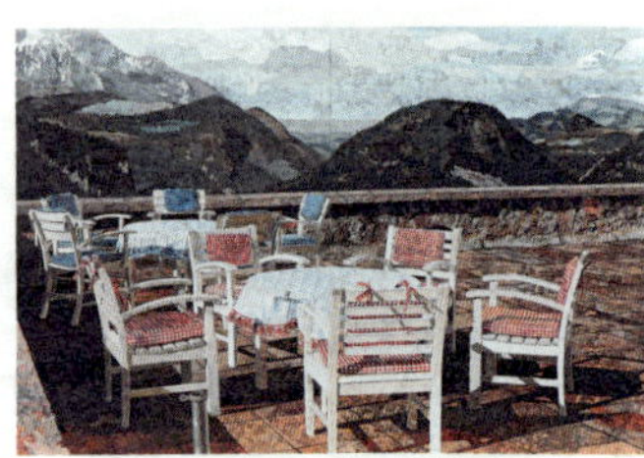

41 *Familienfeier*, 2011/12
Family Affair
Collage, Fotokopien, Bleistift und Tinte auf Papier / Collage, photocopies, pencil, and ink on paper
215 × 290 cm
WV-Nr. 11/1
FRIEDRICH CHRISTIAN FLICK COLLECTION
Abb. S. / fig. p. 109

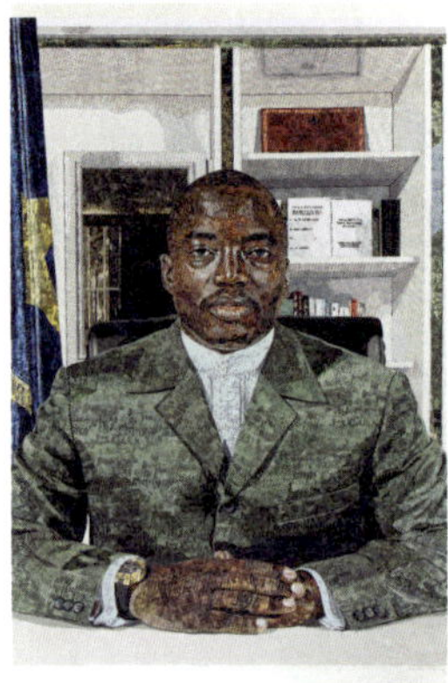

42 *Sitzfleisch*, 2012
Staying Power
Collage, Fotokopien, Bleistift und Tinte auf Papier / Collage, photocopies, pencil, and ink on paper
242 × 152 cm
WV-Nr. 12/10
Sammlung / Collection Philara, Düsseldorf
Abb. S. / fig. p. 75

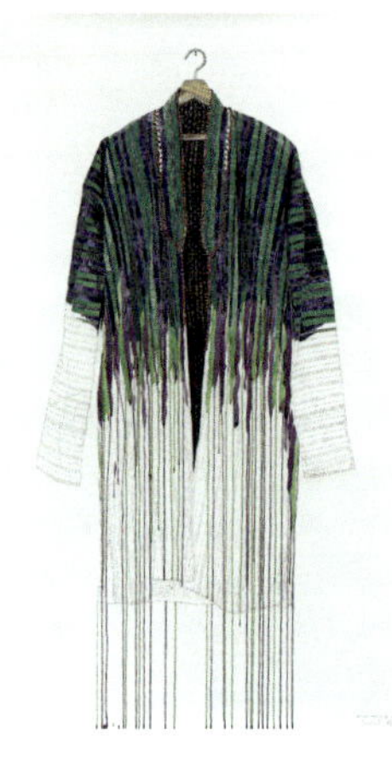

43 *Kleider machen Leute*, 2012
You are what you wear
Collage, Fotokopien, Bleistift und Tinte auf Papier / Collage, photocopies, pencil, and ink on paper
189 × 110 cm
WV-Nr. 12/13
Sammlung / Collection Schmitz
Abb. S. / fig. p. 139

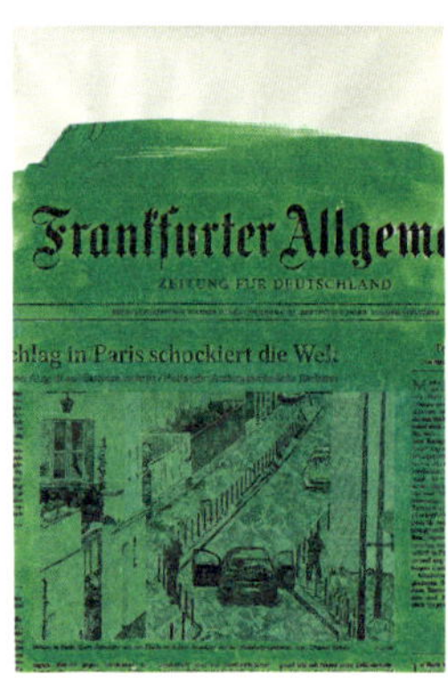

44 *Schweinfurter Grün*, 2015
Schweinfurt Green
Collage, Fotokopien, Bleistift und Tinte auf Papier / Collage, photocopies, pencil, and ink on paper
226 × 150 cm
Galerie Gisela Capitain, Köln / Cologne
Abb. S. / fig. p. 141

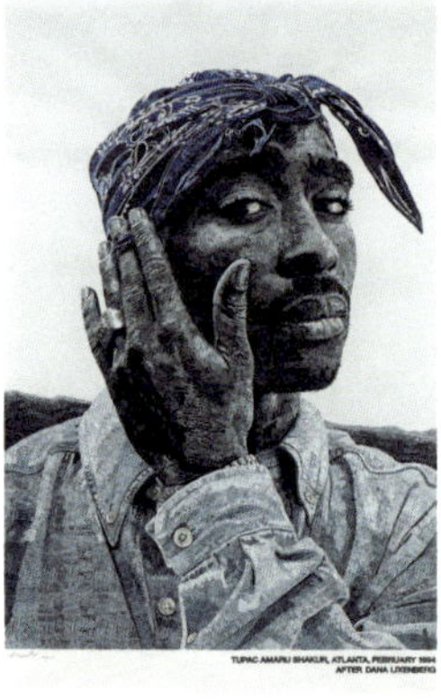

45 *Tupac*, 2015
Collage, Fotokopien, Bleistift und Tinte auf Papier / Collage, photocopies, pencil, and ink on paper
250 × 150 cm
Courtesy Anton Kern Gallery, New York
Abb. S. / fig. p. 153

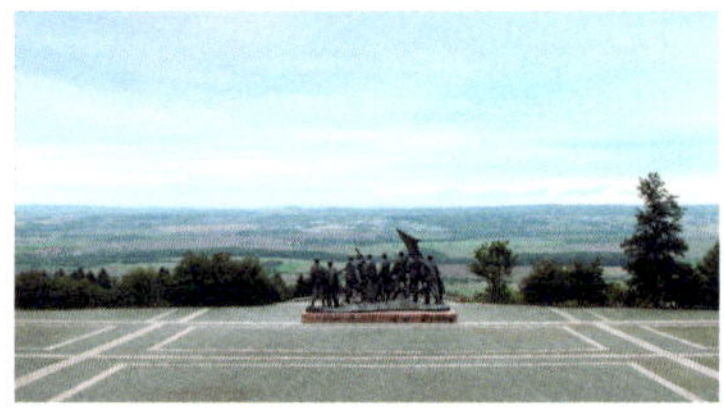

46 *Beweis zu nichts*, 2016
Proof of Nothing
Zweikanal-Videoinstallation, Farbe, Ton / Two-channel video installation, color, sound, 12' 42"
Galerie Gisela Capitain, Köln / Cologne
Abb. S. / fig. pp. 89–93

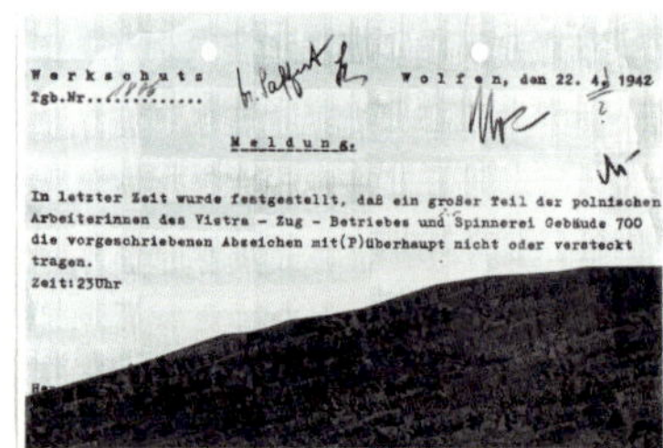

47 *Meldung*, 2016
Notification
Collage, Fotokopien, Bleistift und Tinte auf Papier / Collage, photocopies, pencil, and ink on paper
150 × 190 cm
Galerie Gisela Capitain, Köln / Cologne
Abb. S. / fig. p. 85

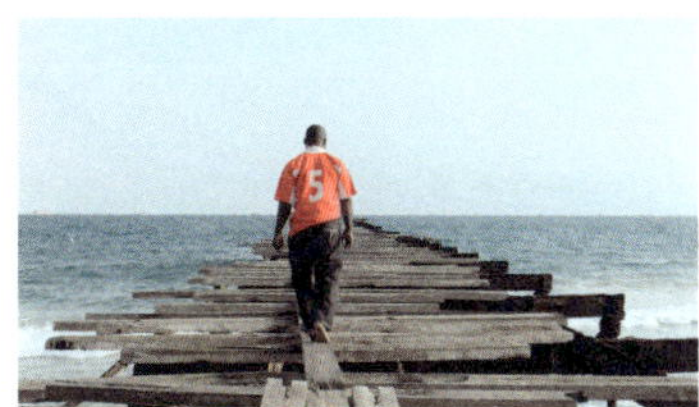

48 *Tropenkoller*, 2017
Tropical Frenzy
Zweikanal-Videoinstallation, Farbe, Ton / Two-channel video installation, color, sound, 17' 42"
Galerie Gisela Capitain, Köln / Cologne
Abb. S. / fig. pp. 67–71

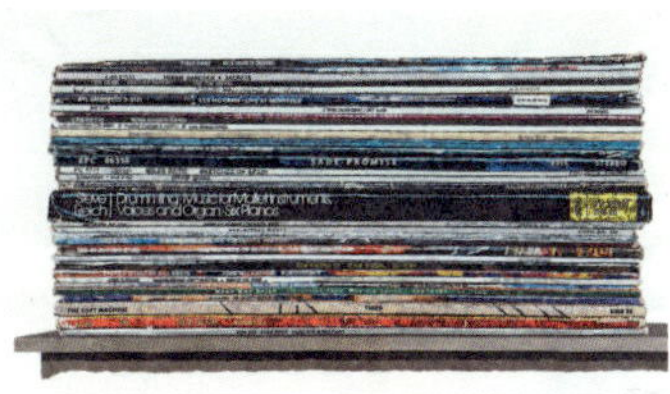

49 *Selbstportrait*, 2017
Self-Portrait
Collage, Fotokopien, Bleistift und Tinte auf Papier / Collage, photocopies, pencil, and ink on paper
151 × 260 cm
Sammlung / Collection Claudia & Bernhard Huppert
Abb. S. / fig. p. 9

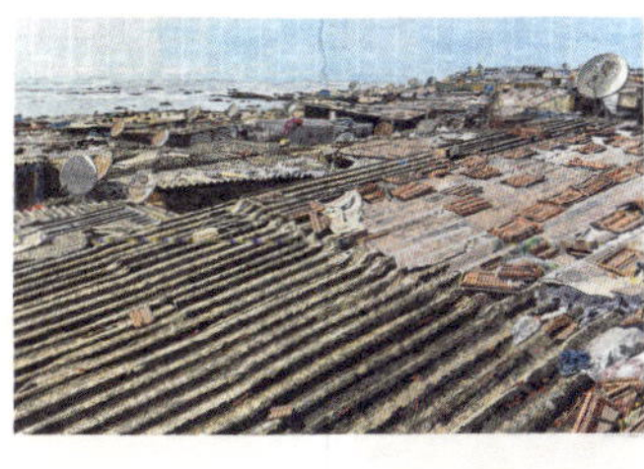

50 *Als mein Haus noch kein Dach hatte*, 2018
When my house did not have a roof
Collage, Fotokopien, Bleistift und Tinte auf Papier / Collage, photocopies, pencil, and ink on paper
179 × 260 cm
Privatsammlung / Private collection, Köln / Cologne
Abb. S. / fig. p. 127

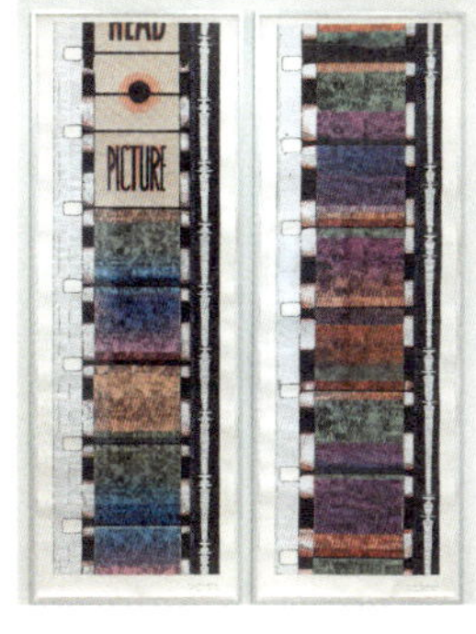

51 *Film ab*, 2018
The Film Is Rolling
Collage, Farbkopien, Bleistift und Tinte auf Papier / Collage, photocopies, pencil, and ink on paper
2-teilig, je / 2 parts, each 262 × 88 cm
Galerie Gisela Capitain, Köln / Cologne
Abb. S. / fig. p. 161

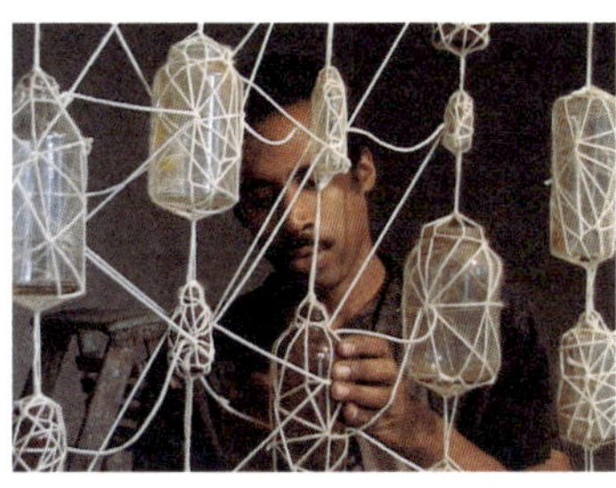

52 *3 Legged Race*, 2018
HD-Einkanalvideo, Farbe, Ton / HD single-channel video, color, sound, 24' 50"
Abb. S. / fig. pp. 156–157

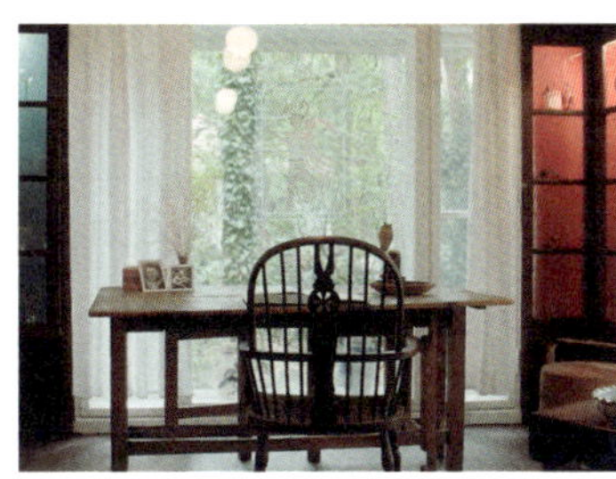

53 *Wer Leidet der Schneidet*, 2019
He Who Suffers, Cuts
Zweikanal-Videoinstallation, Farbe, Ton / Two-channel video installation, color, sound, 9' 45"
Galerie Gisela Capitain, Köln / Cologne
Abb. S. / fig. pp. 99–101

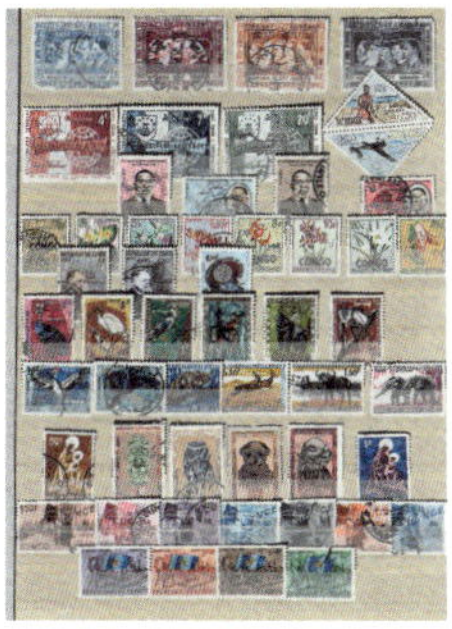

54 *Meine Freimarken*, 2019/2021
My Postage Stamps
Collage, Fotokopien, Bleistift und Tinte auf Papier / Collage, photocopies, pencil, and ink on paper
260 × 180 cm
Galerie Gisela Capitain, Köln / Cologne
Abb. S. / fig. p. 63

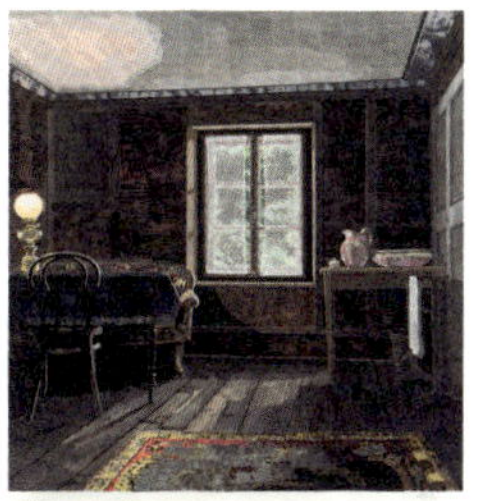

55 *Ausblick ohne Gott*, 2019/2021
View without God
Collage, Fotokopien, Bleistift und Tinte auf Papier / Collage, photocopies, pencil, and ink on paper
179,5 × 147,5 cm
Courtesy Anton Kern Gallery, New York
Abb. S. / fig. p. 43

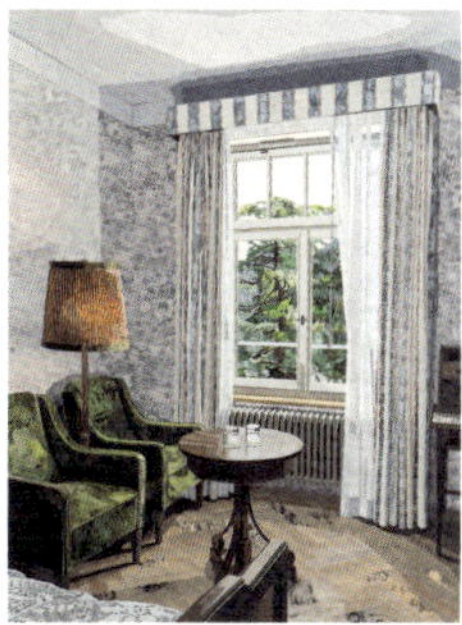

56 *zur Ruhe kommen*, 2021
Come to Rest
Collage, Fotokopien, Bleistift und Tinte auf Papier / Collage, photocopies, pencil, and ink on paper
222 × 165 cm
Galerie Gisela Capitain, Köln / Cologne
Abb. S. / fig. p. 47

01 *Die Marcel Schablone*, Mai / May 1975
The Marcel Template
Bleistift und Tinte auf Transparentpapier, aufgezogen auf Karton / Pencil and ink on tracing paper, mounted on cardboard, 29,7 × 21,2 cm

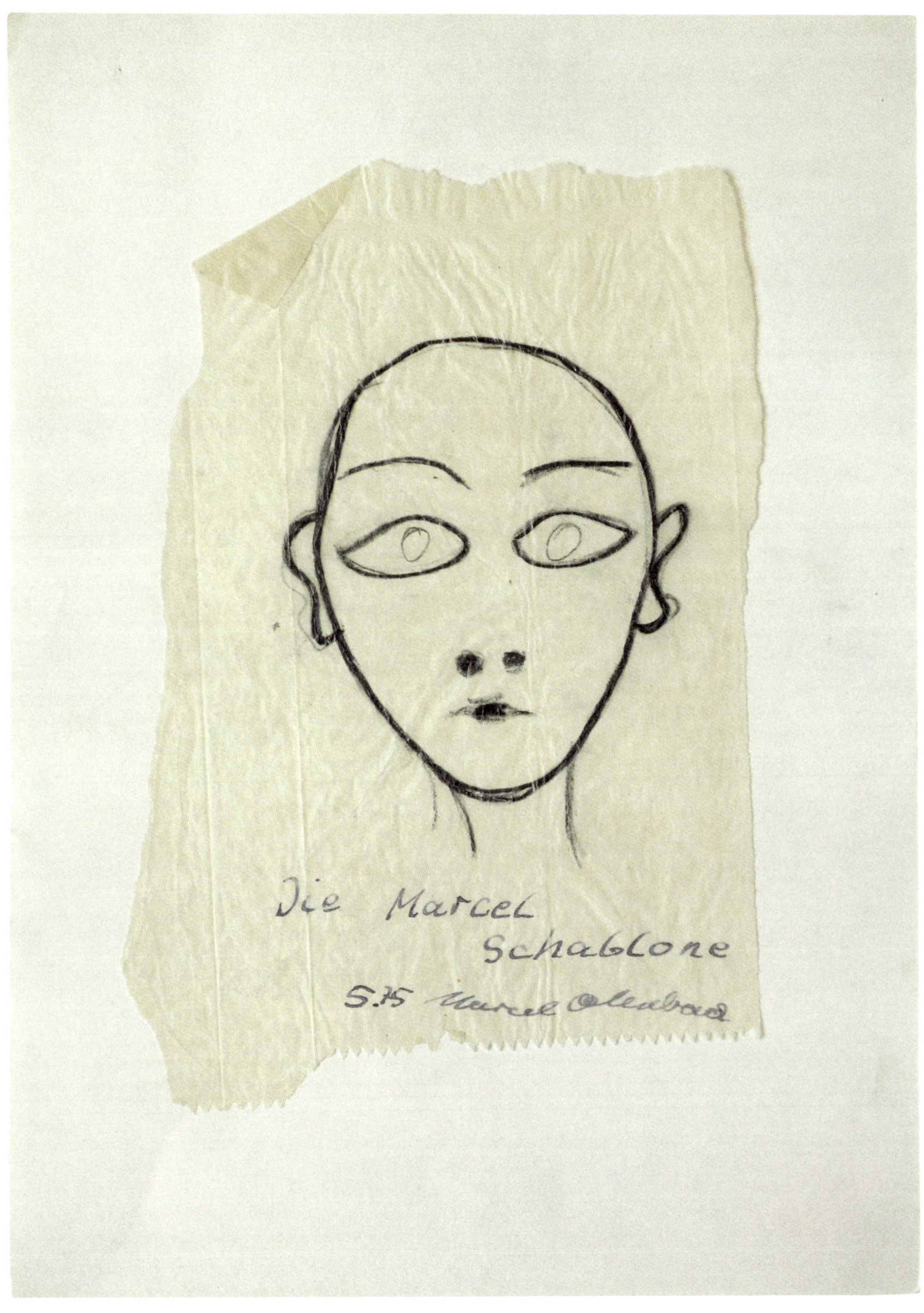

BIOGRAFIE / BIOGRAPHY

Geboren 1953 in Köln / Born 1953 in Cologne
Lebt und arbeitet in Köln, Berlin und Biriwa, Ghana / Lives and works in Cologne, Berlin, and Biriwa, Ghana

AUSBILDUNG / EDUCATION

1974–1979 Studium der Architektur, Kunstgeschichte und Semiotik an der Rheinisch-Westfälischen Technischen Hochschule Aachen / Architecture, art history, and semiotic studies at the Rheinisch-Westfälische Technische Hochschule Aachen

1990–1993 Professor, Rijksakademie, Amsterdam

1992–1998 Professor für Medienkunst, Staatliche Hochschule für Gestaltung, Karlsruhe / Professor for media art, Staatliche Hochschule für Gestaltung, Karlsruhe

1999 Gastprofessur an der University of California, Los Angeles / Professorship at the University of California, Los Angeles

2000–2010 Professor für Medienkunst, Kunsthochschule für Medien, Köln / Professor for media art, Kunsthochschule für Medien, Cologne

2010–2021 Professor, Kunstakademie Düsseldorf

EINZELAUSSTELLUNGEN / SOLO EXHIBITIONS

2021
Marcel Odenbach. Wolfgang-Hahn-Preis 2021, Museum Ludwig, Köln / Cologne [Kat. / cat.]

Marcel Odenbach. So oder so, Kunstsammlung Nordrhein-Westfalen K21, Düsseldorf [Kat. / cat.]

2020
plötzlich konnte eins wie das andere sein. Sammlungssatellit #6 / suddenly, one could be just like the other. Collection Satellite #6, Kaiser Wilhelm Museum, Krefeld [Kat. / cat.]

Es brennt, Kunsthalle Nürnberg, Nürnberg / Nuremberg [Kat. / cat.]

2019
Stille Bewegungen – Tranquil Motions (organisiert durch das / organized by the Institut für Auslandsbeziehungen e.V. [ifa], Stuttgart, in Zusammenarbeit mit dem / in collaboration with the Goethe-Institut, Karachi), Alliance Française, Karachi [Kat. / cat. 2014]

2018
Stille Bewegungen. Tranquil Motions (organisiert durch das / organized by the Institut für Auslandsbeziehungen e.V. [ifa], Stuttgart), National Gallery of Modern Art, Mumbai [Kat. / cat. 2014]

Spuren sichern, Galerie Gisela Capitain, Köln / Cologne [Kat. / cat.]

2017
Im Schiffbruch nicht schwimmen können, Videobox Museum Matters, Staatsgalerie Stuttgart, Stuttgart

Tropenkoller. Eine Videoarbeit von Marcel Odenbach, Fakultät für Gestaltung, Hochschule Pforzheim, Pforzheim

Modus Operandi Post Meridiem (mit / with Peter Miller), Galerie Crone, Wien / Vienna

House Turtle (mit / with Carsten Höller), UAA – Ungers Archiv für Architekturwissenschaft, Köln / Cologne

Beweis zu nichts, Kunsthalle Wien, Wien / Vienna [Kat. / cat.]

2016
Conjunction (mit / with Boaz Kaiman), Galerie Mirko Mayer / m-projects, Köln / Cologne [Kat. / cat.]

Sprünge in der Wahrnehmung, DomQuartier Salzburg, Salzburg

REMOTEWORDS.32, 235 Media, Köln / Cologne

Inside-Out, Tel Aviv Museum of Art, Tel Aviv [Kat. / cat.]

Stille Bewegungen. Tranquil Motions (organisiert durch das / organized by the Institut für Auslandsbeziehungen e.V. [ifa], Stuttgart), Museo de Artes Visuales, Santiago de Chile; Museu de Arte do Rio Grande do Sul Ado Malagoli, Porto Alegre [Kat. / cat. 2014]

2015
Anton Kern Gallery, New York

Stille Bewegungen. Tranquil Motions (organisiert durch das / organized by the Institut für Auslandsbeziehungen e.V. [ifa], Stuttgart), Centro de Arte Contemporàneo, Quito; Museo de Arte de Lima, Lima; Museo de Arte del Banco de la República, Bogotá [Kat. / cat. 2014]

2014
Video Installations (mit / with Lukas Marxt), Galerie Studio Brugmann, Brüssel / Brussels

Stille Bewegungen. Tranquil Motions (organisiert durch das / organized by the Institut für Auslandsbeziehungen e. V. [ifa], Stuttgart), Museo de Arte Contemporáneo de Caracas, Caracas; Centro de Exposiciones SUBTE, Montevideo [Kat. / cat.]

2013
6 x Odenbach, Galerie Crone, Berlin

Marcel Odenbach and his Films, Goethe-Institut / Max Mueller Bhavan, Kolkata

Im Schiffbruch nicht schwimmen können, Galerie Stampa, Basel

Papierarbeiten 1975–2013, Kunstmuseum Bonn, Bonn [Kat. / cat.]

Abgelegt, Nordrhein-Westfälische Akademie der Wissenschaften und der Künste, Düsseldorf

2012
Familienfeier, Galerie Gisela Capitain, Köln / Cologne

Schutzräume, Sammlung Friedrichshof, Zurndorf [Kat. / cat.]

2011
Sportbefreit, Galerie Crone, Berlin

Anton Kern Gallery, New York

Dennis Kimmerich Gallery, New York

Probeliegen, Freud Museum, London

2010
Männergeschichten II, abc art berlin contemporary, Berlin

2009
Im Kreise drehen, Galerie Crone, Berlin

2008
Das im Entwischen Erwischte. Pläne 1975–1983, Kunsthalle Bremen, Bremen [Kat. / cat.]

Wenn die Wand an den Tisch rückt, Schinkel Pavillon, Berlin

2007
Retrospectiva. 16th International Electronic Art Festival SESC_Videobrasil, São Paulo

Durchblicke, Anton Kern Gallery, New York

2006
In stillen Teichen lauern Krokodile, Hamburger Bahnhof – Museum für Gegenwart, Berlin [Kat. / cat.]

Aufspüren, Galerie Crone, Berlin [Kat. / cat.]

Jüdisches Leben in München (mit / with Irit Hemmo und / and Stefan Römer; sechs Installationen im öffentlichen Raum / six installations in public space), München / Munich [Kat. / cat.]

La mirada discreta (mit / with Robert Cahen), Espacio Fundación Telefónica, Buenos Aires

2005
Seated Videos 1977–1997, Anton Kern Gallery, New York

The idea of Africa, Cornerhouse, Manchester

Vom Kommen und vom Gehen, Galerie Stampa, Basel

Videoarbeiten 1977–2004, National Gallery, Sofia

2004
Kunst-Station Sankt Peter, Köln / Cologne

In stillen Teichen lauern Krokodile, Buchmann Galerie, Köln / Cologne

Installations 2000–2003 / Videos 1978–1995, Govett-Brewster Art Gallery, New Plymouth

2003
Paper on Paper, Anton Kern Gallery, New York

Auch wenn der Fahrer ein anderer ist, der Lastwagen bleibt immer der Gleiche, Kunstraum Innsbruck, Innsbruck

2002
Auch wenn der Fahrer ein anderer ist, der Lastwagen bleibt immer der Gleiche, Frankfurter Kunstverein, Frankfurt am Main [Kat. / cat.]

Die Kirche im Dorf lassen, Kunstverein Heilbronn, Heilbronn

Viver longe para sentir-se em casa, Goethe-Institut, Salvador da Bahia

Das große Fenster – Einblick eines Ausblicks, Galerie Crone, Berlin

Kunsthalle Bremen (Werke ab 1976 / works from 1976 on), Bremen

2001
Das große Fenster – Einblick eines Ausblicks. Kunst auf der Zugspitze (in Zusammenarbeit mit / in collaboration with Neues Museum Nürnberg, Nürnberg / Nuremberg), Zugspitze [Kat. / cat.]

2000
Anton Kern Gallery, New York

Am seidenen Faden hängen, Trinitatiskirche, Köln / Cologne

Hitzefrei (mit / with Rosemarie Trockel), Galerie Crone / Andreas Osarek, Hamburg

1999
Das Ende der Gemütlichkeit, Galerie Eigen+Art, Leipzig

Ach, wie gut, daß niemand weiß, Kölnischer Kunstverein, Köln / Cologne [Kat. / cat.]

Videos 1976–1995, IVAM Centre Julio González, Valencia

Zeichnungen 1975–1998, Galerie für Zeitgenössische Kunst, Leipzig

1998
Recent video installations, New Museum of Contemporary Art, New York [Kat. / cat.]

Visual Diaries 1975–1998, Goethe-Institut, New York

Galerie Stampa, Basel

Goethe-Institut Kamerun, Yaoundé

1997
Anton Kern Gallery, New York

Zeichnungen 1975–77, Staatliche Kunstsammlung Liechtenstein, Vaduz [Kat. / cat.]

Vicious dogs, Goethe-Institut, London

Visibilità Zero. Video Installazioni Dibattiti, Galerie Planita, Rom / Rome

1996
3 legged race (mit / with Janine Antoni und / and Nari Ward), Firehouse, New York

Besenrein, Sprengel Museum, Hannover [Kat. / cat.]

Die zwei Seiten der Medaille, Kunstraum Düsseldorf, Düsseldorf [Kat. / cat.]

Vom Kommen und vom Gehen, Galerie Ribbentrop, Eltville

1994
Hals über Kopf, Galerie Stampa, Basel

Leipziger Allerlei, Galerie Eigen+Art, Leipzig

Vogel friß oder stirb, Galerie Sima, Nürnberg / Nuremberg

Tabakkollegium oder es brennt mir unter den Nägeln, Kunst- und Ausstellungshalle der Bundesrepublik Deutschland, Bonn

1993
Keep in View, Stichting De Appel, Amsterdam [Kat. / cat.]

Video-Arbeiten, Installationen und Zeichnungen 1988–1993, Städtische Galerie Villa Merkel, Esslingen [Kat. / cat.]

Kunstverein Braunschweig, Braunschweig

1992
Two Video-Installations, Jack Shainman Gallery, New York

Vicious Dogs, École de Beaux-Arts, Bordeaux

1991
Bellende Hunde beißen nicht, Galerie Tanit, München / Munich

Deviazioni, Galleria Franz Paludetto, Turin

Wenn der Stuhl an den Tisch rückt, Galerie Ribbentrop, Eltville

Videothek, Galerie Daniel Buchholz, Köln / Cologne

Wenn die Wand an den Tisch rückt, Jenaer Kunstverein, Jena

1990
Galerie Etienne Ficheroulle, Brüssel / Brussels

Galerie Ascan Crone, Hamburg

Wenn die Wand an den Tisch rückt, Galerie Eigen+Art, Leipzig

Galerie Yvon Lambert, Paris

1989
Museo Nacional Centro de Arte Reina Sofía, Madrid

Galerie Hant, Frankfurt am Main

Galerie Chantal Boulanger, Montreal

Der Elefant im Porzellanladen, Kijkhuis, Den Haag / The Hague

1988
Galerie Yvon Lambert, Paris

Stehen ist Nichtumfallen, Badischer Kunstverein, Karlsruhe; Städtische Galerie, Erlangen [Kat. / cat.]

Dans la vision périphérique du témoin, Musée d'Art Contemporain de Montréal, Montreal

1987
Dans la vision périphérique du témoin, Centre Georges Pompidou, Paris [Kat. / cat.]

Kurzer Aufstieg, langer Sturz, Galerie Stampa, Basel

House and Garden, Galerie Ascan Crone, Hamburg [Kat. / cat.]

1986
The Space Between the Keys, Anthony Reynolds Gallery, London

Scribing the Sound of Sign, Mario Diacono Gallery, Boston

As if memories could deceive me, The Institut of Contemporary Art, Boston [Kat. / cat.]

Long Beach Museum of Art, Long Beach [Kat. / cat.]

1985
Blinde-Kuh-Spiel, Galerie Ascan Crone, Hamburg

Im Zick Zack durchs Palais (mit / with Klaus vom Bruch), Museum van Hedendaagse Kunst, Gent / Ghent

Im Tangoschritt zum Aderlaß (mit / with Klaus vom Bruch), neue gesellschaft für bildende kunst, Berlin [Kat. / cat.]

Dreihändiges Klavierkonzert für entsetzlich verstimmte Instrumente, Espace Lyonnais d'Art Contemporain, Lyon

Ich mache die Schmerzprobe, Time Based Arts, Amsterdam

Die Einen den Anderen, Skulpturenmuseum Glaskasten, Marl [Kat. / cat.]

1984
Michael Bock Tapes & Films, Berlin

Videoarbeiten und Zeichnungen, Galerie Stampa, Basel

1983
Michael Buthe & Marcel Odenbach, Walter Phillips Gallery, Banff [Kat. / cat.]

The silence of German rooms frightens me, LACE Gallery, Los Angeles

Jeder Schritt könnte der falsche sein, Centro Cultural São Paulo, São Paulo

Galerie Rieker, Heilbronn

LACE Gallery, Los Angeles

Long Beach Museum of Arts, Long Beach

1982
Das Schweigen deutscher Räume erschreckt mich, Galerie Philomene Magers, Bonn

The Stedelijk Museum, Amsterdam

1981
Videoarbeiten – Fotos, Städtische Galerie im Lenbachhaus, München / Munich

Videoarbeiten, Museum Folkwang, Essen [Kat. / cat.]

Jeder Schritt könnte der falsche sein, Walter Phillips Gallery, Banff

Ein Zusammenhang ist da nicht erklärbar, doch zu erzählen, Galerie Stampa, Basel

Skulpturenmuseum Glaskasten, Marl

Universität St. Gallen, St. Gallen

1980
Zwischen zwei Stühlen sitzen, Internationaal Cultureel Centrum, Antwerpen / Antwerp

Kunsthistorisches Institut der Universität Bonn, Bonn

1979
Die Unwahrheit der Vernunft. Marlis Grüterich, Kölnischer Kunstverein, Köln / Cologne

Performance. Konzeptzeichnungen. Dias, Galerie Jürgen Schweinebraden, Ostberlin / East Berlin

1978
Einfach so wie jeden Tag oder sich selbst bei Laune halten, Stichting De Appel, Amsterdam

Sich selbst bei Laune halten oder die Spielverderber, Galerie Studio Oppenheim, Köln / Cologne

Ich glaube, ich bin mir selbst verloren gegangen, ..., Galerie Philomene Magers, Bonn

1976
Die Befreiung von meinen Gedanken, Galerie Space, Wiesbaden

Aktion-Fenster, Galerie Das Fenster, Hamburg

Gedanken bleiben sich selbst überlassen, Galerie Hinrichs, Lohmar [Kat. / cat.]

AUSGEWÄHLTE GRUPPENAUSSTELLUNGEN / SELECTED GROUP EXHIBITIONS

2021
„Adam, Eva und die Schlange" Werke aus der Schenkung Sammlung Hoffmann, Bundeskunsthalle Bonn [Kat. / cat.]

Au rendez-vous des amis. Klassische Moderne im Dialog mit Gegenwartskunst aus der Sammlung Goetz, Pinakothek der Moderne, München / Munich

werden / become, Düsseldorfer Kunstakademie in Zusammenarbeit mit / in cooperation with l'Accademia delle Arti del Disegno di Firenze; Tiroler Landesmusem Ferdinandeum, Innsbruck

70 Jahre Kunst am Bau in Deutschland (organisiert durch / organized by BMI and BBR), Rathaushalle Rostock; Händelhaus, Halle; Hochschule Bremen; Musiktheater im Revier, Gelsenkirchen; Volkshochschule Hannover [Kat. / cat.]

Der Katalysator. Joseph Beuys und Demokratie heute, Museum Morsbroich, Leverkusen

Tense Conditions. A Presentation of the Contemporary Art Collection, Staatsgalerie Stuttgart, Stuttgart

John Heartfield – Photography plus Dynamite, Museum de Fundatie, Zwolle; NS-Dokumentationszentrum München, München / Munich [Kat. / cat.]

2020
Paradise. Werke von und um Michael Buthe, Kleiner Von Wiese, Berlin

1+1+1+1+1+1+1+1 Art. 8 GG, Villa Schoningen, Potsdam

John Dewey, Who? New Presentation of the Collection of Contemporary Art, Museum Ludwig, Köln / Cologne

Dialektik der Bilder. Das Medium Fotografie in der ungarischen Kunst 1970–2000, Collegium Hungaricum, Berlin

In aller Munde. Von Pieter Bruegel bis Cindy Sherman, Kunstmuseum Wolfsburg, Wolfsburg [Kat. / cat.]

Turning Points. Works from the Collection von Kelterborn, Kunsthalle Gießen, Gießen

Collection, Museum für Moderne Kunst, Frankfurt am Main

Hans Blumenberg. Denken in Metaphern, LWL-Museum für Kunst und Kultur, Westfälischer Kunstverein, Münster

room enough for former teasers, Galerie Gisela Capitain, Köln / Cologne

Art Cologne at Galerie Gisela Capitain, Galerie Gisela Capitain, Köln / Cologne

Shipwreck, Goethe-Zentrum Eriwan, Yerevan

vielfalt!, Jenaer Kunstverein, Jena

John Heartfield – Fotografie plus Dynamit, Akademie der Künste, Berlin [Kat. / cat.]

2019
Die Spitze des Eisbergs, Museum der Moderne, Salzburg

Magic Media – Media Magic. Videokunst seit den 1970er Jahren aus dem Archiv Wulf Herzogenrath, Akademie der Künste, Berlin

Inmediatamente después y poco antes de 25 años Berlín-Buenos Aires, 2ª Bienal de Arte Contemporáneo de América del Sur, Museo de la Inmigración, Buenos Aires [Kat. / cat.]

Tell me about yesterday tomorrow, NS-Dokumentationszentrum München, München / Munich [Kat. / cat.]

Here We Are Today, Bucerius Kunst Forum, Hamburg [Kat. / cat.]

Shipwreck, Goethe-Institut, Tiflis

Video-Geschichte STAMPA 1969–2019 / Video History STAMPA 1969–2019, Galerie Stampa, Basel

2018
Zwischen Ideologie, Anpassung und Verfolgung. Kunst und Nationalsozialismus in Tirol, Tiroler Landesmuseen, Innsbruck [Kat. / cat.]

Days Without a Night, Goethe-Institut / Max Mueller Bhavan, Neu-Delhi / New Delhi

Der Elefant im Raum – Skulpturen aus der Sammlung Marx und der Sammlung der Nationalgalerie, Hamburger Bahnhof – Museum für Gegenwart, Berlin

Heimvorteil, Deutsche Künstler aus der Sammlung Schaufler, Schauwerk Sindelfingen, Sindelfingen

büro komplex – Die Kunst der Artothek im politischen Raum, Kunsthaus Nordrhein-Westfalen Kornelimünster, Aachen

Géricault's Shipwreck Revisited. On Refugees and Migrants, Goethe-Institut, Baku

Painting the Night, Centre Pompidou-Metz, Metz

Scharf geschnitten. Vom Scherenschnitt zum Papercut, Städtische Galerie Neunkirchen, Neunkirchen

Divided we stand, Busan Biennale 2018, Busan [Kat. / cat.]

Entfesselte Natur. Das Bild der Katastrophe seit 1600, Hamburger Kunsthalle, Hamburg [Kat. / cat.]

Alchemy Film and Moving Image Festival, Hawick

Flashes of the Future. Die Kunst der 68er oder Die Macht der Ohnmächtigen, Ludwig Forum, Aachen

Breaking News – Sammlung von Kelterborn, Mönchehaus Museum, Goslar

Koloniales Erbe / Colonial Repercussions, Akademie der Künste, Berlin

2017
Forms of Coexistence, Structura Gallery, Sofia

#resist. Video works by German and international media artists on civil movements, Goethe-Institut, Hongkong / Hong Kong

Screen City Biennial, Stavanger

Westkunst – Ostkunst. A Selection from the Collection, Ludwig Múzeum, Budapest [Kat. / cat.]

Scharf geschnitten. Vom Scherenschnitt zum Papercut, Galerie Stihl Waiblingen, Waiblingen

Menschen. Bilder, Nordrhein-Westfälische Akademie der Wissenschaft und der Künste, Düsseldorf

Arrested Time – New Media Art from Germany, Today Art Museum, Peking / Beijing

The Truth of Uncertainty: Moving Image Works from the Hall Collection, Hall Art Foundation, Schloss Derneburg Museum, Derneburg

Das Gesicht. Eine Spurensuche, Deutsches Hygiene-Museum, Dresden

Mit Natur zu tun – To do with Nature, Galerie Stampa, Basel

Mentales Gelb. Sonnenhöchststand / Mental Yellow. High Noon, Kunstmuseum Bonn, Bonn [Kat. / cat.]

The Power of the Avant-Garde, Now and Then, National Museum Krakow, Krakau / Krakow

Wie bin ich nicht unglücklich (kuratiert von / curated by Thomas Zitzwitz), Zidoun & Bossuyt, Luxemburg / Luxembourg [Kat. / cat.]

2016
Sitting Together – Parallel Chronologies of Coincidences in Eastern Europe, tranzit.sk, Bratislava

Parallel Chronologies – An Archive of East European Exhibitions, tranzit.hu, Budapest

Mikro Makro – Das Große im Kleinen entdecken, Nordrhein-Westfälische Akademie der Wissenschaft und der Künste, Düsseldorf

Implosion 20, Anton Kern Gallery, New York

The Power of the Avant-Garde, Now and Then (kuratiert von / curated by Ulrich Bischoff), BOZAR Centre for Fine Arts, Brüssel / Brussels

Die Akademie der Künste Berlin – Zu Gast in den Kunstsammlungen Chemnitz, Kunstsammlungen Chemnitz, Chemnitz [Kat. / cat.]

Wir nennen es Ludwig. Das Museum wird 40! / We Call It Ludwig. The Museum is turning 40!, Museum Ludwig, Köln / Cologne

Elective Affinities. German Art Since the Late 1960s, Latvian National Museum of Art, Riga

Obsessions in Drawing / Zeichnerische Obsession, Schönewald Fine Arts, Düsseldorf

bar aus dem selben Holz, Galerie Crone, Wien / Vienna

Wolfsburg Unlimited. Eine Stadt als Weltlabor, Kunstmuseum Wolfsburg, Wolfsburg [Kat. / cat.]

2015
Collagen. Die Sammlung Meerwein. Erster Ausschnitt, Arp Museum Bahnhof Rolandseck, Remagen

Politischer Populismus, Kunsthalle Wien, Wien / Vienna

Der rote Faden. Ordnungen des Erzählens, KOLUMBA, Köln / Cologne

Enlight MY SPACE. Kunst nach 1990, Kunsthalle Bremen, Bremen

Europa. Die Zukunft der Geschichte, Kunsthaus Zürich, Zürich / Zurich [Kat. / cat.]

Poland – Israel – Germany. The Auschwitz Experience, Museum of Contemporary Art in Krakow, Krakau / Krakow

Nice to See You! 160 Works from the Collection, Kunstmuseum Liechtenstein, Vaduz

Identitätsmetamorphosen, Stadtmuseum Düsseldorf, Düsseldorf

2014
Lieber Künstler, zeichne mir! Part 2: Figuration, Illustration, Notation und Zeichen, Semjon Contemporary – Galerie für zeitgenössische Kunst, Berlin

Projects #5: Zeichnung 1970–2013, Galerie Stampa, Basel

2013
Video Studio IV: Videorebellen, Museum Folkwang, Essen

Weltreise. Kunst aus Deutschland unterwegs, ZKM Museum für Neue Kunst, Karlsruhe

Salon der Angst, Kunsthalle Wien, Wien / Vienna

Das Glück kommt aus dem Nichts. Werke aus der Sammlung Wilhelm Otto Nachf, Kunsthalle Nürnberg, Nürnberg / Nuremberg [Kat. / cat.]

art is: new art, Arnold Schönberg Center, Wien / Vienna [Kat. / cat.]

Signs Taken in Wonder. Searching for Contemporary Istanbul, MAK, Vienna; Kunstverein Hannover, Hannover

2012
Kochi-Muziris Biennale 2012. India's First Biennale 12/12/12, Kochi

Restitution of a Mising Past?, GfZK Galerie für Zeitgenössische Kunst, Leipzig

The Presence of Pictures – German Painting: Highlights from Six Decades, National Centre for Contemporary Arts, Moskau / Moscow

In Spite of It All, Sharjah Art Foundation, Sharjah

Big picture III, K21 Kunstsammlung Nordrhein-Westfalen, Düsseldorf

Chaotic Trajectories, Temporary Gallery Cologne, Köln / Cologne

Bilder gegen die Dunkelheit, KIT – Kunst im Tunnel, Düsseldorf [Kat. / cat.]

Remote Control, ICA Institute of Contemporary Art, London

Positions, Galerie Eigen+Art, Leipzig

FOKUS 2012 Videokunstfestival, Nikolaj Kunsthal, Kopenhagen / Copenhagen

2011
Exchange + Evolution: Worldwide Video Long Beach 1974–1999, Long Beach Museum of Art, Long Beach

Über*(W)unden – Art in Troubled Times. A Conference of Extremes*, Goethe-Institut, Johannesburg

Kompass-Zeichnungen aus dem Museum of Modern Art New York, Martin-Gropius-Bau, Berlin [Kat. / cat.]

Aschemünder, Haus der Kunst, München / Munich [Kat. / cat.]

Act of Memory (screening on Holocaust Remembrance Day), Jerusalem Cinematheque – Israel Film Archive, Jerusalem

In organization, Museum of Contemporary Art in Krakow, Krakau / Kracow

20 Jahre Gegenwart – MMK 1991–2011, Museum für Moderne Kunst, Frankfurt am Main

Resonance: Looking for Mr. McLuhan, Pratt Manhattan Gallery, New York

2010
Building Memory, Museum Sztuki, Lodz; Hartware MedienKunstVerein, Dortmund; Center for Contemporary Art, Tel Aviv

Compass in Hand. Selections from the Judith Rothschild Foundation, Institut Valencià d'Art Modern, Valencia

Von der (Un)Schärfe der Welt, Kunstmuseum Liechtenstein, Vaduz

FUSO Anual de Video Arte Internacional de Lisboa, Lissabon / Lisbon

Der Westen leuchtet, Kunstmuseum Bonn, Bonn [Kat. / cat.]

Fast Forward 2, ZKM Karlsruhe, Karlsruhe [Kat. / cat.]

Bilder in Bewegung, Museum Ludwig, Köln / Cologne

Das im Entschwinden Erfasste, Museum Folkwang, Essen

Changing Channels. Kunst und Fernsehen 1963–1987, MUMOK, Wien / Vienna

The Tropics, The James Thomson Art Center, Bangkok

Project Europa: Imagining the (Im)Possible, Harn Museum of Art, Gainesville

2009
Paradigm Shift, Austrian Cultural Forum, New York

Building Memory, Contemporary Art Center, Vilnius

1989: End of history or beginning of the future?, Austrian Cultural Forum, New York; Kunsthalle Wien, Wien / Vienna; Villa Schöningen, Potsdam

nessuno è più *dove voleva essere*, Palazzo Stelline, Mailand / Milan

cargo, Kunsthalle Autocenter, Berlin

RECORD > AGAIN!, ZKM Karlsruhe, Karlsruhe; Ludwig Forum, Aachen; Kunsthaus Dresden, Dresden; Edith-Russ-Haus für Medienkunst, Oldenburg

Menos tiempo que lugar, MUSEF, La Paz

Compass in Hand. Selections from the Judith Rothschild Foundation Contemporary Drawings Collection, MoMA, New York

En todas as partes. Políticas da diversidade sexual na arte, Centro Galego de Arte Contemporánea, Santiago de Compostela

Videonale Bonn, Kunstmuseum Bonn, Bonn [Kat. / cat.]

Art of the two Germanys, Los Angeles County Museum of Art, Los Angeles; Germanisches Nationalmuseum, Nürnberg / Nuremberg; Deutsches Historisches Museum, Berlin

The Tropics. Views from the middle of the globe, South African National Gallery, Kapstadt / Cape Town

2008
40jahrevideokunst.de, MAMCS, Straßburg / Strasbourg

Angelandet, Brandenburgische Kunstsammlungen, Cottbus

Freeways and Lonely Hunters, Imai – inter media art institute, Düsseldorf

Present Tense, Centro Atlántico de Arte Moderno – CAAM, Las Palmas de Gran Canaria

Friends and Family, Anton Kern Gallery, New York

Vertrautes Terrain, ZKM Karlsruhe, Karlsruhe [Kat. / cat.]

Die Tropen. Ansichten von der Mitte der Weltkugel, Martin-Gropius-Bau, Berlin; South African National Gallery, Kapstadt / Cape Town

Der Mensch verlässt die Erde, KOLUMBA, Köln / Cologne

That Was Then...This Is Now, MoMA PS1, New York

Revolutions 1968, Zacheta National Gallery of Art, Warschau / Warsaw

Calcutta Art Research Project / European Kunsthalle c/o Ebertplatz, European Kunsthalle, Köln / Cologne

Prospect.1 New Orleans, New Orleans

Café Contact. Künstlerbordell #3, Kunstgruppe Kunstverein, Köln / Cologne

2007
Der springende Punkt (kuratiert von / curated by Marcel Odenbach), Kölnischer Kunstverein, Köln / Cologne

German Video: Joseph Beuys to Today, Slought Foundation, Philadelphia

Video Lounge, Kunsthaus Zürich, Zürich / Zurich

Centre Pompidou Video Art 1965–2005, Museum of Contemporary Art, Sydney

Cine y casi cine, Museo Nacional Centro de Arte Reina Sofía, Madrid

Deutsche Geschichten, Galerie für Zeitgenössische Kunst, Leipzig

Crossing the Screen, NRW-Forum, Düsseldorf

OS TROPICOS, Centro Cultural Banco do Brasil, Brasilia und / and Rio de Janeiro

16th International Electronic Art Festival SESC_Videobrasil, Museu de Arte Moderna da Bahia, Salvador de Bahia

Gongzhen – Sport in Art, Museum of Contemporary Art, Shanghai; Guangzhou Academy of Fine Arts, Guangzhou; RCM Gallery, Nanjing; Luxun Academy of Fine Arts, Shenyang; Sichuan Fine Arts Museum, Chengdu; Today Art Museum, Peking / Beijing

View from the Bosphorus, Istanbul Modern, Istanbul

Window /Interface, Kemper Art Museum at Washington University, St. Louis

Palisadenparenchym, Danese Gallery, New York

Extension Vidéo. Corps et Figures, Maison de la Culture d'Amiens, Amiens

Reality Bites, Kemper Art Museum at Washington University, St. Louis

Depiction, Perversion, Repulsion, Obsession, Subversion, International Film Festival / Witte de With, Rotterdam

STABLE – the balance of power, Para Site Art Space at Fotan Studios, Hong Kong

2006
Ghosting. The Role of the Archive within Contemporary Artists' Film and Video, Arnolfini, Bristol

Das achte Feld. Geschlechter, Leben und Begehren in der bildenden Kunst seit 1960, Museum Ludwig, Köln / Cologne [Kat. / cat]

Äthiopien und Deutschland, Grassi Museum für Völkerkunde, Leipzig

Totalschaden, Bonner Kunstverein, Bonn

40JAHREVIDEOKUNST.DE, K21 Kunstsammlung Nordrhein-Westfalen, Düsseldorf; Kunsthalle Bremen, Bremen; ZKM Karlsruhe, Karlsruhe; Museum der bildenden Künste, Leipzig; Lenbachhaus, München / Munich [Kat. / cat.]

2005
Zur Vorstellung des Terrors: Die RAF. Ausstellung, KW Institute for Contemporary Art, Berlin; Neue Galerie, Graz [Kat. / cat.]

Sharjah International Biennale 7, Sharjah

Sich selbst bei Laune halten, Kunstmuseum Bonn, Bonn

More than this! Göteborg international Biennale for Contemporary Art, Göteborgs Kunsthalle, Göteburg / Gothenburg

Projekt Migration, Kölnischer Kunstverein, Köln / Cologne

Tiempos de Video 1965–2005, CaixaForum, Barcelona

2004
Carnaval, Centro Cultural Banco do Brasil, Rio de Janeiro

Face/Off, Kunstverein Pforzheim, Pforzheim [Kat. / cat.]

brillant(e), Kunst Meran, Merano; Kunsthalle Mannheim, Mannheim

VideoZone2, The 2nd International Video-Art Biennal in Israel, Tel Aviv

2003
8th International Istanbul Biennial, Istanbul [Kat. / cat.]

Love, Magazin 4, Bregenz

Migration, Kunstmuseum Liechtenstein, Vaduz [Kat. / cat.]

Contemporary Art of Germany, Busan Metropolitan Art Museum, Busan

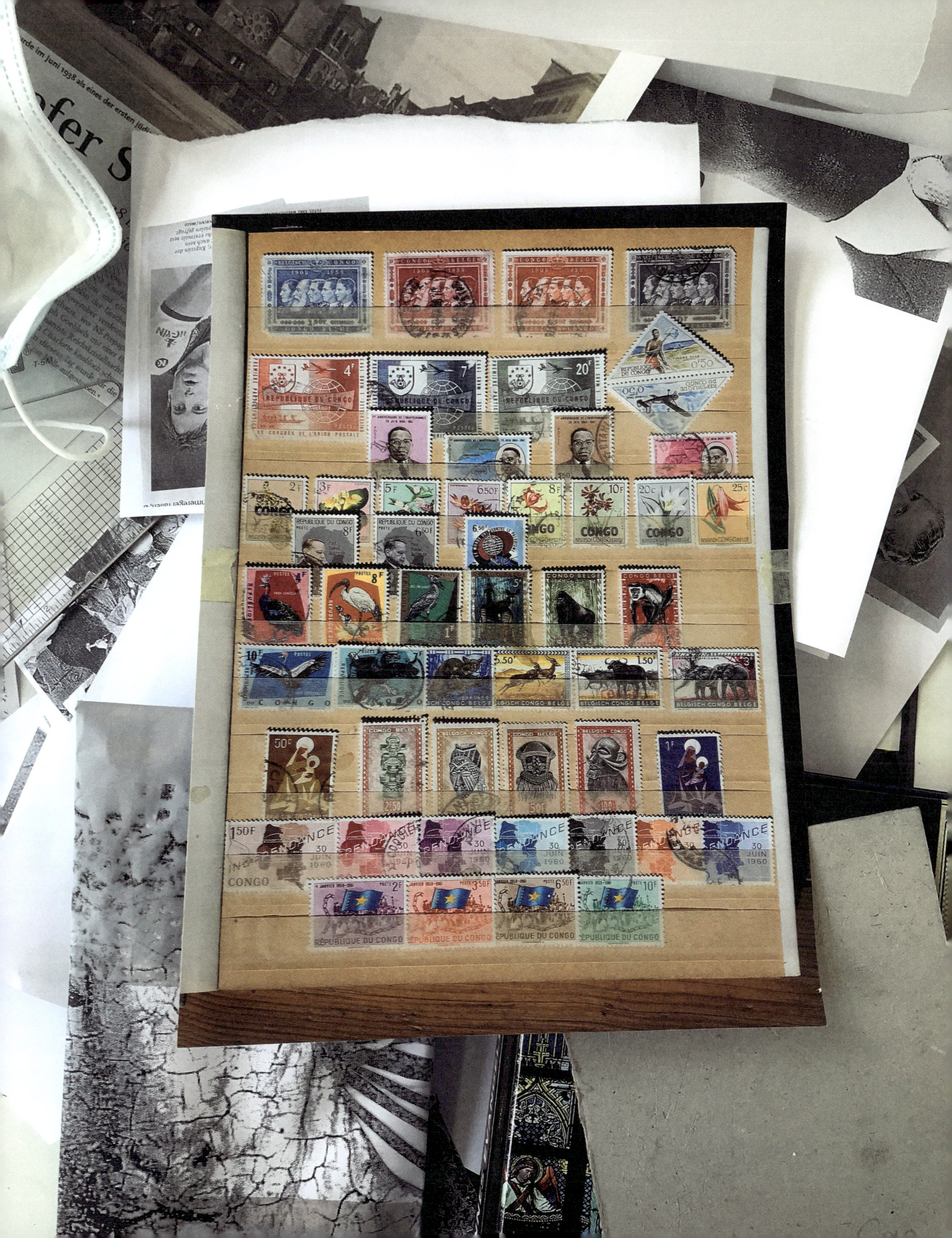

CONGO BELGE
REPUBLIQUE DU CONGO
CONGO
BELGISCH CONGO BELGE
JUIN 1960
REPUBLIQUE DU CONGO

Video-Zone @XL .PT, Fundação Calouste Gulbenkian, Lissabon / Lisbon

Nation, Frankfurter Kunstverein, Frankfurt am Main

Micropolíticas, Arte Y Cotidianidad, EACC – Espai d'Art Contemporani de Castelló, Castelló

Schweigen, Oberlandesgericht Köln, Köln / Cologne

2002
The Overexcited Body, Art for the World, Geneva; Queens Museum of Art, New York

Video Zone, Center for Contemporary Art, Tel Aviv

Der Berg, Heidelberger Kunstverein, Heidelberg

Das Museum, die Sammlung, der Direktor und seine Liebschaften, Museum für Moderne Kunst, Frankfurt am Main

Klopfzeichen-Wahnzimmer, Museum der bildenden Künste, Leipzig; Museum Folkwang, Essen

The First Decade: Video from the EAI Archives, MoMA, New York

hell-gruen, Schloßgarten Düsseldorf, Düsseldorf

La Nuit Art Vidéo, Théâtre National de Strasbourg, Straßburg / Strasbourg

Dark Spring, Ursula Blickle Stiftung, Kraichtal

XXV Bienal de São Paulo, São Paulo

2001
I Love NY (benefit show), Anton Kern Gallery, New York

Alles onder controle, Museum Het Valkhof, Nijmegen

Sex. Vom Wissen und Wünschen, Deutsches Hygiene-Museum, Dresden

Unreal Time Video, Fine Art Center – The Korean Culture and Arts Foundation, Seoul

Kunst am Bau, Staatsratsgebäude, Berlin / Deutsches Historisches Museum, Berlin

Blackout, Brixton Art Gallery, London

Video-Escultura en Alemania, Museo de Arte Carrillo Gil, Mexiko-Stadt / Mexico City

5. International Video Art Festival, Lima

Beyond the sentence, CCS Bard College, New York

The overexcited body, Velodromo Vigorelli / Palazzo dell'Arengario, Mailand / Milan; SESC Pompéia, São Paulo

Kunst für Kaliningrad-Königsberg, Museum Ostdeutsche Galerie, Regensburg; Kaliningrader Kunstgalerie, Kaliningrad

2000
Das Gedächtnis der Kunst, Schirn Kunsthalle Frankfurt, Frankfurt am Main

open ends / Counter-Monuments and Memory, MoMA, New York

25 Jahre Karl Schmidt-Rottluff Stipendium, Hochschule der Bildenden Künste, Dresden; Kunsthalle Düsseldorf, Düsseldorf [Kat. / cat.]

Eine Munition unter anderen, Frankfurter Kunstverein, Frankfurt am Main

Times are changing. Auf dem Wege! Aus dem 20. Jahrhundert!, Kunsthalle Bremen, Bremen

Ici a commencé l'épanchement du songe, Centre d'Art PASSERELLE, Brest

Ich ist etwas anderes, Kunstsammlung Nordrhein-Westfalen, Düsseldorf [Kat. / cat.]

hinaus darüber, Barlach Kunsthalle, Hamburg

Blondies and Brownies, Torch Gallery, Amsterdam; Praterinsel, München / Munich

90 60 90, Museo Jacobo Borges, Caracas

Werkleitz-Biennale, Tornitz

1999
Kunstpreis der Böttcherstraße, Kunsthalle Bremen, Bremen

Neue Werke im Hamburger Bahnhof, Hamburger Bahnhof – Museum für Gegenwart, Berlin

Kunstwelten im Dialog, Museum Ludwig, Köln / Cologne [Kat. / cat.]

video cult/ures, ZKM Karlsruhe, Karlsruhe

Wiedereröffnung, Saarlandmuseum, Saarbrücken

Das XX. Jahrhundert – Ein Jahrhundert Kunst in Deutschland, Neue Nationalgalerie, Berlin

54 x 54 x 54, Museum of Contemporary Art, London

Rewind to the Future, Kunstverein Bonn, Bonn

Zeitwenden, Kunstmuseum Bonn, Bonn; MUMOK, Wien / Vienna

1998
Fragiles électrons, Musée des Beaux-Arts, Ottawa

1997
Deutschlandbilder, Martin-Gropius-Bau, Berlin [Kat. / cat.]

Standort Deutschland, Museum Morsbroich, Leverkusen

Catastrophe et Nativité, Musée Royal de Mariemont, Morlanwelz

Hamburg Leuchtfeuer, Deichtorhallen Hamburg, Hamburg

inter-medial. Videos von Valie Export, Jochen Gerz, Bruce Nauman und Marcel Odenbach, Kunstsammlungen der Ruhr-Universität, Bochum

1996
Fremdkörper, Museum für Gegenwartskunst, Basel [Kat. / cat.]

Video-Skulpturen in Deutschland seit 1963, Museum van Hedendaagse Kunst Gent, Gent / Ghent; World Wide Video Center, Den Haag / The Hague

Retrospektive: Videoarte Alemán, Museo Nacional Centro de Arte Reina Sofia, Madrid

1995
Video Spaces, MoMA, New York [Kat. / cat.]

Ars 95, The Museum of Contemporary Art, Helsinki

Dialogue of Peace, Le Palais des Nations, Genf / Geneva

RAM, Badischer Kunstverein, Karlsruhe; Neues Museum Weserburg, Bremen

1994
4x1 im Albertinum, Gemäldegalerie Neue Meister – Staatliche Kunstsammlung, Dresden [Kat. / cat.]

Cocido y Crudo, Museo Nacional Centro de Arte Reina Sofia, Madrid [Kat. / cat.]

Züge Züge: die Eisenbahn in der zeitgenössischen Kunst, Städtische Galerie Göppingen, Göppingen [Kat. / cat.]

Old Glory – The American Flag in Contemporary Art, Cleveland Center for Contemporary Art, Cleveland

Video-Skulptur in Deutschland seit 1963, ifa-Galerie, Stuttgart; Kunsthalle Rostock, Rostock; Medienbiennale, Leipzig [Kat. / cat.]

1993
Deutschsein, Kunsthalle Düsseldorf, Düsseldorf [Kat. / cat.]

Mediale, Deichtorhallen Hamburg, Hamburg

Allégorie de la richesse, Humboldt-Universität, Berlin

Videoinstallation, Barbara Gladstone Gallery, New York

fireproof / feuerfest, Wandelhalle, Köln / Cologne

1992
Manifeste, Centre Georges Pompidou, Paris

Moving Image, Fundació Joan Miró, Barcelona [Kat. / cat.]

Pour la Suite du Monde, Musée d'Art Contemporaine de Montréal, Montreal [Kat. / cat.]

Molteplici Culture, Museo di Folklore, Rom / Rome [Kat. / cat.]

Yvon Lambert collectionne, Musée d'Art Moderne de la Communauté de Lille, Lille [Kat. / cat.]

Les collections du fonds régional d'art contemporain des pays de la Loire, Musée des Beaux-Arts de Nantes, Nantes

Into the lapse, Gallery 1301, Santa Monica

Passage de l'Image, San Francisco Museum of Modern Art, San Francisco

Video, Galerie Sabrina Grassi, Paris

1991
4e semaine internationale de vidéo, MJC St. Gervais, Gent / Ghent [Kat. / cat.]

Fukui International Video Biennale, Fukui [Kat. / cat.]

Inscapes, Stichting De Appel Foundation, Amsterdam [Kat. / cat.]

Zone D – Innenraum, Förderkreis der Leipziger Galerie für zeitgenössische Kunst, Leipzig

Metropolis, Martin-Gropius-Bau, Berlin [Kat. / cat.]

Renta Preis, Kunsthalle Nürnberg, Nürnberg / Nuremberg

Kunstfonds Zehn Jahre, Kunstverein Bonn, Bonn

Dissensi tra film video televisione, Taormina Arte, Taormina

Video im Kunstmuseum, Kunstmuseum Bonn, Bonn

Tableaux du Sida, Fondation Deutsch, Lausanne; Kulturzentrum Bern, Bern

1990
Berlin März 1990, Kunstverein Braunschweig, Braunschweig / Brunswick

Passage de l'Image, Centre Georges Pompidou, Paris; Wexner Center for the Arts, Columbus [Kat. / cat.]

Vom Haben und Wollen, Haus der Kunst, München / Munich

Dialoghi tra film video televisione, Taormina Arte, Taormina [Kat. / cat.]

Kunstminen, Kunstmuseum, Düsseldorf

1989
Video-Skulptur: Respektiv und Aktuell 1963–1989, Kölnischer Kunstverein, Köln / Cologne; DuMont Kunsthalle, Köln / Cologne; Kunsthaus Zürich, Zürich / Zurich [Kat. / cat.]

Karl Schmidt-Rottluf Stipendium, Städtische Kunsthalle, Düsseldorf [Kat. / cat.]

Sei Artisti Tedeschi, Castello di Rivara, Turin

Zeitzeichen, Leipzig Museum, Leipzig [Kat. / cat.]

Art from Köln, Tate Gallery, Liverpool

Eye for I: video self-portraits, Independent Curators Incorporated, New York

1988
Kölner Kunst, Kunstforening, Kopenhagen / Copenhagen [Kat. / cat.]

5e Ateliers Internationaux des Pays de la Loire, Abbaye Royale de Fontevraud

Made in Cologne, DuMont Kunsthalle, Köln / Cologne [Kat. / cat.]

Vollbild, neue gesellschaft für bildende kunst, Berlin [Kat. / cat.]

Enchantment/Disturbance, The Power Plant, Toronto [Kat. / cat.]

U-Media, Bildmuseet, Umeå

Nightfire, Stichting De Appel Foundation, Amsterdam [Kat. / cat.]

1987
documenta 8, Kassel [Kat. / cat.]

Cinq pièces avec vue. 2e semaine internationale de vidéo, Centre Genevois de Gravure Contemporaine, Genf / Geneva

L'époque, la mode, la morale, la passion, Centre Georges Pompidou, Paris

The Arts for Television, Stedelijk Museum, Amsterdam [Kat. / cat.]

Einblicke: 35 Jahre Kunstförderung im Kulturkreis des BDI, Bund Deutscher Industrie, Köln / Cologne

Neue Videos aus der BRD, Museum für Gegenwartskunst, Basel [Kat. / cat.]

Wechselströme, Kunstverein Bonn, Bonn [Kat. / cat.]

Poignant sources, Artspace, San Francisco

1986
Deutsche Zeichnungen der Gegenwart, Shoto Museum, Shibuya, Tokio / Tokyo [Kat. / cat.]

Remembrances of Things Past, Long Beach Museum of Art, Long Beach [Kat. / cat.]

1985
Karl Schmidt-Rottluff Stipendium, Mathildenhöhe, Darmstadt [Kat. / cat.]

Rheingold, Palazzo della Società Promotrice delle Belle Arti, Turin

By the River 3: International Photography Today, Porin taidemuseo, Pori [Kat. / cat.]

Kunst in der Bundesrepublik Deutschland 1945–1985, Nationalgalerie, Berlin [Kat. / cat.]

1. Marler Video-Kunst-Preis, Skulpturenmuseum Glaskasten, Marl [Kat. / cat.]

Alles und noch viel mehr, Kunstmuseum Bern, Bern [Kat. / cat.]

1984
Het lumineuze beeld – The Luminous Image, Stedelijk Museum, Amsterdam [Kat. / cat.]

Von hier aus – Zwei Monate neue deutsche Kunst, Messegelände Düsseldorf, Düsseldorf [Kat. / cat.]

Sammlung deutscher Kunst seit 1945, Kunstmuseum Bonn, Bonn [Kat. / cat.]

Kunstlandschaft Bundesrepublik, Kunsthalle Wilhelmshaven, Wilhelmshaven [Kat. / cat.]

Die Stipendiaten der Karl Schmidt-Rottluff Förderung, Brücke-Museum, Berlin

Neue Kunst der Szene Köln, Kunsthalle Wilhelmshaven, Wilhelmshaven

Ping Pong, Galerie Philomene Magers, Bonn

1983
Ansatzpunkte kritischer Kunst heute, Kunstverein Bonn, Bonn; neue gesellschaft für bildende kunst, Berlin

Sammlungen zeitgenössischer Kunst des Stedelijk Van Abbemuseum, Eindhoven und des Städtischen Kunstmuseums Bonn, Kunstmuseum Bonn, Bonn; Stedelijk Van Abbemuseum Eindhoven, Eindhoven

1982
1. Internationale Video-Tage, Art Now Galerie & Cinema Quadrat, Mannheim [Kat. / cat.]

Agit Prop / Performance in Banff, Walter Phillips Gallery, Banff

XII Biennale, ARC / Museé d'Art Moderne de la Ville de Paris, Paris [Kat. / cat.]

Videokunst in Deutschland 1963–1982. Videobänder, Installationen, Objekte, Performances. Ars Viva 82/83., Kölnischer Kunstverein, Köln / Cologne; Kunsthalle Hamburg; Badischer Kunstverein, Karlsruhe; Westfälischer Kunstverein, Münster; Städtische Galerie im Lenbachhaus, München / Munich; Kunsthalle Nürnberg / Norishalle, Nürnberg / Nuremberg [Kat. / cat.]

12e biennale de Paris, Paris

1981
Bei lebendigem Leibe, Moltkerei Werkstatt, Köln / Cologne [Kat. / cat.]

Art Allemagne Aujourd'hui, ARC / Musée d'Art Moderne de la Ville de Paris, Paris [Kat. / cat.]

Szenen der Volkskunst, Württembergischer Kunstverein, Stuttgart [Kat. / cat.]

Videotape, Staatliche Kunsthalle Baden-Baden, Baden-Baden

Highlights, Kunstmuseum Bonn, Bonn [Kat. / cat.]

10 in Köln, Kölnischer Kunstverein, Köln / Cologne [Kat. / cat.]

1980
Freunde – Amis…?, Rheinisches Landesmuseum, Bonn [Kat. / cat.]

Mein Kölner Dom, Kölnischer Kunstverein, Köln / Cologne [Kat. / cat.]

German Video and Performance, A Space, Toronto [Kat. / cat.]

video, photo, performance, Goethe-Institut, Paris

1979
Salon stellt vor, Museum Folkwang, Essen

Video im Abendland, Künstlerhaus Stuttgart / Studio Galerie, Stuttgart [Kat. / cat.]

Videowochen Essen '79, Museum Folkwang, Essen [Kat. / cat.]

Stellungnahme, Kunstverein Bonn, Bonn

Kölner Künstler – persönlich vorgestellt, Kölnischer Kunstverein, Köln / Cologne [Kat. / cat.]

1978
Aachen. Die Grenze: Aix-La-Chapelle. La Frontière, Neue Galerie, Aachen

Feldforschung, Kölnischer Kunstverein, Köln / Cologne

1977
Dana Art + Scene, Köln / Cologne

Kunst und Architektur, Galerie Philomene Magers, Bonn

SCREENINGS UND PROJEKTE / SCREENINGS AND PROJECTS

2021
Seoul International ALT Cinema & Media Festival (NeMaf), Seoul

2020
Die Stille, Diotima Gesellschaft e.V., Bad Driburg, Oktober / October 2020

2019
Das große Missverständnis (*The Big Misunderstanding*), 1978, Anton Kern Gallery, 26. Februar bis 2. März 2019 / February 26–March 2, 2019

3 Legged Race, New Museum, New York, 16. Februar 2019 / February 16, 2019

2018
Video/Kunst/Archiv, Universität für angewandte Kunst Wien und / and Belvedere, Wien / Vienna, 16. November 2018 / November 16, 2018

As if memories could deceive me, LWL-Museum für Kunst und Kultur, Münster, 6. Juni 2018 / June 6, 2018

2015
Fade into You. A Series of Film Screenings, Episode XXXIX (*Im Schiffbruch nicht schwimmen können*), Kunsthalle Mainz, 11. März 2015 / March 11, 2015

2014
Videoart at Midnight # 53: Marcel Odenbach (*Gespräch zwischen Ost und West, In stillen Teichen lauern Krokodile, Disturbed Places, Im Kreise drehen, Im Schiffbruch nicht schwimmen können*), Babylon, Berlin, 14. März 2014 / March 14, 2014

PREISE / AWARDS

Wolfgang-Hahn-Preis der Gesellschaft für Moderne Kunst am Museum Ludwig, Köln / Cologne, 2021

Kunstpreis der Ursula Blickle Stiftung, Wien / Vienna, 2002

Hermann-Claasen-Preis für Kreative Fotografie und Medienkunst, Köln / Cologne, 1999

RENTA-Preis des Förderkreises Bildende Kunst in Nürnberg e.V., Nürnberg / Nuremberg, 1991

Festival del film Locarno (1. Preis / 1st prize), Locarno, 1984

Marler Video-Kunst-Preis, Marl, 1984

BIBLIOGRAFIE / BIBLIOGRAPHY

Kataloge zu Einzel- und Gruppenausstellungen siehe Verzeichnis der Ausstellungen, S. 233–242: [Kat. / cat.] / For the catalogues of solo and group exhibitions, see the list of exhibitions pp. 233–42: [Kat. / cat.].

Monografien, Aufsätze und Rezensionen (Auswahl) / Monographs, Articles, and Reviews (Selected)

Asher, Dan, Marcel Odenbach, in: Journal of Contemporary Art, Summer 1994.

Asher, Dan, Marcel Odenbach, in: Journal of contemporary art, 1997.

Barton, Heather, The Logics of Motility, in: Hybrid, April/Mai / April-May 1993.

Bischoff, Ulrich, „Art is stories told by toads", Marlene Dumas: zur Ausstellung 4 x 1 im Albertinum, in: Dresdener Kunstblätter 39, 1995, 1, S. / pp. 23–25.

Cameron, Dan, The Ties that Bind, in: Art and Auction, Februar / February 1993.

Cologne: Inside Out (Roundtable mit / with Renate Goldmann, Hannes Loichinger, Marcel Odenbach, Susanne Titz and Gregory H. Williams), in: Frieze d/e, 8. Februar / February 8, 2013, S. / pp. 48–59.

Denk, Andreas, Marcel Odenbach: „Ach, wie gut, daß niemand weiß", Kölnischer Kunstverein, 6.2.–21.3.1999, in: KUNSTFORUM International 144, 1999.

Eikmeyer, Robert und / and Thomas Hensel, From Waste to Resource, in: Luxus!?, hg. von /ed. Robert Eikmeyer u. a. /et al., Esslingen 2018, S. / pp. 181–188.

Fleming, Martha, Identification in difference. German performance, in: Vanguard, Mai / May 1981, S. / pp. 14–17.

Grüterich, Marlis, Der kulturelle Unterschied. Verein für Kunstausstellungen Stuttgart, in: KUNSTFORUM International 29, Mai / May 1978, S. / pp. 196–200.

Grüterich, Marlis, Marcel Odenbach in Berlin: Performance und Ausstellung, in: KUNSTFORUM International 35, Mai / May 1979, S. / p. 154.

Grüterich, Marlis, Das Schweigen deutscher Räume erschreckt mich, in: KUNSTFORUM International 77/78, 1985, S. / pp. 110–113.

Heiser, Jörg, Stars and Stripes, in: Frieze d/e, 6. Juni / June 6, 1999.

Herzogenrath, Wulf, Marcel Odenbach, in: Künstler. Kritisches Lexikon der Gegenwartskunst, Bd. / vol. 31, Nr. / no. 20, 1995.

Jochimsen, Margarethe, „Kunst und Architektur" ist nicht gleich „Kunst am Bau", in: KUNSTFORUM International 30, Mai / May 1978, S. / pp. 134–182.

Kacunko, Slavko, Marcel Odenbach. Konzept, Performance, Video, Installation 1975–1998, Diss. Heinrich-Heine-Universität Düsseldorf 1998, Mainz/ München 1999.

Kacunko, Slavko und / and Yvonne Spielmann (Hg. / eds.), Take it or Leave it. Marcel Odenbach. Anthology of Texts and Video Documents, Berlin 2013.

Marcel Odenbach: Die Couch, in: Frieze d/e, 27. April / April 27, 2011.

Marcel Odenbach, in: Oetker, Brigitte und / and Nicolaus Schafhausen (Hg. / eds.), Ökonomie der Aufmerksamkeit / Attention Economy, Berlin 2013, S. / pp. 138–141.

Marcel Odenbach, in: MOFF, Kölner Künstler im Gespräch, Nr. / no. 9, Januar / January 2014, S. / pp. 2–5.

Marcel Odenbach. Werkverzeichnis der Papierarbeiten / Catalogue Raisonné Works on Paper, hg. von / ed. Stephan Berg/ Christoph Schreier, Bielefeld 2014.

Mascheroni, Loredana, Carsten Höller, Marcel Odenbach, Caroline Corbetta. La casa-tartaruga. House Turtle, in: Domus, Nr. / no. 957, 2012, S. / pp. 74–81.

Meister, Helga, Marcel Odenbach. Die Uhu-Flasche begleitet mich schon mein ganzes Leben lang, in: KUNSTFORUM International 273, März/April / March-April 2021, S. / pp. 212–223.

Müller, Sabine Elsa, Marcel Odenbach, Papierarbeiten, in: Artblog Cologne Newsletter (www.artblogcologne.com), 5. Oktober / 5 October 2013.

Odenbach, Marcel, Der Rhythmus meiner Nervosität, in: Harlekin Art. Editionskatalog, Wiesbaden 1978.

Perrée, Rob, Marcel Odenbach en het besmette Duitse verieden, in: Kunst Beeld, Februar / February 1993.

Pohlen, Annelie, Video-Wochen im Museum Folkwang/Essen, in: KUNSTFORUM International 36, Juni / June 1979, S. / pp. 242–243.

Princenthal, Nancy, Marcel Odenbach, in: Art in America, May 2011, S. / p. 161.

Rawsthorn, Alice, Cliff Hanger. The Ghanaian home of artists Carsten Höller and Marcel Odenbach goes above—and beyond, in: W Magazine (wmagazine.com), Januar / January 2012.

Sarrazin, Stephen, Marcel Odenbach. Bandes à part, in: Art press, Januar / January 1990, S. / pp. 36–38.

Schweinebraden, Jürgen, Einführung zur Arbeit Marcel Odenbachs, in: KUNSTFORUM International 35, Mai / May 1979, S. / pp. 154–155.

Smolik, Noemi, Marcel Odenbach. Galerie Gisela Capitain, Cologne, in: Frieze d/e, Nr. / no. 153, März / March 2013, S. / p. 166.

Völzke, Daniel, ...auf der Felsklippe. Die Künstler Carsten Höller und Marcel Odenbach feiern die Nachkriegsmoderne in Ghana, in: Monopol, April 2013, S. / pp. 66–67.

Völzke, Daniel, Hoffnung Technik: Zwei Monografien über den Videokunst-Pionier Marcel Odenbach und ein Werkverzeichnis, in: Monopol, Februar / February 2014, S. / p. 108.

Wooster, Ann Sargent, Manhattan Shortcuts, in: Afterimage, November 1985, S. / pp. 17–18.

Wout, Nierhoff, Marcel Odenbach, in: Kunstbulletin, März / March 1993.

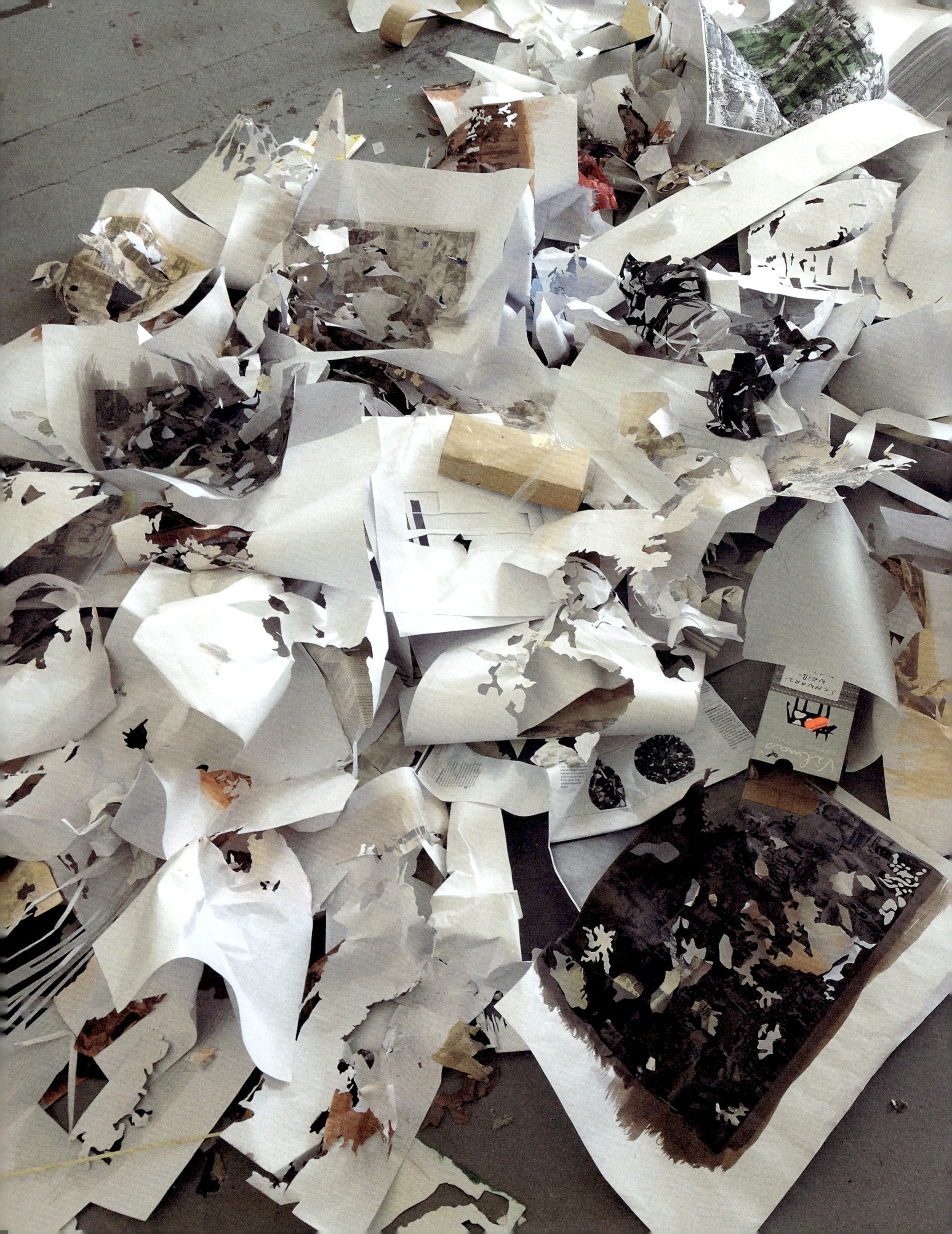

BIOGRAFIEN DER AUTORINNEN UND AUTOREN / AUTHOR BIOGRAPHIES

Nils Emmerichs, geb. 1988, studierte Kunstgeschichte und Philosophie in Düsseldorf und Basel. Als kuratorischer Assistent arbeitete er an mehreren Ausstellungen in der Kunsthalle Bielefeld und im Leopold-Hoesch-Museum Düren. Derzeit arbeitet er als freier Kurator und promoviert über Heiner Müller und seine Wirkung auf und für die bildenden Künste.

Nils Emmerichs, b. 1988, studied art history and philosophy in Düsseldorf and Basel. As curatorial assistant, he worked on several exhibitions at the Kunsthalle Bielefeld and the Leopold-Hoesch-Museum in Düren. He is currently working as a freelance curator and earning a PhD with a focus on Heiner Müller and his impact on and for the visual arts.

Barbara Engelbach, geb. 1962, ist als Kuratorin am Museum Ludwig in Köln verantwortlich für den Sammlungsbereich der zeitgenössischen Kunst mit Fotografie und Medienkunst. Von 1999 bis 2004 leitete sie das Museum für Gegenwartskunst Siegen. Sie kuratierte neben Gruppenausstellungen zu Fotografie, Video und Film Einzelausstellungen u. a. zu Maria Lassnig (2001), Rosemarie Trockel (2005), Jonas Mekas (2008), Harun Farocki (2009), Yvonne Rainer (2012) und Andrea Fraser (2013). 2015 organisierte sie *Alibis: Sigmar Polke. Retrospektive.* Zuletzt kuratierte sie *Vor Ort: Fotogeschichten zur Migration* zusammen mit Ela Kaçel (2021) sowie *Boaz Kaizman. Grünanlage* (2021).

Barbara Engelbach b. 1962 is a curator at the Museum Ludwig, Cologne, in charge of the collection areas of contemporary art, photography, and the media arts. From 1999 to 2004, she directed the Museum für Gegenwartskunst Siegen. She has curated group exhibitions on photography, video, and film as well as solo shows on Maria Lassnig (2001), Rosemarie Trockel (2005), Jonas Mekas (2008), Harun Farocki (2009), Yvonne Rainer (2012), and Andrea Fraser (2013). In 2015 she organized *Alibis: Sigmar Polke: Retrospective.* She most recently curated *IN SITU: Photo Stories on Migration* together with Ela Kaçel (2021) and *Boaz Kaizman: Grünanlage* (*Boaz Kaizman: Green Area* 2021).

Cécile Huber, geb. 1993, ist kuratorische Assistentin der Ausstellung *Marcel Odenbach. So oder so* und wissenschaftliche Volontärin an der Kunstsammlung Nordrhein-Westfalen. Sie hat Philosophie, Jura, Rechtstheorie und Gender Studies in München, Frankfurt und Cambridge studiert. Ihr besonderes Interesse liegt im Bereich ästhetischer Theorie, feministischer Psychoanalyse und Skulptur.

Cécile Huber, b. 1993, is assistant curator of the exhibition *Marcel Odenbach: So oder so* at the Kunstsammlung Nordrhein-Westfalen. She studied philosophy, law, legal theory, and gender studies in Munich, Frankfurt am Main, and Cambridge, UK. Her research interests lie in the areas of aesthetic theory, feminist psychoanalysis, and sculpture.

Doris Krystof, geb. 1961, ist Kunsthistorikerin, Autorin und Kuratorin der Ausstellung *Marcel Odenbach. So oder so.* Seit 2001 ist sie in der wissenschaftlichen Abteilung der Kunstsammlung Nordrhein-Westfalen tätig, wo sie vor allem für das K21 zahlreiche Ausstellungen zur zeitgenössischen Kunst kuratierte, zuletzt *Akram Zaatari. Against Photography* (2017/18), *Carsten Nicolai. Parallax Symmetry* (2019) und *Hito Steyerl. I Will Survive* (2020).

Doris Krystof, b. 1961, is an art historian, author, and curator of the exhibition *Marcel Odenbach: So oder so.* She has worked as a curator at Kunstsammlung Nordrhein-Westfalen since 2001 and realized numerous exhibitions on contemporary art. Her most recent shows are *Akram Zaatari: Against Photography* (2017/18), *Carsten Nicolai: Parallax Symmetry* (2019), and *Hito Steyerl: I Will Survive* (2020).

Hans Nieswandt, geb. 1964, ist Autor, DJ und Musikproduzent aus Köln. In den frühen 1990er-Jahren war er Redakteur des Magazins *Spex*. Im Jahr 2017 gewann er den International Music Journalism Award für seinen Text *Von Disco zu Disco*, erschienen in der deutschsprachigen Ausgabe des *Rolling Stone*. Seit 2001 veröffentlichte Nieswandt im KiWi-Verlag drei Bücher zum Thema DJ-Kultur. Zurzeit lebt er in Seoul, wo er an seinem vierten Buch sowie diversen neuen Platten arbeitet.

Hans Nieswandt, b. 1964, is an author, DJ, and music producer from Cologne. In the early 1990s, he was editor of the magazine *Spex*. In 2017, he won the International Music Journalism Award for his text *Von Disco zu Disco* (*From disco to disco*), published in the German edition of *Rolling Stone*. Since 2001 Nieswandt has published three books on DJ culture with KiWi-Verlag. He currently lives in Seoul, where he is working on his fourth book as well as various new records.

Kolja Reichert, geb. 1982, ist Kunstkritiker und Kurator für Diskurs an der Bundeskunsthalle in Bonn. Er war Redakteur von *Spike Art Quarterly*, der *Frankfurter Allgemeinen Zeitung* und der *Frankfurter Allgemeinen Sonntagszeitung*. 2018 erhielt er den Will-Grohmann-Preis der Akademie der Künste in Berlin. Im September 2021 erschien sein Buch *Krypto-Kunst* in der Reihe *Digitale Bildkulturen* im Verlag Klaus Wagenbach.

Kolja Reichert, b. 1982, is an art critic as well as curator for discourse at the Bundeskunsthalle in Bonn. He was editor at *Spike Art Quarterly*, the *Frankfurter Allgemeine Zeitung*, and the *Frankfurter Allgemeine Sonntagszeitung*. In 2018 he was awarded the Will Grohmann Prize of the Berlin Academy of Arts. Reichert's book *Krypto-Kunst* was published in September 2021 at the Wagenbach publishing house as part of the series Digitale Bildkulturen (digital image cultures).

Marcel Wälde, geb. 1997, ist Student der Kunstgeschichte und Philosophie sowie wissenschaftliche Hilfskraft am Institut für Europäische Kunstgeschichte der Universität Heidelberg. Seit März 2020 ist er Redaktionsmitglied bei Contemporary Matters, einer Plattform für Kunstgeschichte und Kritik aus Wien. Er interessiert sich für transkulturelle und technologische Prozesse in der Kunstgeschichte und visuellen Kultur des 20. Jahrhunderts.

Marcel Wälde, b. 1997, is a student in art history and philosophy as well as a research assistant at the Institute of European Art History at the University of Heidelberg. Since March 2020, he has been an editorial member of Contemporary Matters, a Vienna-based platform for art history and criticism. He is interested in transcultural and technological processes in the history of twentieth-century art and visual culture.

IMPRESSUM / COLOPHON

Diese Publikation erscheint anlässlich der Ausstellung / This catalogue is published on the occasion of the exhibition

Marcel Odenbach. So oder so
K21 Kunstsammlung Nordrhein-Westfalen, Düsseldorf
9. Oktober 2021 – 9. Januar 2022 / October 9, 2021–January 9, 2022

Herausgegeben von / Edited by
Susanne Gaensheimer, Doris Krystof

Katalog / Catalogue

Publikationsmanagement / Publication management: Cordula Frevel

Projektleitung / Project direction Hirmer: Kerstin Ludolph

Projektmanagement / Project management Hirmer: Karen Angne, Katja Durchholz

Lektorat / Copyediting: Iris Seemann, Essen (Deutsch / German)
Joann Skrypzak, Köln / Cologne (Englisch / English)

Übersetzung / Translation:
Gérard A. Goodrow, Köln / Cologne

Gestaltung und Satz / Graphic design and typesetting: Petra Hollenbach, Köln / Cologne

Lithografie / Prepress and repro: Reproline mediateam GmbH, München / Munich

Papier / Paper: Salzer touch white 150g/qm

Schrift / Typeface: Bembo, Akzidenz Grotesk

Produktion / Production: Katja Durchholz

Druck und Bindung / Printing and binding: Eberl & Kœsel GmbH & Co. KG, Altusried-Krugzell

Printed in Germany

Bibliografische Information der Deutschen Nationalbibliothek
Die Deutsche Nationalbibliothek verzeichnet diese Publikation in der Deutschen Nationalbibliografie; detaillierte bibliografische Daten sind im Internet über http://www.dnb.de abrufbar.

Bibliographic information published by the Deutsche Nationalbibliothek
The Deutsche Nationalbibliothek lists this publication in the Deutsche Nationalbibliografie; detailed bibliographic data is available on the Internet at http://www.dnb.de.

Umschlag / Cover: Marcel Odenbach, Schweinfurter Grün, 2015

Abbildungsnachweise / Image credits:
S. / p. 20 (oben rechts / upper right): Cécile Huber
S. / p. 29: Boris Becker © VG Bild-Kunst, Bonn 2021
S. / p. 113: © Mario Gastinger, Munich
S. / p. 193 (links / left): Anne Gold
S. / pp. 222–223, 239, 244: Vesko Gösel

ISBN 978-3-941773-63-9
(Museumsausgabe / museum edition)

ISBN 978-3-7774-3827-6
(Buchhandelsausgabe / trade edition)

www.hirmerverlag.de
www.hirmerpublishers.com

Ausstellung / Exhibition

Kuratorin / Curator: Doris Krystof

Kuratorische Assistenz / Assistant curator: Cécile Huber

Ausstellungsmanagement / Exhibition management: Stefanie Jansen, Kristina Kreutzwald

Registrar / Registrar's department: Jennifer Buchholz

Restaurierung / Conservation: Lennart Foppe, Rea Grammatikopoulou, Sven Kamp, Nina Quabeck

Technik und Licht / Lighting and media: Stefan Müller-Stapper, Daniel Vetter, Bernd Schliephake, Bernd Strauchmann

Medientechnik / Media technology: Jens Meller, Oswin Schmidt

Bildung / Education: Judith Eilers, Annika Plank

Presse- und Öffentlichkeitsarbeit / Press and public relations: Susanne Fernandes-Silva, Milena Ramin

Marketing und Digitales / Marketing and digital marketing: Anne Fischer, Meike Lotz-Kowal, Marita Rowlands, Aras San

Vergabe / Public procurement: Christina Rock

Drittmittel / Funding: Isabella Wild

Stiftung Kunstsammlung Nordrhein-Westfalen

Vorstand / Board of directors: Susanne Gaensheimer, Bianca Knall

Direktorin / Director: Susanne Gaensheimer

Kaufmännische Leiterin / Commercial manager: Bianca Knall

Kuratorische Assistenz der Direktorin / Curatorial assistant to the director: Agnieszka Skolimowska

Assistenz der kaufmännischen Leiterin / Assistant to the commercial manager: Isabella Wild

Direktionssekretariat / Secretarial assistants to the directors: Miriam Pohle, Arpi Sarkissian

Wissenschaft / Curatorial department: Anette Kruszynski
Kathrin Beßen, Cécile Huber, Dorothee Jansen, Doris Krystof, Isabelle Malz, Susanne Meyer-Büser, Florentine Muhry, Maria Müller-Schareck, Vivien Trommer, Katja Winterpagt, Falk Wolf

Bibliothek / Library: Christine Breitschopf
Gesa Krauss

Bildung / Education: Julia Hagenberg
Regula Erpenbach, Annalena Eßer, Julia Latzel, Annika Plank, Peter Schüller, Angela Wenzel

Besucherservice / Visitor service: Cäcilie Teschner
Nikolaos Kessopoulos, Philip Trabert

Ausstellungsmanagement / Exhibition management: Stefanie Jansen
Kristina Kreutzwald, Dagmar Kurtz

Registrar / Registrar's department: Katharina Nettekoven
Jennifer Buchholz

Restaurierung / Conservation: Nina Quabeck
Elena Fernández-Vegue, Lennart Foppe, Rea Grammatikopoulou, Sven Kamp, Astrid Roth, Anne Skaliks

Presse und Öffentlichkeitsarbeit / Press and public relations: Susanne Fernandes-Silva
Milena Ramin

Marketing und Digitales / Marketing and digital marketing: Anne Fischer
Dominica Deinhardt, Meike Lotz-Kowal, Marita Rowlands, Aras San

Verwaltung und Personal / Administration and human resources: Philipp Leist

Verwaltung / Administration: Klaus-Peter Allenstein, Ingo Lanninger, Frank Mankel, Stefan Müller-Stapper, Daniel Vetter

Buchhaltung / Finances: Caroline Krump
Désirée Berendonk, Kerstin Thielo

Vergabe, Einkauf, Recht / Public procurement, purchasing, legal: Christina Rock
Claudia Fischer-Jaworsky, Dorothea Heitfeld

Personal / Human resources: Georgia Coutri, Monika Fischer

Vertrieb und Publishing / Sales and publishing: Cordula Frevel
Martin Heyer, Alexia Krauthäuser, Gabriele Lauser, Roman Majewski, Marion Vogt

Technik / Technical department: Bernd Schliephake
Andreas Grella, Thomas Hoppe, Birger Labinsch, Jens Meller, Britta Pfeiffer, Oswin Schmidt, Bernd Strauchmann, Zoltan Ternai

Sicherheit / Security: Ramon Karbach
Tobias Becker, Dietmar Bütau, Artur Burgner, Dirk Fittkau, Andreas Grund, Philipp Grund, Hans Peter Hönig, Michael Jaschzyk, Nicholas Robert Johnson, Carsten Laaser, Torsten Machtans, Tim Martinitz, Mario Metz, Dominik Nowak, Bülent Özer, Elvis Selim, Katrin Sondermeier, Michael Stanaszek, Jens Wünsche

ArtPartner Relations GmbH: Lilli von Bodman
Anne Clever, Valentina Wolters

Freunde der Kunstsammlung Nordrhein-Westfalen e. V.: Robert Rademacher
Jutta Müller
Bianca Böhm, Linda Inconi-Jansen, Lara Müller

Stiftung Kunstsammlung
Nordrhein-Westfalen
Grabbeplatz 5
40213 Düsseldorf
www.kunstsammlung.de

Kunstsammlung Nordrhein-Westfalen

Gefördert durch / Supported by:

Kunststiftung NRW

Medienpartner / Media Partner:

Frankfurter Allgemeine

Gefördert durch / Supported by:

Ministerium für Kultur und Wissenschaft des Landes Nordrhein-Westfalen